Informationssysteme in Wirtschaft und Verwaltung

Herausgegeben in Zusammenarbeit mit der GES – Gesellschaft für elektronische Systemforschung e. V. Bühl

Informationssysteme in Wirtschaft und Verwaltung

Herausgegeben von

Helmut R. Walter und Rolf A. Fischer

in Zusammenarbeit mit der

GES-Gesellschaft für elektronische
Systemforschung e. V. Bühl

Walter de Gruyter · Berlin · New York · 1971

Satz und Druck: Saladruck Berlin. — Printed in Germany
ISBN 3 11 002063 7

Geleitwort

Bei den Informationssystemen, also Computern, Übertragungssystemen usw. besteht eine „dynamische Lücke": Die prinzipiellen Möglichkeiten der technischen Geräte nehmen in einem solchen Tempo zu, daß die Anwender nicht Schritt halten können. Aber auch in einer ganz anderen Hinsicht besteht eine „dynamische Lücke": Die immer komplexeren politischen, wirtschaftlichen, technischen usw. Strukturen, die unsere Gegenwart bestimmen, können nur noch mit Informationssystemen höchster Wirksamkeit vernünftig beherrscht werden. Man kann gegenwärtig von einer Verdoppelung des Wissensbestandes von etwa acht bis zehn Jahren ausgehen, wir leben in einer „Wissensexplosion", zu der es in der Geschichte keinen Vergleich gibt. Angesichts dieser Wissensexplosion versagen die traditionellen Methoden der Dokumentation. Die entscheidende historische Wende, die wohl nur mit der Erfindung der Buchdruckerkunst im fünfzehnten Jahrhundert vergleichbar ist, besteht darin, daß in unserer Zeit die Information den trägen Träger Papier verläßt und zu dem quicklebendigen Träger Elektrizität übergeht.

Dieser Übergang ist wohl der einzig wirksame Weg, die oben erwähnte „dynamische Lücke" zu schließen. Er ist Voraussetzung dafür, daß unsere Technostruktur mehr Effizienz gewinnt, in höherem Maße konkurrenzfähig wird und damit schließlich unser Wohlstand gefördert wird.

Einem Mißverständnis muß vorgebeugt werden: Informationssysteme sollen nicht die unerträgliche Informationsflut, die täglich über uns alle hereinbricht, noch weiter vergrößern, sie sollen vielmehr weniger, aber bessere Information dorthin leiten, wo sie gebraucht wird, nämlich dort, wo wichtige Entscheidungen fallen. Man kann lange philosophieren über die Frage „Was ist Information", eines aber ist sicher: Information ermöglicht erfolgreiche Entscheidungen. Wo Entscheidungen ohne ausreichende informationelle Begründung getroffen werden, sind sie vielleicht zufällig erfolgreich — auch ein blindes Huhn findet mal ein Korn —, aber wo Entscheidungen regelmäßig erfolgreich sein sollen, da müssen die entscheidungsrelevanten Informationen gesammelt, gesichtet und verarbeitet werden.

Informationssysteme haben auch noch eine ganz andere Funktion: Sie machen nämlich die Folgen bestimmter Entscheidungen deutlicher. Man kann sich in unserer gefährlichen Zeit nicht mehr ausschließlich am kurzfristigen Erfolg einer Entscheidung orientieren, sondern muß deren Einbettung in die gesellschaftliche und politische Entwicklung bedenken.

Die Systeme, die hierzu gebraucht werden, sind meist recht komplizierte Kombinationen von Computern, Informationsübertragungssystemen, Meßsystemen, Regelsystemen, Erkennungssystemen, Dateien usw., deren innere Funktion nur dem technischen Experten verständlich ist. Worauf es aber ganz entscheidend ankommt, ist, daß die Funktion dieser Informationssysteme dem Benutzer, der meist ein Nichttechniker ist, verständlich wird. Es ist nicht anders als beispielsweise mit dem Auto: Wir brauchen nicht zu verstehen, wie alle seine technischen Innereien zusammenwirken, aber wir sollten dieses technische Gebilde benützen können.

Das wohl wichtigste Problem ist es deshalb, wie man der großen Zahl von Benutzern, also z. B. Managern, Verwaltungsexperten, Ärzten, Soldaten usw., meist Nichttechnikern, in einer möglichst leichtverständlichen Weise die Funktion und Benutzung der Informationssysteme darstellen kann. Dies ist nicht zuletzt ein Sprachproblem: Die Experten der unterschiedlichen Fachrichtungen haben vielfach recht unterschiedliche Bezeichnungsweisen entwickelt, so daß manche Probleme, die eigentlich gar nicht problematisch sind, infolge der Sprachbarriere zum schwer zu lösenden Problem werden. Das vorliegende Buch versucht nun — wie ich glaube, mit Erfolg — diese Sprachbarriere zu überwinden, es leistet gewissermaßen eine Dolmetscherfunktion. Daß hierbei auf technische Details verzichtet wird, ist selbstverständlich, nur das unumgänglich Notwendige wird hier — nach angemessener Erläuterung — benutzt.

Die angestrebte Dolmetscher-Funktion wird besonders erleichtert durch den eingebauten Begriffsdefinitionskatalog. In diesem Bereich herrscht ja unter den Herstellern und Benutzern der Informationssysteme vielfach noch eine beinahe babylonische Sprachverwirrung. Dieser Begriffsdefinitionskatalog ist ein nützlicher Ansatz für eine zukünftige Sprachbereinigung.

Eine solche zusammenfassende Darstellung der Informationssysteme verschiedener Art hat aber auch Erkenntniswert: Die Gegenüberstellung ermöglicht die Entdeckung gemeinsamer Gesetzmäßigkeiten in verschiedenen Anwendungsbereichen, sie ist ein auch wissenschaftlich interessanter Beitrag zum Verständnis hochkomplexer Systeme. So kann die Praxis auf die Theorie fruchtbar zurückwirken.

Die Darstellung der verschiedenen Abschnitte des Buches erfolgte durch Fachleute, die an der Front der technischen Entwicklung beim Aufbau solcher Informationssysteme mitgearbeitet haben.

Ich wünsche diesem Buch eine weite Verbreitung und hoffe, daß es wesentlich dazu beiträgt, die „dynamische Lücke" zu verkleinern, die Effizienz unserer Technostruktur zu vergrößern und unseren Wohlstand zu fördern.

Karl Steinbuch

Vorwort

Die in diesem Sammelwerk vorgestellten Informationssysteme befassen sich primär mit der problemspezifischen Thematik des jeweiligen Organisationsbereiches. Dabei werden die wesentlichen Faktoren beschrieben, die bei einer Implementierung solcher Systeme von entscheidender Bedeutung sind.

Bei der Errichtung von Informationssystemen sind neben einer elektronischen Datenverarbeitungsanlage, mit der für den jeweiligen Kommunikationsbereich spezifischen Hardware, zwei wesentliche Voraussetzungen notwendig: Einerseits eine Analyse der Kommunikationsbeziehungen, des Informationsbedarfs in den verschiedenen Ebenen, und anderseits ein Datenbanksystem, das die softwarenmäßige Voraussetzung zur Implementierung solcher Systeme auf Datenverarbeitungsanlagen ermöglicht. Außer den Platzbuchungssystemen bei Luftfahrtgesellschaften und Auskunftssystemen für ganz spezielle Subsysteme existieren im Augenblick noch keine befriedigende Lösungen, die den Namen Informationssystem oder integriertes Informationssystem zu Recht in Anspruch nehmen dürfen. Ursache ist, daß hierfür umfangreiche Investitionen für die Softwareerstellung eines Datenbanksystems notwendig sind, die ein Benutzer in den seltensten Fällen aufzubringen in der Lage ist. Der Einsatz von Informationssystemen würde sprunghaft ansteigen, wenn allgemein anwendbare Datenbanksysteme zur Verfügung stünden.

Analysen der Kommunikationsbeziehungen in verschiedenen Organisationsbereichen haben gezeigt, daß man einen Großteil dieser Probleme mit einem modular konzipierten Datenbanksoftwaresystem sehr wohl realisieren kann. Die hierfür notwendigen Entwicklungsarbeiten werden in zunehmendem Maße sowohl von den Herstellerfirmen elektronischer Datenverarbeitungsanlagen (Grundsoftware) als auch — wenn auch nur in begrenztem Rahmen — von Softwarefirmen erbracht, so daß in Bälde mit zufriedenstellenden Lösungen zu rechnen ist.

Es ist unerläßlich, daß ein Informationsaustausch einerseits zwischen Systemanalytiker und Systemplaner untereinander und anderseits zwischen diesen und den „Betroffenen" stattfindet.

Bis jetzt wurde die Diskussion nur unter Fachleuten geführt, während das Buch versucht, den „Betroffenen" in diese Diskussion mit einzubeziehen. Es vermittelt dem interessierten Laien in dem Kapitel „Einführung in Datenbanken und Informationssysteme" die Kenntnisse, die Voraussetzung für einen effektiven Informationsaustausch sind.

Für ihre wertvolle Mitarbeit danken wir Frl. Dorothea Bechtold und Herrn Gernot Schlitzer.

Bühl, im März 1971 Die Herausgeber

Inhaltsverzeichnis

Informationssysteme im militärischen Bereich

Einführung in Datenbanken und Informationssysteme

von

Helmut R. Walter

1. Einleitung

Eine umfassende Darstellung über Datenbanken und Informationssysteme ist sowohl in der deutschen als auch in der angloamerikanischen Literatur nicht zu finden. Die Fachpublizistik befaßt sich ausschließlich mit der Abhandlung von Teilaspekten dieser Problematik. Dies liegt zum Teil an der Thematik selbst, die noch zu sehr in der Entwicklung steht und an der Ermangelung einer einheitlichen Sprachregelung und Begriffsdefinition der verwendeten Termini.

Die vorhandene Literatur ist überschaubar, und der Leser, der sich über diese Thematik informieren möchte, hat es schwer sich in die bestehende Literatur einzuarbeiten; zumal sie sich zu einem großen Teil nur auf Fachaufsätze beschränkt, die je nach der Herkunft des Autors den firmenabhängigen Sprachgebrauch widerspiegeln. Erschwerend für den Leser ist weiterhin noch die Tatsache, daß einerseits für gleiche Gegebenheiten bei den einzelnen Firmen verschiedene Begriffe existieren, andererseits sogenannte allgemein gängige Termini unterschiedliche Bedeutung haben.

Das vorliegende Kapitel verfolgt das Ziel, dem mit Grundkenntnissen in der EDV versehenen Leser den terminologischen Background für das Verständnis der in diesem Buch zur eingehenden Erörterung anstehenden Informationssysteme zu geben. Darüber hinaus möchte dieser Beitrag auch den Leser zufriedenstellen, der sich in diese Problematik einarbeiten möchte, um nach Komplettierung seiner Kenntnisse an der Erstellung solcher Systeme mitwirken zu können.

Auf eine weitgehende firmenunabhängige Terminologie wurde geachtet. Begriffe werden definiert, sobald sie zum ersten Mal im Text erscheinen. Synonyme sowie die englische Bezeichnung werden in Klammern geführt.

Bei der thematischen Abhandlung wurde bewußt das Schwergewicht auf Informationssysteme mit primär formatierten Datenbeständen gelegt und Dokumentationssysteme, die einen prinzipiellen anderen Aufbau besitzen, einer späteren speziellen Erörterung in einem nachfolgenden Band vorbehalten.

Am Ende dieses Kapitels befindet sich ein umfangreiches Literaturverzeichnis, das den an einer Vertiefung des hier behandelnden Stoffes interessierten Leser weiterführen soll.

2. Einführung in die Darstellung und Organisation von Daten

Die Beschreibungen und Erklärungen, die in diesem Abschnitt über die funktionelle und maschinenbezogene Organisation von Daten gegeben werden, sollen dem interessierten Laien die Möglichkeit zur stufenweisen Einarbeitung in diese Thematik gewähren. Dem mit der Materie bereits vertrauten Leser wird empfohlen, diesen Abschnitt zu überlesen.

Was sind Daten?

Daten sind ganz allgemein Ziffern, Buchstaben oder Symbole, die sich auf ein Objekt, eine Realität, eine Bedingung oder andere Faktoren beziehen oder solche beschreiben.

„In der Datenverarbeitung versteht man unter Daten also alles, was sich in einer für die Datenverarbeitungsanlage erkennbaren Weise darstellen läßt [1]."

2.1. Funktionelle Organisation von Daten

Für die Kommunikation Mensch-Maschine sind Daten an bestimmte vereinbarte Zeichen gebunden, die nach bestimmten, ebenfalls vereinbarten Regeln zusammengesetzt werden können (Wortbildungslehre, Semantik).

2.1.1. Das Zeichen (character)

Es ist eine Grundeinheit aus einem limitierten, definierten Vorrat von Symbolen, der für einen Kommunikationsbereich deklariert wurde. In der EDV wird der Begriff im allgemeinen auf zwei Zeichengruppen angewendet:

— binäre Zeichen L (oder 1) und 0
— Buchstaben, Ziffern und Sonderzeichen, also die Schriftzeichen der Sprache.

Aus diesem Zeichenvorrat werden die Daten aufgebaut. Nach der Art der für den Aufbau verwendeten Zeichen werden die Daten eingeteilt in:

— binäre Daten, die sich aus den binären Zeichen L und 0 zusammensetzen,

— numerische Daten, die aus den Ziffern 1 bis 9 und eventuell den Sonderzeichen + und – und dem Dezimalpunkt oder -komma gebildet werden,
— alphabetische Daten, die nur aus den Buchstaben aufgebaut werden,
— alpha-numerische Daten, die aus dem gesamten Vorrat an Schriftzeichen (Buchstaben, Ziffern und Sonderzeichen) zusammengesetzt werden können.

Für die Be- und Verarbeitung in der Datenverarbeitungsanlage (DVA) werden diese Daten nun aufsteigend in ganz bestimmten Gruppierungen zusammengefaßt.

2.1.2. Das Datenelement (item)

Es ist die kleinste logische Dateneinheit, die sich nicht aus weiteren logischen Einheiten zusammensetzt.

Der Platz, der auf einem Datenträger für die Aufnahme eines Datenelementes zur Verfügung steht, heißt *Feld*, er kann unter einem Namen, *Feldnamen* (label), der ihm zugeordnet ist, angesprochen werden.

Wie später noch aufgezeigt wird, müssen die Datenelemente in einer Datenbank (Organisationsform für die Führung und Verarbeitung sehr großer Datenmengen) so strukturiert sein, daß der Zugriff zu ihnen über verschiedene Ordnungskriterien[1] erfolgen kann; nur dann werden nämlich verschiedenartige Auskünfte und Manipulationen möglich.

2.1.3. Die Datengruppe (data group)

Mehrere Datenelemente, die bezüglich eines Merkmals logisch zusammengehören, also etwa Geburtstag, -monat, -jahr, sowie Name und Vorname auf einer Personalkarte, bezeichnet man als Datengruppe.

2.1.4. Der Datensatz (data record)

Er ist eine sachliche und/oder logische Einheit von Datenelementen, die unter einer Identifizierung zusammengefaßt werden; z. B. sämtliche Personaldaten eines Angestellten in einer Personaldatei, die unter seiner Personalnummer zusammengefaßt werden. Bei der Erstellung von Sätzen für eine Datenbank müssen die Datenelemente (Segment) in *Strukturen* angeordnet werden, die die gewünschte Be- und Verarbeitung unterstützen und erleichtern.

[1] Ordnungskriterien oder die gängigen Synonyme wie Suchargumente, Ordnungsnummern, Ordnungsbegriffe, Suchkriterien, Schlüssel, Kennbegriffe usw. gelten zur eindeutigen Identifizierung einer Folge von logisch zusammengehörigen Werten (z. B. einem Satz).

Bezüglich ihrer Struktur unterscheidet man folgende Satztypen:

— Einfachsatz (Segmentsatz),
— Mehrfachsatz,
— Vielfachsatz.

Der Einfachsatz fester oder variabler Länge

Sätze dieses Typs bestehen nur aus ihrer Identifikation (Ordnungsbegriff) und einem Feld, das nicht weiter aufgeteilt ist.

Bei Einfachsätzen *variabler* Länge ist das Feld für das Datenelement genau so lang, wie die darin enthaltene Information. Bei Einfachsätzen *fester* Länge entspricht die Länge des Datenfeldes der längsten zu erwartenden Information. Ist die tatsächliche Information kürzer, so wird der restliche Platz nicht genutzt (siehe Abb. 2-1).

Der Mehrfachsatz fester oder variabler Länge

Der Mehrfachsatz besteht aus einer festgelegten Folge von Feldern, denen jeweils ein Name (label) zugeordnet ist. Alle Sätze, die in einer Datei geführt werden, haben den gleichen Aufbau und werden innerhalb der Datei durch eine Nummer identifiziert. Die im Mehrfachsatz definierten Felder sind alle ranggleich, d. h. sie stehen auf der gleichen Stufe.

Bei Mehrfachsätzen variabler Länge besteht üblicherweise ein Datenteil aus singulären Datenfeldern, ein weiterer aus Datenfeldern, die

EINFACHSÄTZE

a) fester Länge

Identifikation	Datenfeld
3152	MUEHLMEISTER, JOHANNES
3153	MUTH, SIXTUS
3154	MYRTH, ALEXANDER

b) variabler Länge

Identifikation	Datenfeld
5365	ROSENBAUER-EBERT, CHRISTEL
5366	ROST, KURT
5367	RUX, UWE

Abb. 2-1 Darstellung von Einfachsätzen

periodisch auftreten. Je nach der Anzahl dieser Datenfeldperioden verlängert sich also die Gesamtlänge des Datensatzes (Abb. 2-2).

MEHRFACHSÄTZE

a) fester Länge

Identifikation | Datenteil

Personalnummer	Name	Vorname	Geburtsdatum	Abteilung
20607	OTT	VIKTOR	280430	N8/25
20608	RAUFF	GUSTAV	191131	G2/10
20609	PETER	ANNA	030829	R8/20

b) variabler Länge

Identifikation | Datenteil singulär | Datenteil periodisch

Personalnummer	Name	Vorname	Geburtsdatum	Abteilung	
20813	HEIN	ALFONS	121125	V3/10	V1/15
20814	ABEL	ROLF	150644	V1/12	V1/14
20815	KUHN	MAX	090138	V3	

Abb. 2-2 Darstellung von Mehrfachsätzen: In dieser schematischen Aufzeichnung wird davon ausgegangen, daß ein Mitarbeiter zugleich mehreren Abteilungen zugeordnet werden kann. Das Datenfeld Abteilung kann daher periodisch auftreten und somit die tatsächliche Satzlänge verändern.

Einfach- und Mehrfachsatz werden wegen ihres Aufbaus aus ranggleichen Segmenten auch *linear-organisierte* oder *eindimensionale* Datensätze genannt.

Die lineare Organisation ist natürlich grundsätzlich wenig geeignet, die spezifischen Anforderungen unterschiedlicher Bearbeitungsebenen gleichmäßig zu erfüllen. Müssen Informationssysteme simultan die Informationsbedürfnisse aller Funktionsebenen eines hierarchisch gegliederten Organisationsbereiches erfüllen, so erfordern sie den Aufbau von Datenbanken mit strukturierten bzw. nicht linearen Datensätzen. Nur auf diesem Wege lassen sich umständliche und zeitaufwendige Sortier- und Aufbereitungsprogramme vermeiden, die ansonsten erforderlich wären, um die benötigten Eingabedaten jeweils bereitzustellen.

Der Vielfachsatz, einfach oder mehrfach strukturiert

Beim Vielfachsatz sind die satzbildenden Segmente nicht mehr ranggleich. Sie lassen sich unterschiedlichen hierarchischen Stufen zuordnen. Der Satz erhält hierdurch eine „baumartige" Struktur, d. h. jedes Segment kann einen oder mehrere Nachfolger, aber nur einen Vorgänger besitzen. Die „Tiefe" derartiger Strukturen ist praktisch unbegrenzt.

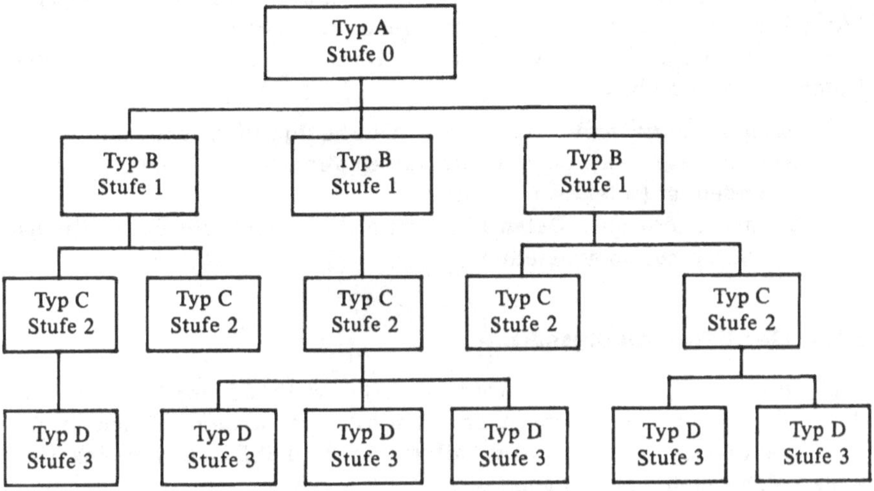

Abb. 2-3 Vielfachsätze einfach strukturiert

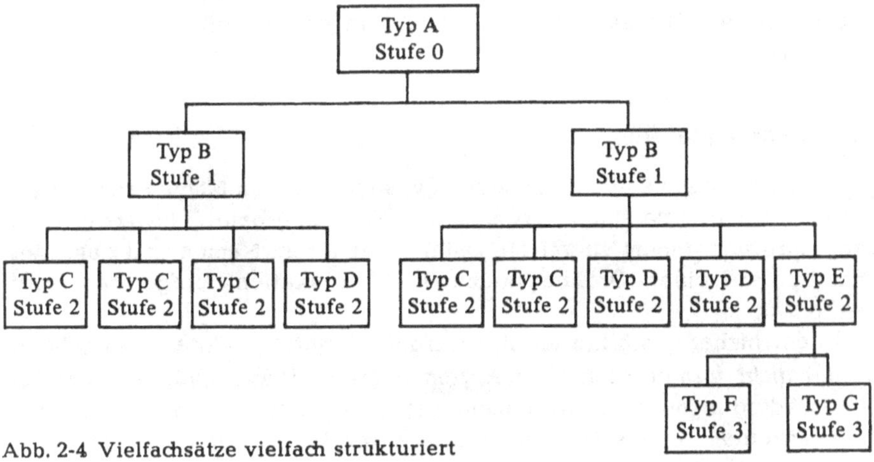

Abb. 2-4 Vielfachsätze vielfach strukturiert

Von einfach strukturierten Vielfachsätzen spricht man, wenn alle auf einer hierarchischen Stufe auftretenden Segmente gleichen Typs sind, d. h. die in einer Stufe in beliebiger Anzahl erscheinenden Segmente haben alle den gleichen Feldaufbau.

Bei vielfach strukturierten Vielfachsätzen können die Segmente einer Stufe auch im Aufbau verschieden sein. Es können in einer Stufe also Segmente verschiedenen Typs in beliebiger Anzahl auftreten.

Die Abb. 2-3 und 2-4 sollen den Unterschied zwischen einfach und vielfach strukturierten Datensätzen noch einmal veranschaulichen.

Bezüglich der Leistungsfähigkeit von Datenbanken mit strukturierten Datensätzen ist zu bemerken:

— Es muß nicht mehr der ganze Satz aufgerufen und durchsucht werden, wenn die gewünschte Information nur in einem Segment zu finden ist (selektierter Output).
— Es lassen sich auch Daten für noch nicht vereinbarte Bearbeitungsverfahren zusammenstellen.

2.1.5. Der Verarbeitungssatz

Ein funktioneller bzw. logischer Satz, der während der Verarbeitung durch Selektion aus einem oder mehreren physischen Sätzen (siehe 2.2.4.) aufgebaut wird. Er wird mit mehreren LESE-Befehlen aus verschiedenen Dateien zusammengesetzt.

Einen Verarbeitungssatz nennt man *statisch-logisch,* wenn Segmente des gleichen Typs in variabler Anzahl in ihm auftreten, und alle diese Segmente zum selben Zeitpunkt im Arbeitsspeicher zur Verfügung stehen.

Dynamisch-logisch heißt der Verarbeitungssatz, wenn die Segmente vom gleichen Typ zeitlich nacheinander in den Arbeitsspeicher eingelesen werden.

2.1.6. Die Datei (file)

Faßt man jeweils alle Sätze eines Typs unter einem Namen zusammen, so erhält man eine Datei. Ein einzelner Satz innerhalb einer Datei wird angesprochen, indem zuerst die Datei unter ihrem Namen und dann der Satz unter seiner Ordnungsnummer (Identifikation) aufgerufen wird (Abb. 2-5).

In der bisher geschilderten Art werden *formatierte Dateien* aufgebaut.

Bei *nicht formatierten* Dateien liegen grundsätzlich andere Organisationsbedingungen vor. Nicht mehr die Gemeinsamkeit in der Struktur der einzelnen Datensätze, sondern sachliche Beziehung zu einem Ober-

PERSONAL-DATEI				
603	Name	Vorname	Geburtsdatum	
604	Name	....	....	
605	Name	....	....	
606	Name	....	....	
607	Name	....	....	
608	Name	....	....	
609	Name	....	....	
610	Maier	Gustav	26081912	
611	Name	....	....	

Abb. 2-5 Darstellung der Ablage von Sätzen in einer Datei

begriff ist hier Kriterium für die Einordnung in eine Datei. Man spricht jedoch in diesem Zusammenhang meistens nicht von Datensätzen, sondern von *Dokumenten* (näheres siehe Abschnitt 6).

2.1.7. Die integrierte Datei

Werden die Sätze verschiedener Dateien, die zu einem Organisationsbereich gehören, logisch miteinander verknüpft, so spricht man von einer integrierten Datei bzw. einer Strukturdatei.

2.1.8. Die Datenbank

Die Organisationsform, die die Zusammenfassung sämtlicher Dateien eines Organisationsbereiches darstellt, wird als Datenbank bezeichnet.

2.2. Maschinenbezogene Organisation von Daten

Neben den bisher geschilderten funktionellen und logischen Aufbausystemen von Daten bestehen von unten nach oben aufsteigend Strukturen, die sich aus den besonderen maschinellen Bedingungen ergeben.

2.2.1. Das Bit

Bei elektronischen Rechenmaschinen werden die Symbole für die Kommunikation durch elektrische Signale dargestellt. Beim Digitalrechner sind jedoch nur zwei Zustände von Bedeutung:

— Spannung vorhanden
— Spannung nicht vorhanden

Der jeweilige Status wird durch L (bzw. 1) oder 0 symbolisiert. Die kleinste Einheit, mit der diese beiden Alternativen dargestellt werden können, ist das Bit.

Der Ausdruck „bit" wird auch als Maßeinheit für den Informationsgehalt einer Nachricht gebraucht (dann allerdings klein geschrieben).

2.2.2. Das Byte

Das Byte ist eine bestimmte, definierte Anzahl von Bits, die bei der Verarbeitung als Einheit behandelt wird. Im allgemeinen handelt es sich heute um Bytes von 8 Bit Länge, mit der alle alphanumerischen Zeichen dargestellt werden können. Es werden tatsächlich auch Bytes mit anderen Bitmengen definiert (z. B. 6 Bit Byte).

2.2.3. Das Wort

Das Wort ist eine zusammengehörige Folge von Zeichen (Bits, Bytes), die von einer Rechenanlage gemeinsam mit *einem* Befehl bearbeitet und gespeichert wird.

2.2.4. Der physische Satz (physical record)

Der physische Satz wird auch Datenträgersatz oder Block genannt. Der Block ist die Einheit, die beim Aufruf eines Transportbefehls zwischen peripherem Speicher und Zentraleinheit transportiert wird.

Nach den Konventionen der ECMA (*E*uropean *C*omputer *M*anufactoring *A*ssociation) werden folgende Typen physischer Sätze unterschieden:

— Sätze *f*ester Länge (Format F)
  Wenn alle Sätze einer Datei die gleiche Länge haben, ist innerhalb dieser Datei keine Anzeige dieser einheitlichen Länge erforderlich.
— Sätze *v*ariabler Länge (Format V)
  Wenn die Sätze in einer Datei nicht alle die gleiche Länge haben, muß die Länge jedes Satzes (d. h. die Anzahl der Zeichen, die er enthält) im ersten Feld innerhalb des Satzes aufgezeichnet sein. Dieses Feld wird bei Errechnung der Satzlänge mitgezählt.
— Sätze *u*ndefinierter Länge (Format U)
  Wenn die Sätze nicht den Definitionen unter den beiden vorgenannten Punkten entsprechen, werden sie als undefiniert bezeichnet.

Ein Block bzw. physischer Satz besteht aus einem oder mehreren logischen Sätzen. Das Zusammenfassen mehrerer logischer Sätze nennt man *Blocken*. Die Anzahl der (logischen) Sätze, die zu einem Block zusammengefaßt werden, ergibt den *Blockungs-* oder *Ladefaktor*.

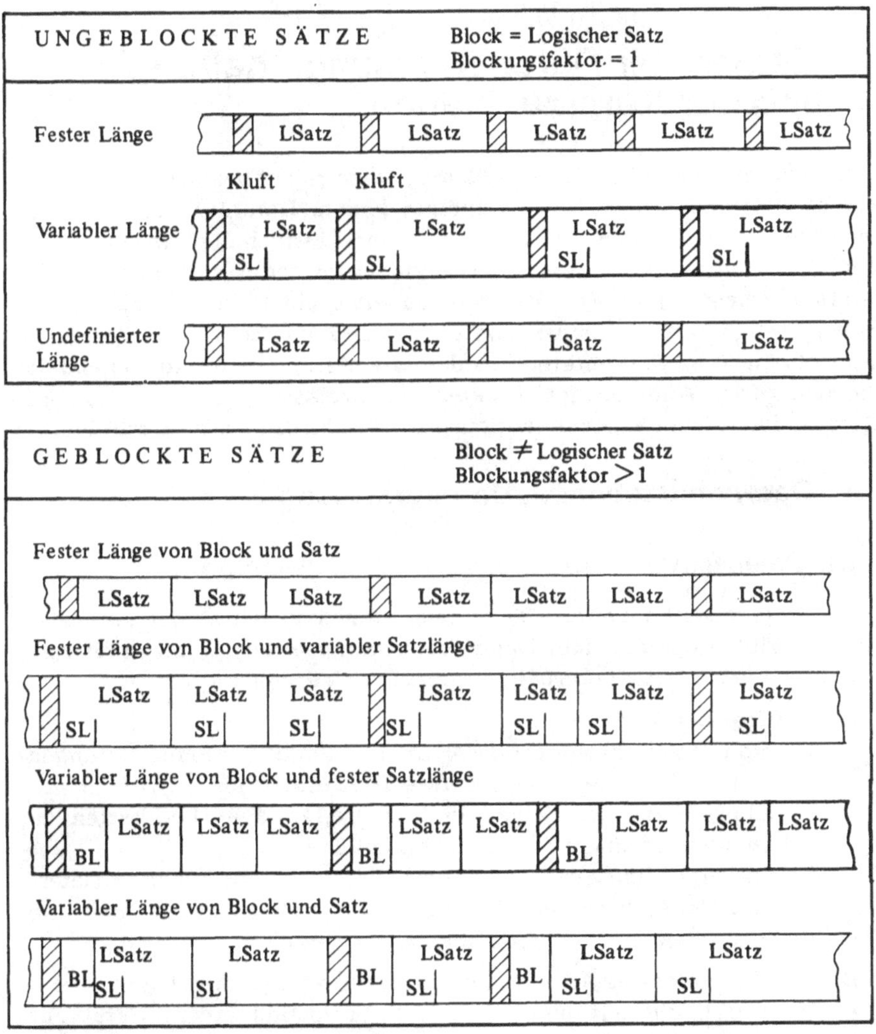

Abb. 2-6 Ungeblockte und geblockte Sätze
LSatz = logischer Satz, BL = Blocklänge, SL = Satzlänge

Hinsichtlich Blockung und Satzart werden im allgemeinen folgende Formen unterschieden (Abb. 2-6):

— ungeblockte Sätze fester Länge
— ungeblockte Sätze variabler Länge
— ungeblockte Sätze undefinierter Länge
— geblockte Sätze fester Länge
— geblockte Sätze variabler Länge

3. Medien der Datenerfassung, -haltung und der Kommunikation

In diesem Abschnitt werden all die Datenträger beschrieben, die in einem Informationssystem Verwendung finden. Darunter versteht man jene Medien, auf denen Daten beliebig lange festgehalten werden können. Das Spektrum der Datenträger ist zu ziehen von den bei der indirekten Datenerfassung verwendeten Medien wie Lochstreifen, Lochkarte und Beleg über die elektronischen und elektromechanischen bis zu den optischen Speichern. Desweiteren werden die Peripheriegeräte behandelt, die neben der Aufgabe der direkten Datenerfassung die Funktion als Datenendstation im Kommunikationsprozeß Mensch-Maschine erfüllen.

3.1. Datenendstationen, Datenerfassung

3.1.1. Datenendstationen

Die Datenendstationen (= Terminals) stehen in der Regel als abgesetzte Peripheriegeräte über Datenübertragungsleitungen mit einer zentral installierten Datenverarbeitungsanlage in Verbindung.

Ihre Aufgabe ist es:

— die von der zentralen EDVA über Datenübertragungsleitungen übermittelnden Daten in gedruckte Darstellung umzusetzen (Fernschreiber, Ferndrucker); sie in Lochstreifen oder Lochkarten zu lochen oder auf einem Sichtgerät abzubilden
— die von einer Endstation an die zentrale EDVA bestimmten Daten, die mittels Lochstreifen, Lochkarte, Magnetband oder über die Tastatur eingegeben werden, dorthin weiterzuleiten

Demzufolge unterscheidet man zwei Gruppen von Terminals:

— Terminals, die mit einer Eingabetastatur und einem Gerät zur Sichtbarmachung der zu übertragenden Zeichen ausgerüstet dem *Dialogverkehr* mit der zentralen EDVA dienen.

Die sind in erster Linie der Fernschreiber und das mit einer Eingabetastatur versehene Sichtgerät (Abb. 3-1).
In einem Informationssystem dienen sie neben der direkten Datenerfassung als Eingabestation für die Kommunikation Mensch-Maschine.

— Terminals, deren primäre Aufgabe darin liegt, *umfangreiche* Datenmengen in eine zentrale EDVA einzugeben bzw. sie von einer EDVA zu empfangen und auszugeben.
Diese Aufgaben können Endgeräte erfüllen, die einen Lochstreifenlocher bzw. einen Lochstreifenleser als Zusatzgerät besitzen (Fernschreiber) oder diese Funktionen autonom verrichten, wie Lochkartenleser und -stanzer, Lochstreifenleser und -stanzer und der Schnelldrucker.

	Fernschreiber	*Sichtgerät*
E/A von alphanumerischen Texten	ja	ja
Löschen von fehlerhafter Eingabe möglich?	nein	ja
Möglichkeit von mehrfarbiger Darstellung	ja (zweifarbig)	ja
Übertragungszeit der Information	langsam	sehr schnell
Übertragungsrate in Zeichen/sec	5 – 20	2000 – 3000
Möglichkeit der Darstellung von Skizzen, Lagekarten, Schaubildern u. ä.	nein	ja
Archivierung	ja	bedingt, nur mit Hardcopyzusatz möglich
Preis in DM	5.000,– bis 10.000,–	16.000,– bis 50.000,–

Abb. 3-1 Gegenüberstellung Fernschreiber und Sichtgerät

3.1.2. Datenerfassung

Unter Datenerfassung versteht man die Eingabe all jener Daten, die erstmalig in eine Datenverarbeitungsanlage eingegeben werden.

Prinzipiell muß zwischen direkter und indirekter Datenerfassung unterschieden werden.

3.1.2.1. Direkte Datenerfassung

Bei der direkten Datenerfassung werden die Daten manuell eingegeben. Die Eingabe über eine Tastatur kann von einem Fernschreiber oder einem Sichtgerät erfolgen.

Beim Sichtgerät ist noch zu erwähnen, daß mittels eines Lichtstiftes die auf dem Bildschirm erscheinenden Zeichnungen bzw. Daten geändert und ergänzt werden können.

3.1.2.2. Indirekte Datenerfassung

Bevor die Daten hier in eine Datenverarbeitungsanlage eingegeben werden können, müssen sie zunächst in irgendeiner Form so erfaßt werden, daß sie maschinell lesbar sind; sei es auf einem Beleg oder für den Menschen in der Erstellung etwas zeitraubender auf einem Lochstreifen, einer Lochkarte oder einem Magnetband.

Lochstreifen bestehen aus Papier, Kunststoff oder Metallfolie.

Ein Zeichen wird in einer Spalte parallel abgelocht, wobei der binären „L" ein gestanztes Loch, der binären „0" eine Nichtlochung entspricht. Je nach der Verwendung des Codes werden hauptsächlich 5-Spur- oder 8-Spur-Lochstreifen verwandt.

Nachteil:

— langsame Eingabe (50—2000 Zeichen/sec)

Vorteil:

— billig
— raumsparender als Lochkarte

Lochkarte

Die Art der Aufzeichnung ist im Prinzip die gleiche wie die des Lochstreifens.

Vorteil gegenüber Lochstreifen:

— schnellere Eingabe (800—2400 Zeichen/sec)
— einfache Verbesserungsmöglichkeit durch Austauschen der Karte

Neuerdings werden Lochkarten auch zur Archivierung von Mikrofilmen verwandt. Dieser Mikrofilm wird in eine Fensteraussparung der Lochkarte eingesetzt; die Lochungen der Lochkarte enthalten dann nur noch die Klassifizierungsnummer des Filminhaltes.

Magnetband

Die Daten werden über eine Tastatur eingetippt und die einzelnen Zeichen werden direkt auf ein Magnetband geschrieben. Nach Aufzeichnung sämtlicher Daten auf das Magnetband wird das gesamte Band eingelesen.

Lesegeschwindigkeit: ca. 10^5 Zeichen/sec

Das Magnetband weist gegenüber der Lochkarte eine Reihe von Vorteilen auf:

— Magnetbandsortieren schneller und sicherer als Lochkartensortieren
— niedrigere Materialkosten:

1000 m Magnetband (= 20 Mill. Zeichen) kosten ca. 250,— DM
250 000 Lochkarten (= 20 Mill. Zeichen) kosten ca. 1300,— DM

— Magnetband kann jederzeit neu beschrieben werden

Bei Lochstreifen, Lochkarte und Magnetband werden die Daten vom Urbeleg her manuell mittels spezieller Geräte auf den entsprechenden Datenträger geschrieben, was ab einer gewissen Datenmenge umständlich und zeitraubend ist. Wesentlich besser ist es in gewissen Fällen, wenn die Daten nicht neu erfaßt werden müssen, sondern in ihrer Originalform, also vom Urbeleg, gelesen werden können.

Markierungsbeleg

DIN A 4 Blätter oder Formulare in Scheckformat werden manuell (z. B. mit Bleistift) oder maschinell mit Strichmarkierungen versehen und die Belege können in dieser Form mittels eines Beleglesers in die Datenverarbeitungsanlage eingegeben werden.

Lesegeschwindigkeit: 3—10 Belege/sec — in DIN A 4 Format —

Anwendungsgebiete:

— Bestellscheine
— Auftragserfassung
— Marktforschung
— statistische Erhebungen (z. B. Volkszählung, Verkehrszählung)

u. a.

Klarschriftbeleg

Liegen die auf einem Beleg zu erfassenden Daten nicht in Strichmarkierungen vor, sondern in Form eines Textes, können diese Belege mit einem Klarschriftleser in eine Datenverarbeitungsanlage eingegeben werden. Die Daten müssen in genormter Schrift (Druck- oder Schreibmaschinenschrift) oder in einer speziell für die optischen Lesegeräte entwickelten Schriftart wie:

— OCR-A (Optical Character *R*ecognition Typ *A*), OCR-B
— ASA-Schrift (*A*merican *S*tandard *A*ssociation)
— IBM 1428

vorliegen.

Die Klarschriftbelege werden optisch abgetastet, zugleich kann auch ein Sortieren nach bestimmten Kennzahlen erfolgen.

Lesegeschwindigkeit: maximal 27 Belege/sec — in DIN A 6 Format —

Anwendungsgebiete:

— Kreditsektor (Überweisungen, Schecks, Zahlscheine)
— Handelsbereich
u. a.

Magnetschriftbeleg

Magnetschriftleser können nur solche Zeichen lesen, die in einer genormten Schrift wie:

— CMC 7 (Charactère Magnètique Code à Bâtonnets)
— E 13-B

mit magnetisierbaren Farben auf einen Beleg geschrieben sind. Ein großer Vorteil dieser Aufzeichnungsart ist, daß die Belege trotz Verschmutzung ohne auftretende Störeffekte einwandfrei gelesen werden können.

Lesegeschwindigkeit: maximal 27 Belege/sec — in DIN A 6 Format —

Anwendungsgebiete:

— maschinelle Rezeptabrechnung
— Materialscheine
— Überweisungen
u. a.

3.2. Datenträger

Die Struktur der Daten und die Anforderungen, die an den Rechner gestellt werden: die Daten dem jeweiligen Arbeitsgebiet entsprechend auszuwerten bzw. zu verarbeiten, lassen den einen oder anderen Datenträger zur Aufnahme bestimmter Daten am zweckmäßigsten erscheinen.

In diesem Abschnitt werden die einzelnen Datenträger vorgestellt und anschließend wird auf deren Verwendbarkeit eingegangen.

Zunächst werden einige Begriffe erläutert, die für das Verständnis der weiteren Ausführungen notwendig sind.

3.2.1. Begriffserläuterungen

Speicherkapazität

= Fassungsvermögen eines Datenträgers

Die Speicherkapazität gibt die maximale Menge von Daten an, die

in dem betreffenden Speicher bzw. Datenträger festgehalten werden kann.
Einheit: Bit, Zeichen oder Byte, Wort, z. B. 64 KB (*Kilobyte* = 2^{10} Bytes = 1024 Bytes); 64 KW (*Kiloworte* = 2^{10} Worte = 1024 Worte).

Speicherstelle
= Der Ort im Speicher, in dem ein Zeichen (Byte) abgelegt ist.

Speicherzelle
= Der Ort im Speicher, in dem ein Wort abgelegt ist

Speicheradresse
= Nummer einer Speicherstelle bei Zeichen (Byte)-Maschinen, einer Speicherzelle bei Wort-Maschinen.

Zugriffszeit
= Die Zeit, die vergeht, von der Bereitstellung der Speicheradresse durch einen Lesebefehl bis zur Bereitstellung der gewünschten Daten (etwa eines Wortes) durch den Speicher

Zugriffsprinzip
Unter Zugriffsprinzip versteht man das Verfahren, das den Zugang zum Speicher zum Zweck des Lesens oder Schreibens von Daten ermöglicht.

3.2.2. Magnetkern- und Magnetdrahtspeicher

Magnetkern- und Magnetdrahtspeicher sollen hier nicht getrennt beschrieben werden, da in dem Abschnitt Datenträger nicht so sehr auf technische Einzelheiten eingegangen werden soll, als vielmehr auf die verschiedenen Verwendungsmöglichkeiten der einzelnen Datenträger.

Bei Magnetkern- und Magnetdrahtspeicher basiert das Speicherungsprinzip auf der Remanenz magnetischer Werkstoffe. Unter der Remanenz versteht man den Restmagnetismus, der nach Abschalten des magnetisierenden Erregerstromes in einem ferromagnetischen Material zurückbleibt.

Magnetkern- und Magnetdrahtspeicher werden eingesetzt als
— adressierbare Speicher
— assoziative Speicher

Adressierbarer Speicher als Arbeitsspeicher

Der Arbeitsspeicher dient dazu, die momentan benötigten Daten und Programme zu speichern. Dieser Speicher besitzt zu jeder Zelle gleiche kurze Zugriffszeiten (Magnetkernspeicher ca. 0,4 Mikrosekunden, Magnetdrahtspeicher ca. 0,1 Mikrosekunden).

Der Arbeitsspeicher kann untergliedert sein in *Haupt-*, *Schnell-* und *Zwischenspeicher* (Abb. 3-2).

ARBEITSSPEICHER

HAUPTSPEICHER	SCHNELLSPEICHER	ZWISCHENSPEICHER
Funktion: Speicherung residenter Betriebssystemfunktionen	*Funktion:* Kurzzeitiges Abspeichern von Registerinhalten	*Funktion:* Verwendung von E/A-Operationen
Kapazität: mittel bis groß	*Kapazität:* klein	*Kapazität:* klein
Zugriffszeit: 400 Nanosekunden bis 20 Mikrosek.	*Zugriffszeit:* 50 bis 500 Nanosekunden	*Zugriffszeit:* ca. 500 Nanosekunden

Abb. 3-2 Mögliche Untergliederung eines Arbeitsspeichers

Der *Hauptspeicher* übernimmt in erster Linie außer den zur Verarbeitung anstehenden Programmen den arbeitsspeicherresidenten Teil des Betriebssystems; also die Funktionen des Betriebssystems, die zur Funktionsfähigkeit einer Rechenanlage unbedingt notwendig sind. Die Zugriffszeit bewegt sich in Abhängigkeit von der Anlage zwischen 400 Nanosekunden und 20 Mikrosekunden.

Der *Schnellspeicher* ist ein Speicher geringer Kapazität und hat die primäre Aufgabe, Registerinhalte kurzzeitig zu reservieren. Die Zugriffszeit liegt im Bereich von 50 bis 500 Nanosekunden.

Der *Zwischenspeicher* dient zur Aufnahme nur kurzzeitig zu speichernder Information und wird bei der Ausführung von Ein- und Ausgabeoperationen angewandt. Die Zugriffszeiten liegen bei ca. 500 Nanosekunden.

Assoziativer Speicher

Der assoziative Speicher unterscheidet sich von allen hier genannten in der Art des Zugriffs. Bei den assoziativen Speichern werden die gesuchten Daten nicht mit Hilfe von zahlenmäßigen Adressen ermittelt, sondern die Information selbst oder ein Teil derselben dient zum Auffinden der gesuchten Daten. Man unterscheidet zwischen Speichern, die voll assoziativ sind und solchen, bei denen ein assoziativer Teil mit einem adressierbaren Arbeitsspeicher verbunden ist. Zum Beispiel kann ein Satz einer Datei unter Angabe des zu diesem Satz gehörenden Schlüsselwortes assoziativ gefunden werden. An einem einfachen Beispiel eines assoziativen Speichers mit nur 5 Wörtern und einer Wortlänge von 6 Bits soll gezeigt werden, wie ein assoziativer Speicher arbeitet. Abb. 3-3 soll dies etwas veranschaulichen.

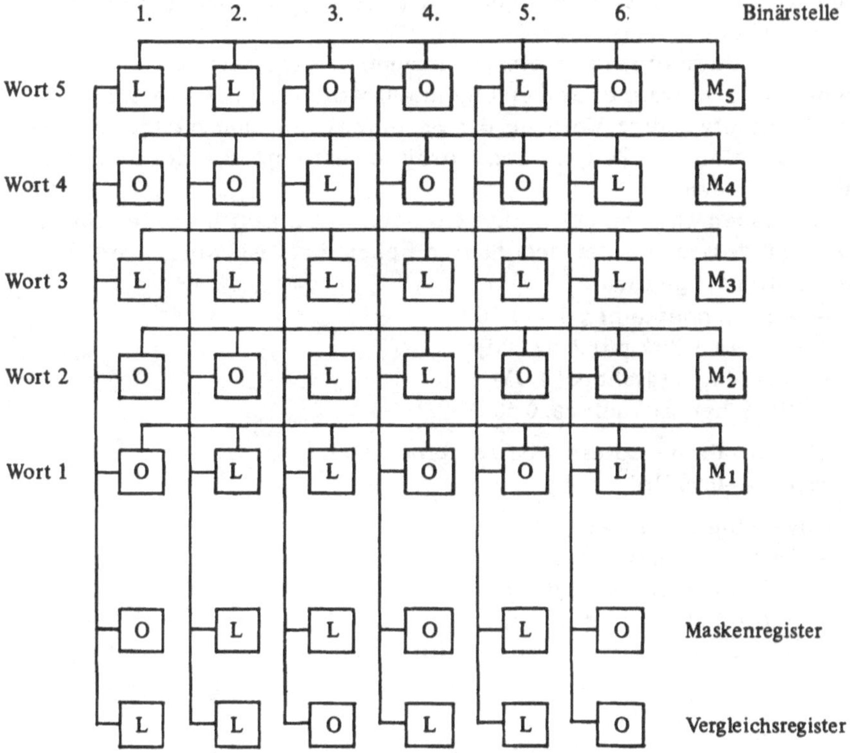

Abb. 3-3 Struktur eines assoziativen Speichers

In das Vergleichsregister wurde das aufzusuchende Vergleichswort (LLOLLO) eingespeichert. Jedes Bit dieses Vergleichswortes ist mit den stellengleichen Bits sämtlicher im assoziativen Speicher befindlichen Worte verbunden. Falls das aufzusuchende Schlüsselwort nicht vollständig bekannt ist oder nicht alle Bits zum Vergleich herangezogen werden sollen, wird an die Stelle der nicht zu vergleichenden Binärstellen im Maskenregister eine „0" gesetzt. Zunächst werden die ersten Binärstellen der fünf Worte mit dem ersten Bit des Maskenregisters und dem des Vergleichsregisters *gleichzeitig* überprüft, danach werden die zweiten Binärstellen geprüft usw. Überall dort, wo ein Wort mit dem Vergleichswort an den im Maskenregister gekennzeichneten Binärstellen übereinstimmt, wird ein Signal M gesetzt (in unserem Beispiel M 5).

Genauso wie eine Prüfung auf vollständige oder teilweise Identität möglich ist, kann auch eine Überprüfung auf „kleiner" oder „größer" erfolgen.

Es gibt auch assoziative Speicher mit zwei Vergleichsregistern; hier können diejenigen Wörter des Speichers ausgesucht werden, deren numerischer Wert sich zwischen den zwei angegebenen Vergleichswörtern bewegt.

Da der Suchvorgang in einem einzigen Zyklus beendet ist, spielt es keine Rolle, in welcher Reihenfolge die Daten gespeichert sind. Der sonst recht zeitaufwendige Vorgang des Sortierens fällt demzufolge hier weg. Ebenso entfällt die Zeit, die sonst benötigt wird, um die richtige Adresse herauszufinden.

Wir haben aus den genannten Gründen einen sehr schnellen Speicher vor uns, dessen Nachteil jedoch sein hoher Preis ist. Kosten pro Bit bei assoziativem Speicher

- aus Magnetkernen 9—17 DM
  (in naher Zukunft 5—7 DM)
- aus Magnetdraht ca. 4 DM
  (in naher Zukunft ca. 0,50 DM)

Kosten pro Bit bei adressierbarem Arbeitsspeicher:
ca. 0,10—0,50 DM

Anwendungsgebiete:

- Informationssysteme
  - Dokumentationssysteme
  - Katalogerstellung
  - Assoziative Recherchen strukturierter Daten

  u. a.
- Sprachübersetzung
  - Fremdsprachenübersetzung
  - Zeichenübersetzung
  - Übersetzung von mnemotechnischen Codes in Maschinencode

  u. a.
- Militär, zivile Flugsicherung
  - Command and Control
  - Flugüberwachungskontrolle

  u. a.

3.2.3. Magnetschichtspeicher

Das technische Prinzip dieser Speicher ist von einigen Details abgesehen bei allen Speichern dieser Art gleich. Als Aufzeichnungsmedium dient eine dünne magnetisierbare Schicht. Mittels eines Magnetkopfes wird in Richtungsabhängigkeit des Stromes, der durch die Schreibwicklungen geleitet wird, die magnetisierbare Schicht in der einen oder anderen Richtung „gesättigt" (Remanenz).

Der Lesevorgang geht so vor sich, daß in der Lesewicklung des Magnetkopfes durch Vorbeibewegen der magnetisierbaren Schicht kleine Spannungsimpulse erzeugt werden, die in die beiden Dualwerte umgewandelt werden.

All diesen magnetomotorischen Speichern ist gemeinsam, daß ein direkter Zugriff wie im Arbeitsspeicher nicht möglich ist. Als kleinste adressierbare Einheit dient hier nicht ein Wort oder ein Zeichen, sondern mittels eines Lesebefehls muß mindestens ein Block adressiert werden. Bei Magnettrommel, Magnetplatte und Magnetkarte, den sogenannten Randomspeichern, ist solch ein Block direkt zu adressieren; bei dem Magnetband kann dieser Block nur rein sequentiell gefunden werden.

Magnetband

Der Magnetbandspeicher stellt einen bevorzugten Großspeicher dar, der bei relativ geringen Kosten die Speicherung großer Datenmengen erlaubt. Durch die Austauschbarkeit des Datenträgers ist eine theoretisch unbegrenzte Speicherkapazität vorhanden.

Das Band wird gelesen bzw. beschrieben, indem es von einer Spule abgewickelt und an Lese-/Schreibköpfen vorbeigeführt von einer zweiten Spule wieder aufgewickelt wird. Das Band ermöglicht nur rein sequentielle Verarbeitung, daher ist es zweckmäßig, es mit Daten zu beschreiben, die fortlaufend gelesen werden müssen. Werden Daten gesucht, die in der Mitte oder erst am Ende des Bandes gespeichert sind, müssen sämtliche davor stehenden Blöcke überlesen werden, was natürlich einen zusätzlichen Zeitaufwand erfordert, der in der Größenordnung von einigen Minuten liegen kann.

Die Kapazität eines Bandes von 1000 m Länge beträgt ca. 10^7 Zeichen.

Magnetplatte

Bei diesem Datenträger werden die Daten auf den Ober- und Unterflächen rotierender Platten aufgezeichnet.

Es wird unterschieden zwischen:
— Festplatten mit beweglichen Magnetköpfen
— Festplatten mit festen Magnetköpfen
— Wechselplatten

Bei Festplatten können verständlicherweise größere Plattendurchmesser verwandt und demzufolge größere Datenmengen aufgezeichnet werden als bei Wechselplatten, die wegen ihrer Austauschbarkeit leicht zu handhaben sein müssen.

Ein auswechselbarer Plattenstapel besitzt in der Regel eine Kapazität von 10^7 Zeichen.

Die Zugriffszeiten der Magnetschichtspeicher mit direktem Zugriff setzen sich aus folgenden Faktoren zusammen:

— Latenzzeit
— Einstellzeit des Magnetkopfes auf die gewünschte Spur

Die Latenzzeit errechnet sich im Mittel aus der halben Umdrehungszeit des Speichermediums.

In Abhängigkeit der Anordnung der Magnetköpfe werden folgende Zugriffszeiten erreicht:

Bei *freibeweglichen* Magnetköpfen:

— Wird jeder Plattenseite nur ein Magnetkopf zugeordnet, werden folgende Zugriffszeiten erzielt:
  • bei Festplatten 70—180 ms
  • bei Wechselplatten 30—100 ms
— Werden jeder Plattenseite zwei, drei oder mehr Magnetköpfe zugeteilt, reduziert sich die Einstellzeit dementsprechend.

Bei *feststehenden* Magnetköpfen:

Bei den feststehenden Magnetköpfen wird jeder Spur ein Magnetkopf zugeteilt. Die Zugriffszeiten werden dadurch erheblich reduziert, da Einstellzeiten entfallen.

Es werden Zugriffszeiten von 15—30 ms erreicht.

Um diese Zeiten noch zu verkürzen, werden bei einigen Platten jeder Spur pro Plattenseite mehrere feststehende Magnetköpfe zugewiesen. Sind über jeder Spur vier feststehende Magnetköpfe angeordnet, können Zugriffszeiten bis herab zu 2,5 ms erreicht werden.

Magnettrommel

Die Magnettrommel zählt zu den schnellsten der hier behandelten Magnetschichtspeicher.

Eine magnetisierbare Schicht befindet sich an der Oberfläche einer Trommel, die ständig um ihre Achse rotiert. Auch hier kennt man wie bei den Magnetplatten feststehende und freibewegliche Magnetköpfe.

Bei der Magnettrommel mit feststehenden Magnetköpfen ist jeder Spur mindestens ein Magnetkopf zugeordnet. Die mittlere Zugriffszeit errechnet sich aus der halben Umdrehungszeit der Trommel (= Latenzzeit). Um möglichst kurze Zugriffszeiten zu erreichen, muß sich die Trommel mit maximal erreichbarer Geschwindigkeit drehen. Wegen der dabei auftretenden Zentrifugalkräfte können nur Zylinder mit kleinen Durchmessern verwandt werden. So erreicht man geringe Kapazitäten, dafür aber schnelle Zugriffszeiten. Bei einer Drehzahl der Trommel von 3000—10 000 Umdrehungen/min werden Kapazitäten von etwa 10^6—10^7 Zeichen und mittlere Zugriffszeiten von 3—10 ms erzielt.

MAGNETBANDSPEICHER				
Hersteller	Burroughs B421	Honeywell 804-4	Telefunken MDS 252-440	Univac Uniservo III
Kapazität (Z)	2×10^7	$1{,}7 \times 10^7$	2×10^7	$2{,}1 \times 10^7$
Übertragungsrate (Z/s)	66 000	90 000	80 000	86 000

MAGNETPLATTENSPEICHER				
Hersteller	Siemens 4004/564	IBM 2305-1	Telefunken WSP 220	Bull-GE DSU 250
Wechsel-/Festpl.	W	F	W	F
Kapazität (Z)	$7{,}25 \times 10^6$	$5{,}4 \times 10^6$	6×10^6	2×10^8
Übertragungsgeschwindigkeit (Z/s)	156 000	3 000 000	122 000	306 000
Zugriffszeit (ms)	100	2,5	97,5	116

MAGNETTROMMELSPEICHER				
Hersteller	Univac FH 432	Siemens 563-13	Bull-GE MD 30	IBM 2301
Kapazität (Z)	$1{,}2 \times 10^6$	$1{,}5 \times 10^6$	6×10^6	4×10^6
Übertragungsgeschwindigkeit (Z/s)	1 200 000	175 000	370 000	1 200 000
Zugriffszeit (ms)	4,25	10,3	8,5	8,6

MAGNETKARTEN-/MAGNETSTREIFENSPEICHER				
Hersteller	Siemens 568-11	IBM 2321	NCR 353/5	Bull-GE Bullrac
Karten/Streifen	K	S	K	K
Kapazität (Z)	536×10^6	400×10^6	$5{,}5 \times 10^6$ AZ 8×10^6 NZ	340×10^6
Übertragungsgeschwindigkeit (Z/s)	70×10^3	55×10^3	100×10^3 AZ 150×10^3 NZ	80×10^3
Zugriffszeit (ms)	508	300	110	215

Abb. 3-4 Daten von Magnetschichtspeichern
AZ = Alphanumerische Zeichen, NZ = numerische Zeichen

Magnetkarte

Sie stellt einen billigen auswechselbaren Datenträger dar, der überall dort Verwendung findet, wo verhältnismäßig lange Zugriffszeiten in Kauf genommen werden können. Dem Magnetkartenspeicher liegt das Prinzip eines Magnettrommelspeichers zugrunde, der einen auswechselbaren Zylindermantel benutzt.

Als Speichermedium dient hier nicht direkt die Oberfläche einer Trommel, sondern die Oberfläche von Magnetkarten, die sich in Magazinen befinden und von denen bei Anforderung jeweils eine auf die Trommel gespannt wird. Die Magnetkarten hängen im Magazin an drehbaren Stangen; an ihrem oberen Rand sind die Magnetkarten so eingekerbt, daß durch entsprechendes Drehen der Stäbe die gesuchte Karte herunterfällt (elektromechanische Adressierung). Die gewählte Karte wird nun zur rotierenden Trommel transportiert und durch Unterdruck im Innern der Trommel angesaugt. Nach dem Lese- oder Schreibvorgang wird sie zurück zur Trommel transportiert.

Die Zugriffszeit setzt sich aus folgenden Faktoren zusammen:

— Kartenauswahlzeit
— Transportzeit zur Trommel
— Einstellzeit
— Latenzzeit

Die Zugriffszeiten betragen zwischen 100 ms und 500 ms. Durch die Austauschbarkeit der Magazine stellt der Magnetkartenspeicher einen Massenspeicher von theoretisch unbegrenzter Größe dar.

Bei IBM werden statt dieser Magnetkartenspeicher sogenannte Magnetstreifenspeicher verwendet. Das Speichermedium bilden hier streifenförmige Folien, die in runden Magazinen karusselartig untergebracht sind. Der gewünschte Streifen aus dem Magazin wird auf eine rotierende Trommel gespannt und ähnlich der Magnetkarte verarbeitet.

Zusammenfassung und Vergleich der Magnetschichtspeicher

Abb. 3-4 soll einen Überblick über die Daten der Magnetschichtspeicher führender Herstellerfirmen geben.

Die für den Datenträger wesentlichen Gesichtspunkte sind:

— Kapazität
— Zugriffszeit
— Zugriffsart
— Übertragungsrate
— Kosten

Im Nachfolgenden wird versucht, diese wichtigen Faktoren in prägnanten Abbildungen zusammenzufassen. Der Leser möge bitte aus den dort aufgeführten Relationen die diesen Medien charakteristischen Eigenschaften entnehmen.

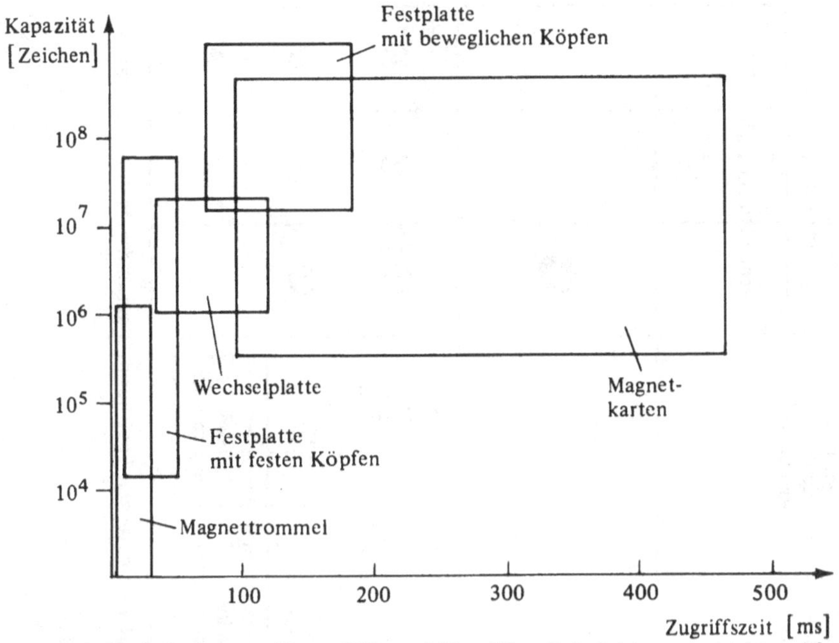

Abb. 3-5 Verhältnis von Kapazität und Zugriffszeit bei Magnetschichtspeichern mit direktem Zugriff

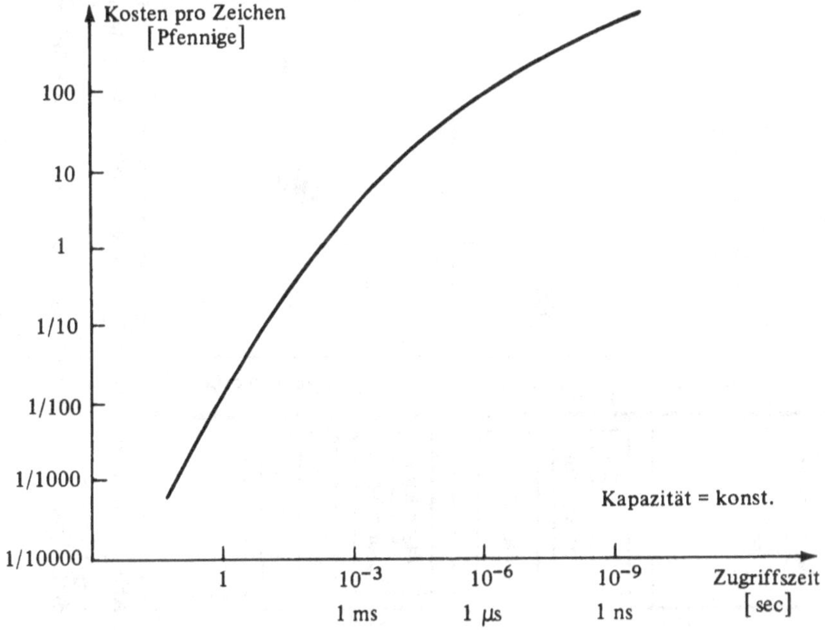

Abb. 3-6 Verhältnis von Zugriffszeit und Kosten

Externes Speichermedium	Zugriff	mögliche Speicherungsformen: starr sequentiell	mögliche Speicherungsformen: logisch sequentiell	mögliche Speicherungsformen: gestreut	Adressierungsverfahren für Randomspeicher	Prinzip des Zugriffs bei Randomspeichern	mögliche Verarbeitungsformen: starr sequentiell	mögliche Verarbeitungsformen: logisch sequentiell	mögliche Verarbeitungsformen: wahlfrei
Lochkarte / Lochstreifen	SERIELL	●					●		
Magnetband									
Magnetkarte / Magnetstreifen	RANDOM				Adress-indices	Index-tabellen	⊗	⊗	●
Wechselplatte / Festplatte		⊗	●	●	direkte Adressierung	Schlüssel direkt	⊗	⊗	●
Trommel					indirekte Adressierung	Schlüssel umgerechnet			●

Abb. 3-7 Speicherungs- und Verarbeitungsform in Abhängigkeit vom externen Speichermedium und gewähltem Adressierungsverfahren

● übliche ⊗ mögliche Speicherungs- oder Verarbeitungsform

Die in Abb. 3-7 aufgeführten Termini über Speicherungs- und Verarbeitungsformen werden in Abschnitt 4 erklärt.

3.2.4. Optische Speicher

Durch das Vordringen der Datenverarbeitung in Bereiche, in denen man mit immensen Datenmengen konfrontiert ist, z. B. Literaturdokumentation, ist der Einsatz mit den bisher beschriebenen Datenträgern schon aus Kostengründen nicht mehr gerechtfertigt.

Einige Beispiele sollen dies veranschaulichen:

— Der Inhalt eines Brockhaus-Bandes, der aus 6×10^8 bit besteht, kann auf drei Magnetbändern untergebracht werden.

— Will man die Bibliothek eines Forschungsinstitutes (ca. 10^{12} bit) abspeichern, so wären dazu 5000 Magnetbänder notwendig.

— Die Gesamtbibliothek einer großen Universität (ca. 10^{14} bit) entspricht einer Datenmenge, die man nur auf 500 000 Magnetbändern unterbringen könnte.

Diese Datenmengen machen wohl deutlich, daß man Aufzeichnungsverfahren zu entwickeln hat, die eine sehr viel höhere Bitdichte zulassen als die schon beschriebenen Datenträger. Die Speicherdichte von optischen Speichern ist prinzipiell nur von der Grenze der optischen Auflösung, d. h. des minimalen Bildpunktdurchmessers abhängig, der gleich der halben Wellenlänge des verwendeten Lichtes ist [80], [79]. Bei Verwendung von ultraviolettem Licht ergibt sich eine theoretische Speicherdichte von 5×10^9 Bits/cm^2.

Da die Übergaberate von EDVA in der Regel nicht über 10^7 Bits/sec liegt, kann man mit Rücksicht auf die Schreib- und Leseoptik sich mit niederen Speicherdichten zufrieden geben. Die heute sich in der Entwicklung befindlichen optischen Speicher [81], [98] besitzen demzufolge eine Speicherdichte von 5×10^6 Bits/cm^2, die somit um einen Faktor von mehr als 100 gegenüber dem Plattenspeicher und mehr als 1000 gegenüber dem Magnetband gewinnt. Bei den optischen Speichern erfolgt die Aufzeichnung der Information auf fotografischen Filmen bzw. Platten in Form von hellen und dunklen Punkten.

Das Lesen der Daten erfolgt mittels eines Lichtbündels, das die fotografische Schicht abtastet. Eine Fotozelle hinter dem Film empfängt das durchfallende Licht und wandelt es in binäre Werte um.

Brauchbare Lösungen wurden bisher nur bei Festspeichern erzielt, bei denen das Speichermedium nur einmal beschrieben werden darf. Diese irreversible fotografische Schicht eignet sich sehr gut für permanente Daten und invariante Programme. Je nach dem Verwendungszweck wird der optische Speicher als Intern- oder Externspeicher eingesetzt; bedingt durch seine hohe Speicherdichte wird er in Zukunft noch mehr Bedeutung erlangen.

3.2.5. Speicherhierarchie

Eine Einteilung der Speicher kann nach verschiedenen Gesichtspunkten erfolgen:

— Unterscheidung in Aktiv- und Festspeicher
— Unterscheidung nach Intern- und Externspeicher
— Unterscheidung nach dem Zugriffsprinzip
— Unterscheidung nach technischen Aspekten wie:
  - elektronisch arbeitende Speicher = Primärspeicher
  - rotierende Speicher mit festen Köpfen = Sekundärspeicher
  - rotierende Speicher mit beweglichen Köpfen = Tertiärspeicher
  - sequentiell arbeitende Speicher = Hintergrundspeicher

Die hier vorgenommene Einteilung erfolgt nach funktionellen Aspekten hinsichtlich der Verwendung der Datenträger in Informationssystemen.

In Abb. 3-8 wird diese Einteilung vorgenommen.

Demzufolge unterscheidet man vier Ebenen. Die Notwendigkeit dieser Hierarchie ergibt sich einmal aus den Aufgaben, die eine EDV-Anlage für ein spezielles System zu lösen hat, zum anderen aus der Tatsache, daß der wirtschaftliche Einsatz von EDV-Anlagen in Informationssystemen Speichermedien erfordert, die diesen Aufgaben optimal in ihrem Preis-/Leistungsverhältnis angepaßt sind.

Auf der Ebene der *Primärspeicher* findet man die Arbeitsspeicher und assoziativen Speicher mit Magnetkern oder -draht und die optischen Internspeicher. Diese Speicher haben die Aufgabe mit sehr kurzer Zugriffszeit dem Leit- und Rechenwerk die zur Bearbeitung von Programmen notwendigen Befehle und Daten zur Verfügung zu stellen. Die Speicher dieser Ebene haben sehr kurze Zugriffs-/Zykluszeiten, da diese Zeiten ein wichtiges Kriterium für die Verarbeitungsgeschwindigkeit der Rechenanlage darstellt. Bei den Primärspeichern handelt es sich deswegen um assoziative Speicher oder um Arbeitsspeicher mit direktem Zugriff, deren Zykluszeiten zwischen etwa 20 Mikrosekunden bis hinunter zu etwa 50 Nanosekunden bei Speicherkapazitäten von tausend bis zu einer Million Zeichen betragen.

Die zweite Ebene stellen die *Sekundärspeicher* dar, deren Zugriffszeiten unter 50 Millisekunden liegen und deren Kapazitäten bis zu etwa 50 Millionen Zeichen reichen.

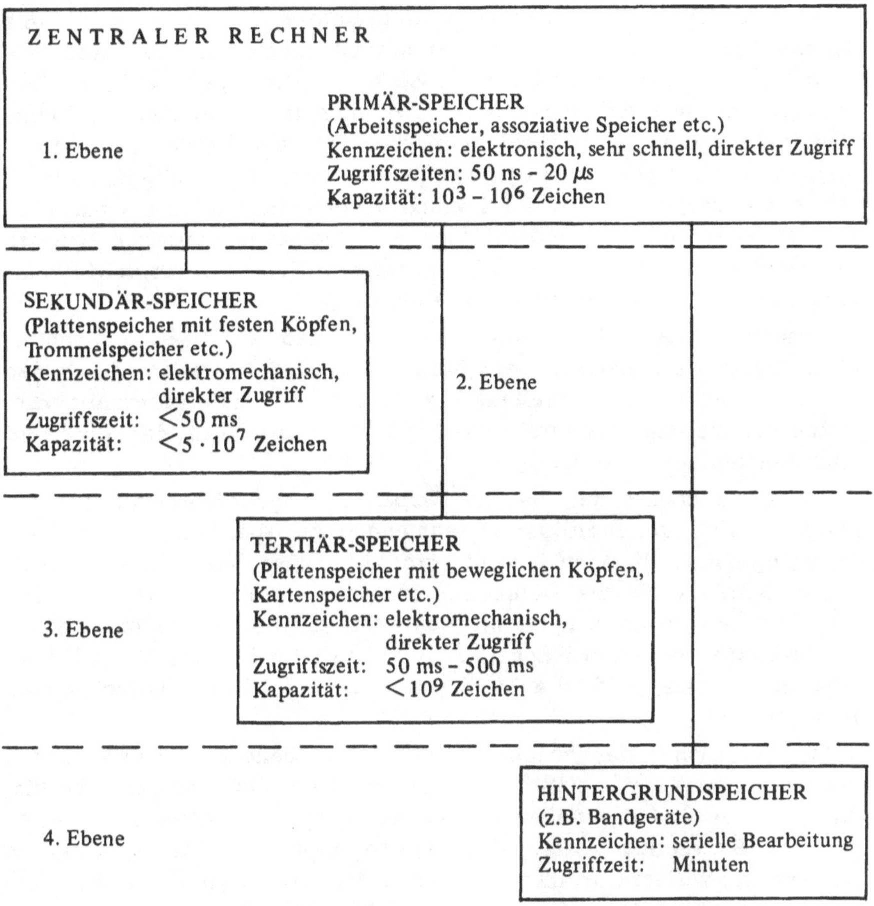

Abb. 3-8 Speicherhirarchie in modernen EDV-Anlagen

Speicher dieser Ebene müssen wegen der Aufgabe, die sie zu erfüllen haben, einen direkten Zugriff besitzen und eine hohe Übertragungsrate gewährleisten.

Diese Eigenschaften werden durch die Magnetplatten- und Magnettrommelspeicher mit festen Köpfen erreicht.

Die Forderung nach schnellen Sekundärspeichern wird in der Zukunft immer mehr anwachsen. Da von der technischen Seite her die Kapazität und die Zugriffszeit bei Magnetplatte und Magnettrommel kaum mehr verbessert werden können, werden in Zukunft in der zweiten Ebene Magnetkern- und Magnetdrahtspeicher als Massenspeicher Zugang finden.

Die Aufgabe dieser sogenannten Großraumspeicher ist in erster Linie darin zu sehen, den Arbeitsspeicher schnell mit neuen Daten und Programmen zu versorgen und Ergebnisse sowie nicht mehr benötigte Programme aus dem Arbeitsspeicher aufzunehmen. In der zweiten Ebene sind insbesondere Programme gespeichert, die den Betrieb der Anlage erst ermöglichen und die aus Kapazitätsgründen nicht ständig im Arbeitsspeicher untergebracht werden können. Außerdem werden bei schnellen EDV-Anlagen die Sekundärspeicher als Datenzwischenträger benutzt, um Ergebnisse kurzzeitig zu puffern, die dann über die vergleichsweise langsamen Peripheriegeräte ausgegeben werden.

Zusammenfassend kann gesagt werden, daß die Sekundärspeicher einen Daten- und Befehlspuffer hoher Kapazität darstellen, durch den ein zeitlicher Integrationseffekt erzielt wird, so daß Informationsbelastungen für die Arbeitsspeicherkapazität hinsichtlich der Ein- und Ausgabe minimiert werden.

Die dritte Ebene, der die *Tertiärspeicher* zugeordnet sind, hat die Hauptaufgabe, umfangreiche Datenmengen zu speichern, deren Verarbeitung einen direkten Zugriff erfordert. Diese Speicherebene dient als Datenträger für die Datenbasis in einem Informationssystem. Die Zugriffszeiten liegen hauptsächlich zwischen 50 Millisekunden und 500 Millisekunden bei einer Kapazität bis zu etwa 10^9 Zeichen. Diese Eigenschaften werden durch die Magnetkarten- und Magnetplattenspeicher realisiert.

Der Unterschied der Peripherie der dritten Ebene zu der der zweiten liegt bei den Magnetplatten an dem weniger aufwendigen Zugriffsmechanismus und der teilweisen Verwendung auswechselbarer Datenträger z. B. Wechselplatte, Magnetkarte. Optische Externspeicher in Kartenform, die ähnlich Magnetkarten in Magazinen untergebracht sind, erlauben direkten Zugriff und sind ebenfalls dieser Ebene zuzuordnen.

Die vierte Ebene wird durch die *Hintergrundspeicher* repräsentiert, deren wichtigstes Kennzeichen die sequentielle Verarbeitung sortierter Datenmengen ist. Der meistverwandte Datenträger dieser Ebene ist das Magnetband.

Das Magnetband als Hintergrundspeicher hat in einem Informationssystem hauptsächlich drei Funktionen zu erfüllen:

1. Konservierungsmedium für die Datenbank (siehe Abschnitt 11)
2. Datenträger für historische Daten
3. Logbuch

Optische Externspeicher in Bandform gestatten nur sequentiellen Zugriff und werden ebenfalls der vierten Ebene zugeordnet.

4. Speicherungs- und Verarbeitungsformen

Bei der Konservierung großer Datenmengen werden stets zwei Fragen von entscheidender Bedeutung sein:

— Wie werden die Daten auf dem Datenträger abgelegt?
— Wie ist der Zugriff auf die einmal abgelegten Daten organisiert?

Die Art der Ablage von Daten auf peripheren Speichern — *Speicherungsform* — und die Möglichkeiten des Zugriffs auf diese Daten — *Verarbeitungsform* — stehen in engem Zusammenhang.

Im allgemeinen wird davon auszugehen sein, daß die Wahl der Speicherungs- und Verarbeitungsform nicht unbedingt frei bestimmbar ist, ergibt sie sich zunächst doch schon aus der Art des tatsächlich zur Verfügung stehenden peripheren Speichermediums. So lassen etwa Lochkarten, Lochstreifen oder Magnetband überhaupt nur eine Speicherungs- und Verarbeitungsform zu, nämlich die starr sequentielle. Die sogenannten Random-Speicher (Magnetplatte, Magnettrommel usw.) jedoch erlauben differenziertere Zugriffsorganisationen, die sich aus jeweils unterschiedlich konstruierten Beziehungen zwischen Ordnungskriterium bzw. Sortierargument (Ordnungsbegriff) und Satzadresse ergeben.

Nach der Art der Einspeicherung auf dem Datenträger lassen sich zwei unterschiedliche Speicherungsformen darstellen, die *fortlaufende* (sequentielle), bei der die Datensätze hintereinander abgelegt werden und die *gestreute* (random), bei der Datensätze jeweils auf einem durch ein Sortierargument ermittelten Platz abgelegt werden. Die verschiedenen Verarbeitungsformen, die sich aus diesen beiden grundsätzlichen Speicherungsmethoden konstruieren lassen, sollen im folgenden dargestellt werden.

4.1. Starr fortlaufende Speicherungs- und Verarbeitungsform

Diese Art der Ablage (auch sequentiell oder consecutive genannt) ist typisch für das Magnetband; sie läßt sich jedoch grundsätzlich auch auf Randomspeichern erreichen. Die Datensätze stehen in der Reihenfolge der Eingabe dicht hintereinander. Sie werden nur durch die technisch bedingten Lücken (Klüfte oder Gaps) getrennt. Es besteht keinerlei Zusammenhang zwischen dem Ort, an dem sich der Satz befindet und dem Ordnungskriterium, das die Reihenfolge des Satzes in der Datei

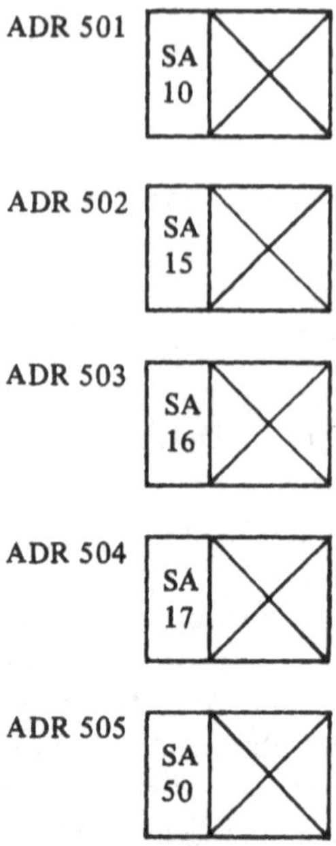

bestimmt. Eine Sortierung der Datensätze (auf- oder absteigend) auf dem peripheren Speichermedium ist nur dann gegeben, wenn der Datenbestand von vornherein sortiert erstellt oder vor der Einspeicherung eine Sortierung vorgenommen wird (Abb. 4-1).

Abb. 4-1 Starr sequentielle Speicherungsform
SA = Sortierargument

Derart gespeicherte Daten lassen sich auch nur starr sequentiell verarbeiten, d. h. die Verarbeitung beginnt beim ersten Satz der angesprochenen Datei und muß sukzessive durchgeführt werden, bis der gesuchte Datensatz gefunden ist. Müssen neue Sätze eingefügt oder sollen nicht mehr aktuelle gelöscht, der Datenbestand also gepflegt werden, so muß der gesamte Bestand auf einem anderen Datenträger neu erstellt werden.

Trotz der hier aufgezeigten Nachteile wird diese Speicherungs- und Verarbeitungsform ihren Platz in der EDV behalten, wenn es darum geht, große Datenbestände zu führen, oder wenn Art und Inhalt der geführten Daten einer schnellen Verarbeitung (etwa bei der Archivierung von Datenbeständen) nicht bedürfen. Schon allein die Kostenrelation sollte hier in zunehmendem Maße eine fortlaufend kritische Bewertung der wirklichen Anforderungen zur Folge haben.

4.2. Logisch fortlaufende Speicherungs- und Verarbeitungsform

Bei dieser Art der Ablage (auch control sequential bezeichnet) stehen die Datensätze eines Bestandes nicht mehr zwangsläufig entsprechend ihrer Sortierfolge hintereinander. Die Sätze werden vielmehr entsprechend der Reihenfolge ihrer Eingabe hintereinander abgelegt, die Sortierfolge jedoch wird über Adreßverweise in Adreßfeldern gewährleistet.

Dies geschieht folgendermaßen:

Jedem Datensatz wird ein Adreßfeld angehängt oder vorangestellt, das die Adresse des ihm gemäß der gewählten Sortierung logisch folgenden Satzes enthält (Abb. 4-2).

Auf diese Weise lassen sich neu einzuspeichernde Sätze durch bloße Änderung der Adreßfelder einfügen. Sätze, die nicht mehr aktuell sind, können ohne weiteres logisch gelöscht werden, indem in das Adreßfeld

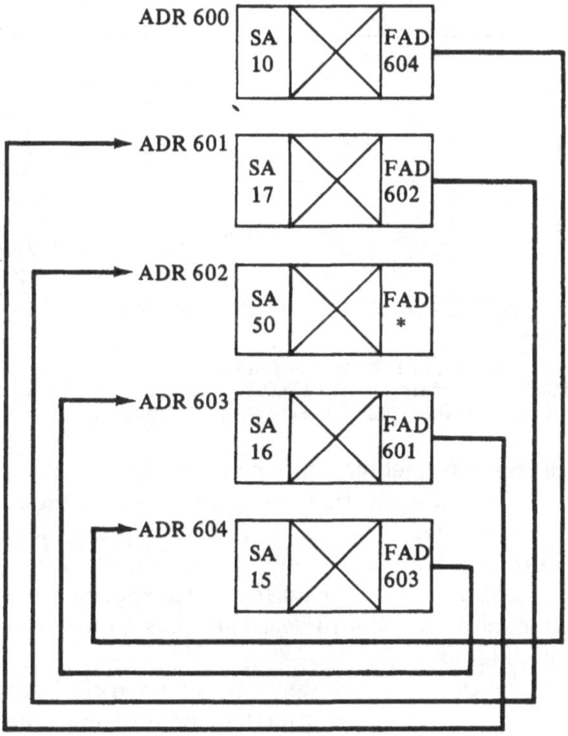

Abb. 4-2 Logisch fortlaufende Speicherungs- und Verarbeitungsform
ADR = Adresse,
SAD = Sortierargument,
FA = Adresse des logisch folgenden Satzes,
* = Endkennzeichen

des logisch voranstehenden Satzes die Adresse des Satzes eingetragen wird, der dem Löschsatz logisch folgt (Abb. 4-3).

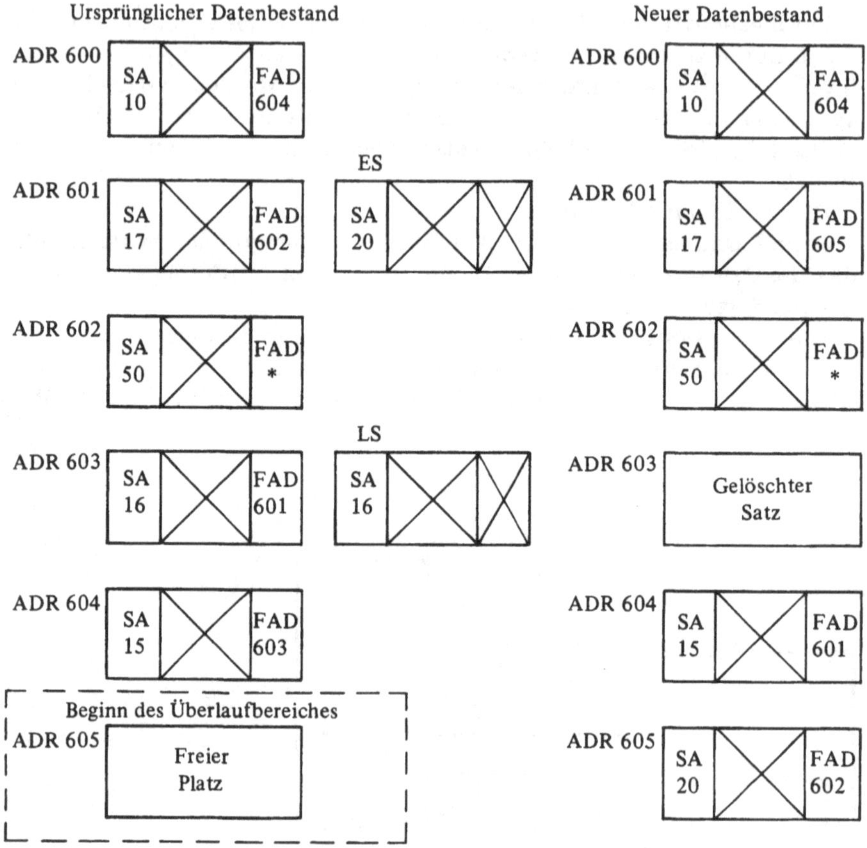

Abb. 4-3 Einfügen und Löschen in einem logisch fortlaufend gespeicherten Datenbestand: ADR = Adresse, SA = Sortierargument, FAD = Adresse des logisch folgenden Satzes, ES = einzufügender Satz, LS = Löschsatz, * = Endkennzeichen

Natürlich muß auf dem Speichermedium für neu einzuspeichernde Sätze tatsächlich auch Platz freigehalten werden. Dies geschieht üblicherweise in besonderen Bereichen, den sogenannten *Überlaufbereichen.* Eine derartige Datenorganisation läßt sich sinnvoll nur auf Speichermedien durchführen, die direkten Zugriff gestatten, also sogenannten Randomspeichern, bei denen sich der Zugriffsmechanismus sofort auf bestimmte Adressen einstellen läßt.

Tatsächlich ist es so, daß sich aufgrund der Bedingungen für die Hardwareadressierung auf dem externen Speicher häufig nicht einzelne logische Sätze direkt ansprechen lassen, sondern nur größere physikalische Einheiten, die sogenannten *Blöcke* oder *physischen Sätze*.

Die Adressen der logischen Sätze setzen sich dann aus den Blockadressen und den einzelnen relativen Satzadressen innerhalb dieser Blöcke zusammen. Auf dem externen Speicher kann dann jedoch nur der gesamte Block angesprochen werden. Die einzelnen darin enthaltenen logischen Sätze werden erst im Kernspeicher adressierbar.

4.3. Die indexsequentielle Speicherungs- und Verarbeitungsform

Teilt man logisch fortlaufend organisierte Datenbestände in mehrere Bereiche (Seiten) auf und speichert sich die Adressen der Datensätze, die gemäß eines Sortierbegriffs am Anfang dieser Bereiche stehen, so ist es nicht mehr erforderlich, jeweils den gesamten Bestand sukzessive zu durchsuchen. Man kann vielmehr eine Tabelle anlegen, in die der jeweils niedrigste Ordnungsbegriff eines solchen Bereichs zusammen mit der Adresse des zugehörigen Datensatzes abgespeichert wird. Die Einheit Ordnungskriterium — Satzadresse bezeichnet man als Adreßindex (Zeiger, Pointer), eine Tabelle, in der derartige Adreßindizes abgelegt werden als Indextabelle (Abb. 4-4).

Auf derartige aufgebaute Datenbestände kann nicht nur logisch fortlaufend, sondern auch direkt zugegriffen werden (index sequential access). Das Ordnungskriterium wird auch als Schlüssel (key) bezeichnet.

Führen die Datenbestände einer Datei neben den Hauptordnungskriterien zusätzlich sogenannte Nebenordnungskriterien, ist es zweckmäßig, auch für diese Nebenordnungskriterien Indextabellen anzulegen. In Abb. 4-5 wird für jeden Satz ein Haupt- und ein Nebenordnungskriterium geführt. Die jeweils niedrigsten Ordnungskriterien eines Bereiches erscheinen in der Primärindextabelle bzw. in der Sekundärindextabelle.

Dies ermöglicht einen Zugriff zu den Datenelementen einer Datei über mehrere Ordnungskriterien. Diese Art der Indizierung wird *Vielfachindizierung* (multiple access) genannt.

Eine erweiterte Form des Vielfachzugriffs bildet die sogenannte *Querindizierung*. Hier ist es möglich, über ein oder mehrere Adreßindizes hinweg auf Datenelemente mehrerer Dateien zuzugreifen.

Kann man mit Hilfe eines Ordnungskriteriums direkt auf Sätze mehrerer Dateien zugreifen, handelt es sich um *mehrdimensionale Indizierung (Adreßstruktur)*.

Sind die Datenbestände, die indexsequentiell organisiert werden sollen, sehr groß, so können auch die Indextabellen in mehrere Bereiche

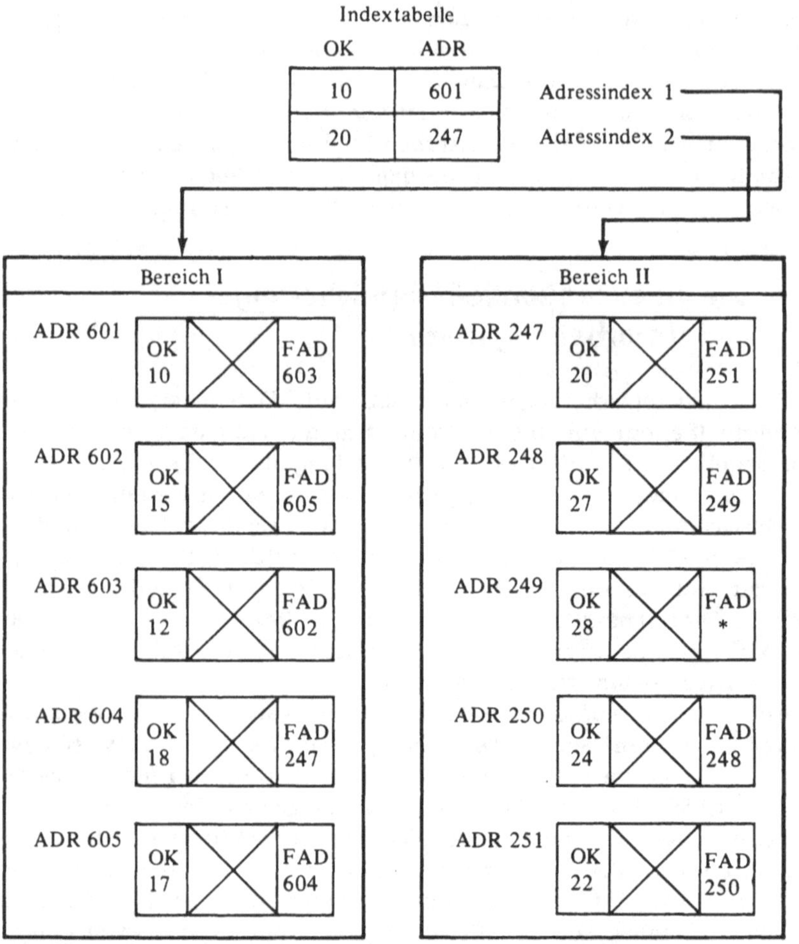

Abb. 4-4 Die index-sequentielle Speicherungs- und Verarbeitungsform: ADR = Adresse, FAD = Adresse des logisch folgenden Satzes, OK = Ordnungskriterium, * = Endekennzeichen

(Seiten) aufgeteilt werden, die wiederum durch Indizes in übergeordneten Tabellen zusammengefaßt werden. Auf diese Weise erhält man eine *mehrstufige Indizierung.* Üblicherweise wird bei mehrstufiger Indizierung mit drei Indexstufen gearbeitet. Diese Indexorganisation ist für Plattenspeicher besonders geeignet.

Die drei Indexstufen bezeichnet man

— Hauptindex (Masterindex)
— Zylinderindex (Index 2. Stufe)
— Spurindex (Index 1. Stufe)

(siehe Abb. 4-6).

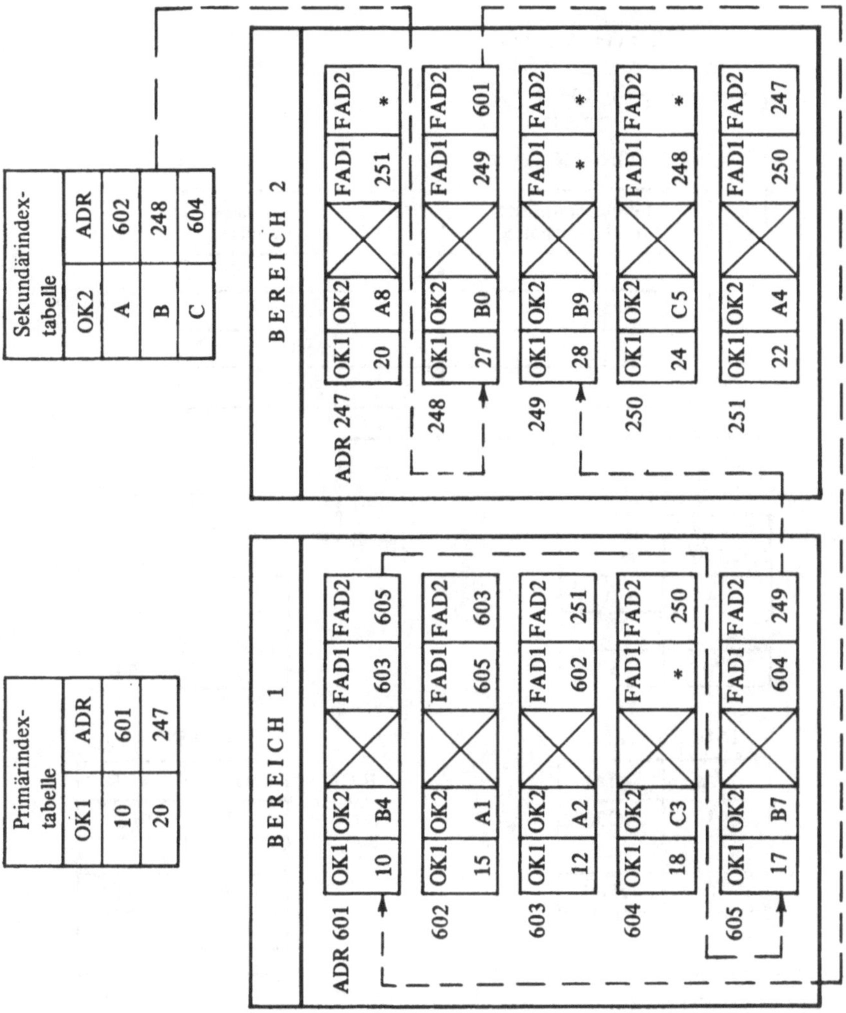

Abb. 4-5
Zugriff über mehrere Indextafeln:
ADR = Adresse;
OK 1 = 1. Ordnungskriterium;
OK 2 = 2. Ordnungskriterium;
FAD 1 = Adresse des gemäß OK 1 logisch folgenden Satzes;
FAD 2 = Adresse des gemäß OK 2 logisch folgenden Satzes.
Die gestrichelten Linien markieren die Verweise des OK 2 „B".

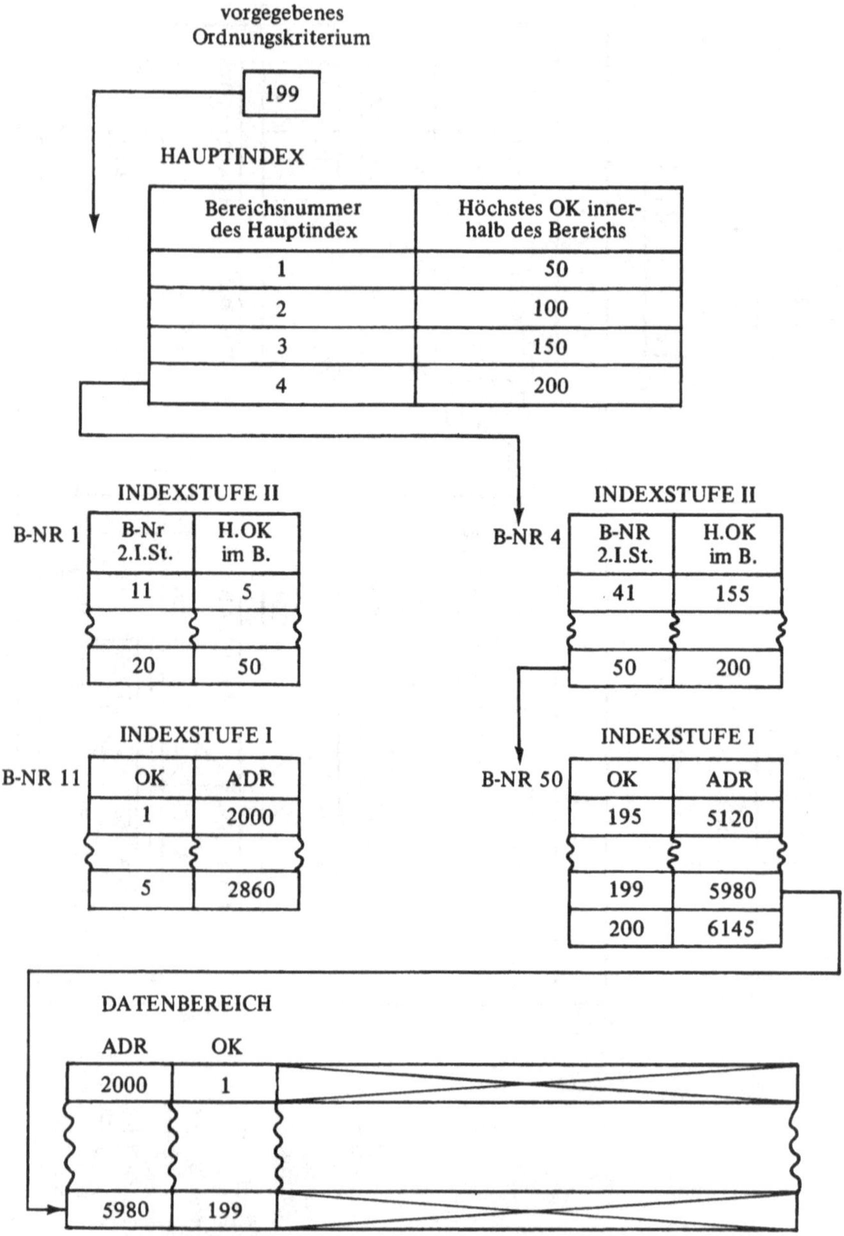

Abb. 4-6 Darstellung einer Datenorganisation mit mehrstufigem Index
OK = Ordnungskriterium, B-NR = Bereichsnummer

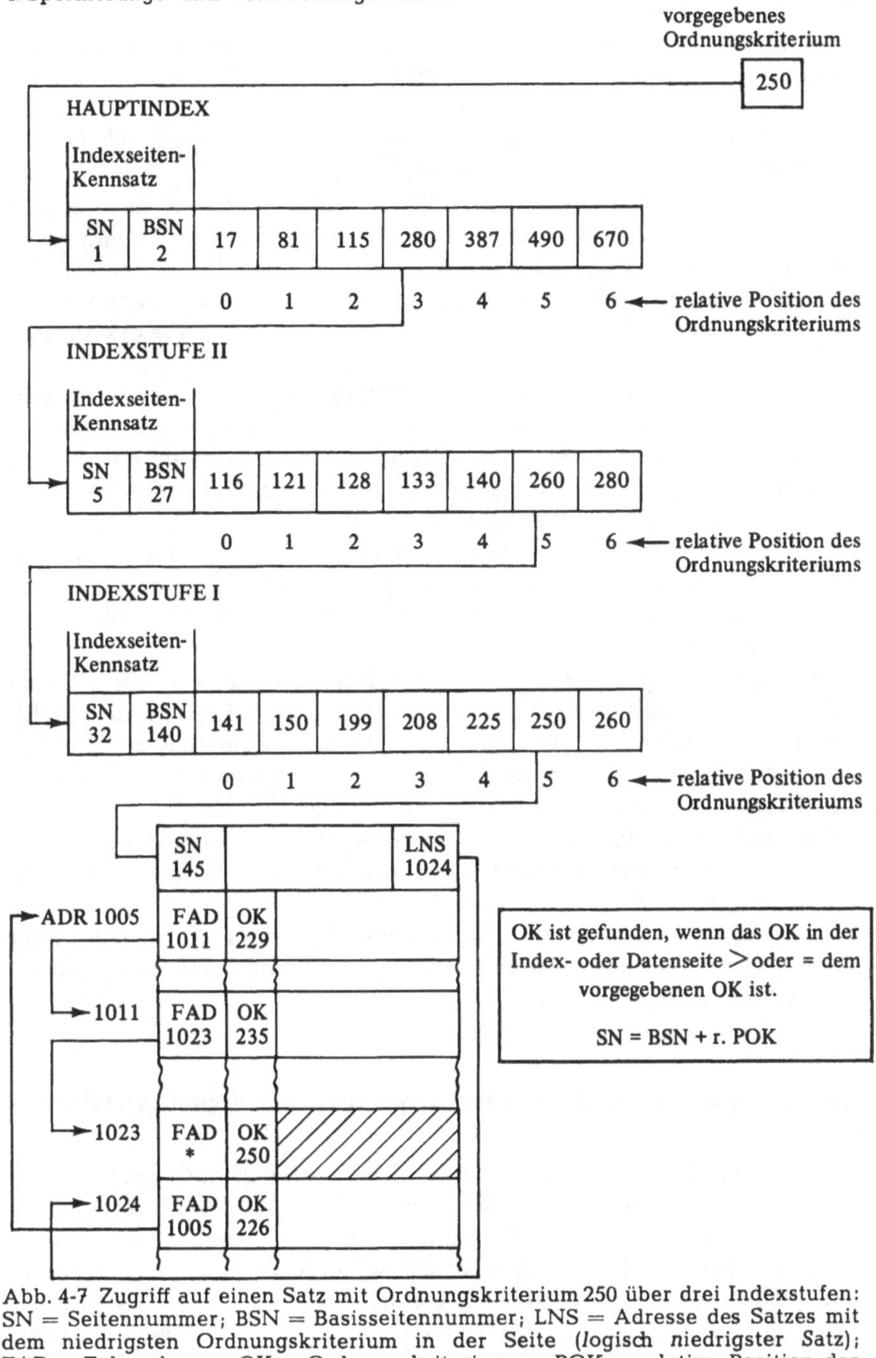

Abb. 4-7 Zugriff auf einen Satz mit Ordnungskriterium 250 über drei Indexstufen: SN = Seitennummer; BSN = Basisseitennummer; LNS = Adresse des Satzes mit dem niedrigsten Ordnungskriterium in der Seite (*l*ogisch *n*iedrigster *S*atz); FAD = Folgeadresse; OK = Ordnungskriterium; r. POK = relative Position des OK in der Indexseite

Im Index 1. Stufe werden das Ordnungskriterium und die Adresse des Datensatzes zusammengespeichert. Der Index 2. Stufe erhält für jeden Bereich der 1. Indexstufe das höchste in ihm geführte Ordnungskriterium. Im Masterindex sind für jeden Bereich der 2. Indexstufe die jeweils höchsten Ordnungskriterien zusammengefaßt.

Wenn man mit Seiten konstanter Länge arbeitet, ist es nicht nötig, die Bereichsadressen in den Indexlisten mitzuführen. Man kann dann einen Seitenkennsatz voranspeichern, in dem die jeweilige Seitennummer und die Basisseitennummer eingespeichert werden. Die Basisseitennummer ist die Seitennummer, auf deren Seite sich das erste Ordnungskriterium in der Indexseite bezieht.

Um den Zugriff möglichst schnell zu halten, wird der Hauptindex häufig kernspeicherresident geführt. Mit seiner Hilfe wird dann der Index II (2. Stufe) in den Kernspeicher eingelesen. Dieser verweist auf den Index I (1. Stufe), von dort hat man dann Zugang zu dem benötigten Datenbereich, der sukzessive durchsucht werden muß.

In Abb. 4-7 wird ein Suchvorgang für einen Satz mit einem bestimmten Ordnungskriterium in einer dreistufigen Indexorganisation mit Seiten konstanter Länge und logisch sequentieller Speicherung der Datensätze aufgezeigt.

Der Suchvorgang verläuft im einzelnen folgendermaßen. Zunächst wird der Hauptindex nach dem vorgegebenen Ordnungskriterium durchsucht. Ein Ordnungskriterium gilt dann als gefunden, wenn das untersuchte Ordnungskriterium in der Indexseite oder im Datensatz größer oder gleich dem vorgegebenen Ordnungskriterium ist.

Die Ordnungskriterien in den Indexseiten sind grundsätzlich aufsteigend sortiert. Die Datensätze sind in der Datenseite logisch sequentiell angeordnet (Adreßverkettung).

Die jeweilige Seitennummer wird ermittelt, indem zur angegebenen Basisseitennummer die relative Position des Ordnungskriteriums in der Indexseite addiert wird.

4.4. Die gestreute Speicherungs- und Verarbeitungsform

Sollen Datenbestände sowohl logisch fortlaufend als auch gestreut verarbeitet werden, bleibt normalerweise nur die im vorausgegangenen Abschnitt dargestellte Zugriffsorganisation über Tabellen. Bei großen Datenbeständen sind diese Zugriffsmethoden jedoch auch bei schneller Bearbeitung des Suchprozesses im Kernspeicher relativ zeitaufwendig.

Sollen die Datenbestände jedoch auch rein gestreut verarbeitet werden und ist sichergestellt, daß Duplikate (Sätze mit gleichem Ordnungsbegriff) nicht auftreten, bieten sich noch andere Zuordnungsverfahren an. Beim gestreuten Speichern und Verarbeiten (random access) werden zwei Adressierungsverfahren unterschieden:

— die direkte Adressierung,
— die indirekte Adressierung.

4.4.1. Die direkte Adressierung (direct adressing)

Sind die Ordnungsbegriffe rein numerisch, ihr Nummernkreis dicht, d. h. zwischen den auftretenden Ordnungsbegriffen bestehen keine großen Lücken und sind etwa ebensoviele Sätze wie Speicherplätze vorhanden, so ist es möglich, den Ordnungsbegriff direkt als Satzadresse zu verwenden (Ordnungsbegriff = Satzadresse). Die Sätze dürfen jedoch nicht länger und möglichst auch nicht wesentlich kürzer sein als die adressierbaren Speicherplätze (Speicherverschnitt ist kostspielig). Weiterhin müssen die Ordnungsbegriffe kleiner sein als die Satzadressen und ihr Nummernkreis darf nicht größer sein als die zur Verfügung stehende Anzahl von Speicherplätzen (Blöcken).

Auf Datenbestände, die in dieser Weise organisiert sind, kann man sowohl fortlaufend als auch wahlweise zugreifen. Für die wahlweise Verarbeitung ergeben sich sehr günstige Suchzeiten, da jeder Satz mit einer Operation gefunden werden kann (durchschnittlicher Zugriff bei wahlweiser Verarbeitung = 1). Derartig günstige Verhältnisse für eine unmittelbaré Verknüpfung von Ordnungskriterium und Satzadresse dürften jedoch in der Praxis äußerst selten auftreten. Doch besteht unter den entsprechenden Voraussetzungen die Möglichkeit, eine Zuordnung zwischen Ordnungsbegriff und Satzadresse auf relativ einfache Weise mittelbar erstellen zu können (Ordnungsbegriff Satzadresse):

— durch Verschiebung:
Hierbei wird auf den Ordnungsbegriff jeweils eine Konstante aufaddiert; liegen z. B. die Ordnungsbegriffe zwischen 500 und 999, die Speicheradressen jedoch in einem Bereich zwischen 60 700 und 61 199, so wird auf den Ordnungsbegriff jeweils die Konstante 60 200 addiert.

— durch Verdichtung:
Hierbei wird der Ordnungsbegriff jeweils durch eine Konstante dividiert. Die zu adressierenden Speicherplätze liegen in einem Bereich zwischen 0 und 199 (200 Blöcke) und die einzuspeichernden Sätze besitzen eine Länge von 16 Worten und enthalten Ordnungsbegriffe von 0 bis 1599. Demnach würde man den Ordnungsbegriff jeweils durch 8 dividieren, um die Blockadresse zu ermitteln. Der ganzzahlige Quotient ergibt die Blockadresse, ein eventueller Rest

den Platz des Satzes innerhalb des Blockes. Der Satz mit dem Ordnungsbegriff 1411 würde also als vierter innerhalb des Blockes mit der Adresse 176 stehen. Der erste Satz in diesem Block hätte den Ordnungsbegriff 1408, der letzte den Ordnungsbegriff 1415 (1 Block = 128 Worte).

Zwischen Ordnungsbegriff und Speicheradresse muß bei der direkten Adressierung stets ein eindeutiger unverwechselbarer Zusammenhang bestehen.

4.4.2. Die indirekte Adressierung (indirect adressing)

Hier muß erst ein Verfahren gefunden werden, das einen Zusammenhang zwischen Ordnungskriterium und Satzadresse schafft. Dieser Zuordnungsvorgang kann automatisch durch einen geeigneten Algorithmus (random generator) geleistet werden. Da derartige Algorithmen normalerweise einen vielstelligen Ordnungsbegriff zu einer Satznummer geringerer Stellenzahl verdichten, muß beachtet werden, daß aus verschiedenen Ordnungsbegriffen gleiche Satzadressen errechnet werden können. Es können sogenannte *Synonyme* entstehen, d. h. Sätze mit an sich verschiedenen Ordnungsbegriffen, die aufgrund des Zuordnungsverfahrens den gleichen Speicherplatz erhalten. Der Algorithmus zur Errechnung der Satzadresse muß also erstens so gewählt werden, daß möglichst selten Synonyme auftreten können. Zur Vermeidung dennoch auftretender Mehrfachbelegungen muß zweitens ein Verfahren zur Speicherung der Synonyme konzipiert werden.

Da bei der indirekten Adressierung kein direkter, unverwechselbarer Zusammenhang zwischen Ordnungskriterium und Satzadresse gegeben ist, ist die Sortierfolge der Sätze zerstört. Man kann also nicht mehr fortlaufend verarbeiten. Bei wahlweiser Verarbeitung ist der durchschnittliche Zugriff > 1, dafür wird jedoch der Speicher dicht belegt.

Wie können die Satzadressen bei der indirekten Adressierung errechnet werden?

Für die Erzeugung der Satznummern bei der indirekten Adressierung gibt es eine ganze Reihe unterschiedlicher Methoden. Hier sollen nur die bekanntesten Verfahren genannt werden:

- Divisions-Rest-Verfahren
- Faltung
- Basistransformation
- Ziffernanalyse
- Stellenauswahlverfahren
- Multiplikationsverfahren
- Gruppierungsverfahren

Der Leser, der sich darüber näher informieren möchte, sei auf [102], [110], [50] verwiesen.

Das wesentliche Unterscheidungsmerkmal liegt zunächst darin, ob nur numerische oder auch alphanumerische Ordnungsbegriffe umgewandelt werden sollen.

Zur Bewertung der tatsächlich angewandten Methode dienen die folgenden Kriterien:

— Sind die Satzadressen gleichmäßig über den Speicher verteilt?

— Liegen die Satzadressen immer im zulässigen Speicherbereich?

Im folgenden soll kurz eines der gebräuchlichsten Zuordnungsverfahren dargestellt werden. Eine genaue Beschreibung aller Möglichkeiten kann hier nicht gegeben werden. Sie würde der angestrebten Übersicht auch nur entgegenwirken.

Das Stellenauswahlverfahren (extracting)

Zunächst müssen die Ordnungsbegriffe sorgfältig analysiert werden. Dabei gilt es, die Stellen innerhalb der Ordnungsbegriffe aufzufinden, die möglichst gut streuen, d. h. die im Idealfall alle Ziffern von 0—9 gleich oft enthalten. Ein Beispiel soll dies veranschaulichen:

Zehnstellige Ordnungsbegriffe sind vorgegeben. Die Anzahl der Datensätze beträgt 18 720, der vorgesehene Speicherplatz 20 000 Sätze. Um diese Sätze zu adressieren, werden fünfstellige Satznummern benötigt, die mittels des Stellenauswahlverfahrens zu errechnen sind.

In Abb. 4-8 werden die fünf am besten streuenden Stellen herausgezogen.

ORDNUNGSBEGRIFF	STELLENAUSWAHL	SATZNUMMER
5250199257	51927	10385
7260218844	72184	14436
9191859369	98539	19707
1280938751	19371	03874
3259589556	35856	07171

Abb. 4-8 Stellenauswahlverfahren

Da in unserem Beispiel nur 18 720 Sätze vorhanden sind, werden die soeben ausgewählten fünfstelligen Nummern mit Faktor 0,2 multipliziert, um somit die Satznummern 0—19999 zu erhalten.

5. Betriebssystem, Betriebsarten, Systemkomponente

Zur Ergänzung der technischen Struktur einer EDVA ist ein Programmkomplex notwendig, der das Betreiben einer modernen Datenverarbeitungsanlage erst ermöglicht. Dieser Programmkomplex heißt *Betriebssystem* und wird vom Hersteller elektronischer Rechenanlagen mitgeliefert. Die Betriebssysteme unterscheidet man je nach Betriebsart, technischer Struktur und vorgesehenem Einsatz des Rechners. Bei Betriebsarten wie Multiprogramming, Time-Sharing und Real-Zeit-Verarbeitung können die Organisations- und Verwaltungsaufgaben eine solche Komplexität erreichen, daß sie für den einzelnen Benutzer nur noch schwer zu überschauen sind.

In diesem Abschnitt werden die Aufgaben eines Betriebssystems erläutert und kurz auf dessen Aufbau eingegangen. Kenntnisse über diese Zusammenhänge sind notwendig, um gewisse Dienstleistungen in einem Datenbanksystem besser verstehen und einordnen zu können. In der Regel erhält ein Datenbanksystem Unterstützung von den im Betriebssystem implementierten Systemdiensten.

5.1. Aufgaben eines Betriebssystems

Unter einem *Betriebssystem* versteht man die Programme einer digitalen Rechenanlage, die zusammen mit den Eigenschaften der Anlage die Basis der möglichen Betriebsarten des digitalen Rechensystems bilden und insbesondere die Abwicklung von Programmen steuern, organisieren und überwachen [9].

Die Steuer-, Organisations- und Überwachungsfunktionen, die bei älteren Anlagen größtenteils vom Operateur übernommen wurden, werden von den heutigen Anlagen in erster Linie autonom behandelt.

Ein Betriebssystem hat im wesentlichen folgende Funktionen zu erfüllen:

(1) Die Zuteilung des vom Benutzerprogramm angeforderten Kernspeicherplatzes und der vom Programm notwendigen Anschlußperipherie

(2) Die Übernahme der Steuerung bei der Multiprogrammverarbeitung

(3) Die Abwicklung von Programmprioritäten

(4) Die Abhandlung von Programmunterbrechungen (Interruptsteuerung)

(5) Fehlerbehandlung bei Ein-/Ausgabeoperationen
(6) Speicherplatzverwaltung der zweiten und dritten Speicherebene
(7) Die Steuerung von Wiederanlaufroutinen
(8) Die Einblendung erforderlicher Bibliotheksprogramme
(9) Die Kommunikation mit dem Bedienungspersonal
(10) Das Laden von Programmen oder Programmsegmenten; die Durchführung von Übersetzungsvorgängen
(11) Allgemeine Überwachungsfunktion wie: Fehlerbehandlung, automatische Testläufe, Speicherschutz

zu (1), (2), (3):

Aufgrund Parameterangaben auf der Steuerkarte des Benutzerprogrammes (job) weist das Betriebssystem dem Benutzer den Kernspeicherbereich zu, den er zum Bearbeiten seines Programms benötigt. Gerade bei den höheren Betriebsarten wie Multiprogramming und Time-Sharing tritt diese Zuweisungsfunktion in den Vordergrund. Desweiteren muß für eine Bereitstellung der vom Programm benötigten Peripheriegeräte gesorgt werden. Die Abwicklung und Behandlung der verschiedenen Programmprioritäten wird ebenfalls vom Betriebssystem gewährleistet.

zu (4), (5), (7):

Stellte der Rechner bei den früheren Anlagen, die im Start-Stop-Betrieb arbeiteten, während des Programmablaufes einen unzulässigen Befehlscode fest, so wurde die laufende Verarbeitung unterbrochen. Der Rechner lief auf einen Fehlerstop und teilte über die Konsole die Speicherstelle und eventuell die Art des Fehlers mit. Der Operateur normierte die fehlerhafte Instruktion, brach das Programm ab und veranlaßte das Laden des nächsten Programmes.

Bei der kontinuierlichen Verarbeitung notiert sich das Betriebssystem den aufgetretenen Fehler und die Speicherzelle, in der dieser auftrat. Über das Normal-Ausgabe-Medium (z. B. Schnelldrucker) wird für den Benutzer eine entsprechende Fehlermeldung ausgegeben und das Betriebssystem veranlaßt durch einen Lesebefehl die sich im Normal-Eingabe-Medium (z. B. Lochkartenleser) eventuell noch befindlichen Datenkarten bis zur Steuerkarte des nächsten Benutzerprogrammes zu überlesen.

Voraussetzung für eine derartige Fehlerbehandlung ist eine zusätzliche Hardware, die automatische Programmunterbrechung (interrupt), notwendig. Bei einer solchen Vorrichtung führt eine Fehlersituation nicht mehr zu einem Maschinenstop, sondern zu einem automatischen Sprung in eine spezielle Routine des Betriebssystems (interrupt-supervisor).

Diese analysiert die spezielle Fehlersituation und bewirkt die Ausgabe einer Fehlerdiagnostik.

Das Vorhandensein einer solchen Interruptsteuerung macht gewisse Betriebsarten (Multiprogramming, Time-Sharing, Real-Zeit-System) erst möglich. Die Unterbrechung in einer Fehlersituation ist nur eine von vielen Möglichkeiten der Programmunterbrechung.

Weitere Gründe können u. a. sein:

— E/A-Operationen
— Verarbeitung von Prioritäten, die eine Unterbrechung von Programmen mit niederer Priorität erforderlich macht
— Stromausfall
— Maschinenfehler, Peripheriegerätefehler
— Supervisor-Aufruf

Bezüglich der Programmunterbrechung muß noch auf die Hierarchie der Interruptbehandlung hingewiesen werden [109]. Es ist jederzeit möglich, daß unterschiedliche Interrupts gleichzeitig auftreten. Dann wird das in der Prioritätshierarchie höher stehende zuerst abgearbeitet, während die anderen vorübergehend zurückgestellt werden.

Fällt eine Datenverarbeitungsanlage während eines Programmablaufes infolge irgendeiner Störung aus, kann nach dem Ausfall das aktuelle Programm nicht ohne weiteres an der Stelle fortgesetzt werden, an der es unterbrochen wurde. Bei einer unvorhergesehenen Programmunterbrechung ist es in der Regel schwierig bzw. unmöglich eine Aussage über den aktuellen Stand der Verarbeitung zu machen. In diesem Fall muß das ganze Programm nochmals geladen und gestartet werden. Das kann bei umfangreichen und zeitaufwendigen Bearbeitungen recht unangenehm sein. Um für solche Eventualfälle gewappnet zu sein, ist die Möglichkeit gegeben, durch Einrichtung von Wiederanlaufpunkten (Fixpunkten), die der Programmierer nach seinem Ermessen im Programm festlegt, die zeit- und kostenmäßigen Nachteile beim Ausfall zu reduzieren. An diesen Fixpunkten werden die in den Registern enthaltenen Zwischenergebnisse und der jeweilig relevante Arbeitsspeicherbereich auf äußere Speicher untergebracht. Da bei einem Maschinenausfall die auf peripheren Speichern abgelegten Daten in der Regel erhalten bleiben, genügt es bei Wiederanlauf die sichergestellten Daten durch spezielle Wiederanlaufroutinen des Betriebssystems dem Benutzer bereitzustellen.

zu (6):

Da die Kapazität des Kernspeichers beschränkt ist und die Betriebssysteme bei hochentwickelten Betriebsarten bis zu $^3/_4$ des Kernspeichers belegen können, wird das Betriebssystem in Module aufgeteilt und nur die relevanten Teile in den Kernspeicher genommen. Diese Teile bezeichnet man als Residenz. Die anderen Module des Betriebssystems werden auf die Sekundärspeicher ausgelagert, wo sie verhältnismäßig schnell zur Verfügung stehen. Da auf den Sekundär- und Tertiärspeichern umfangreiche Daten und Programme (Datenbasis, temporäre und permanente Programmbibliothek, verschiedene Assembler, Compiler, Übersetzer für die Kommunikationssprache usw.) liegen und der Benutzer jederzeit neue Dateien in seinem laufenden Programm eröffnen und anlegen kann, obliegt es dem Betriebssystem eine Verwaltung dieser Speicher zu übernehmen. Diese Funktionen werden von dem Daten-Management des Betriebssystems übernommen. Die Verfügbarkeit eines solchen Daten-Management ermöglicht dem Benutzer sich weniger um die Handhabung notwendiger E/A-Steuerroutinen zu kümmern und sein Augenmerk mehr auf die Lösung seines eigenen Problems zu lenken.

Das Daten-Management enthält neben den erforderlichen Steuerfunktionen spezielle Standardroutinen für die Datenorganisation der E/A-Einheiten. Die meisten Daten-Management Systeme verfügen über eine sequentielle, index-sequentielle und direkte Organisationsform.

Die E/A-Steuerung des Daten-Management übernehmen zwei Arten von Modulen:

— der Physische E/A-Modul (PEAM)
— der Logische E/A-Modul (LEAM)

Der Physische E/A-Modul stellt den zentralen Bestandteil des Supervisors dar und wird zur Residenz des Betriebssystems gezählt. Seine primäre Funktion besteht in der Steuerung der E/A-Anforderungen und der Behandlung von E/A-Unterbrechungen.

Der Logische E/A-Modul ist eine Zusammenfassung logischer Datei-Zugriffsroutinen, die eine Verknüpfung zwischen dem Benutzerprogramm und dem Physischen E/A-Modul herstellen. Diese Routinen werden durch imperative Makros des Benutzerprogrammes aktiviert.

zu (8), (9), (10):

Die für den Betrieb einer EDVA erforderlichen Programme können in Form von Programmbibliotheken auf periphere Speicher (Platte, Band) abgelegt werden. Dabei unterscheidet man in der Regel zwischen der Standard- und der Benutzerbibliothek.

Die Standardbibliothek setzt sich aus ladbaren Programmen zusammen, die in Maschinencode vorliegen, wie z. B. Misch-, Sortier- und Testprogrammen und den mathematischen Programmen (Standardfunktion, Matrizenprogramme u. a.).

Die Benutzbibliothek dient zur Aufnahme von Quell- und Objektprogrammen des Programmierers. Das Bibliotheksprogramm des Betriebssystems hat die Aufgabe die Neuaufnahme, das Ändern und

Löschen dieser Bibliotheken auf den peripheren Speichern zu verwalten. Benötigt ein Programmierer ein Programm aus der Bibliothek, so zeigt er dies dem Betriebssystem durch einen Makroaufruf in seinem Quellprogramm an. Das Einfügen dieses Programmes veranlaßt dann eine spezielle Routine des Betriebssystems (Montierer) automatisch.

Über den aktuellen Ablauf der EDVA kann das Bedienungspersonal ständig vom Betriebssystem unterrichtet werden. Andererseits ist es dem Bedienungspersonal jederzeit möglich, Eingriffe in den augenblicklichen Betriebsablauf vorzunehmen. Dieser Kommunikationsprozeß wird über eine sogenannte Kommandosprache realisiert. Bedienungseinrichtungen, die dies gewährleisten, sind die Konsolschreibmaschine und das Sichtgerät mit Eingabetastatur.

Aufgrund der Steuerkarten des Benutzerprogrammes veranlaßt das Betriebssystem u. a. das Laden von Programmen bzw. Programmsegmenten. Die Funktion des Betriebssystems, die ein Programm zur Ausführung in den Kernspeicher bereitstellt, heißt Ladeprogramm.

Ein zu ladendes Programm kann aus mehreren verschiebbaren Teilprogrammen bestehen, die relativ oder absolut adressiert sein können. Wurden die Teilprogramme getrennt übersetzt und rufen sie sich gegenseitig auf, so obliegt es dem Ladeprogramm, diese Teilprogramme miteinander zu verbinden.

Ein Beispiel soll dies verdeutlichen:

Ein Compiler erzeugt ein Programm in Maschinencode, das mit der Adresse Null beginnt. Wird dieses Programm in den Arbeitsspeicher geladen, so prüft das Ladeprogramm, welcher Kernspeicherbereich frei ist und paßt alle Adressen dieses Programmes dem freien Kernspeicherbereich an. Bei diesem Vorgang stellt das Ladeprogramm fest, welche zusätzlichen Programme eventuell noch zur Programmausführung notwendig sind. Dabei kann es sich um Bibliotheksprogramme handeln, die auf einem peripheren Speicher abgelegt sind. Das Einfügen dieser Programme und die damit verbundene Adressenverschiebung wird vom Ladeprogramm durchgeführt.

5.2. Aufbau eines Betriebssystems

Den Komplex Betriebssystem gliedert man grundsätzlich in zwei Teile auf:

— das Steuersystem
— das Programmsystem

Innerhalb eines Steuersystems übernimmt das E/A-Überwachungsprogramm die umfangreiche Organisation der Ein/Ausgabevorgänge (Abb. 5-1). Das zentrale Überwachungsprogramm, der *Monitor,* bildet den Kern des Betriebssystems und zeichnet sich für die Organisation und Steuerung der überwiegenden Teile der vorher genannten Aufgaben des Betriebssystems verantwortlich. Je nach der Betriebsart sind noch zusätzliche Überwachungsprogramme notwendig.

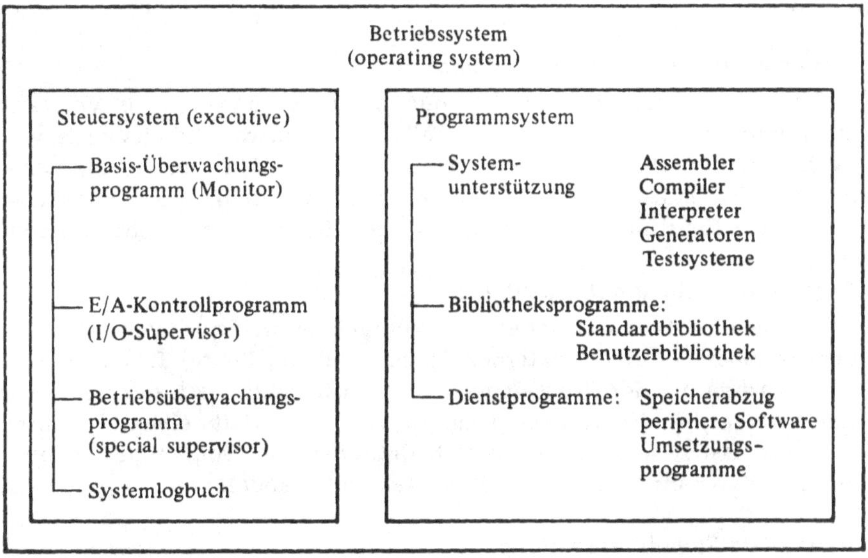

Abb. 5-1 Aufbau eines Betriebssystems

Das Programmsystem dient weitgehend dem Komfort der einzelnen Benutzer einer Datenverarbeitungsanlage.
Es wurde eingangs erwähnt, daß Betriebssysteme, die auf höher entwickelten Betriebsarten angelegt sind, einen Großteil des Kernspeichers belegen können. Um aber den einzelnen Benutzern für ihre speziellen Anwendungen ausreichenden Speicherplatz zu gewährleisten, teilt man das Betriebssystem in einzelne Funktionseinheiten (Module) ein, die auf einem schnellen peripheren Speicher abgelegt sind. Durch den kernspeicherresidenten Teil des Betriebssystems werden immer nur die Betriebssystem-Module geladen, die für die Abarbeitung eines Programmes unbedingt notwendig sind.

5.3. Betriebsarten

Bedingt durch die anwendungsspezifischen Aufgaben und die unterschiedlich technischen Struktur einer EDVA sind Betriebsarten möglich, die nachfolgend beschrieben werden.

5.3.1. Stapelverarbeitung

Unter der Stapelverarbeitung (batch-processing) versteht man das sukzessive, schubweise Abarbeiten mehrerer vorliegender Programme, die im Prinzip auf jedem beliebigen Datenträger gespeichert vorliegen können.

Stapelverarbeitung ohne Prioritäten

Diese Betriebsart der Abarbeitung von Programmen ohne Vorrangsteuerung ist bis heute in vielen Fällen die typische Arbeitsweise von Rechenanlagen. Die verschiedenen Benutzer liefern ihre Programme meist in Lochkarten gestanzt ab und nach der zeitlichen Reihenfolge ihres Eintreffens im Rechenzentrum werden die Programme abgearbeitet.

Stapelverarbeitung mit Prioritäten

Bei dieser Betriebsart liegen die Programme mit Prioritätsklassen gekennzeichnet auf einem externen Speicher (Band, Platte, Trommel) vor. Die Abarbeitung der Programme erfolgt nicht mehr nach der zeitlichen Reihenfolge ihres Eintreffens, sondern in der Prioritätsreihenfolge ihres Aufbaus. Dabei wird gewährleistet, daß wichtige Programme, gekennzeichnet durch ihre hohe Priorität, vorrangig behandelt werden.

Abgesetzte Stapelverarbeitung

Um eine Verkürzung der Reaktionszeit[2] zu erreichen, ist man bei verschiedenen Anwendungen dazu übergegangen, anstelle der Eingabe über Datenträger (off-line) eine direkte Eingabe (on-line) vorzunehmen. Die Eingabe der Programme bzw. der Daten und meist auch die Ausgabe der Ergebnisse erfolgt über Datenendstationen (Terminals). Diese in den einzelnen Abteilungen eines Unternehmens stehenden Terminals (z. B. Sichtgerät bzw. Fernschreiber) sind mit der Rechenanlage entweder direkt oder auch über Fernleitungen verbunden. Diese Betriebsart wird als abgesetzte Stapelverarbeitung (Remote-Batch-Processing) bezeichnet. Typisch für diese Betriebsart bleibt aber weiterhin, daß eine Stapelverarbeitung vorgenommen wird. Es müssen alle für die Abarbeitung eines Programmes notwendigen Daten vollständig in die EDV-Anlage eingegeben werden, bevor mit der Verarbeitung begonnen werden kann. Entsprechend müssen alle Ergebnisse vorliegen, bevor die Ausgabe an das Terminal erfolgt.

Es besteht die Möglichkeit, den einzelnen Stationen unterschiedliche Prioritäten zuzuordnen. Dadurch werden zwar privilegierte Benutzer

[2] Darunter versteht man die Zeit, die von der abgeschlossenen Erstellung der Programme bis zum Beginn der Verarbeitung in der EDVA vergeht.

vorrangig bedient, was aber für die nachfolgenden Benutzer erhebliche Wartezeiten bedeuten könnte.

5.3.2. Multiprogramming

Bei der vorher beschriebenen Betriebsart wurde auf die optimale Ausnutzung des Kernspeichers und der Peripheriegeräte keine Rücksicht genommen. Es ist bekannt, daß die Geschwindigkeiten von Zentraleinheit (Arbeitsspeicher, Rechenwerk, Steuerwerk) und Peripheriegeräten sehr unterschiedlich sind. Erfolgt bei der Stapelverarbeitung eine Ausgabe über ein Terminal, so muß die schnellere Zentraleinheit so lange warten, bis die Ausgabe durch das weitaus langsamere Datenendgerät durchgeführt wurde. Diese Arbeitsweise stellt auch von der wirtschaftlichen Betrachtung her kein optimales Verfahren dar. Dieser Nachteil wird durch die Multiprogramming-Betriebsweise vermieden. Zur gleichen Zeit werden mehrere Programme in den Kernspeicher geladen und, bedingt durch die weitgend unabhängige Arbeitsweise von Zentraleinheit und Peripheriegeräten, „gleichzeitig" bearbeitet. Dabei bedeutet der gleichzeitige Ablauf in Wirklichkeit nur eine verzahnte, zeitlich gegeneinander verschobene Verarbeitung. Während das rechenintensive Programm P_1 die Zentraleinheit belegt, kann das ausgabenintensive Programm P_2 ein Peripheriegerät (z. B. Schnelldrucker) benutzen. Aus Abb. 5-2 ist dieser verzahnte Ablauf ersichtlich.

Um diese Verarbeitung zu ermöglichen, muß ein Organisationsprogramm vorhanden sein, das die zeitliche Zuordnung der Zentraleinheit zu den gleichzeitig im Kernspeicher sich befindenden und zum simultanen Ablauf bestimmter Programme realisiert.

Die Zuordnung erfolgt meist nach Prioritäten; stehen mehrere Programme zur Bearbeitung an, wird das Programm mit der höchsten Priorität ausgewählt.

Das Organisationsprogramm muß eine umfangreiche Überwachung sämtlicher Anlageteile wie Peripheriegeräte, Kernspeicher und externe Speicher verwalten und organisieren.

Neben dieser zusätzlichen Softwareleistung werden auch weitergehende Ansprüche an die Hardware gestellt, wenn die Multiprogrammingverarbeitung nur annähernd effizient arbeiten soll.

Da ein spezielles Objektprogramm nicht jedesmal in denselben Kernspeicherbereich geladen wird, muß von der Hardware her ein Adreßverschiebe- oder *Basisregister* vorhanden sein, dessen Inhalt automatisch zu den Adressen der Speicherzelle addiert wird, bevor zum Speicher zugegriffen wird. Wird ein Programm aktiv, so trägt der Monitor die Anfangsadresse des Kernspeicherbereiches, in den das Programm gela-

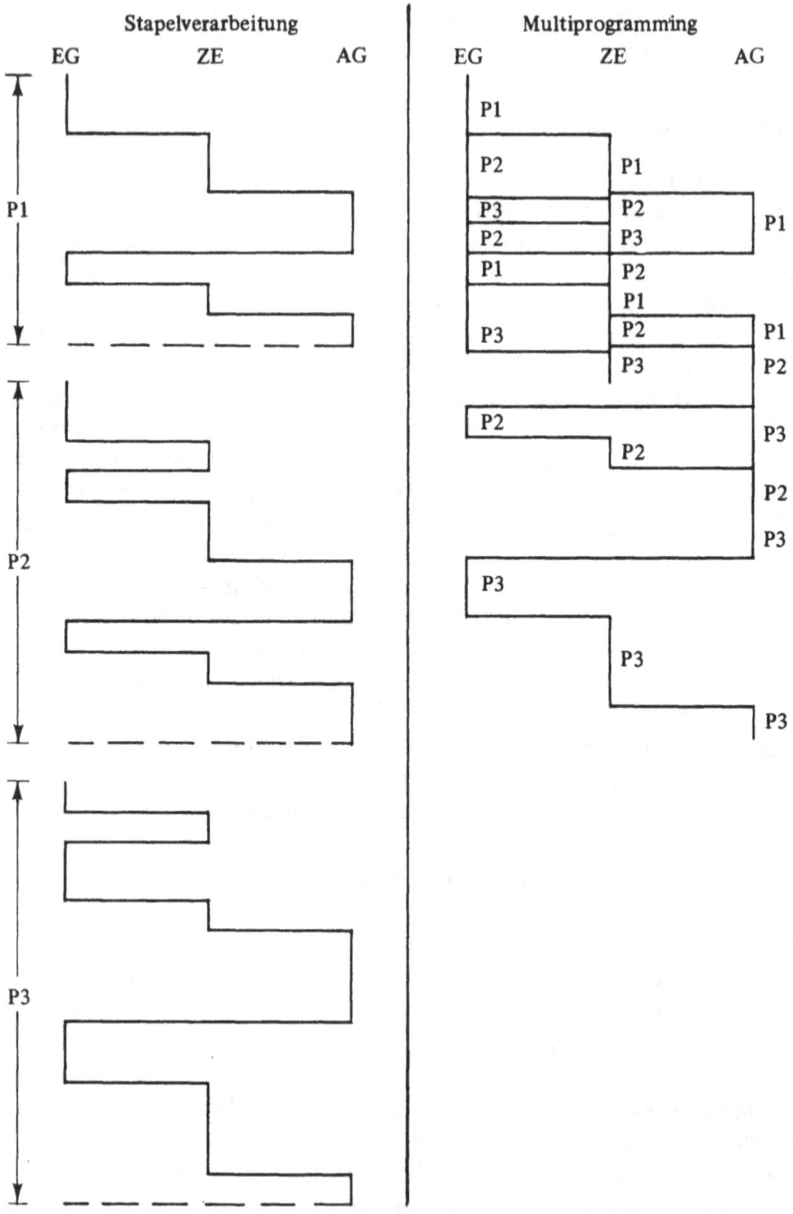

Abb. 5-2 Unterschiedliche Peripherie und Rechnerbelegung von Stapelverarbeitung und Multiprogramming:
EG = Eingabegerät, ZE = Zentraleinheit, AG = Ausgabegerät, Programme = P 1, P 2, P 3, Prioritätsreihenfolge: P 1 > P 2 > P 3

den wurde, in das Basisregister ein. Diesem kann auch noch ein Begrenzungsregister zugeordnet sein, das den Speicherschutz gewährleistet und ebenfalls bei einem aktiven Programm vom Monitor gesetzt wird.

Wird ein Programm P_1, das von der Zentraleinheit gerade bearbeitet wird, von einem anderen Programm P_2 mit einer höheren Priorität unterbrochen, so muß der aktuelle Verarbeitungsstand von P_1 abgespeichert werden. Dieser Bearbeitungsstand ist gekennzeichnet durch die einzelnen Registerinhalte von Akkumulator, Befehlszähler, Indexregister u. a. und muß bei einer erneuten Programmfortsetzung in diese Register wieder zurückgespeichert werden. Zu diesem Zweck ist eine ausgefeilte Unterbrechungssteuerung notwendig, die ebenfalls zu den Verwaltungsaufgaben eines Betriebssystems gehört [8].

5.3.3. Time-Sharing

Die Betriebsart Time-Sharing ist ein Verfahren, das ermöglicht, daß viele Benutzer eine Datenverarbeitungsanlage gleichzeitig benutzen können. Die einzelnen Teilnehmer können dabei — wie bei der abgesetzten Stapelverarbeitung — von räumlich beliebig weit entfernten Außenstationen über Datenfernverarbeitung an das System angeschlossen sein. Wesentlich ist, daß der einzelne Teilnehmer den Eindruck hat, als stünde die gesamte Anlage ausschließlich ihm zur Verfügung. Dies wird technisch durch verschiedene Verfahren realisiert.

Bei dem einen Verfahren, dem sogenannten *Zeitscheibenverfahren* (time slicing), wird die gesamte Verarbeitungszeit der EDVA zunächst in konstante *Grundzyklen* eingeteilt. Die Dauer des Grundzyklus (ca. 5—10 Sekunden) hängt mitunter von der Geschwindigkeit der Rechenanlage und der Anzahl der möglichen aktiven Teilnehmer ab. Während eines Grundzyklus soll jeder aktive Teilnehmer einmal die Möglichkeit haben, vom System Bearbeitungszeit zugeteilt zu bekommen. Zu diesem Zweck wird der Grundzyklus bzw. die Zeitscheibe in Zeitsegmente aufgeteilt und diese Intervalle werden zyklisch oder nach Prioritäten den einzelnen Benutzern zugeordnet (Abb. 5-3). Jedem Benutzer steht für periodisch kurze Zeit die Rechenanlage zur Verfügung. Nach Ablauf des dem Teilnehmer zur Verfügung gestellten Zeitsegmentes wird das Programm unterbrochen und mit der Bearbeitung des nächsten Programmes begonnen.

Nutzt ein Programm das ihm zugeteilte Zeitsegment nicht voll aus — meist wird dies durch EA-Operationen bedingte Wartezeiten hervorgerufen — wird die verbleibende Restzeit dieses Zeitsegmentes entweder dem nächsten Teilnehmer oder dem System für eigene Verwaltungsarbeiten (back-ground routines) überlassen.

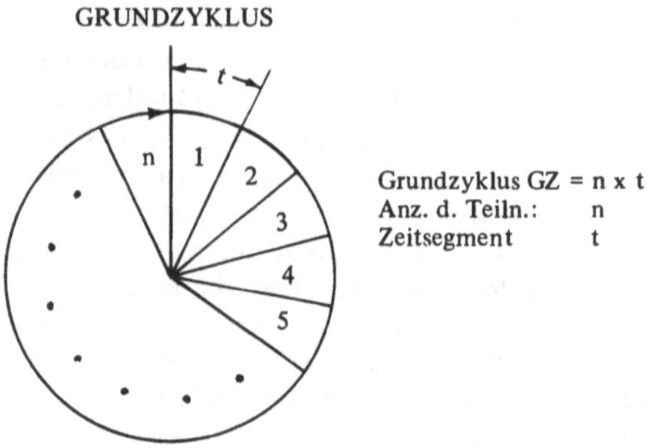

Abb. 5-3
Prinzip des Zeitscheibenverfahrens (time slicing)

Andere Verfahren benutzen variable Prioritäten für die einzelnen Teilnehmer. Dabei nimmt die Priorität in dem Maße zu, wie sich das Programm dem Ende der Verarbeitung nähert, d. h. je kleiner die noch benötigte Rechenzeit wird.

Ein besonderes Problem stellt bei einer Vielzahl von möglichen aktiven Teilnehmern die Aufteilung des Kernspeichers für die einzelnen aktiven Benutzerprogramme dar. Von der Technik her sind der Größe des Arbeitsspeichers Grenzen gesetzt; trotzdem soll der einzelne Teilnehmer in der Benutzung des Arbeitsspeichers nicht dadurch eingeschränkt werden, daß er ihn mit anderen teilen muß. Als Normalfall darf vorausgesetzt werden, daß nicht alle aktiven Programme und Datenbereiche der Teilnehmer gleichzeitig und vollständig im Arbeitsspeicher sein können. Folgedessen wird dies je nach der Kapazitätsauslastung des Kernspeichers zu einem mehr oder weniger starken Informationsaustausch zwischen Arbeitsspeicher und Großraumspeicher führen. Aufgabe des Organisationsprogrammes muß es sein, daß bei der Zeitzuteilung sich die zugehörigen Programme und Daten im Arbeitsspeicher befinden und dieser so aufgeteilt ist, daß die Informationsübertragungen möglichst minimal werden.

5.3.4. Real-Zeitverarbeitung

Bei dem Real-Zeitverfahren (Real-Time Processing) muß im Gegensatz zur Stapelverarbeitung die Bearbeitung eines Prozesses unmittelbar nach seinem Eintreffen erfolgen. Unter Prozeß versteht man die Bezeichnung irgendeines Bearbeitungsfalles, der entweder von Terminals, die von Personen bedient werden (z. B.: Auskunftssystem, Platzbuchungssystem) oder von automatisch arbeitenden Endstationen (z. B.: bei der Prozeßsteuerung von Geräten zur Meßwerterfassung) übermittelt wer-

den. In vielen Fällen stellt ein Prozeß eine Meldung in Form von willkürlich auftretenden Eingabedaten (Meßwerte) dar, die nach sofortiger Verarbeitung durch die Rechenanlage Resultate ergeben, die zur unmittelbaren Steuerung technischer Systeme, wie Radarsteuerung oder chemischer Prozesse umgesetzt werden.
Je nach dem Bearbeitungsfall unterscheidet man zwei Vorgänge:

(1) *Dialogsysteme*
Das sind Vorgänge, bei denen der Mensch in den Informationsfluß integriert ist (open loops). Er richtet Meldungen bzw. Anfragen an das Real-Zeitsystem und erwartet die Antwort in einem dem Vorgang angemessenen Zeitraum. Diese Antwort stellt kein Ergebnis dar, das direkt in Steuerwerte umgewandelt wurde, sondern wird dem Menschen auf Sichtgeräten oder Fernschreibern dargestellt. Die Auswertung der Antwort ermöglicht dem Menschen noch eine gewisse Entscheidungsfreiheit.
Beispiel: Diagnosehilfesystem, Platzbuchungssystem, Lagerhaltungssystem

(2) *Automatische Prozeßüberwachung*
Vorgänge, die in der Regel einen Informationsfluß ohne menschliche Beeinflußung abwickeln (closed loops). Die Erfassung der Daten erfolgt automatisch über entsprechende Meßwertvorrichtungen und die Ergebnisse der Verarbeitung gehen als Steuerwerte direkt zu den Steuereinrichtungen.

Während bei der konventionellen Betriebsart die *Programme* im Vordergrund stehen — sie bestimmen, wann welche Daten eingegeben, verarbeitet und ausgegeben werden — bilden *Nachrichten* bei der Real-Zeit-Betriebsart die Basis der Verarbeitung. Diese bestimmen auch bei ihrer Ankunft, welche Programme und Routinen zur speziellen Verarbeitung aktiviert werden müssen, damit die Ergebnisse wieder rechtzeitig am Entstehungsort der Information eintreffen.

Abschließend sei noch bemerkt, daß die Real-Zeit-Betriebsart weitgehend zusammen mit der Time-Sharing- und Multiprogramming-Betriebsart angewandt wird.

5.3.5. Multiprocessing

Unter einem Multiprocessing-System versteht man eine EDVA, die aus mehreren Zentraleinheiten oder Rechenwerken und Steuereinheiten zu einer funktionalen Einheit zusammengefaßt werden. Die Einheit je eines Rechenwerkes und einer Steuereinheit wird als sogenannter *Prozessor* bezeichnet. Im Gegensatz zur konventionellen Struktur einer EDVA besitzen bei diesem Verfahren mehrere Prozessoren gleichzeitig

Zugriff zu einem gemeinsamen Zentralspeicher oder aber auch zu mehreren Arbeitsspeichermodulen. Durch die dadurch mögliche Parallelarbeit dieser Funktionseinheiten wird eine Vervielfachung der Verarbeitungsleistung erreicht. Die weitgehend unabhängige Arbeitsweise dieser Prozessoren bewirkt eine Modularität des Systems und somit eine erhöhte Sicherheit gegenüber technischen Ausfällen.

5.4. Systemkomponente

Die Hardware-Komponente (Abb. 5-4) eines Informationssystems wird von zwei Faktoren wesentlich bestimmt. Sie unterliegt zunächst einmal den aufgabenspezifischen Anforderungen, die an den reinen Kommunikationsbereich gestellt werden; zum anderen soll die Hardware-Komponente so ausgestattet sein, daß konventionelle Aufgaben im Rechenzen-

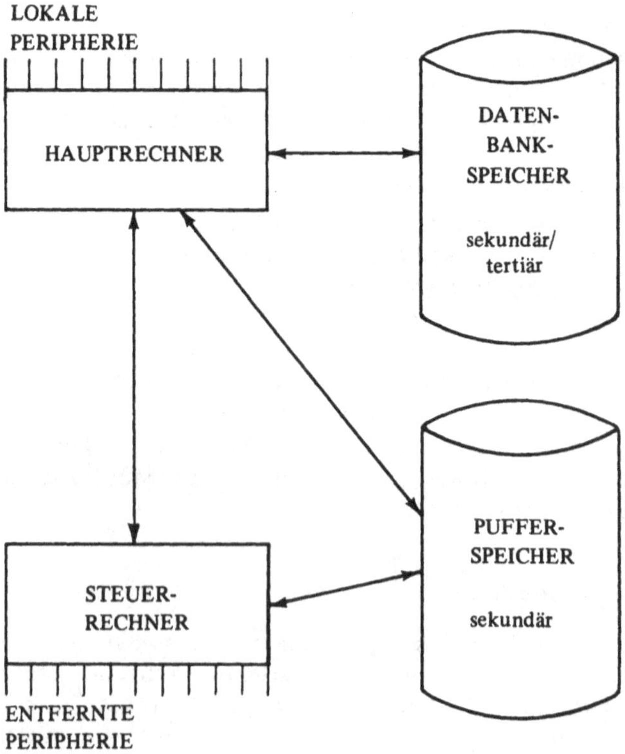

Abb. 5-4 Hardware-Komponente eines allgemein anwendbaren Informationssystems

trumsbetrieb bearbeitet werden können. Darüber hinaus steht die dezentrale Peripherie im Rahmen eines Teilnehmerbetriebes dem Benutzer zur Verfügung.

Die Software-Komponente (Abb. 5-5) stellt eine integrierte Zusammenfassung der Steuerungs-, Verwaltungs- und Dienstleistungsroutinen dar, die Informationssysteme auf Rechenanlagen erst ermöglichen.

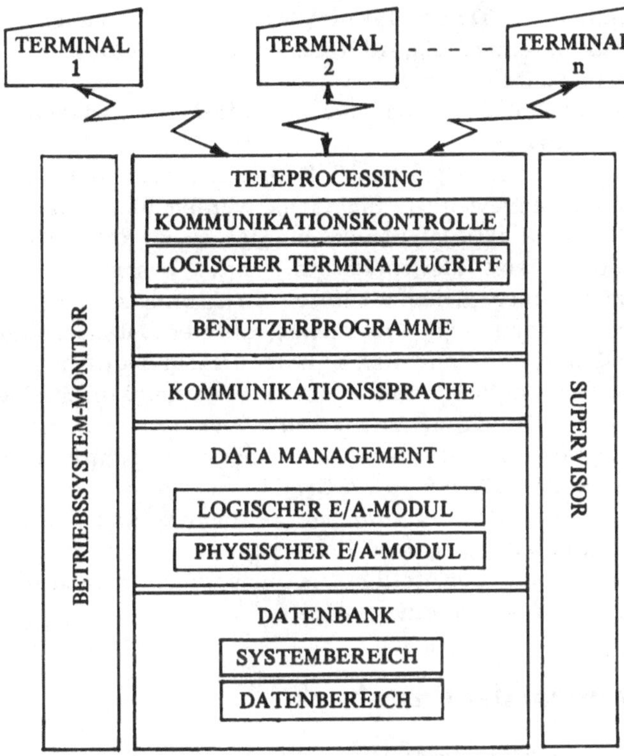

Abb. 5-5 Software-Komponente eines Informationssystems

6. Datenbanken

Wesentliches Fundament für den Aufbau wirkungsvoller und umfassender Informationssysteme ist die Haltung entsprechend großer Datenmengen auf hierfür geeigneten Speichermedien. Das Informationssystem muß diese Daten in möglichst kurzer Zeit wiederauffinden und den

Erfordernissen entsprechend verarbeiten können. Diese Anforderungen setzen umfangreiche und notwendige Datenorganisationen voraus, die über die im Abschnitt 2 dargestellten funktionellen Organisationsformen hinausgehen. Die höchste und komplizierteste Organisationsform ist die Datenbank (Data Bank, Data Base).

6.1. Definition der Datenbank

Die Gesamtheit der Daten, die die Basis für ein formalisiertes Informationssystem in einem abgeschlossenen Organisationsbereich bildet, bezeichnet man als Datenbank.

Sie ist wesentliche Grundlage für die Informationswiedergewinnung (information-retrieval).

In der Literatur wird der Begriff Datenbank äußerst unterschiedlich interpretiert und angewendet. Einerseits werden bloße Dateien (siehe Abschnitt 2) schon als Datenbank angesprochen, andererseits lassen einzelne Autoren erst die speichertechnische Zusammenfassung von größeren Dateimengen in komplizierten Strukturen als Datenbank gelten. Teilweise werden sogar Programme, die der Datenerfassung, -verarbeitung und -abspeicherung dienen, unter diesem Begriff subsumiert.

Die gegebene Definition erscheint ausreichend und korrekt. Die Datenbank zusammen mit den zu ihrer Handhabung und ständigen Aktualisierung unbedingt erforderlichen funktionellen Grundprogrammen wie: ERÖFFNEN, LESEN, ÄNDERN, LÖSCHEN usw. sollte man exakterweise *Datenbanksystem* nennen. Programme, die dem Benutzer gezielte Auswertungen, Aufbereitungen oder Kombinationen der in der Datenbank geführten Daten erbringen, sollten zusammengefaßt zumindest deskriptiv als *Methodenbank* bezeichnet werden.

6.2. Das Format der Datenbank

Datenbanken werden aus Dateien (z. B. Vertreterdatei, Auftragsdatei, Artikeldatei) aufgebaut. Nach dem Konstruktionsprinzip dieser Dateien unterscheidet man:

— nicht formatierte Datenbanken
— formatierte Datenbanken

6.2.1. Nicht formatierte Datenbanken

Die in derartigen Datenbanken geführten Datensätze haben vorwiegend freies Format, d. h. die Sätze sind hinsichtlich ihres Aufbaues nicht eindeutig festgelegt.

Dokumentationssysteme (bzw. informationelle Informationssysteme) werden normalerweise auf derartigen Datenbanken aufgebaut (siehe Abschnitt 9).

6.2.2. Formatierte Datenbanken

Die in diesen Datenbanken geführten Sätze sind formatiert, d. h. sie sind bezüglich Feldnamen, Feldlänge, Feldfolge eindeutig definiert.

Operationellen und konversationellen Informationssystemen (Führungssystemen) liegen vorwiegend formatierte Datenbanken zugrunde (siehe Abschnitt 9).

Abb. 6-1 stellt dar, in welcher Beziehung das Format der Datenbank, die dem Informationssystem zugrunde liegt, und das vom System zu bearbeitende Sachgebiet steht.

DATENBANKEN	
ohne Format	mit Format
Bibliotheken Lebensläufe Patente Gesetzestexte Berichte Gutachten etc.	Kosten Mitarbeiter Erzeugnisse Aufträge Rechnungen Bilanzen etc.

Abb. 6-1 Typische Sachinhalte von nicht formatierten und formatierten Datenbanken

6.3. Die Struktur der Datenbank (Datenintegration)

Der Effekt einer Datenbank wird größer, wenn Verweise von einem Datenbankelement auf das andere erfolgen.

6.3.1. Nichtstrukturierte Datenbanken

Ihre Datenbestände sind nicht integriert, d. h. es bestehen keine logischen Verknüpfungen zwischen den in der Datenbank enthaltenen Datensätzen. Bei Dokumentationssystemen sind derartige Verknüpfungen nicht erforderlich.

6.3.2. Strukturierte Datenbanken

Ihre Datensätze sind entsprechend logischer Beziehungen miteinander verkettet. Diese Verkettung ermöglicht eine schnellere Verarbeitung der Datenbestände und eine echte Datenintegration.

Der Aufbau von Führungssystemen erfordert strukturierte Datenbanken; die erforderlichen Verweise können unterschiedlich konstruiert sein:

— evolutorisch
— zyklisch
— symmetrisch

(siehe Abb. 6-2)

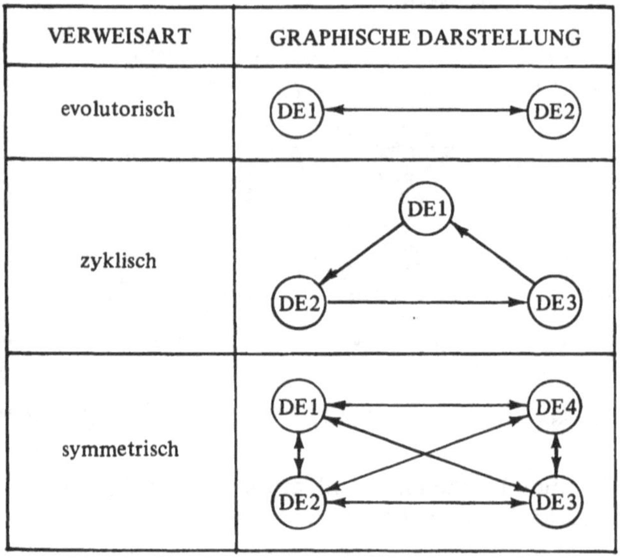

Abb. 6-2 Unterschiedliche Verweiskonstruktion in Datenbanken: DE 1, 2, 3, 4 = Datenelemente 1, 2, 3, 4

7. Datenbanktechniken

Bei der Erstellung von Datenbanksystemen werden bestimmte Konstruktionsprinzipien angewendet, die das Wiederauffinden von Informationen erleichtern und beschleunigen.

7.1. Adreßketten

Bestehen zwischen einzelnen Datensätzen logische Verbindungen und Beziehungen, so kann man diese Zusammenhänge für die Einspeicherung bzw. Verarbeitung dieser Datensätze auswerten. Man speichert in einem Datensatz die Adresse eines anderen Satzes, der diesem nach einem bestimmten Ordnungskriterium gemäß eines bestimmten logischen Zusammenhangs folgt. Dieses Verfahren wird als *Adreßverkettung* bezeichnet.

Eine Folge von Datensätzen, die in einer bestimmten logischen Relation zueinander stehen, ist eine Kette (chain). Ketten können aus einer beliebigen Anzahl von Gliedersätzen (details) bestehen und müssen jeweils einen Ankersatz (master) besitzen. Dieser verweist auf den ersten Gliedersatz, der wiederum auf den nächsten usw. Dem Datensatz wird hierbei ein Feld, das sog. *Kettfeld* angefügt, das die Adresse des ihm logisch folgenden Satzes oder ein vereinbartes Endezeichen enthält. Dieses Zeichen, das den Abbruch der Kette markiert, muß so gewählt werden, daß es nicht als mögliche Kettenadresse interpretiert werden kann.

Ketten, die nach diesem Prinzip aufgebaut sind (Abb. 7-1), nennt man *offene Ketten* (list structure).

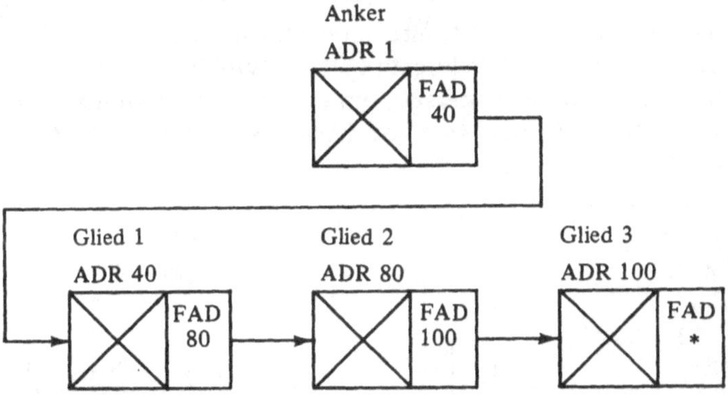

Abb. 7-1 Offene Kette:
ADR = Adresse des Satzes, FAD = Adresse des logisch folgenden Satzes,
* = Endkennzeichen

Im Gegensatz hierzu stehen die *geschlossenen Ketten* (ring structure), bei denen kein Endekennzeichen eingetragen, sondern im letzten Glied wieder auf den Anker der Kette verwiesen wird (Abb. 7-2).

Die Adresse des ersten Gliedsatzes solcher Ketten — sie steht im Ankersatz — nennt man *Ankeradresse*. Als Ankersatz einer Kette wird ein Datensatz gewählt, der selten verändert wird, d. h. nur dann, wenn

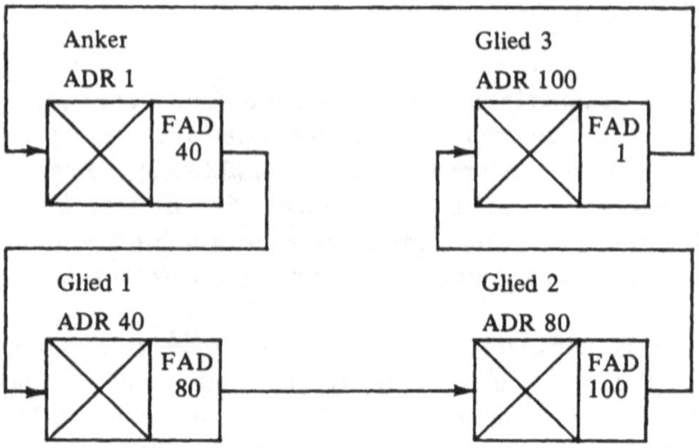

Abb. 7-2 Geschlossene Kette:
ADR = Adresse des Satzes, FAD = Adresse des logisch folgenden Satzes

es die Logik der Bereichsorganisation erfordert. Er soll für die Verarbeitung wesentliche Informationen enthalten, also etwa Namen, Teilenummern, Artikel usw., da er als Einsprungspunkt in die Kette dient. Häufig enthalten Ankersätze Daten, die allen Gliedern der zugehörigen Kette gemeinsam sind.

Ketten repräsentieren die logischen Zusammenhänge zwischen Datensätzen. Sie unterliegen bestimmten Regeln:

— Ein Datensatz kann Ankersatz beliebig vieler Ketten sein;
— ein Datensatz kann Gliedersatz beliebig vieler Ketten sein;
— ein Datensatz kann Ankersatz einer Kette und zugleich Gliedersatz beliebig vieler Ketten sein (doch darf kein Datensatz Gliedersatz von sich selbst werden).

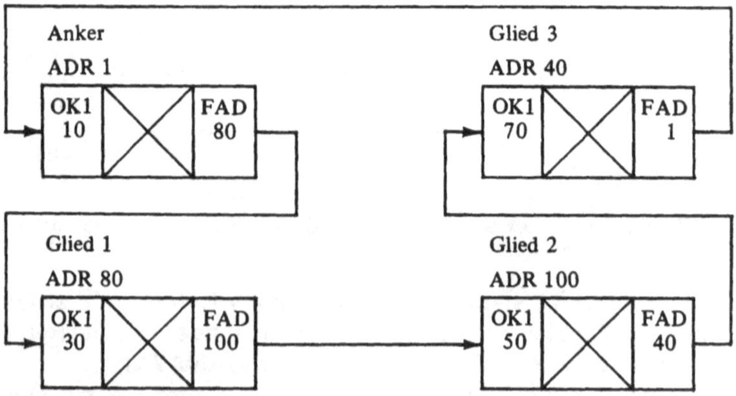

Abb. 7-3 Totalkette:
ADR = Adresse des Satzes, FAD = Adresse des logisch folgenden Satzes,
OK 1 = 1. Ordnungskriterium

Verknüpft man alle Sätze einer Datei fortlaufend auf- oder absteigend nach einem spezifischen Ordnungskriterium, so erhält man eine *Totalkette* (siehe Abb. 7-3).

Verkettet man jedoch nur Datensätze, die hinsichtlich eines bestimmten Ordnungskriteriums den gleichen Wert beinhalten, spricht man von *Teilketten* (siehe Abb. 7-4).

Dabei muß auf den Unterschied zwischen Ordnungskriterium und Sortierargument hingewiesen werden. Das Ordnungskriterium identifiziert einen Satz unter allen Sätzen gleichen Typs, während das Sortierargument einen Gliedsatz innerhalb einer (Teil-)Kette kennzeichnet.

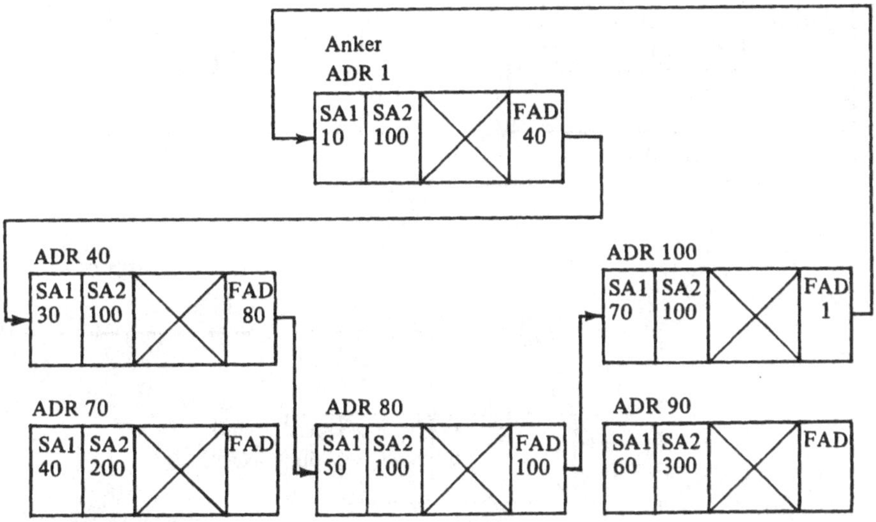

Abb. 7-4 Teilkette:
ADR = Satzadresse, FAD = Adresse des logisch folgenden Satzes, SA 1 = Sortierargument 1, SA 2 = Sortierargument 2

Die Anker solcher Teilketten werden häufig besonders geführt oder in Indextafeln ausgelagert. Selbstverständlich müssen diese Ketten während des Arbeitens mit der Datenbank ständig mitgepflegt werden. Der hierbei anfallende Aufwand läßt sich vermindern, wenn man die Ketten nicht nur in einer Richtung anlegt, also in jedem Satz nur die Adresse des logisch folgenden Satzes mitführt, sondern jeweils auch noch die Adresse des logisch voranstehenden Satzes mitspeichert. Auf diese Weise erhält man sogenannte *Rückwärtsketten* (s. Abb. 7-5), die in zwei Richtungen verarbeitet werden können.

Wie bereits erwähnt, kann jede Kette nur jeweils einen Ankersatz haben. Dieser kann jedoch Ankersatz mehrerer Ketten sein (s. Abb. 7-6). Ebenso kann jeder Gliedersatz einer Kette Ankersatz weiterer Ketten sein (s. Abb. 7-7). Hierdruch ergeben sich recht vielfältige Strukturen.

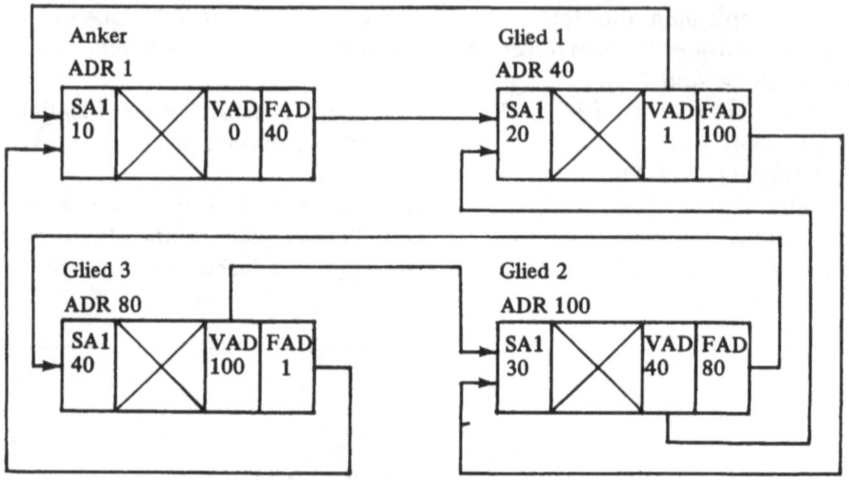

Abb. 7-5 Rückwärtskette:
ADR = Satzadresse, VAD = Vorgängeradresse, SA = Sortierargument

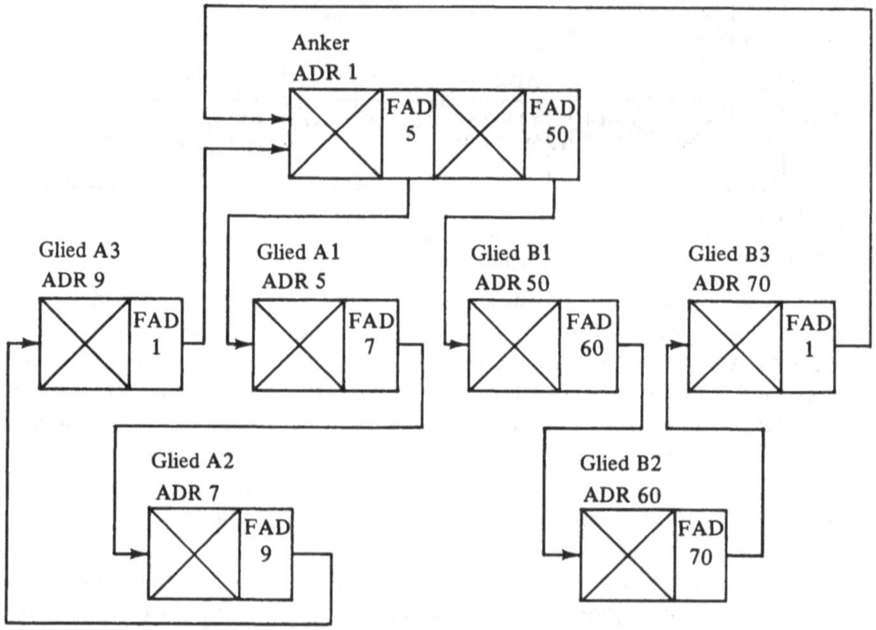

Abb. 7-6 Anker zweier Ketten (A und B):
ADR = Satzadresse, FAD = Folgeadresse

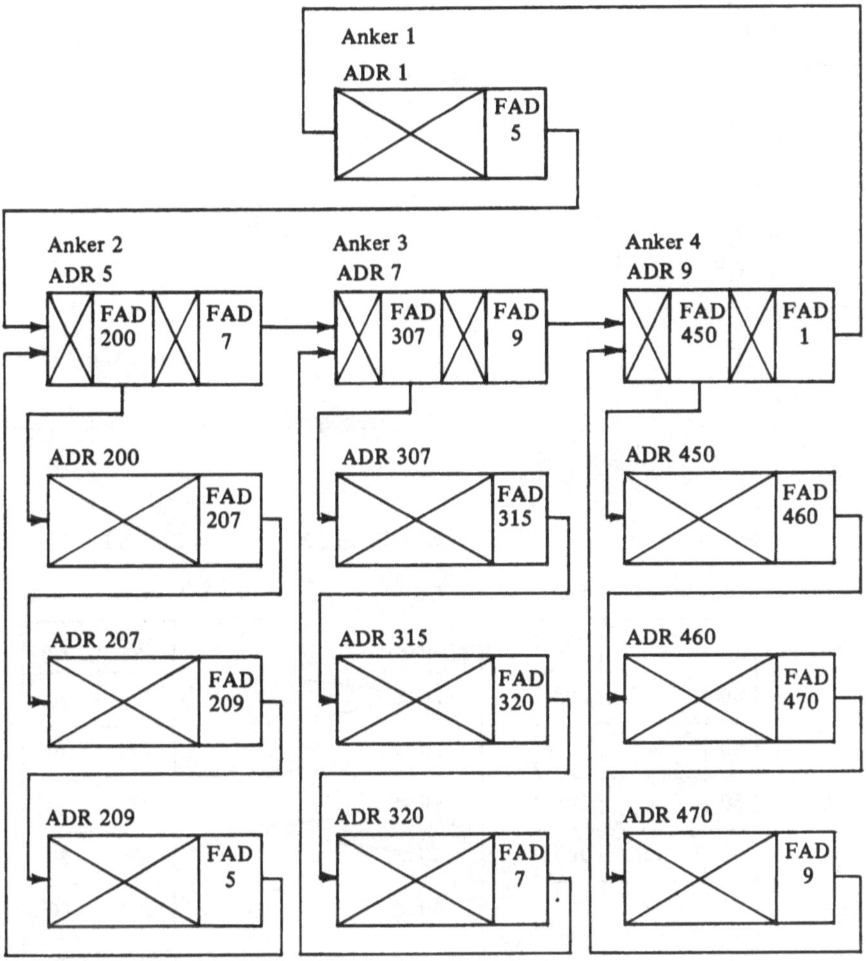

Abb. 7-7 Glieder einer Kette sind Anker weiterer Ketten:
ADR = Satzadresse, FAD = Adresse des logisch folgenden Satzes

Damit derartige Verkettungsprinzipien und Konstruktionen logisch durchsichtig bleiben, verwendet man (z. B. im IDS) vereinfachte besondere Darstellungsverfahren, sogenannte *Kettenstenogramme* (s. Abb. 7-8).

Die Glieder einer Adreßkette müssen nicht unbedingt jeweils im Satz mitgeführt werden. Man kann sie auch gesondert außerhalb der Datei führen. Man erhält dann ein neues Datenelement, die *Kettenspur* (s. Abb. 7-9). Die Kettenspur für ein Ordnungskriterium in einer Datei kann auch als Indextafel verstanden werden.

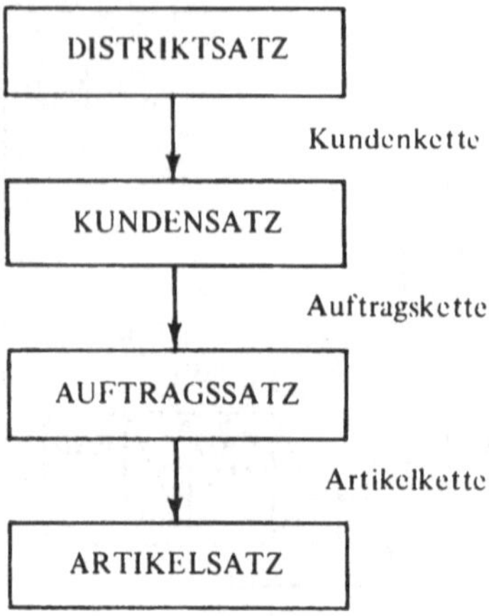

Abb. 7-8 Beispiel eines Kettenstenogramms

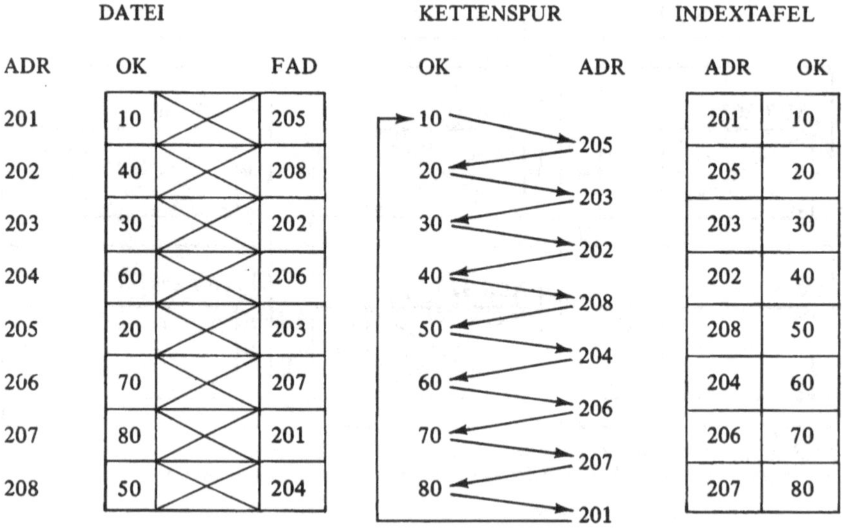

Abb. 7-9 Kettenspur:
ADR = Satzadresse, FAD = Adresse des logisch folgenden Satzes, OK = Ordnungskriterium

7.2. Adreßstrukturen

Faßt man die in einem Datensatz vorhandenen Zeiger (pointer) und Kettenadressen nach dem Hauptordnungskriterium des Satzes zusammen und führt diese zusätzlich in einer eigenen Datei, so erhält man eine sogenannte *Strukturdatei*. Auf diesem Wege ist es möglich, über ein Ordnungskriterium auf mehrere Datenelemente zuzugreifen.

Der mehrdimensionale Index, wie er in Abschnitt 4 erwähnt wurde, kann somit realisiert werden.

7.3. Datenverdichtung

Es ist vorteilhaft, die Datenbestände einer Datenbank möglichst redundanzfrei zu führen, d. h. die enthaltenen Daten sollen auf ihren wesentlichen Inhalt beschränkt sein und es soll möglichst jeder Speicherverschnitt vermieden werden.

Dies ist aus folgenden Gründen von Bedeutung:

Die bei Datenbanken als Datenträger eingesetzten Direktzugriffsspeicher sind relativ teuer. Demzufolge wird man bestrebt sein, eine möglichst große Speicherkapazitätsausnutzung zu erreichen. Schon ein Verdichten um 10 bis 20 Prozent kann sich kostensparend auswirken.

Dadurch, daß die Daten komprimiert auf dem peripheren Speicher vorliegen, wird man bei einem Zugriff größere Datenmengen zur Verfügung gestellt bekommen. So wird neben dem zuvor angeführten Kostenfaktor auch der Zeitfaktor günstig beeinflußt.

Liegen dem System verdichtete Datenbestände zugrunde, so kann oft eine bessere und konzentriertere Auswertung der Ergebnisse erfolgen.

Die Datenverdichtung wird durch spezielle Softwareroutinen realisiert. Diese werden sowohl zum Zwecke der Komprimierung des Ursprungdatenbestandes als auch zur Dekomprimierung für die weitere Verarbeitung benötigt. Hierbei ist auf eine ökonomische Relation zwischen dem angestrebten Speichergewinn und dem zeitbelastenden Komprimierungs- und Dekomprimierungsverfahren zu achten.

Die Datenverdichtung kann auf verschiedenen Ebenen erfolgen:

— auf der Zeichenebene

— auf der Wortebene

— auf der Satzebene

Hier werden im folgenden nur simplifizierte Möglichkeiten zur Realisierung einer Datenverdichtung aufgezeigt.

Datenverdichtung auf Zeichenebene

Jedes Zeichen, das in einem Rechner dargestellt werden kann, wird im Zentralcode definiert. Besteht ein Zeichen des Zentralcode aus 8 Bits, so stehen demzufolge $2^8 = 256$ verschiedene Zeichen zur Verfügung. Werden jedoch in einem Datenbestand nur alphabetische und numerische Texte geführt, d. h. $26 + 10 = 36$ verschiedene Zeichen zur Darstellung benötigt, so könnte man alle Zeichen mit einer Länge von 6 Bits auf dem peripheren Speicher ablegen.

Bei unmittelbarem Aneinanderreihen dieser 6-Bit-Zeichen wird somit eine Speicherplatzeinsparung von 25 Prozent erreicht [111], [112].

Dieses Verkürzen der einzelnen Zeichen wird Code-Reduzierung genannt.

Datenverdichtung auf Wortebene

Bei häufig auftretenden sich wiederholenden Informationsteilen können diese Teile mit einer Kennziffer versehen werden. Statt des Informationsteils wird die vorher zugeteilte Kennziffer abgespeichert.

Ein Beispiel soll die Rentabilität dieses Verfahrens verdeutlichen:

Es werden folgende Zuteilungen getroffen:

BUNDES = 01
HAUSHALT = 02
REGIERUNG = 03
GESETZBLATT = 04
ABGEORDNETER = 05

Es entspricht:

BUNDESTAG = 01TAG	statt 9 Zeichen nur 5 Zeichen
BUNDESHAUSHALT = 0102	statt 14 Zeichen nur 4 Zeichen
BUNDESREGIERUNG = 0103	statt 15 Zeichen nur 4 Zeichen
LANDTAGSABGEORDNETER = LANDTAGS05	statt 20 Zeichen nur 10 Zeichen
BUNDESTAGSABGEORDNETER = 01TAGS05	statt 22 Zeichen nur 8 Zeichen

GESETZBLATT = 04 statt 11 Zeichen nur 2 Zeichen

BUNDESGESETZBLATT = 0105 statt 17 Zeichen nur 4 Zeichen

Dieses Verfahren ist als Schubladentechnik bekannt.

Datenverdichtung auf Satzebene

Die Sätze einer Datei werden in den seltensten Fällen kompakt mit relevanten Daten gefüllt sein. Häufiger wird es vorkommen, daß ein Satz neben den Daten auch freie Felder enthält. Hier ist es zweckmäßig, eine Routine anzusetzen, die jeden Satz so verkürzt, daß kein freier Speicherraum mehr enthalten ist.

Dazu ein Beispiel von zwei vereinfachten Personalsätzen, die Name, Vorname, Geburtstag, Geburtsort, Beruf und akademische Grade enthalten sollen.

1. Personalsatz

SCHOENBERGER BENJAMIN-DIETHARD 01.01.1911
WOLFRATSHAUSEN OBERSTUDIENDIREKTOR DR.RER.NAT.DR.PHIL

2. Personalplatz

WUHL HANS 04.06.1930
LAHR MALER

Ein Großteil der enthaltenen Zeichen bei Personalsatz 2 sind Leerstellen. Dieser Satz kann so verkürzt werden, daß bis auf Trennungssymbole sämtliche Leerstellen entfallen.

8. Grundfunktion einer Datenbank

8.1. Datenbeschreibungstafel

In Datenbanksystemen mit formatierten Datenbeständen ist es zweckmäßig in einem besonderen Bereich die in den Sätzen einer Datei auftretenden Begriffe mit ihren daten- und dateitechnischen Attributen zu definieren. Diese Bereiche, die mit zum Bestandteil einer Datenbank gehören, werden Datenbeschreibungstafeln (data description table = DDT) genannt. Von der zu erfüllenden Funktion her haben sie eine große

Ähnlichkeit mit den erzeugten Datendeklarationen in der DATA-DIVISION bei COBOL und in dem DECLARE STATEMENT bei PL/1. Das Vorhandensein solcher Datenbeschreibungstafeln stellt für den Programmierer eine große Erleichterung dar. Sind diese DDT's einmal definiert, so kann sich der Benutzer in seinem Programm jedesmal auf diese beschreibenden Angaben beziehen, ohne sie neu erstellen zu müssen. In diesem Zusammenhang ist darauf hinzuweisen, daß der Aufbau der DDT's die Beachtung vieler datentechnischer Details erfordert und demzufolge nur vom EDV-kundigen und mit dem System vertrauten Benutzer (Data Manager) erfolgen kann.

Da bei jedem Bezug auf eine Datei die entsprechende DDT benötigt wird, ist es deshalb aus zugriffstechnischen Gründen angebracht, diese DDT's entweder kernspeicherresident oder, wenn dies nicht möglich ist, auf sekundäre Datenträger zu lagern.

Eine Datei ist für das Datenbanksystem erst dann existent, wenn die zugehörige DDT vorhanden ist. Der Aufbau der DDT's ist bei den vorhandenen Datenbanksystemen unterschiedlich. Die einen besitzen in ihrer Datenbanksoftware eine eigene Datenbeschreibungssprache (data description language), die anderen konstruieren die Tabellen mittels erweiterter COBOL-Befehle in der WORKING-STORAGE-SECTION der DATA-DIVISION.

Wie ist eine Datenbeschreibungstafel aufgebaut und welche Begriffe werden in ihr geführt?

Der Aufbau einer DDT kann in drei Ebenen unterteilt sein:

— Dateiebene
— Satzebene
— Daten-Management-Ebene

Die Dateiebene wird mit einer Spezifikation eröffnet, die sich auf den gesamten Bestand der Datei bezieht. Dazu gehört der die Datei identifizierende Dateiname, gegebenenfalls die Angabe weiterer Synonyme, unter der die Datei angesprochen werden kann sowie der Satztyp und die Satzlänge. Diesen Eintragungen folgen optionale Angaben, die Spezifikation eines Sicherheitsschlüssels (Password), der nur privilegierten Benutzern den Zugang zur Datei ermöglicht, Angaben der Druckaufbereitung (Masken) sowie Benennungen von Feldern, deren Inhalt das System bei der Ausgabe als Überschriften auswertet.

In der Satzebene der DDT wird eine Beschreibung der einzelnen Felder in der Reihenfolge ihres Auftretens vorgenommen, wobei Feldunterteilungen speziell zu bezeichnen sind. Desweiteren erfolgen u. a. Angaben über die Feldlänge, die Art der Datendarstellung und eventuelle

Plausibilitätskontrollen. Nachdem die Felder auf diese Weise beschrieben sind, muß man jetzt Eintragungen vornehmen, die die Satzebene betreffen (Stufennummer), sowie die Sortierfolge innerhalb der Felder.

Die Daten-Management-Ebene beinhaltet Spezifikationen, die den Logischen E/A-Modul betreffen, also gewünschte Speicherungsform, Blockung usw.

8.2. Grundfunktion einer Datenbank

Unter dem Terminus Grundfunktion einer Datenbank werden all jene Funktionen eines Datenbanksystems subsumiert, die es dem Benutzer ermöglichen:

— Dateien zu eröffnen	CREATE
— Dateien zu verändern	UPDATE
— Sätze zu löschen bzw. einzufügen	MODIFY
— Anfragen an die Datenbank zu stellen	QUERY
— Dateien zu reorganisieren	RECREATE

Diese Funktionen werden in den existierenden Datenbanksystemen unterschiedlich realisiert und zwar bedingt durch die Anforderungen, die an den Datenbestand gestellt werden. Unterliegen in einem Informationssystem die Daten einer großen Änderungsfrequenz, so müssen softwaremäßige Routinen vorhanden sein, die diesem Tatbestand Rechnung tragen. Dies trifft in erster Linie für die UPDATE-Funktion zu, der Routine innerhalb eines Datenbanksystems, die die inhaltlichen Änderungen der Datenelemente durchführt und somit den Datenbestand aktualisiert.

Müssen ganze Sätze einer Datei geändert werden, d. h. alte Sätze werden gelöscht bzw. neue in die Datei aufgenommen, so wird, wenn diese Änderung nicht zu umfangreich ist, dies mittels der MODIFY-Funktion verwirklicht. Sowohl bei der UPDATE- als auch bei der MODIFY-Funktion wirkt sich das Vorhandensein der DDT's vorteilhaft aus, weil der Benutzer durch Plausibilitätskontrollen beim Ändern eine gewisse Führung vom System erhält und somit die Fehlermöglichkeiten eingeschränkt werden.

Wird der für eine Datei vorgesehene Speicherbedarf durch Hinzufügen neuer Sätze zu klein, so muß eine Reorganisation des Datenbestandes erfolgen (RECREATE).

9. Der Begriff Informationssystem

Eine Abhandlung über Informationssysteme muß zunächst eine gründliche Untersuchung und Abklärung dessen enthalten, was unter diesem Begriff in der EDV heute überhaupt zu verstehen ist. Das Studium der zugänglichen Literatur zeigt eine verwirrende Vielfalt von Begriffen, die noch dazu häufig Identisches aussagen.

Es ist offenbar bisher nicht möglich, eine allgemein gültige Nomenklatur und damit zugleich gültige Merkmale für Informationssysteme herauszuarbeiten. Dieser Mangel ist sicher nicht nur darauf zurückzuführen, daß es erst seit kurzer Zeit überhaupt brauchbare Lösungen für derartige Organisationsformen gibt. Die Tatsache, daß die meisten der vorhandenen Systeme allzu sehr auf gerade vorliegende besondere Anforderungen hin erstellt und naturgemäß in ihrer Konzeption recht stark den Anlagen der einzelnen Hersteller angepaßt sind, ist weiter Ursache für diese Situation.

Aus den genannten Gründen wird in diesem Abschnitt der Versuch gemacht, einige wirklich signifikanten Merkmale zur Klassifizierung der unterschiedlichen Informationssysteme herauszuarbeiten.

Informationssysteme sind Datenorganisationsformen auf Rechenanlagen, die bestimmte Vorgänge und Abläufe in Kommunikationsprozessen unterstützen. Diese Vorgänge und Abläufe müssen, damit sie überhaupt maschineller Bearbeitung zugänglich sind, formalisier- und damit automatisierbar sein.

9.1. Der Kommunikationsprozeß

Ein Kommunikationsprozeß ist ein Vorgang, in dem Nachrichten zwischen einem Sender und einem Empfänger ausgetauscht werden. Abb. 9-1 soll dies veranschaulichen; die Pfeile in dieser Abbildung stellen die

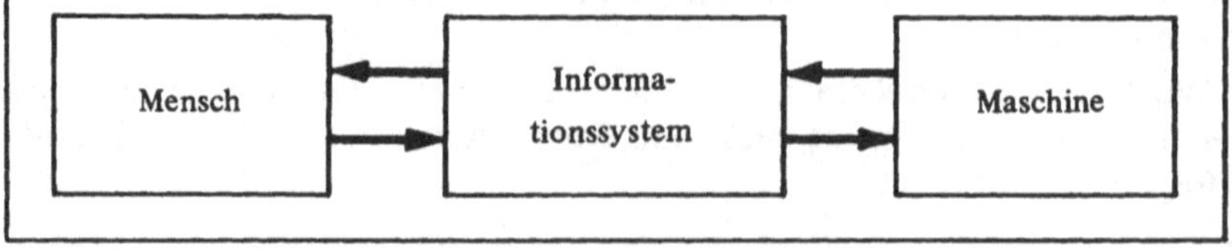

Abb. 9-1 Der Kommunikationsprozeß Mensch — Maschine

Nachricht und deren jeweilige Übertragungsrichtung im Kommunikationsprozeß dar.

Kommunikationspartner, also Sender *und* Empfänger, sind in diesem System jeweils Mensch oder Rechner.

9.2. Nachricht und Information

Die Nachrichten, die im Kommunikationsprozeß ausgetauscht werden, bestehen aus Informationen.

Was jedoch sind Informationen?

Es sind einmal Anweisungen, die beinhalten, was getan werden soll, also *Befehle, Instruktionen* oder *Steuerinformationen. Es* sind weiterhin Angaben, womit diese Anweisungen ausgeführt werden sollen, also *Daten.*

Daten identifizieren oder beschreiben Realitäten; sie werden eingegeben, verarbeitet und ausgegeben. Nach dem Modus, in dem sie verarbeitet werden, lassen sie sich aufteilen in *Ordnungs-* und *Mengeninformationen.*

Die Zusammenhänge werden an einem Beispiel deutlich:

Eine Bank erhält die Anweisung (Steuerinformation), DM 2050 (Mengeninformation) auf das Konto Nr. 00034 (Ordnungsinformation) als Gutschrift zu verbuchen. Die Nachricht, die zu diesem Zweck bei der Bank eingeht, stellt sich zunächst als bloße Zusammenstellung von Zeichen, Ziffern, Buchstaben und Sonderzeichen dar.

Erst durch die Tatsache, daß für den Organisationsbereich *Bank* bestimmte formale Regeln vereinbart sind, wird aus den übermittelten Werten oder Worten Information, also verwertbare Aussage.

Bei der Übertragung und Speicherung von Daten werden häufig noch besondere Zeichen (Kontrollbits, Parity-Bits) mitgeführt. Diese *Kontrollinformationen* geben die Möglichkeit, technische Übertragungs- bzw. Speicherungsfehler klar erkennen zu können. Elemente der Daten sind also ganz allgemein vereinbarte Zeichen (Ziffern, Buchstaben, Sonderzeichen etc.), die durch die formalen, vorvereinbarten Regeln eines ganz bestimmten Kommunikationsprozesses informativen Charakter erhalten. Erst diese Regeln ermöglichen eine sinnvolle Zusammenstellung und Interpretation.

Nach der Art der Elemente, die Bestandteil der Information sind, und nach der Art der Regeln für deren Zusammenstellung unterscheidet man:

— unformatierte Information
— formatierte Information

9.2.1. Unformatierte Information

Die Elemente dieser Information bestehen aus den Worten der jeweiligen Umgangssprache, die Regeln ihrer Zusammensetzung aus der entsprechenden grammatikalischen Satzlehre (Syntax); ihre Bedeutung kann nur durch den Gesamtinhalt erfaßt werden.

9.2.2. Formatierte Information

Hier sind die Elemente der Information Zeichen, Werte oder Worte in Feldern, die nach ganz bestimmten vordefinierten Schemata zusammengestellt werden; die Bedeutung der Information wird aus ihrem Platz erkennbar.

Die in der Abb. 9-2 zunächst nichtssagende Abfolge von Buchstaben und Zahlen kann, wenn dies für den bestimmten Kommunikationsprozeß vereinbart ist, folgende Nachricht enthalten:

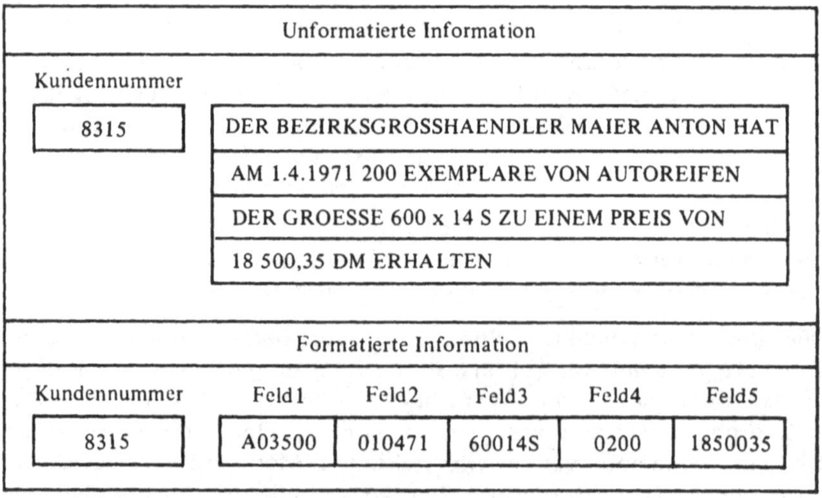

Abb. 9-2 Unformatierte und formatierte Informationen

Der Bezirksgroßhändler (A vor der ersten Ziffer im Feld 1 in Abb. 9-2) Maier Anton (Ziffern 03500 im Feld 1) hat am 1. 4. 1971 (Ziffern im Feld 2) Reifen der Größe 600 × 14 S (Ziffern und Buchstabe im Feld 3) in einer Stückzahl von 200 Exemplaren (Ziffern im Feld 4) und hierfür eine Rechnung von DM 18 500,35 (Ziffern im Feld 5) erhalten.

9.3. Einordnung der Informationssysteme nach der Art ihrer Datenbestände

Diese Formatunterschiede in den Informationen, die in einem Kommunikationsprozeß geführt oder ausgetauscht werden, sind wesentliches Merkmal für die Einordnung des zugrunde liegenden Informationssystems.

Hiernach unterscheidet man zwei grundsätzliche differente Typen:
— Informationssysteme mit nicht formatierten Datenbeständen
— Informationssysteme mit formatierten Datenbeständen

In der Literatur stößt man auch auf die Bezeichnungen numerische und nichtnumerische Informationssysteme.

Diese Begriffe sind jedoch unsinnig und verwirrend, da in beiden Arten von Informationssystemen sowohl Worte als auch Zahlen geführt werden können.

9.3.1. Informationssysteme mit nicht formatierten Datenbeständen

Der Inhalt, der in diesen Systemen geführten Informationen, ergibt sich erst aus dem Gesamtzusammenhang aller auftretenden Worte. Die Maschine kann den Inhalt nicht interpretieren, sondern lediglich die Information wiederauffinden (Retrieval-Systeme).

Stellen wir uns die in einem derartigen System geführte Information zum Beispiel als höchstrichterliche Entscheidung vor, die eine Auslegung einer ganz bestimmten Passage im verbalen Inhalt eines Gesetzestextes darstellt, so wird verständlich, daß diese Information für die Maschine nicht veränderbar sein kann. Das Informationssystem kann diese Information bei entsprechender Anfrage wieder zur Verfügung stellen, auswerten kann jedoch nur der Mensch. Lediglich gewisse statistische Auswertungen, etwa wie oft von unterschiedlichen Gerichten zu diesem Text Auslegungen vorgenommen wurden, können von der Maschine erbracht werden.

9.3.2. Informationssysteme mit formatierten Datenbeständen

Wie schon aus dem angeführten Beispiel in Abb. 9-2 ersichtlich, hat die Information hier einen festen Aufbau. Die Bedeutung ihres Inhaltes ist durch die Lage und die Länge eines bestimmten, vorher vereinbarten Feldes innerhalb eines Datensatzes definiert. Diese Fixierung in ein Schema läßt eine Interpretation auch durch die Maschine zu, so daß die Informationen innerhalb solcher Systeme nicht nur aufgerufen, sondern auch ausgewertet und geändert werden können.

In dem aufgeführten Beispiel (Abb. 9-2) könnte also am 15. 4. 1971 nach einer teilweisen Begleichung der ausgestellten Rechnung (Eingang etwa DM 10 000) das Feld 5 auf die Ziffernfolge 0850035, das Feld 2 auf die Ziffernfolge 15 04 71 geändert werden. Soll nun am 8. 5. 1971 allen Kunden, die seit mehr als 3 Monaten einen Betrag über DM 10 000 schulden, eine Mahnung zugestellt werden, so kann nach Auswertung der Felder 2 und 5 und des Feldes 1 der Kunde, Bezirksgroßhändler Maier Anton, aussortiert werden. Ihm wird also keine Mahnung zugestellt.

Aus der unterschiedlichen Struktur der in einem Informationssystem geführten Datenbestände ergeben sich naturgemäß auch besondere Probleme für deren jeweilige Organisation.

So sind bei Informationssystemen mit formatierten Datenbeständen Datenkataloge zu erstellen, die Datensätze müssen formatiert, also in Felder aufgeteilt, und deren Länge und Reihenfolge festgelegt werden.

Entscheidende Frage für die Erstellung von Informationssystemen mit nicht formatierten Datenbeständen ist dagegen die Suchstrategie, d. h. wie findet die Maschine die Information, die für ein Problem relevant ist, wenn sie den Inhalt der Information gar nicht interpretieren kann?

An dieser Stelle soll nicht weiter auf diese Konzeptionsprobleme eingegangen werden, damit die Übersichtlichkeit erhalten bleibt.

9.4. Einordnung der Informationssysteme nach der Speicherungsebene ihrer Datenbestände

Wichtiges Unterscheidungsmerkmal für die Einordnung der Informationssysteme ist das Kriterium, wo der Bestand an Daten gehalten wird, den das System als Auskunft oder für weitere Auswertungen zur Verfügung stellt.

9.4.1. Informationssysteme ohne Datenbank

In derartigen Organisationsformen (auch direkte Informationssysteme genannt) kommunizieren die Teile des Systems ungepuffert miteinander. Eingabe, Auswertung und Ausgabe erfolgen praktisch ohne Zeitverlust, da alle benötigten Informationen direkt im Rechner gehalten werden. Derartige Installationen sind in Systemen sinnvoll und notwendig, die in erster Linie schnelle Auskünfte oder Auswertungen erbringen sollen, also etwa Prozeßsteuerungs- oder Flugsicherungssysteme.

9.4.2. Informationssysteme mit Datenbank

Bei derartigen Systemen kommunizieren sämtliche Teile des Systems über eine Datenbank miteinander. Diese Datenbank enthält die Gesamtheit aller Daten, die das Informationssystem für einen abgeschlossenen Organisationsbereich benötigt, und wird normalerweise auf einem externen Speichermedium gehalten. Eingabe, Auswertung und Ausgabe erfolgen also gepuffert. Bei derartigen Systemen (Management-Informationssysteme, Führungssysteme für industrielle, militärische, verwaltungstechnische oder wissenschaftliche Zwecke) ist die Menge der haltbaren Daten bzw. die Vielfalt der Möglichkeiten, unter denen diese Daten ausgewertet und manipuliert werden können (Mengengerüst und Komplexität) kritischer als die Geschwindigkeit der Auskunftserteilung und Informationsauswertung.

Die Abbildung 9-3 soll den Unterschied zwischen direkten Informationssystemen (also Systemen ohne Datenbank) und den gepufferten Informationssystemen (also Systemen mit Datenbank) veranschaulichen. Bei beiden Typen können die Kommunikationspartner auf Datenbestände zugreifen. Die Art ihrer Ablage und Verwaltung jedoch ist verschieden. Bei den gepufferten Informationssystemen liegt der gesamte Datenbestand auf einem Sekundärspeicher, während bei den direkten Informationssystemen die Datenbasis im Primärspeicher untergebracht ist.

Gegenstand dieses Buches sind Informationssysteme, deren Systemteile über eine Datenbank miteinander kommunizieren.

Nach den Anforderungen, denen derartige Systeme im jeweiligen Anwendungsfall unterliegen, lassen sich typische Konstruktions- und Leistungsunterschiede aufzeigen. Diese fordern und ermöglichen ihrerseits eine tiefere systematische Ordnung.

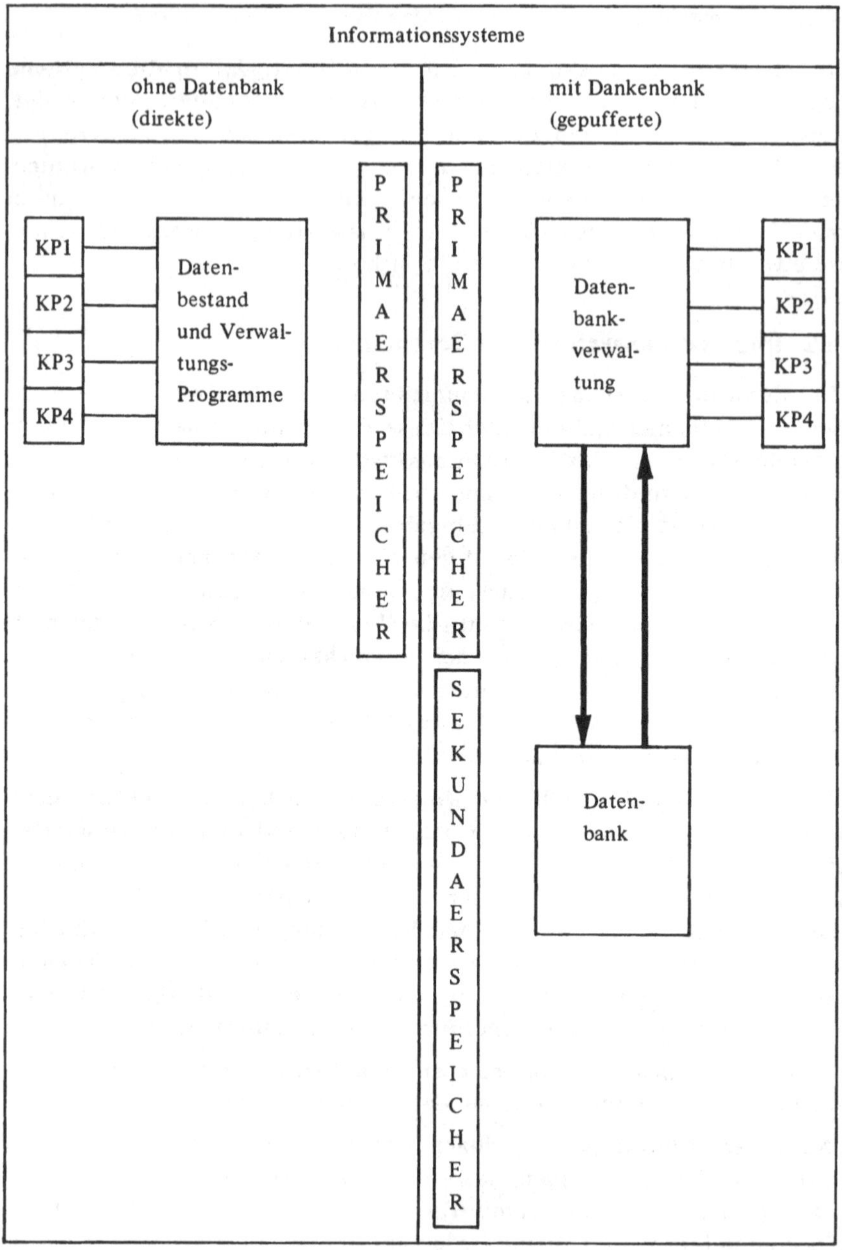

Abb. 9-3 Informationssysteme mit und ohne Datenbank:
KP 1, 2, 3, 4 = Kommunikationspartner

9.5. Klassifizierung der Informationssysteme

Aus der Art und Weise wie einerseits der Datenbestand aufgebaut und geändert wird, wie andererseits Auswertungen daraus veranlaßt werden, lassen sich weitere Definitionskriterien für Informationssysteme ableiten.

9.5.1. Zugrunde liegende Datenbank als Einordnungsmerkmal

Informationelle Informationssysteme

Die Datenbank, die diesen Systemen zugrunde liegt, ist stabil; sie kann nur durch besondere Wartungsprogramme verändert werden. Informationssysteme dieser Art lassen sich etwa mit Telefon- oder Adreßbüchern vergleichen. Sie erteilen lediglich Auskünfte; ihr Datenbestand wird hierbei nicht geändert (Informationsbereitstellungssysteme).

Operationelle Informationssysteme

Hier wird die Datenbank der Systeme fortlaufend durch die spezifische Systemleistung selbst verändert. Das Informationssystem besitzt für die Datenbank Steuertabellen und Kommunikationsprozesse (Methodenbank); diese sind Träger der operierenden Programme, die das System steuern, verwalten und überwachen. Der Datenbestand der Datenbank wird durch diese Programme stetig verarbeitet, aufbereitet, ausgegeben, verändert und wieder rückgespeichert. Typische Formen derartiger Informationssysteme sind zum Beispiel Stücklistenprozessoren.

Konversationelle Informationssysteme

Diese Systeme sind „gesprächsfähig", d. h. sie bieten die Möglichkeit durch wiederholte Fragestellung die gewünschte Information iterativ aufzufinden bzw. durch immer detailliertere Fragestellung jeweils differenzierte Auskünfte zu erhalten. Dieser Effekt darf keinesfalls als bloße Funktion der hierfür erforderlichen Hardware angesehen werden (Terminalverkehr).

Die derartigen Systemen zugrunde liegende Datenbank muß von ihrer Konzeption her stark segmentierte Datenbestände führen, deren feine Gliederung dann eine große Anzahl unterschiedlichster Kombinationen ermöglicht. Ein Beispiel dafür ist ein Diagnosehilfssystem in der Medizin, das mit fortschreitender Verdichtung von Anamnese und Befund aus den zunächst mehrdeutigen Symptomen und Symptomkomplexen systematisch einem immer geringer werdenden Kreis von möglichen Diagnosen erbringt.

9.5.2. Reaktionsmodi als Einordnungsmerkmal

Passive Informationssysteme

Informationen werden hier nicht nur auf Anfragen erteilt. Ein Informationssuchender richtet eine Anfrage an das System, diese wird dann beantwortet. Der Anfragende muß natürlich grundsätzlich überhaupt berechtigt sein auf den Datenbestand zuzugreifen. Das Informationssystem bleibt also stets passiv, die Systemleistung wird nur von außen initiiert.

Aktive Informationssysteme

Auskünfte und auch Anfragen werden nach vereinbarten Regeln vom System selbst erstellt, können jedoch ebenso von außen abgerufen werden. Informationen werden also automatisch geliefert, das System (auch Berichtssystem bezeichnet) ist stets aktiv.

Tritt das Informationsbedürfnis nicht nur gelegentlich auf, sollten stets aktive Informationssysteme aufgebaut werden. Regelmäßiger Informationsbedarf würde etwa bei einem leistungsfähigen Patientenführungssystem in einer Klinik bestehen. Ein Patient, der zum Beispiel in bestimmten Abständen eine Reihe von Bestrahlungen und Massagebädern erhalten soll, wird durch das Informationssystem jeweils automatisch rechtzeitig von der Station abgerufen.

9.5.3. Die Form der Abfrage als Einordnungsmerkmal

Für den Aufbau des Abfragesystems sind folgende Punkte kritisch:

— Wie oft erfolgen Anfragen?
— In welcher Zeit soll das System die Anfragen beantworten?
— Wie soll die Anfrage selbst gestaltet werden?
— Wie soll die Beantwortung der Anfrage erfolgen?

Die Forderungen, die sich bezüglich dieser Gesichtspunkte ergeben, sind weitgehend durch die Mensch-Maschine-Beziehung einer spezifischen Aufgabe beeinflußt. Sie wirken ihrerseits jedoch direkt auf die Anforderungen, die an die Datenbank und die Kommunikationsprozesse des Informationssystems gestellt werden.

Gerichtete Informationssysteme

Alle Anfragen müssen nach ganz bestimmten Regeln formuliert werden. Die gewünschte Information wird nur nach vorgefertigten Schemata erteilt.

Absolute Informationssysteme

Alle Anfragen an das System können frei formuliert werden. Jede gewünschte Zusammensetzung der Information ist möglich.

9.6. Anforderungen an das Informationssystem, die sich aus den divergierenden Kommunikationsbedingungen innerhalb eines Organisationsbereiches ergeben

Die hier auftretende Problematik läßt sich vielleicht am deutlichsten an den Bedingungen eines Management-Informationssystems darstellen.

Neben der sogenannten horizontalen Integration, die organisatorische Einheiten auf der gleichen Funktionsebene verbindet, werden stets vertikale Integrationen zu höher geordneten Funktionseinheiten erforderlich sein. Die Informationen für die Kommunikationsprozesse in beiden Richtungen sollen dennoch demselben Datenbestand entnommen werden. Diese Forderung kann nur dann erfüllt werden, wenn das System die Information zu einer Form aufbereitet, die den tatsächlichen lokalen Führungsaufgaben und Transparenzbedürfnissen entspricht. Informationsweg, -zeitpunkt und -inhalt bestimmen hierbei Aufwand und Leistungsfähigkeit des Informationssystems.

Welchen Konzeptionsbedingungen das System dabei hinsichtlich der unterschiedlichen Leistungsanforderungen genügen muß, soll die folgende Abbildung nochmals veranschaulichen.

Management-Funktionsstufe	Dynamik der Datenbank	Reaktionsmodi	Art der Abfrage
TOP	konversationell	aktiv	absolut
MIDDLE	informationell	aktiv/passiv	absolut/ gerichtet
OPERATIONAL	operationell	passiv	gerichtet

Abb. 9-4 Konzeptionsbedingung eines Management-Informationssystems

Das hier Gesagte gilt natürlich ebenso für alle anderen Bereiche, für die sich Informationssysteme mit Datenbanken erstellen lassen. Die Konstruktionsprinzipien sind auf alle Führungssysteme mit ähnlichen Konzeptionsbedingungen übertragbar.

10. Kommunikationssprachen

Die Datenbank ist von ihrer Funktion her nicht in der Lage, selbst Informationen wiederzugeben. In den meisten Fällen könnte man noch nicht einmal mit einem Datenbank-Speicherabzug die gewünschten Informationen erhalten, da die dort gespeicherten Daten nicht in Tabellen nebeneinander, sondern nach organisatorischen bzw. logischen Gesichtspunkten abgelegt sind (siehe Abschnitt 6,7). Erst eine Kommunikationssprache bewirkt einen sinnvollen und gezielten Austausch an Informationen. Dieser Kommunikationsprozeß ist eine wichtige Funktion in der Mensch-Maschine-Beziehung und stellt für den Benutzer eines Informationssystems die Schnittstelle zwischen seiner sprachlichen Formulierung und der maschinellen Ausführung dar. Man wünscht sich dabei vor allem, daß die Datenbestände, die zu einem abgeschlossenen Organisationsbereich gehören und die die Datenbank bilden, so auswertbar sind, daß die Elemente dieser Datenbank beliebig in die Auswertungen einbezogen werden können und daß man das Wiederauffinden der Elemente von unterschiedlichen Identifizierungsmerkmalen abhängig machen kann. Dabei soll der Aufbau und die Organisation des Datenbestandes keine Rolle spielen. Solche komplexe Softwaresysteme, die diese Aufgabe erfüllen sollen, nennt man auch *Datenbankprozessoren* (data base processors, file management systems).

Besitzt ein Informationssystem eine Datenbank, so sollte sie jedem dafür legitimierten Benutzer möglichst direkt zugänglich sein. Dies führt zu dem Wunsch nach aufgabenspezifischen Kommunikationssprachen. Systeme, die sowohl über eine eigene Sprache als auch über ein entsprechendes Datenbank-Verwaltungssystem verfügen, nennt man gelegentlich auch *Exekutivsysteme*.

Fehlt der Sprachteil oder muß man dazu bestimmte Statements anderer Sprachen (z. B. COBOL, PL/1) verwenden, so spricht man von einem *operierenden System* (operational system).

Im folgenden soll, basierend auf einer kurzen Zusammenfassung, eine Klassifikation der Programmiersprachen durchgeführt und eine Einordnung der Kommunikationssprachen in diese Gattung vorgenommen werden.

10.1. Programmiersprachen

Bis Ende 1970 gab es die stattliche Anzahl von ungefähr 800 Programmiersprachen. Davon dürfte ein nicht geringer Teil nur theoretischen Wert besitzen und wohl niemals in der Praxis zum Einsatz gelangt sein.

HÖHERE PROGRAMMIERSPRACHEN

Problem- oder verfahrensorientierte Programmiersprachen	Anwendungsorientierte Programmiersprachen	Kommunikationssprachen	Sonstige Programmiersprachen
ALGOL	APL	ADAM	GPSS
COBOL	APT	DBS 440	SCERT
FORTRAN	CAL	DL-1	SIMSCRIPT II
JOVIAL	COGO	DM-1	SIMULA
PL/1	EXAPT	FFS	u.a.
RPG	u.a.	GIS	
u.a.		GOLEM	
		IDS	
		MARK IV	
		POLIS	
		RESI	
		TDMS	
		TELDOK	
		TOS	
		UL/1	
		473L	
		u.a.	

Abb. 10-1 Klassifizierung Höherer Programmiersprachen

Unter Programmiersprachen sollen hier nicht Assemblersprachen verstanden werden, sondern Sprachen, die maschinenunabhängig sind, also durch einen Compiler erst in eine Maschinensprache übersetzt werden.

Diese Gattung der maschinenunabhängigen Programmiersprachen wird unter dem Begriff der „Höheren Programmiersprachen" zusammengefaßt.

Problemorientierte Sprachen, verfahrensorientierte Sprachen, anwendungsorientierte Sprachen, beschreibende Sprachen usw. sind die Bezeichnungen für bestimmte Eigenschaften solcher Höheren Programmiersprachen. Eine eindeutige Klassifizierung dieser Begriffe ist nicht möglich, da die Schnittstellen gleitend sind und die Klassen sich zum Teil überlappen. Sinn dieser Klassifizierung ist es, die Kommunikationssprachen in eine Kategorie der Höheren Programmiersprachen einzuordnen.

In Abb. 10-1 wird eine solche Einteilung vorgenommen. Auf die einzelnen Klassen wird im folgenden kurz eingegangen und typische Vertreter aufgezeichnet [2].

10.1.1. Problem- oder verfahrensorientierte Programmiersprachen

Unter problem- oder verfahrensorientierten[3] Programmiersprachen versteht man alle Sprachen, die eine am Problem orientierte Formulierung der Aufgabe zulassen. Die Gattung dieser Programmiersprachen läßt noch eine weitere Unterteilung zu. Wie aus Abb. 10-2 zu ersehen ist, unterscheidet man verfahrensorientierte Programmiersprachen für tech-

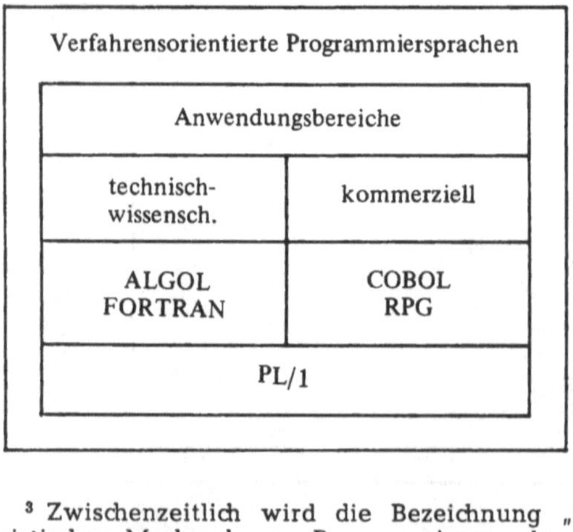

Abb. 10-2 Unterteilung der verfahrensorientierten Programmiersprachen

[3] Zwischenzeitlich wird die Bezeichnung „problemorientiert" als charakteristisches Merkmal von Programmiersprachen gebraucht, in der ein Problem leichter und schneller zu programmieren und zu testen ist, als in einer Assemblersprache.

nisch-wissenschaftliche und verfahrensorientierte Programmiersprachen für kommerzielle Anwendungen. Die Sprache PL/1 deckt sowohl den technisch-wissenschaftlichen als auch den kommerziellen Anwendungsbereich ab.

10.1.2. Anwendungsorientierte Programmiersprachen

Unter diesem Begriff werden all jene Sprachen verstanden, die zur Lösung von Problemen eines spezifischen Anwendungsbereiches eingesetzt werden.

Ein solcher Anwendungsbereich ist z. B. die automatische Steuerung von Werkzeugmaschinen. Auf diesem Gebiet der *numeric control* werden Programmiersprachen wie APT (*A*utomatically *P*rogrammed *T*ools) und EXAPT (*Ex*tract of *APT*) eingesetzt. Weitere Vertreter dieser Klasse sind COGO (*Co*ordinate *G*e*o*metry) zur Bearbeitung von Konstruktionszeichnungen und CAL (*C*ourse *A*uther *L*anguage), eine Sprache, die beim Einsatz von programmierten Unterweisungskursen Anwendung findet.

10.1.3. Kommunikationssprachen

Dieser Klasse von Sprachen sind eine Vielzahl von Sprachtypen zuzuordnen, die von ihrem Leistungsspektrum her zum Teil stark divergieren. Dialogsprachen, Abfragesprachen, Data Management Languages, Query Languages, Datenbanksprachen, Question-Answering Systems, Data Base and File Management Languages, Information Retrieval Languages, Inquiry Languages sind nur einige Begriffe, die in diesem Zusammenhang in der Literatur zu finden sind. Eine klare Trennung dieser Begriffe ist schon deshalb nicht möglich, weil die Betrachtungsweise des Benutzers und die Dienstleistungen der Sprache verschieden sind. All diesen Sprachtypen gleich ist nur die Funktion, die sie erfüllen: einen Kommunikationsprozeß zwischen der Datenbank und dem Benutzer durchzuführen.

Die in der Abb. 10-1 in der Spalte „Kommunikationssprachen" aufgeführten Namen stehen meist nicht für den Sprachteil selbst, sondern sind Abkürzungen und Bezeichnungen der Datenbank- und Informationssysteme, die sie darstellen.

Um dem Leser bei dem Abkürzungswirrwarr zu helfen, sei auf Abb. 10-3 hingewiesen. Dort wird ohne auf die spezielle Funktion der Sprache einzugehen, eine Übersicht über Hersteller bzw. Entwickler und den Entwicklungszeitraum gegeben.

Systeme	Abkürzungen für	Hersteller/Entwickler	Entwicklungszeit
ADAM	A Generalized Data Management System	MITRE Corporation / USA	1964 – 65
DBS 440	Datenbanksystem TR 440	AEG-Telefunken / BRD	1970 – 71
DL-1	Data Language - 1	Space Division of North American Aviation, Inc. (NAA) / IBM USA	1965 – 67
DM-1	Data Manager - 1	Auerbach Corporation / USA	1966*
FFS	Formatted File System	IBM / USA	1966*
GIS	Generalized Information System	IBM / USA	1966 – 69
GOLEM	Großraumorientierte listenorganisierte Ermittlungsmethode	Siemens / BRD	1966 – 69
IDS	Integrated Data Store	General Electric / USA	1964 – 65
IMS	Information Management System	IBM / USA	1969*
POLIS	Polys Informationssystem	Gesellschaft für Systementwicklung / BRD	1969 – 70
RESI	Rechner-System Intelligence	Industrie- und Anlagenbetriebsgesellschaft (IABG) / BRD	1967 – 68
TDMS	Time-Shared Data Management System	System Development Corporation / USA	1965 – 68
TELDOK	Telefunken Dokumentationssystem	AEG-Telefunken / BRD	1966 – 70
TOS	Tactical Operation System	Bunker Ramo / USA	1965 – 67
UL/1	User Language / 1	RCA / USA	1968*
473 L	–	IBM/Electronic System Division (ESD) / USA	1962 – 65

Abb. 10-3 Die bekanntesten Datenbank- und Informationssysteme
* = Entwicklungszeitraum nicht eindeutig feststellbar

10.1.4. Sonstige Programmiersprachen

Unter dieser Kategorie werden all jene Höheren Programmiersprachen verstanden, deren Zuordnung in die drei soeben beschriebenen Klassen nicht möglich ist. Das sind in erster Linie das breite und in der Zukunft stark an Bedeutung gewinnende Spektrum der Simulationssprachen und die in der amerikanischen Literatur unter dem Oberbegriff ‚theory-oriented' zu findende Kategorie von Sprachen. Diese ‚Supersprachen', die sich u. a. mit der Problematik von sogenannten Übercompilern und Sprachen der automatischen Softwareerstellung beschäftigen, befinden sich noch in der Entwicklungsphase und es wird noch einige Zeit vergehen, bis sie wirkungsvoll eingesetzt werden können.

Wenn auch zukunftsorientiert, so doch schon in der Praxis im zunehmenden Maße angewandt, sind die sogenannten *Simulationssprachen*, auf die hier nur bezogen auf die Thematik dieses Buches in Abschnitt 11 eingegangen werden soll.

10.2. Typologie der Kommunikationssprachen

Es gibt verschiedene Möglichkeiten, die existierenden Kommunikationssprachen zu typologisieren. Die erste Möglichkeit der Einteilung könnte darin bestehen, den graduellen Dienstleistungsunterschied der Sprache zu bewerten.

Weiterhin könnten die Kommunikationssprachen nach den Charakteristika ihrer programmtechnischen Übersetzung unterschieden werden.

Ebenfalls denkbar ist eine Einteilung nach dem Aufbau und der Organisationsform der dem Informationssystem zugrunde liegenden Datenbank. Informationssysteme mit primär unformatierten Datenbeständen erlauben aufgrund ihrer Konstruktion generell andere Auskunftsmöglichkeiten als Informationssysteme mit formatierten Datenbeständen.

Hier werden die Kommunikationssprachen eingeteilt in:

- Dialogsprachen
- souveräne Abfragesprachen
- erweiterte problem- oder verfahrensorientierte Programmiersprachen als Kommunikationssprachen

10.2.1. Dialogsprachen

Dieser Typ der Kommunikationssprache wird in erster Linie bei konversationellen Informationssystemen eingesetzt, die unformatierte

Datenbestände mit hauptsächlich nichtstrukturiertem Datenaufbau besitzen.

Systeme, die nach solchen Konstruktionsmerkmalen konzipiert werden, sind u. a. Bibliotheks- und Dokumentationssysteme auf den Gebieten:

— der Literatur (zentrale Literatur-Dokumentation)
— der Kriminalistik (Zeugenaussagen, Täterbeschreibung, Gerichtsakten)
— der Presse (Presse-Dokumentation der verschiedenen Nachrichtenagenturen)
— der Dokumentation in Forschung und Entwicklung
— des Patentwesens
— der medizinischen Diagnostik
— der Justiz

Aus den Dokumenten — das sind Zeitschriften, Zeitungsartikel, Gesetzestexte, Zeugenaussagen, Bücher usw. — werden charakteristische Schlagwörter (Deskriptoren) extrahiert und diesem speziellen Dokument zugeordnet. Sämtliche Schlagwörter aller Dokumente werden in einem Wörterbuch (Thesaurus) zusammengefaßt. Will ein Informationssuchender ein Dokument recherchieren, so benutzt er zur Beschreibung seiner Suchanfrage die Wörter des Thesaurus, die er logisch miteinander verknüpfen kann.

Ein Beispiel einer verbal formulierten Suchanfrage ist folgender logischer Ausdruck:

„Nenne mir alle Publikationen, die sich mit *Staatsphilosophie* befassen, in *deutscher* oder *französischer* Sprache geschrieben, zwischen *1700* und *1971* erschienen sind und nicht von *Hegel* stammen."

Der Informationssuchende würde mittels der Dialogsprache folgende Anfrage formulieren:

SUCHFRAGE:
STAATSPHILOSOPHIE, DEUTSCH $\vee$ FRANZÖSISCH, 1700 $\wedge$ 1971, $\neq$ HEGEL *

Der Retrievalprozeß wird alle in dem Datenbestand vorhandenen Dokumente suchen, die der Forderung des Suchargumentes entsprechen.

Dieses Beispiel macht deutlich, daß die Datenaufbereitung und -auswertung von Dokumenten eine spezifische sprachanalytische Problematik ist. Die „linguistische Barriere" stellt dabei das Hauptproblem dar. Eine weitere wichtige Aufgabe liegt in der sinnvollen Organisation der Mensch-Maschine-Beziehung bei der Verarbeitung von Informationen.

Einen wichtigen Beitrag bei der Lösung dieser Aufgabe bietet die Dialogsprache, die den Benutzer bei der Recherche unterstützt. Die Syntax dieser Kommunikationssprache muß benutzerfreundlich zu handhaben sein und von jedermann auch ohne EDV-Kenntnisse angewandt werden können.

Der Dialog führt den Benutzer sukzessiv an die Formulierung seines Wunsches heran und unterrichtet ihn laufend sowohl über seine sprachlichen Möglichkeiten als auch über den informativen Gehalt seiner Zwischenfragen. Um diese Lernphase zu ermöglichen, wird der Zeitaufwand des langen Frage- und Antwortspiels wie auch die zeitliche Belastung durch die Reaktion der Anlage in Kauf genommen [101].

Wesentlich dabei ist, daß eine solche Sprache nicht nur eine Fragestellung nach ganz bestimmten Kriterien zuläßt, sondern daß selektiv gesucht werden kann; d. h. durch geeignete Kombination von Deskriptoren läßt sich der Antwortumfang einschränken. Solche Einschränkungen erzeugt das Informationswiedergewinnungssystem unter Umständen auch von sich selbst, wenn es aufgrund einer Fragestellung feststellt, daß der Output eine sehr große Antwortmenge von zum Teil sekundärer Bedeutung zur Folge haben würde. In einem solchen Fall fordert das System den Fragenden auf, durch Zusätze zur Präzisierung seiner Frage beizutragen.

Die bekannten Dokumentationssysteme DPS, GOLEM und TELDOK benutzen solche Dialogsprachen zur Unterstützung des Menschen bei der Dokumentationsrecherche.

10.2.2. Souveräne Abfragesprachen

Eine solche Kommunikationssprache wird in erster Linie bei Datenbanksystemen eingesetzt, denen formatierte Datenbestände zugrunde liegen und die als Auskunftssysteme fungieren.

Benutzer, die mit Auskunftssystemen arbeiten, besitzen in der Regel nur geringe Kenntnisse der Datenverarbeitung und formulieren ihre Anfragen mehr von ihrem Sprachgefühl her. Damit dies gewährleistet sein kann, muß eine solche Sprache eine etwas einfache Syntax haben, um jede nur durch EDV-Kenntnisse zu klärende Verwirrung des Benutzers zu vermeiden [78]. Man kann von einem EDV unkundigen Benutzer nicht erwarten, daß er, der das Auskunftssystem als effizientes Hilfsmittel zur Erleichterung seiner täglichen Arbeit benutzen möchte, sich umfangreiche Programmierkenntnisse aneignen muß. Dieser Benutzer benötigt eine Sprache, die aus wenigen, leicht zu handhabenden Statements besteht und eine umgangssprachlich orientierte Formulierung ermöglicht.

Beispiel:

Der Personalreferent sucht innerhalb eines Unternehmens einen *Ingenieur* oder *Diplom-Ingenieur* des *Bauingenieurwesens,* der auf einer Baustelle in Spanien als Leiter eingesetzt werden soll. Er sollte nach Möglichkeit *ledig, zwischen 30 und 40 Jahre alt* sein, *mehr als 12 Monate Erfahrung* als *Baustellenleiter* haben und die Fremdsprache *spanisch* beherrschen.

Der Personalreferent würde über sein Terminal an die Personal-Datei, in der alle Mitarbeiter seines Unternehmens erfaßt sind, folgende Anfrage stellen:

```
HOLE    PERSONAL-DATEI
WENN    SPRACHE = SPANISCH
UND     FAM-STAND = LEDIG
UND     (ALTER ≧ 30 UND ALTER ≦ 40)
UND     FACHRICHTUNG = BAU-ING
BEI     (BERUF = DIPL-ING ODER BERUF = ING)
UND     TAETIGKEIT = BAUSTELLENLEITER
BEI     (DAUER = 12)
DANN    DRUCKE NAME, ADRESSE, ALTER,
        BETRIEBSABTEILUNG *
```

Das Ergebnis seiner Recherche wäre folgender Ausdruck:

```
1. KARLHEINZ MARTENS * 78 FREIBURG,
   FUERSTENBERGSTRASSE 3 * 31 JAHRE * ABW/S2 **
2. RALF DROESE * 4 DUESSELDORF 17,
   LUXEMBURGER ALLEE 143 * 37 JAHRE * IBW/4 **
3. JUERGEN MANKE * 7 STUTTGART 31, TABORWEG 3 *
   39 JAHRE * K/R/1 **
***
```

Um die Auskunftsbereitschaft durch aktuelle Informationen zu erhöhen, muß eine solche Kommunikationssprache auch Statements besitzen, mit deren Hilfe man einzelne Datenelemente von Sätzen einer Datei mit neuen, dem aktuellen Stand entsprechenden Daten verändern kann.

Beispiel:

Die Anschrift eines Außenstellenmitarbeiters eines Unternehmens hat sich geändert.

Der Personalsachbearbeiter würde durch folgende Formulierung den Personalsatz des Mitarbeiters aktualisieren:

```
HOLE    PERSONAL-DATEI
WENN    NACHNAHME = SCHOENBERGER KLAUS
DANN    SETZE WOHNUNG = BENNAUERSTRASSE UND NR
        = 36 *
```

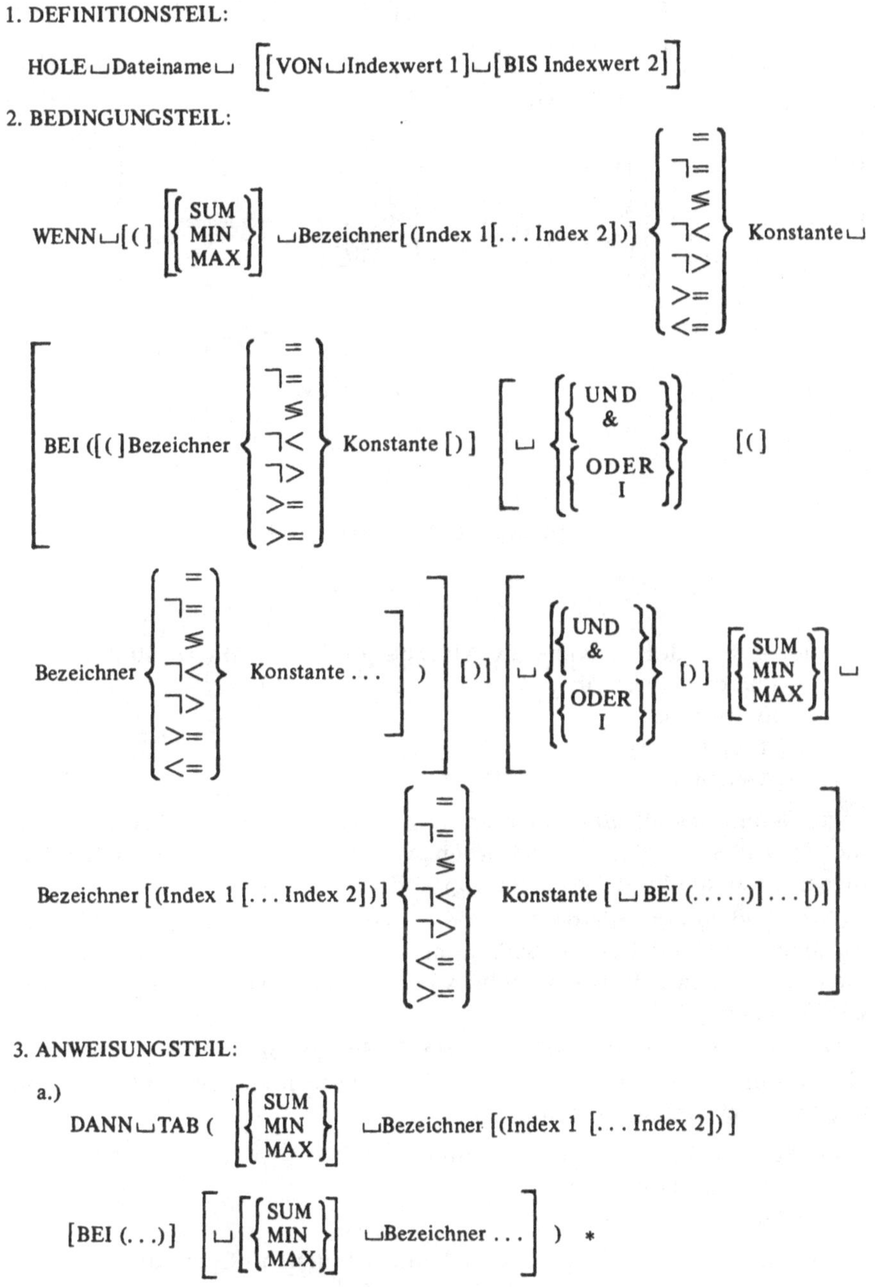

Abb. 10-4 Syntax der POLIS — Kommunikationssprache

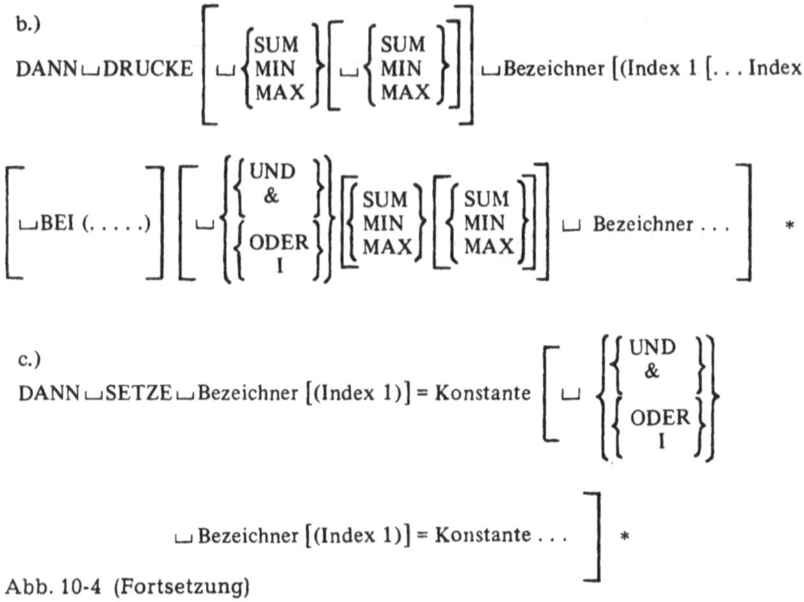

Abb. 10-4 (Fortsetzung)

Kennzeichen der souveränen Abfragesprache ist die Dreiteilung des Aufbaus einer Anfrage in:

— Definitionsteil
— Bedingungsteil
— Anweisungsteil

Im Definitionsteil, der mit dem Wort HOLE eingeleitet wird, erfolgt die Spezifikation der angesprochenen Datei und der Datensätze aus dieser Datei, die für die Auswertung in Frage kommen.

Dem Bedingungsteil, der mit dem Wort WENN beginnt, folgen in beliebiger Reihenfolge die Bedingungen, die ein Datensatz bzw. Datenelement erfüllen soll. Die einzelnen Bedingungen werden mit UND bzw. ODER verknüpft.

Der Anweisungsteil wird mit dem Schlüsselwort DANN eingeleitet. Neben der Druckanweisung (DRUCK) können in diesem Anfragestring auch noch Spezifikationen über die:

— Ausgabeform auf dem Terminal
— Querschnittsrecherchen
— Update-Vorgänge

aufgeführt werden. Aus Abb. 10-4 kann der genaue Syntaxumfang von der Abfragesprache POLIS, die hier als Beispiel herangezogen wurde, entnommen werden.

Wie aus den beiden vorangegangenen Beispielen zu ersehen ist, wird der Abfragestring aus der Syntax einer vorgegebenen Sprache zusammengesetzt. Mittels eines Compilers (Language Processor, Übersetzer) wird ein maschineninternes Programm generiert, das die vom Benutzer angeforderte Recherche realisiert. Die für die Durchführung der Abfrage notwendigen datenspezifischen Angaben über den Ort der gesuchten Information auf dem peripheren Speicher holt sich der Übersetzer aus den speziell dafür angelegten Tabellen (Datenbeschreibungstabellen).

10.2.3. Erweiterte problem- oder verfahrensorientierte Programmiersprache als Kommunikationssprache

Die verfahrensorientierten Programmiersprachen COBOL und RPG haben ihren festen Platz im Bereich der kommerziellen EDV. Dabei wurde COBOL (Common *B*usiness *O*riented *L*anguage) in erster Linie für die Programmierung von Aufgaben aus dem Verwaltungsbereich geschaffen und ist von den Höheren Programmiersprachen am besten für die Behandlung und Manipulation großer Datenmengen geeignet.

Ein COBOL-Programm gliedert sich in vier Teile (divisions) auf:

— den Erkennungsteil (IDENTIFICATION DIVISION)
— den Maschinenteil (ENVIRONMENT DIVISION)
— den Datenteil (DATA DIVISION)
— den Prozedurteil (PROCEDURE DIVISION)

Im Datenteil, der für unsere Betrachtungen bezüglich der Manipulation von Daten bedeutsam ist, werden die Datensätze beschrieben und aufgebaut.

RPG (*R*eport *P*rogram *G*enerator) ist ein Vertreter der Listenprogrammgeneratoren, die eine verhältnismäßig komfortable Handhabung bei der Zusammenstellung und Ausgabe von umfangreichen Listen ermöglicht.

Sowohl COBOL als auch RPG bringen von ihrer Grundkonzeption Voraussetzungen mit, um als Basis für eine Kommunikationssprache in Betracht zu kommen [107]. Diese Erkenntnis hat dazu geführt, daß schon verhältnismäßig früh (1960 General Electric) damit begonnen wurde, COBOL mit spezifischen datenmanipulativen Statements zu erweitern. Zusätzlich wurden noch Routinen in diese Sprache implementiert, die qualifizierte Recherchen auf Satz- und Dateiebene ermöglichen. Voraussetzung dafür sind neben der Beherrschung der Programmiersprache COBOL dataillierte Kenntnisse über den Aufbau der für eine Verarbeitung und Auswertung benötigten Dateien. Jede Auskunft, die vom System erwünscht wird, muß zuerst in COBOL programmiert und ausgetestet werden.

Systeme, denen ein derartiges Kommunikationskonzept zugrunde liegt, sind u. a. Stücklistenprozessoren und Informationssysteme im Verwaltungsbereich, bei denen großer Wert auf die Integration des Datenbestandes gelegt wird.

Das in Abb. 10-5 wiedergegebene Kommunikationskonzept stellt eine idealisierte Lösung dar, weil es sowohl die operierende als auch die exekutive Ebene eines Organisationsbereiches integriert.

Als Gastgebersprache (host language) dient eine problemorientierte Programmiersprache (z. B.: COBOL, PL/1), die dem Benutzer den verfahrensorientierten Rahmen bietet, um eine Verarbeitung der Daten im Primärspeicher durchzuführen.

Die Datenmanipulationssprache (data manipulation language) benutzt der Programmierer, um eine Transaktion der Daten zwischen seinem Programm und der Datenbank durchzuführen (③ in Abb. 10-5). Sämtliche Dienstleistungen, die sowohl Daten vom Primärspeicher in die

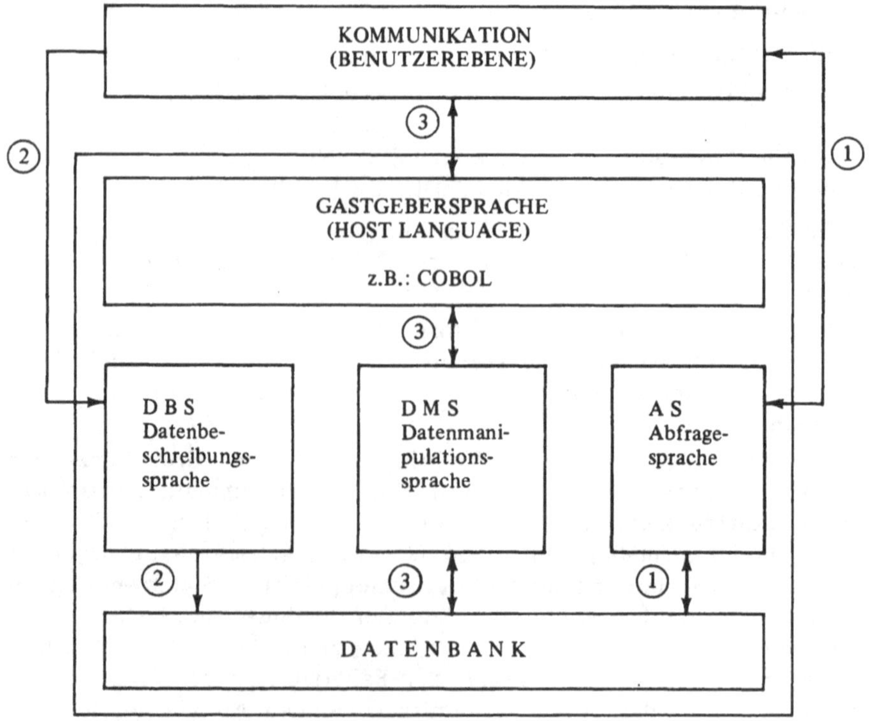

Abb. 10-5 Beispiel eines funktionellen, modularen Kommunikationskonzepts

Datenbank als auch von der Datenbank in den Primärspeicher transferieren, werden in der Datenmanipulationssprache geschrieben und als Datentransporte bezeichnet.

Weitere Beispiele solcher Dienstleistungen sind:
Systemdienste: Öffnen, Abschließen
Änderungsdienste: Ändern, Löschen, Modifizieren

Die Datenmanipulationssprache ist für sich keine selbständige Sprache. Sie ist eingebettet in die Gastgebersprache und stellt den Erweiterungsteil zu ihrer standardisierten Form dar. Ist COBOL die Gastgebersprache, so werden in der PROCEDURE DIVISION die Makros der Datenmanipulationssprache in der gleichen Form verwandt wie COBOL-Befehle.

Um aber mit der Datenbasis überhaupt kommunizieren zu können, müssen die Daten nach vordefinierten Schemata auf die dafür vorgesehenen Datenträger abgelegt werden. Dieser Vorgang wird von der Datenbeschreibungssprache (data description language) übernommen, deren primäre Funktion darin besteht, mit Hilfe eines Schemas (Datenbeschreibungstafel) eine Beschreibung der gesamten Datenbank auf dem Externspeicher vorzunehmen (② in Abb. 10-5).

Eine leicht zu handhabende Kommunikationssprache steht dem EDV-unkundigen Benutzer durch eine in dieses System integrierte Abfragesprache zur Verfügung (① in Abb. 10-5).

11. Randaspekte

Dieser Abschnitt zeigt Faktoren auf, die bei der Planung von Datenbanken und Informationssystemen mit eine Rolle spielen.

In der Regel wird vom Bedarfsträger die Forderung nach einer zufriedenstellenden Lösung der Datensicherung erhoben und die Implementierung eines flexiblen Zugriffssicherungsschutzes gefordert. Die Realisierung dieser Forderungen stellt in jedem Fall einen systembelastenden Faktor dar. Aus diesem Grund muß beim Entwurf eines Datenbanksystems eine gründliche Analyse aller möglichen Einflußgrößen erfolgen. Dabei ist den Systemanalytikern die Modellsimulation eine wertvolle Hilfe sowohl zur Vorbereitung von Entscheidungen über Entwicklungsalternativen als auch zur ständigen Überprüfung der Realisierbarkeit der angenommenen Zielsetzung.

Es ist verständlich, daß in einem Einführungskapitel diese Faktoren nur am Rande erwähnt werden können. Den interessierten Leser, der sich darüber genauer informieren möchte, verweisen wir auf das am Ende dieses Kapitels angegebene Literaturverzeichnis.

11.1. Sicherheit von Datenbanken

Ein wichtiger Aspekt, der mit zum Schutz einer Datenbank zählt, ist die Sicherstellung der abgespeicherten Daten vor unberechtigtem Zugriff. Die Frage der Legitimität des Benutzers auf den Datenbestand zugreifen zu dürfen, wird in den meisten Anwendungsbereichen gefordert und ist bei der Konzeption einer Datenbank von Bedeutung.

11.1.1. Technische Benutzungskontrolle

Eine denkbar einfache und sichere Kontrolle für die Benutzung eines Informationssystems kann mittels einer Kennkarte erreicht werden. Die Terminals, über die die Benutzer mit dem System kommunizieren, müssen für dieses Kontrollverfahren mit einer Zusatzeinrichtung (badge reader) ausgestattet sein. Der Code auf der Kennkarte gibt Auskunft über den Benutzer und seine spezifischen Zugriffsberechtigungen. Diese Karte kann turnusmäßig ausgetauscht werden, womit ein denkbarer Mißbrauch mittels Duplikaten ausgeschlossen ist.

Da der Wert eines Systems in dem Maße wächst, wie Sorgfalt bei der Pflege und Aktualisierung des Datenbestandes angewandt wird, muß eine strenge Kontrolle der ‚update'-Berechtigten erreicht werden. Gerade die Verwendung einer Kennkarte ermöglicht hier eine exakte Protokollierung aller manipulativen Eingriffe seitens der Benutzer.

11.1.2. Zugriffssicherungsverfahren

Werden über den Rahmen der technischen Benutzungskontrolle hinaus noch Berechtigungsverfahren für den Zugriff zu bestimmten Dateien und ganz speziellen Datenelementen in den Sätzen einer Datei benötigt, so muß man zum Teil kompliziertere Sicherungsverfahren einbauen. Das sogenannte *Password-Verfahren,* das implementiert in die Kommunikationssprache einen softwaremäßigen Datenzugriffssicherungsschutz gewährleistet, findet dabei in erster Linie Anwendung.

Das Password-Verfahren

Sollen gewisse Datenbestände vor unberechtigtem Zugriff geschützt werden, so muß ihnen ein Kennungsteil vorangestellt werden. Dieser Kennungsteil wird als Password bezeichnet. Die Zugriffsroutinen prüfen anhand der vom Benutzer bei der Kommunikation vorgegebenen Spezifikation, ob dieser dafür legitimiert ist zuzugreifen. Diese Spezifikation muß in der Kommunikationssprache an einer dafür fest vorgesehenen Stelle eingegeben werden.

Arten von Passwords

Grundsätzlich kann jede beliebige Zeichenfolge als Password benutzt werden.

Aus organisatorischen Gründen muß bei der Auswahl und der Zusammenstellung der Passwords eine eindeutige Kennzeichnung der Benutzungsberechtigten erreicht werden.

Es folgen einige Beispiele, wie die Kennzeichnung der Passwords erfolgen könnte:

— Das erste bzw. die ersten Zeichen eines Passwords zur graduellen Kennzeichnung des Benutzerkreises fest zu vergeben

— Bei der Notwendigkeit der Unterscheidung zwischen der Berechtigung ‚nur lesen' z. B. die ersten Zeichen eines Passwords zu verwenden und der Berechtigung ‚update' oder ‚modify' weitere fest vorgesehene Zeichen desselben Passwords zu benutzen.

— Bei einer hierarchisch angelegten Struktur von Daten soll der in der Hierarchie höher eingestufte Benutzer mit nur einem Password mehrere andere Passwords automatisch abdecken können, um möglichst schnell und umfassend an die gewünschte Datei heranzukommen.

Schutzmöglichkeiten durch Passwords

Setzt man voraus, daß die formale Berechtigungsprüfung mit einem System zu kommunizieren positiv verlaufen ist, d. h. die Benutzungsberechtigten vom System auf ihre Authentizität und formale Identität hin überprüft wurden, so hat man zunächst einmal die Benutzungsunberechtigten von den Benutzungsberechtigten getrennt. Bei vielen Anwendungen reicht ein solcher Sicherungsschutz nicht aus und man muß den Adressatenkreis der Benutzungsberechtigten graduell weiter unterteilen. Je nach der Funktion des Benutzers in diesem System (Aufgabengebiet, Vertrauensstellung, Geheimhaltungsstufe usw.) sind u. a. folgende weitere Differenzierungen möglich:

— Benutzer hat nur ‚update'-Berechtigung unter Umständen nur für bestimmte Dateien

— Benutzer hat nur ‚lese'-Berechtigung unter Umständen nur zu bestimmten Dateien bzw. nur zu speziellen Datenelementen in den Sätzen einer Datei

— Benutzer hat ‚lese'- und ‚update'-Berechtigung

— Benutzer hat nur Berechtigung für das Laden von Anwendungsprogrammen

Es liegt auf der Hand, daß bei solch differenzierten Berechtigungsunterscheidungen eine passende Organisation gefunden werden muß, die

— eine eindeutige Kennzeichnung gewährleistet
— Flexibilität ermöglicht
— die Effizienz des Gesamtsystems nicht beeinträchtigt
— benutzerfreundlich zu handhaben ist.

Wird von der Aufgabe her vom System ein Zugriffssicherungsschutz gefordert, der bis auf die Stufen der Datenelemente in den Sätzen einer Datei reicht, so wird dies unweigerlich zu einer Gesamtbelastung des Systems führen. Der daraus resultierende Speichermehraufwand — die Elemente müssen durch Passwords direkt geschützt werden — kann durch entsprechenden Ausbau der Speicherperipherie kompenziert werden. Was aber zu beträchtlichen Belastungen führen könnte, ist die volle Flexibilität des Passwords selbst, deren Änderung im Interesse eines globalen Sicherheitsschutzes gewährleistet sein sollte.

Die verschiedenen Ebenen der Zugriffssicherung mittels Passwords

Man kann eine Einteilung der Datensicherung auf drei verschiedenen Ebenen vornehmen

— Betriebssystemebene
— Kommunikationssprachenebene
— Anwenderprogrammebene

Im folgenden soll als Beispiel nur die Zugriffssicherung mittels Passwords auf der Kommunikationssprachenebene erläutert werden, weil sie dort am meisten Anwendung findet.

Zugriffssicherung auf der Kommunikationssprachenebene

Hier werden die Password-Prüfungen entweder direkt vom Übersetzer wahrgenommen, der eine Abfrage erst dann umwandelt, wenn diese Überprüfung positiv verlaufen ist oder aber diese Prüfung wird in das ausführende Programm eingebaut. Im letzten Fall müssen die Passwords vom Benutzer direkt in einen Abfragestring implementiert werden. Das hat zur Folge, daß der Benutzer genauestens darüber informiert sein muß, wann und wo in der Abfragesprache die Möglichkeit des Einsatzes eines oder mehrerer Passwords erfolgt.

Der Übersetzer überprüft jede Anfrage auf syntaktische Gültigkeit. Da die Passwords zu Bestandteilen der Kommunikationssprache geworden sind, dürfte es einem außenstehenden Benutzer nicht leicht möglich sein, Anfragen an das Informationssystem zu stellen.

Ist die syntaktische Prüfung des Übersetzers positiv verlaufen, wird ein Objektprogramm erstellt, das alle vorgesehenen Datensicherungsmöglichkeiten beinhaltet.

11.2. Regenerierungs- und Archivierungsprobleme

Da der auf den Direktzugriffsspeichern verfügbare Speicherplatz beschränkt ist und die Datenbestände im Laufe der Zeit in einem Maße anwachsen können, daß die vorhergesehene Kapazität der Datenbasis tragenden Peripherie überschritten wird, ist es unumgänglich, eine Einrichtung vorzusehen, mit deren Hilfe Dateien auf den Hintergrund verdrängt werden. Des weiteren muß im Falle eines Systemausfalles auch ein Verfahren vorgesehen sein, daß die Regenerierung der Information auf den Datenträgern gewährleistet. Solche Regenerierungsprozeduren müssen in der Systemsoftware vorhanden sein, da es nicht zu verhindern ist, daß, durch technische Pannen bedingt, Datenbestände oder Teile desselben zerstört bzw. beschädigt werden. Hinzu kommt noch, daß aus wartungstechnischen Gründen von Zeit zu Zeit der Datenbestand auf ein anderes Speichermedium übertragen wird, um die magnetischen Rotationsspeicher auf ihre technische Funktionssicherheit zu überprüfen. Dazu sind umfangreiche Lese- und Schreiboperationen notwendig, um z. B. bei der Magnetplatte alle Spuren und Sektoren zu testen. Nach Abschluß dieser Wartungsarbeiten kann der zwischengespeicherte Datenbestand wieder auf das Ursprungsmedium übertragen werden.

11.2.1. Regenerierung

Das einfachste Verfahren besteht darin, den Gesamtinhalt der Platte in gewissen Zeiträumen auf das Magnetband zu übertragen. Bei einer umfangreichen Plattenperipherie stellt dieser Übertragungsvorgang allerdings eine starke zusätzliche Belastung dar und könnte kaum mehr als einmal in der Woche durchgeführt werden. Dieses Verfahren, das man als *statischen Plattenabzug* oder auch als *Generalkonserve* bezeichnet, gewährleistet allerdings bei einem Systemausfall nicht, daß der aktuelle Datenbestand konserviert wurde. Es müßten also sämtliche zwischenzeitlichen Änderungen nachgetragen werden, was bei gewissen Anwendungen nicht nur sehr aufwendig, sondern auch kaum durchführbar ist.

Der *dynamische Plattenabzug (incremental dumping) berücksichtigt* diesen Nachteil, indem alle neu angelegten und veränderten Dateien kurze Zeit später auf Magnetband übertragen werden. Dabei unterscheidet man prinzipiell zwei Modi.

1. Modus

Wird in einer Datei irgendeine Änderung vorgenommen, so wird automatisch in der zugeordneten DDT eine Marke gesetzt. Täglich, zu einer festgesetzten Zeit, werden sämtliche DDT's daraufhin untersucht, ob eine Markierung vorhanden ist. Die entsprechenden Dateien werden auf Magnetbänder übertragen. Dadurch ist der aktuell geänderte Stand der Datenbasis konserviert (Teilkonserve) und stellt zusammen mit der einmal vorgenommenen Generalkonserve ein Duplikat des Gesamtdatenbestandes dar.

Vorteil:

nicht sonderlich systemaufwendig, zeit- und speicherplatzsparendes Verfahren

Nachteil:

Bei Zerstörung des Datenbestandes ist nur die zuletzt durchgeführte Teilkonserve verfügbar, was sich besonders dann als nachteilig auswirkt, wenn an einem Tag mehrere Änderungen vorgenommen wurden.

2. Modus

Die Änderung am Datenbestand wird in der üblichen Weise durchgeführt. Zusätzlich erfolgt eine Protokollierung des Inhaltes der datenmanipulativen Operation auf Magnetband. Sämtliche Änderungen werden also doppelt geführt und zwar nahezu gleichzeitig.

Vorteil:

Zusätzliche Kontrolle des Zugriffssicherungsschutzes. Unberechtigte Benutzer, die das Zugriffssystem geknackt haben, können lokalisiert werden und man besitzt Auskunft über den Inhalt der auf diese Weise erschlichenen Information bzw. bei Sabotage das Ausmaß des vorgenommenen Schadens oder den Inhalt der subversiven Manipulation. Die Teilkonservierung wird sofort vorgenommen und ermöglicht zusammen mit der einmal durchgeführten Generalkonserve eine nahezu vollständige Duplikation der aktuellen Datenbasis.

Nachteil:

Systembelastend, aufwendiges Regenerierungsverfahren, Aufbereitungsproblem, starke Belastung der Hintergrundperipherie.

Für beide Modi müssen bei einer durchzuführenden Regenerierung umfangreiche und zum Teil zeitaufwendige Zuordnungsroutinen durchlaufen werden. Ein nicht zu unterschätzendes Problem ist hierbei die Erstellung einer zweckmäßigen Organisation, die mit den zahlreichen Dump-Bändern fertig wird. Erschwerend für eine akzeptable Lösung ist die Tatsache, daß kaum Kriterien gefunden werden können, die relevanten von den irrelevanten Informationen zu trennen.

Für welches Verfahren man sich bei der Regenerierung entschließt, entscheiden Faktoren, die anwendungs- und systemspezifisch sind. Ein primäres Kriterium für den einzuschlagenden Weg ist der Wert und die Reproduzierbarkeit des vorliegenden Datenbestandes. Das Vorhandensein eines Verfahrens der Regenerierung der verlustig gegangenen Datenbasis durch einen möglichst aktuellen Stand ist schon allein aus Kostengründen unbedingt notwendig. Auf der anderen Seite läßt es sich in der Praxis nicht vermeiden, daß Dateien versehentlich gelöscht werden. Der entstandene Schaden ist dann leicht reparabel, wenn man vom System den letzten Stand der Datei regeneriert erhält. Die Kosten beim Aufbau einiger versehentlich gelöschter Dateien können größer sein, als der Aufwand, der investiert wurde, um die für die Regenerierung notwendige Systemsoftware zu erstellen.

11.2.2. Archivierung

Unter dem Begriff der Archivierung werden all jene Daten- und Informationsmengen verstanden, die aufgrund ihres Informationsgehaltes nicht mehr der aktuellen Datenbasis zugerechnet werden, aber für den jeweiligen Benutzer noch von solcher Bedeutung sind, daß sie für ganz spezielle Auswertungen verfügbar sein müssen. Darunter fallen alle sogenannten *historischen* Daten, die für einen Bedarfsträger ein komprimiertes Abbild der Unternehmungssituation vergangener Jahre darstellen.

Beispiele solcher Daten sind:

(1) Im Rechnungswesen: sämtliche Bilanzdaten (älter als 2 Jahre), besonders die Anlage- und Kapitalbewegungen und die gesamte Kalkulation (u. a. Arbeitsplatzbewertung).

(2) Vertriebsdaten (relevante Konkurrenzdaten, statistische Unterlagen).

(3) Marktanalysen, Trendbeobachtungen für die Prognosenerstellung der Stabs- und Planungsabteilung.

Bei allen Bilanzdaten ist es nicht nur zweckmäßig, sondern zum Teil auch notwendig, daß die Daten des vorangegangenen Jahresabschlusses zu der aktuellen Datenbasis zugerechnet werden. Die Bilanzdaten von weiter zurückliegenden Zeiträumen, die zu statistischen Zwecken benötigt werden, sind als historische Daten ins Archiv aufzunehmen.

All jene Daten stehen auf Magnetbändern gespeichert im Archiv. Teile der Archivdaten stehen dem Informationssystem innerhalb kurzer Zeit für spezielle Auswertungen zur Verfügung.

11.3. Modellsimulation

Mit zunehmender Größe und Komplexität eines Systems, sei es technischer, wirtschaftlicher oder soziotechnischer Natur, wachsen die Schwierigkeiten, analytische Modelle zu bilden, um aufgrund des Modellverhaltens brauchbare Aussagen und Rückschlüsse auf das reale System zu schließen. Mit Hilfe der Simulation hat man die Möglichkeit, komplexe Realsysteme in einem Modell abzubilden. Durch diese Verfahren spart man Zeit und Kosten und kann mögliche Fehlentwicklungen verhindern.

Während den Implementierungsarbeiten dient die Simulation zur Vorbereitung von Entscheidungen über Entwicklungsalternativen und zur ständigen Überprüfung der Realisierbarkeit der angenommenen Zielsetzung.

Die Natur- und Ingenieurwissenschaften bedienen sich dieser Vorteile der Modellabbildung schon seit einiger Zeit. Die Technik der digitalen Simulation und damit auch das Angebot an Simulationssprachen zerfällt aus historischen Gründen in zwei separate Teilgebiete, nämlich

— der diskreten Simulation und
— der kontinuierlichen Simulation

Die kontinuierliche Simulation entwickelte sich aus der analogen Simulationstechnik, während die diskrete Simulation ihren Ursprung in den Methoden des Operation Research hat.

Neben diesen historischen Gründen gibt es allerdings auch logische Gründe, die die Trennung in kontinuierliche und diskrete Simulation rechtfertigt.

Primär sind dies die unterschiedliche Dynamik und die damit zusammenhängenden verschiedenen Zustandsbeschreibungen beider Systeme. Die kontinuierliche Simulation gehorcht einer parallelen und repetitiven Dynamik und genügt einer implizierten Systemdarstellung, während zur angemessenen Beschreibung von diskreten Simulationsmodellen eine intermittierende und produktive Dynamik und eine organisierende Systemdarstellung erforderlich ist.

Die Simulation, genauer die diskrete Systemsimulation, ist eine verbreitete Technik zur Planung, Untersuchung und Beurteilung von Informationssystemen. Sie findet ihre Anwendung vor, während und nach der Erstellung solcher Systeme. Vor der Implementierung eines Informationssystems bietet die Simulation die Möglichkeit, Leistungsgrößen des Systems wie Reaktionszeiten, Warteschlangenabarbeitung, Durchsatz und Kapazitätsgrenzen zu berechnen. Liegen spezifische Leistungsdaten verschiedener Systeme vor, so läßt sich hiermit eine objektive Basis für die Systemauswahl projizieren. Nach Fertigstellung eines Informationssystems bleibt das Simulationsmodell ein Werkzeug für Marketing und Vertrieb, das bei geringem Aufwand spezielle Leistungsgrößen für bestimmte Aufgaben liefert.

Obwohl zur Formulierung von Simulationsmodellen im Prinzip sowohl Assemblersprachen als auch problem- bzw. verfahrensorientierte Sprachen (ALGOL, FORTRAN, PL/1) möglich sind, setzen sich die speziellen Simulationssprachen wie

- GPSS (*G*eneral *P*urpose *S*imulation *S*ystem)
- SIMSCRIPT
- SIMULA (*Simu*lation *La*nguage)

u. a.

immer mehr durch.

Literatur

[1] Löbel, Müller, Schmid: Lexikon der Datenverarbeitung. Siemens AG, Berlin, München 1969.

[2] Sammet, Jean: Programming Languages History and Fundamentals. Prentice-Hall, Inc., Englewood Cliffs, N. J. 1969.

[3] Meadow Charles T.: The Analysis of Information Systems. John Wiley & Sons. Inc., New York 1967.

[4] Vickery, B. C.: On Retrieval Systems Theory. Butterworth & Co., London 1961.

[5] Finerman, Aron, and Revens Lee: Decimal Classification and Relative Index. Forest Press, New York 1959.

[6] MITRE Corporation. A Survey of Data Management Systems. MTR-5036, Washington 1968.

[7] Computer Sciences Corporation. COGENT II Specifications. 1967.

[8] Wilkes, M. V.: Time Sharing Computer Systems. Macdonald & Co., London 1968.

[9] DIN 44 300. Informationsverarbeitung — Begriffe.

[10] Wiener, Norbert: Mensch und Maschine. Athenäum Verlag, Frankfurt a. M. 1964.

[11] Samuelson, Kjell: Mechanized Information Storage, Retrieval and Dissemination. Proceedings of the F. I. D./I. F. I. P. Joint Conference Rome. North Holland Publishing Company, Amsterdam 1968.

[12] Auerbach: Data Handling Reports, Auerbach Info. Inc., Philadelphia, P. 1967.

[13] Orr, William D.: Conversational Computers. John Wiley & Sons, Inc., New York, London, Sydney 1968.

[14] Salton, Gerard: Progress in Automatic Information Retrieval. John Wiley & Sons, Inc., New York, London, Sydney 1968.

[15] Olle, T. W.: Generalized Systems for Storing Structured Variable Length Data and Retrieving Information. North Holland Publishing Company, Amsterdam 1968.

[16] Buchholz, Werner: File Organization and Adressing. In: IBM Systems Journal 1963.

[17] Postel, H. J.: Organisation und Verarbeitung biographischer Daten bei phonetischer Namensdarstellung. In: Bürotechnik und Automation, November 1967.

[18] Blau, H.: Die Planung von Management Informationssystemen. In: Bürotechnik und Automation 1967.

[19] Newell, A.: Information Processing Language-Manual. Englewood Cliffs, New Jersey 1961.

[20] Cox, A. E.: Communicating with Computers. In: Management Accounting 46, No. 7, 1968, S. 283—288.

[21] Kaimann, R. A.: Management by Exception Hierarchically. In: Data Processing Magazine 8 (1966), No. 7, S. 40—44.

[22] Head, Robert V.: Management Information Systems: A critical Appraisal. In: Datamation 13 (1967) No. 5.

[23] Hayes, Robert M.: Information Retrieval. An Introduction. In: Datamation 14 (1967) No. 3.

[24] Dürr, Hans G.: ANIS — ein allgemeines Informations-System für das IBM System/360. In: IBM-Nachrichten, Heft 190 (1968).

[25] Dürr, Hans G.: DOKAUS — ein Organisationskonzept für Dokumentations- und Auskunftssysteme mit elektronischen Datenverarbeitungsanlagen. In: IBM-Nachrichten, Heft 194 (1969).

[26] Glinka, Brush, Ungar: Design thru simulation of a multiple-access information system. In: Fall Joint Computer Conference 1967, S. 437—447.

[27] Rocchio, Salton: Information search optimization and interactive retrieval techniques. In: Proceeding — Fall Joint Computers Conference 1965.

[28] Salton, Lesk: The SMART automatic document retrieval system — an illustration. In: Communications of ACM 8 (1965) No. 6.

[29] Simmons, Robert: Natural language question-answering systems: 1969. In: Communications of the ACM 13 (1970) No. 1.

[30] Poensgen, O. H.: Möglichkeiten und Grenzen elektronischer Informationssysteme. In: Entscheidung und Information, hrsg. vom G. Menges. Frankfurt a. M., Berlin 1968, S. 79—102.

[31] Suess, G. E.: The Birth of a Data Bank. In: Journal of Data Management 4 (1966) No. 11, S. 24—27.

[32] Reball, Siegfried: Informationsspeicherung in einer Datenbank. In: ZIID-Zeitschrift 15 (1968) Heft 2, S. 54—60.

[33] Hartmann, Volker R.: Der Betrieb als kybernetisches System. In: Betriebswirtschaftliche Forschung und Praxis 19 (1967) Heft 2, S. 65—79.

[34] Hertz, D. B.· Developing a Computerized Management Information System. In: Management Review 55 (1966) No. 4, S. 61—64.

[35] Martine, R. L.: The Language of Information Systems. In: Data Processing Magazine 8 (1967) No. 2, S. 24—27; No. 3, S. 30—33.

[36] Joss, Ernest J., and Eugene J. Folk: Integrated Management Information System. In: The Journal of Industrial Engineering 18 (1967) No. 11, S. 625—630.

[37] Langers, F., und R. Steinbock: Konzept für die Realisierung eines Management-Informationssystems (MIS) mit Hilfe einer automatisierten Datenverarbeitung (ADV). In: elektronische datenverarbeitung 10 (1968) Heft 7, S. 313—321.

[38] Peinze, K., und H. P. Niederhausen: Informationsverarbeitung im integrierten Datenverarbeitungssystem. Identifikation von Informationen. In: elektronische datenverarbeitung 10 (1968) Heft 3, S. 153—155.

[39] James, Glennon J.: Planning a Computer-Based Management Information System. In: Computers and Automation 13 (1964) No. 10, S. 20—21.

[40] Kriebel, C. H.: Operations Research in the Design of Management Information Systems In: U. S. Government Research and Development Report 41, (1966).

[41] Martin, J.: HALAIS — das HALberg Aktive-Informations-System als Grundkonzeption der Datenverarbeitung. In: Bürotechnik und Automation 9 (1968) Heft 12, S. 626—633.

[42] Rhind, Ridley: Management Information Systems. In: Business Horizons 11 (1968) No. 3, S. 37—47.

[43] Werling, Richard: Action-oriented Information Systems. In: Datamation 98 (1967) No. 6, S. 57—65.

[44] Lutz, Theo: Adreßketten und Datenbanktechniken. In: Bürotechnik und Automation 9 (1968) Heft 4, S. 178—186.

[45] Nichelson, Charles H.: Building Data Banks for Multiple Uses. In: Systems & Procedures Journal 19 (1968) No. 3, S. 18—22.

[46] Langers, F.: Die Ordnung der Stamm- und Bewegungsdaten in der Aufbau- und Ablauforganisation. In: elektronische datenverarbeitung 10 (1968) Heft 5, S. 131—240.

[47] Lutz, Theo: Direktfragen an eine Datenbank. In: Bürotechnik und Automation 9 (1968) Heft 3, S. 96—100.

[48] Schieferdecker, Eberhard: Simultanverarbeitung — Datenverarbeitung Behandlung von Dateien. In: data report 2 (1967) Heft 4, S. 34—38.

[49] Weber, Gerhard: Simulation als Hilfsmittel der Systemanalyse. In: ADL-Nachrichten 13 (1968) Heft 54, S. 340—345.

[50] Fischbach, Büttgen: Die Methodik der Großraumspeicher. v. Hase & Koehler Verlag, Mainz 1967.

[51] Wahl, Manfred P.: Grundlagen eines Management-Informationssystems. In: IBM Nachrichten 19, Heft 154, S. 582—585.

[52] Schmitz, P.: Entscheidungsmodelle und automatisierte Datenverarbeitung. In: elektronische datenverarbeitung 9 (1967) Heft 8, S. 329—335.

[53] Lutz, Theo, und Herbert Klimesch: Management Information Systems (MIS). Die Datenbank und ihre Probleme. In: IBM Nachrichten 18 (1968) Heft 192, S. 457—464.

[54] Moravec, A. F.: Basic Concepts of Designing a Fundamental Information System. In: Management Services 2 (1965) No. 4, S. 37—51.

[55] Integrata Seminar. Datenbanken und Informationssysteme.

[56] Schlitzer, Gernot: Datenbanken und Informationssysteme. Manuskript der internen AEG-Telefunken Schulung 1970.

[57] Förstner, W.: Langfristige Datenhaltung auf Speichern mit Direktzugriff. Referate.

[58] Letsche, Dieter: Datenübertragung. In: IBM Nachrichten, Heft 197.

[59] Kleine, Henry: A survey of users' view of discrete simulation languages. In: Simulation 1970.

[60] Niederhoff, Reinhard: Führung- und Entscheidungssysteme. In: data report 5 (1970) Heft 1.

[61] Vigier, G. J.: Management-Informations-Systeme. Arbeitsunterlagen zum Seminar, Deutsche Gesellschaft für Betriebswirtschaft.

[62] Patt, Jale N.: Variable length tree structures having minimum average search time. In: Communications of the ACM.

[63] Benner, Frank: On designing generalized file records for management information systems. In: Fall Joint Computer Conference 1967.

[64] Comfort, W.: Multiword list items. In: Communications of ACM 7 (1964) No. 6.

[65] Townley, Helen: Dokumentory information retrieval. In: Data Processing 9 (1967) S. 268—275.

[66] Gatto, James: Application of computerbased retrieval concepts to a marketing information dissemination system. In: AFIPS 28 (1966) S. 285—295.

[67] GES-Forschungsbericht. Kostenanalyse von Informations-Systemen.

[68] Lutz, Theo: GIS-Profil einer Datenbanksprache. In: Computer-Praxis (1970) Heft 4.

[69] Ware, Willis H.: Security and privacy in computer systems. In: Spring Joint Computer Conference 1967, S. 279—282.

[70] Peters, Bernard: Security considerations in a multi-programmed computer system. In: Spring Joint Computer Conference 1967, S. 283—286.

[71] Petersen, H., and R. Turn: System implications of information privacy. In: Spring Joint Computer Conference 1967, S. 291—300.

[72] Dantine, D. J.: Communications needs of the user for management information systems. In: AFIPS Conference Proceedings Fall Joint Computer Conference 29 (1966) S. 403—411.

[73] Building corporate data systems. In: EDP Analyzer 5 (1967) No. 4.

[74] Data Management: File Organization. In: EDP Analyzer 5 (1967) No. 12.

[75] Connors, Thomas: ADAM — A Generalized Data Management System. In: Proceedings-Spring Joint Computer Conference 1966.

[76] Dixon, Sable: DM-1 — A generalized data management system. In: Spring Joint Computer Conference 1967.

[77] Allen, Roy: Omnibus — A large data base management system. In: Fall Joint Computer Conference 1968.

[78] Gruenberger, F.: Critical factors in data management. Prentice-Hall, Englewood N. J. 1969.

[79] Börner, Manfred, und Kurt Fränz: Optische Datenaufzeichnung. In: Wiss. Ber. AEG-Telefunken 42 (1969) 1.

[80] Arnold, Günther, und Hans-Peter Vollmer: Ultraviolette Spiropyranschichten zur optischen Datenspeicherung. In: Wiss. Ber. AEG-Telefunken 42 (1969) 1.

[81] Göttling: Neuer optischer Speicher für Computer. In: elektronische datenverarbeitung (1969) Heft 1.

[82] Kiemle, H.: Technische Anwendungen von Hologrammen zur Speicherung digitaler Daten. In: Elektronik-Journal.

[83] Siemens System 4004. Bestell-Nr. 22600-222, April 1968.

[84] GE-Bull, Einsatz von Randomspeichern der GE 400. Ref. Nr. 18.59.016D, Jan. 1967.

[85] Kirschner: Optische Datenverarbeitung. In: elektronische datenverarbeitung (1969) Heft 4.

[86] Informationsblätter AEG-Telefunken: Best.-Nr. HIB 0711069, Best.-Nr. EIB 0101470, Best.-Nr. 0131169, Best.-Nr. 0090469, Best.-Nr. HIB 0131068, Ausgabe 0367, Ausgabe 0968, Ausgabe 868, Ausgabe 368.

[87] Segert: Die verbesserte dritte Generation. In: ADL-Nachrichten (1970) Heft 62.

[88] Jessen: Assoziative Speicherung. In: elektronische datenverarbeitung (1965) Heft 5.

[89] Graef, Greiller, Hecht: Datenverarbeitung im Realzeitbetrieb. Oldenbourg, München, Wien 1970.

[90] Dworatschek, Sebastian: Einführung in die Datenverarbeitung. Walter de Gruyter & Co, Berlin 1970.

[91] Wehrig: In: Elektronik (1968) Heft 5, 6, 7, 8, 9, 10, 11; (1969) Heft 1, 2, 3, 4, 6, 7, 8.

[92] Rudolph, Fulmer, Meilander: With associative memory, speed limit is no barrier, In: Electronics, Juni 22, 1970.

[93] Hanlon: Content-adressable and associative memory systems. In: IEEE, VOL.EC-15, No. 4, August 1966.

[94] Atkin, Marple: Information Processing by Data Interrogation. In: IRE Transactions on electronic Computers, April 1962.

[95] Kiseda, Petersen, Seelbach, Teig: A Magnetic Associative Memory. In: IBM Journal, April 1961.

[96] Speiser, A. P.: Digitale Rechenanlagen. Springer Verlag, Berlin, Heidelberg, New York 1965.

[97] Steinbuch, Karl: Taschenbuch der Nachrichtenverarbeitung. Springer Verlag Berlin, Heidelberg, New York 1967.

[98] Griffith: Data recovery in a photo-digital storage system. In: IBM Journal, July 1969.

[99] Rosen, Saul: Programming Systems and Languages. McGraw-Hill, New York 1967.

[100] Wahl. Manfred: Grundlagen eines Management Informationssystems. Luchterhand Verlag, Neuwied, Berlin 1969.

[101] Salton, G.: Automatic Information Organisation and Retrieval. McGraw-Hill, New York 1968.

[102] Wedekind, Hartmut: Datenorganisation. Walter de Gruyter & Co., Berlin 1970.

[103] Postley, J. A.: Informatics MARK IV File Management System: Summary of Characteristics. AIs 66-016.

[104] Rauncher, Schwimmer: The Basic Language Specification of TDMS, Phase II: Report Production, System Development Corporation. TM-3370/008/00.

[105] Rauncher, V.: The Language Specifications for the Query Operation of TDMS, System Development Corporation. TM-3370/004/00.

[106] Rauncher, V.: The Language Specifications for the Update Operation of TDMS, System Development Corporation. TM-3370/005/00.

[107] Fry, Gosden: Survey of Management Information Systems and their Languages. Mitre Corporation, Washington, D. C. 1969.

[108] Leiboff, Teague N.: Periperal Equipment for Data Management. In: Gruenberger, Critical factors in data management. Prentice-Hall, Englewood N. J. 1969.

[109] Wegner, Peter: Programming Languages, Information Structures and Maschine Organization. McGraw-Hill, New York 1968.

[110] IBM — 140 Praxis Nr. 6. Die Organisation des Plattenspeichers. IBM-Form 80.106-1.

[111] Quandt, Szolyvay, Hoffmann: CODIAC — Ein Verfahren zur Kompression von Daten. data praxis, Siemens AG, Best.-Nr. 2-2600-834, 1969.

[112] UDB — Universelle Datenverarbeitung bei Behörden. Programmiersystem zur optimalen Speicherung von Dateien im direkten Zugriff. IBM-Form 80.762-0.

[113] CODASYL: Data base task group report to the CODASYL programming language commitee, Report October 1969. — COBOL extensions to handle data bases, Report January 1968.

[114] IMS: 1. IBM-Sonderdruck. IBM-Form 28.287 — 9.69. 2. IMS Application Manual (H20-0524-1). — GIS: System/360 GIS, Application Description Manual. IBM-Form H20-0574-0.

[115] IDS: 1. Einführung in Aufbau und Funktionsweise, GE-BULL Ref.-Nr. 18.12.080 D. 2. IDS/COBOL, GE-BULL, Ref.-Nr. 18.30.202 D, Oktober 1966.

[116] TELDOK: TR4-TELDOK, AEG-TELEFUNKEN. Ref.-Nr. DBS 1770370, Handbuch Mai 1970.

[117] DBS: 1. Einführungsschrift, AEG-TELEFUNKEN. Ref.-Nr. DBS 1770380. 2. DBS 440 Handbuch, AEG-TELEFUNKEN. Ref. Nr. DBS 1770380.

Management-Informations-Systeme

von

Georg J. Vigier

Summary

Während sich die elektronische Datenverarbeitung in routinemäßigen Verwaltungsarbeiten und in der Disposition generell durchgesetzt hat, steht die elektronische Datenverarbeitung als Planungshilfsmittel noch ganz am Anfang ihrer Entwicklung. Das Bestreben, die Datenverarbeitung als Führungsinstrument einzusetzen, kristallisiert sich in dem Aufbau von Management-Informations-Systemen. Der Aufwand für die Entwicklung eines Management-Informations-Systems beträgt mehrere Mann-Jahre, dem Entwicklungsaufwand stehen aber überproportionale Möglichkeiten der Steigerung des Gewinns und der Flexibilität des Unternehmens gegenüber.

Nach einer Klärung der Begriffe werden in dem Beitrag „Management-Informations-Systeme" die mit Management-Informations-Systemen erreichbaren Zielsetzungen und die Auswirkungen auf ein Unternehmen aufgezeigt. Hauptbestandteil eines Management-Informations-Systems sind die Datenbank und die Methodenbank. Für die Datenbank müssen die Informationsbedürfnisse des Unternehmens ermittelt werden, die im traditionellen Ablauf nur teilweise bewußt geworden sind. Die Methodenbank umfaßt quantitative Entscheidungshilfsmittel wie Statistikprogramme, Simulationsprogramme und Optimierungsmodelle. Die Vielzahl der verfügbaren Informationen kann ohne diese Hilfsmittel nicht hinreichend ausgewertet werden. In Abschnitt 8 wird die Anpassung der quantitativen Planungsmethoden an die Bedürfnisse des Management-Informations-Systems behandelt.

Die Techniken der Datenverarbeitung und der Datenbanken werden im folgenden nur soweit angesprochen, als sich für ein Management-Informations-System im Vergleich zu anderen Informations-Systemen besondere Aspekte ergeben. Ein Arbeitsplan schildert die Vorgehensweise beim Aufbau eines Management-Informations-Systems, wobei verschiedene Phasen unterschieden werden. Das stufenweise Vorgehen von der ersten Konzeption bis zur universellen Realisation grenzt das Risiko von Fehlentscheidungen bei einem Projekt dieser Tragweite ein.

Mehrere amerikanische und europäische Unternehmen arbeiten am Aufbau von Management-Informations-Systemen. Einige schon realisierte Projekte werden in diesem Kapitel beschrieben.

1. Einleitung

Aufgabe eines Management-Informations-Systems ist, unter Einsatz der Datenverarbeitung alle Informationen bereitzustellen, die zur Lenkung eines wirtschaftlichen Unternehmens benötigt werden. Kern des Informations-Systems ist die Systematisierung aller Informationsströme, so daß der Entscheider die benötigten Angaben nicht aus verschiedensten Quellen zusammentragen muß, sondern sich auf einen Datenursprung, das Management-Informations-System, verlassen kann.

Die Datenverarbeitung tritt hierbei aus der Begrenzung auf Massenarbeiten heraus und wird zum Planungsinstrument. Spezifisch für ein Management-Informations-System gegenüber anderen Informations-Systemen ist die Betonung wirtschaftlicher Zielsetzungen der Planung.

2. Anstöße zum Aufbau von MIS

2.1. Bewußtsein der Komplexität von Entscheidungen

Während früher eine starke Nachfrage für alle produzierten Güter bestand, wird heute die Marktsituation durch kritische Käufer bestimmt. Um auf den Märkten erfolgreich zu bestehen, müssen die Unternehmen die einzelnen Entscheidungen so integrieren, daß sie kostengünstige und nachfrageorientierte Produkte anbieten können. Zunehmend wird erkannt, daß das Datenfundament im traditionellen Ablauf zu schwach ist und für das optimale Zusammenspiel von Entscheidungen in Entwicklung, Produktion und Absatz neue Wege beschritten werden müssen.

2.2. Gestiegenes Ausbildungsniveau

Methoden zur Bewältigung der Probleme werden heute von Universitäten, Fortbildungsinstituten und Fachverbänden angeboten. Wirtschaftszeitungen veröffentlichen Aufsätze über Planungsprobleme, wissenschaftliche Abhandlungen erscheinen als Taschenbücher. Das neue Wissen strömt über vielfältige Kanäle zu den Entscheidern und führt zu einer Veränderung des Bewußtseins: Planungsprobleme werden häufiger mit Methodik als mit rein praktischer Erfahrung angegangen.

Durch zunehmende Verbreitung des theoretischen Wissens wächst die Tendenz, Theorie in Praxis umzusetzen.

2.3. Zunehmend quantitatives Denken

Wesentliche Fortschritte sind in den letzten Jahren bei der Quantifizierung von Entscheidungsprozessen erreicht worden. Die Methoden der Unternehmensforschung sind für viele Probleme praktisch erprobt worden, statistische Verfahren konnten mit der Datenverarbeitung erstmals routinemäßig eingesetzt werden. Selbst qualitative Merkmale können mit Methoden der nicht-parametrischen Statistik verarbeitet werden.

In Diskussionen können sich Handlungsalternativen besser durchsetzen, für die quantitative Unterlagen erarbeitet wurden. Die Datenverarbeitung hat diese Tendenz ermöglicht, im MIS finden diese Verfahren ein geschlossenes Konzept, durch das sich ihre Breitenwirkung im Unternehmen verstärkt.

2.4. Internationaler Erfahrungsaustausch

Der Durchbruch neuer Führungsmethoden wurde stark begünstigt durch den internationalen Erfahrungsaustausch. Mehrere amerikanische Unternehmen, wie Sun Oil, Pillsbury, Westinghouse, IBM, arbeiten intensiv an der Entwicklung von Management-Informations-Systemen. Ihre Arbeiten haben dazu geführt, daß auch europäische Unternehmen den Schritt zum MIS gewagt haben.

2.5. Bewältigung der Massenarbeiten mit EDV

In deutschen Großunternehmen werden heute die Massenarbeiten in der Verwaltung fast alle über EDV realisiert. Das Interesse der Fachleute der Datenverarbeitung wendet sich zwangsläufig einer stärkeren Unterstützung der Management-Entscheidungen zu. Aus den Verarbeitungsprogrammen von Massendaten werden verdichtete Informationen gewonnen, die Eingangsdaten für das MIS sind.

2.6. Fortschritte der EDV

2.6.1. Zentraleinheit

Die Komplexität der durchgeführten Berechnung und die Vielfalt der Daten im MIS verlangen Kernspeichergrößen und Rechenzeiten, wie sie erst seit der 3. Generation von EDVA zur Verfügung stehen. Sofern die

Möglichkeiten der neuen Datenverarbeitungsanlagen nur für Massenarbeiten und nicht zur Verbesserung der Führungsentscheidungen genutzt werden, tritt eine Verschwendung qualitativer und quantitativer Kapazität ein.

2.6.2. Periphere Geräte

Die Datenträger mit wahlfreiem Zugriff ermöglichen das schnelle Wiederauffinden verschiedenster Informationen aus unterschiedlichen Bereichen. Da aber nicht alle Informationen auf den teuren Speichern Platte, Magnetkarte, Trommel gespeichert werden können, bieten schnelle Magnetbandgeräte eine wertvolle Hilfestellung im MIS.

2.6.3. Software

Die vielfältigen Möglichkeiten der Betriebssysteme sind in das MIS zu integrieren, was bisweilen Schwierigkeiten bereitet. Andererseits haben wir in den letzten Jahren gelernt, die Möglichkeiten einer komplexen Software zu nutzen. Als Bausteine für MIS werden heute schon Softwarepakete von Herstellern und Programmierfirmen angeboten, die den Programmieraufwand erheblich reduzieren.

3. Definition und Abgrenzungen

3.1. MIS im engeren Sinne

Die abstrakte Definition eines Management-Informations-Systems begegnet einigen Schwierigkeiten, ohne von direktem praktischen Nutzen zu sein. Zur Klärung des Begriffs MIS gelangen wir am besten über einen Katalog von Leistungsanforderungen. Ein Management-Informations-System muß folgende Kriterien erfüllen:

(1) mehr als einen Unternehmensbereich umfassen,

(2) Informationen für das gehobene Management und nicht nur für Sachbearbeiter und unteres Management liefern,

(3) Abfragemöglichkeit für Informationsempfänger besitzen,

(4) Informationen verknüpfen und auf zugehörige Informationen hinweisen,

(5) Entscheidungen ohne zusätzliche Informationsquellen ermöglichen.

Um kurzfristige Erfolge zu erzielen, haben einige Unternehmen ihr Informationssystem auf einen besonders wichtigen Funktionsbereich konzentriert. Auf diese Weise entstanden Fertigungs-Informations-Systeme, Marketing-Informations-Systeme oder Personal-Informations-Systeme, die die Beziehungen zu anderen Funktionsbereichen weitgehend außer acht lassen. Die Zusammenhänge zwischen den Bereichen werfen aber gerade in vielen Unternehmen die schwierigsten Entscheidungsprobleme auf, für die eine Hilfe benötigt wird. Wegen der isolierten Betrachtung besteht bei den speziellen Informations-Systemen die Gefahr, daß sie nicht zu einem MIS für alle Bereiche ausgebaut werden können. Zwangsläufig steht beim Aufbau eines MIS ein Funktionsbereich im Vordergrund. Die anderen Bereiche sollten jedoch schon zu Beginn vereinfacht aufgenommen werden, um die Schnittstellen für den späteren Ausbau zu sichern.

Informations-Systeme, die nur an Sachbearbeiter Informationen liefern, werden als *Informations-Systeme der operierenden Ebene* bezeichnet. Sie können einen großen wirtschaftlichen Nutzen besitzen, tragen aber noch nicht wie das Management-Informations-System zur Lenkung des Gesamtunternehmens bei. Ein MIS muß auch Abteilungsleiter, Direktoren und Vorstandsmitglieder im Entscheidungsprozeß unterstützen.

Die Forderung nach Abfragemöglichkeit im MIS ergibt sich aus der gezielteren Informationsbereitstellung. Während bisher der Entscheider von einer Flut meist irrelevanter Informationen überschwemmt wurde, erhält er im MIS laufend die Informationen, die seinen Entscheidungsbereich direkt betreffen. Daten für eine vertiefte Ursachenanalyse oder für unvorhergesehene Fragestellungen werden nur auf Anfrage ausgegeben, wodurch eine hohe Flexibilität bei gleichzeitiger Beschränkung der Informationsfülle erreicht wird.

Die einfache Wiedergabe gespeicherter Daten reicht für ein MIS nicht aus, sondern es wird die Möglichkeit der Datenverknüpfung benötigt. Die Abfrage von Absatzzahlen nach Vertreterbezirken und Quartalen bietet z. B. schon eine Entscheidungshilfe. Entscheidungen werden aber stärker unterstützt durch Berechnungen wie die Ermittlung der Vertreteranteile am zugeteilten Marktpotential und Hinweise auf die Auslastung der einzelnen Fertigungsstätten bei einer Absatzsteigerung um 10 %.

Der Wert eines Informations-Systems wird sofort in Frage gestellt, sofern für eine Entscheidung Informationen aus zusätzlichen Quellen benötigt werden. Aus diesem Grunde muß ein MIS lückenlos alle Informationen zur Verfügung stellen, die für eine vorher spezifizierte Menge von Entscheidungen benötigt werden. Es ist eine Frage der Ausbaustufen, in welcher Folge die einzelnen Entscheidungen durch das MIS unterstützt werden können.

3.2. MIS im weiten Sinne

Bei den Unternehmen, die an Management-Informations-Systemen arbeiten, hat sich in den letzten Jahren die Erkenntnis durchgesetzt, daß zu einer grundlegenden Verbesserung des Entscheidungsprozesses neben dem gezielteren Angebot von Informationen auch der Einsatz von Entscheidungshilfen erforderlich ist. Diese Management-Informations-Systeme sind neben den unter 2.1. angeführten Kriterien gekennzeichnet durch

(1) Hinweis auf kritische Bereiche,
(2) Treffen von Routineentscheidungen nach Entscheidungsregeln,
(3) Durchspielen von Testentscheidungen.

In einem MIS sind gute Voraussetzungen gegeben für die Realisation des Konzepts „Management-by-exception".

Die Schwierigkeiten bei dem Soll-Ist-Vergleich liegen häufig in der Vorgabe der richtigen Sollzahl, die auf bestimmten Prämissen aufbaut. Bei der Realisation der Planung können sich diese Prämissen geändert haben, so daß Soll und Ist nicht mehr vergleichbar sind. Ein Fertigungssoll muß z. B. angepaßt werden, wenn bei niedrigen Beständen 20 % weniger Material angeliefert wurde. Erfolgt diese Anpassung nicht, besteht die Gefahr, daß Soll-Ist-Abweichungen auf die Materialzufuhr abgeschoben werden und nicht alle Krisenherde lokalisiert werden. Statistische Methoden, die bei der flexiblen Sollvorgabe die Einflußgrößen berücksichtigen, lassen sich leicht in ein MIS einbauen.

Sofern Routineentscheidungen automatisch nach Entscheidungsregeln getroffen werden, ist die Integration des MIS mit den operationellen Abläufen wesentlich erleichtert. In diesem Fall erstreckt sich die Führungsentscheidung z. B. nicht auf die Höhe spezifischer Bestände sondern auf die Entscheidungsregeln, die die Höhe der Bestände beeinflussen.

Die höchste Stufe eines MIS ist realisiert, wenn Testentscheidungen auf ihre Auswirkungen geprüft werden können. In diesem Fall werden Fragen möglich wie:

— Wenn wir den Vertretereinsatz in Nordrhein-Westfalen um 2 Herren vergrößern, welche Gewinnsteigerung ist dann zu erwarten?
— Wenn ein zusätzliches Werk in Karlsruhe gebaut wird, welche Umschichtung im Produktionsprogramm der übrigen Werke ist dann zweckmäßig?
— Wenn wir das Entwicklungspotential um 30 % steigern, welche Einsparungen an Lizenzzahlungen ergeben sich dann?

Die Beantwortung dieser Wenn-dann-Fragen setzt den Einsatz mathematischer Modelle voraus, die bisher meist nur fallweise verwendet wurden. Dem höheren Aufwand für ihre Verwirklichung im MIS stehen erhebliche Erträge durch verbesserte Unternehmensentscheidungen gegenüber.

3.3. Abgrenzungen

3.3.1. Auskunftsystem – MIS

Häufig wird von einem Management-Informations-System gesprochen, während das behandelte Verfahren nur eine gewisse Ähnlichkeit zu MIS aufweist. Aus diesem Grunde werden im folgenden einige Abgrenzungen vorgenommen.

Während das Auskunftsystem auf die Wiedergabe gespeicherter Daten beschränkt ist, nimmt das MIS vielfältige Auswertungen aus den gespeicherten Daten vor. Gemeinsam ist beiden Systemen der Zugriff zur Datenbank, das Auskunftsystem ist aber nur ein Bestandteil im Management-Informations-System.

3.3.2. Integrierte Datenverarbeitung – MIS

Die integrierte Datenverarbeitung kann sich erstrecken auf die Integration der Daten (alle Daten nur einmal speichern), die Integration der Programme (alle Programme erstellen Ergebnisse, die andere Programme ohne personelle Eingriffe verarbeiten können) oder die Integration der Aufgaben (ein Programm löst einen gesamten Aufgabenkomplex). Ziel der integrierten Datenverarbeitung sind Ersparnisse in der Datenverarbeitung und ein vereinfachter Änderungsdienst. Das Management-Informations-System ist hingegen primär auf die Verbesserung und Erleichterung von Entscheidungen ausgerichtet. Eine gewisse Integration der Datenverarbeitung ist für MIS unbedingt erforderlich, sie muß aber insbesondere in der operationellen Ebene nicht so weit gehen, wie es unter wirtschaftlichen Gesichtspunkten empfehlenswert sein kann.

3.3.3. Dispositionsverfahren – MIS

Grundlage der Dispositionsverfahren ist immer ein klar bestimmter Entscheidungsbereich, während das MIS vielen, teilweise vorher nicht spezifizierten Entscheidungen dient. Sofern Dispositionsverfahren sehr umfassend sind, so daß sie z. B. die Absatzprognose, die Fertigungssteuerung und die Materialdisposition umfassen, können die Grenzen fließend sein.

4. Zielsetzungen von MIS

4.1. Elementare Zielsetzungen

4.1.1. Aktuellere Informationen

Veraltete Informationen behindern den Entscheidungsprozeß in zweifacher Hinsicht:

(1) sie verzögern die Reaktion auf unerwünschte Entwicklungen,
(2) sie erschweren die Entscheidung, da sich die Situation inzwischen grundsätzlich gewandelt haben kann.

Diese Hindernisse hat das MIS durch eine bessere Datenerfassung, durch die Beseitigung von Informationsengpässen und eine gezieltere Informationsbereitstellung zu überwinden.

4.1.2. Umfangreichere Informationen

4.1.2.1. Mehr Informationen

Das MIS soll für jeden Manager auf jeder Ebene alle Informationen bereitstellen, die zum Treffen von Entscheidungen verwendet werden können. Bereitstellen bedeutet hierbei, daß alle Informationen innerhalb der für die Entscheidungsvorbereitung verfügbaren Zeit abgerufen werden können.

Periodisch oder aufgrund bestimmter Ereignisse (z. B. Sollüberschreitung) wird nur ein Teil dieser Informationen zugeleitet, der übrige Teil ist über eine spezielle Anfrage abzurufen. Die Unterscheidung in verfügbare und zugeleitete Informationen hemmt die Flut irrelevanter Information, die zu einer Vernachlässigung relevanter Informationen führen kann.

4.1.2.2. Komplexere Informationen

Das MIS hat seine besondere Stärke im Angebot umfassenderer Informationen, im Aufzeigen von Zusammenhängen, im Hinweis auf indirekte Folgen. Derartige Informationen können ohne MIS nur mit hohem personellen Aufwand oder bei Einsatz der EDV als Ergebnis spezieller Programme erreicht werden. Es ist die Aufgabe der Schulung, die regelmäßige Nutzung der komplexeren Informationen zu fördern.

4.1.3. Zugriffsbereite Informationen

Es ist speziell ein Problem größerer Unternehmen, daß zwar alle Informationen irgendwo vorhanden, aber in dem Moment, in dem sie benötigt werden, nur schwer greifbar sind. Diesem Umstand abzuhelfen, ist im MIS die Aufgabe der Datenbank und der Kommunikationssprache. Die Datenbank ist die Quelle der benötigten Informationen; die Dialogsprache, in der der Mensch mit der Datenbank verkehrt, erleichtert das Auffinden der gespeicherten Informationen. Diese Erleichterung erfolgt primär durch den automatischen Verweis auf zugehörige Informationen: z. B. Verweis auf konjunkturelle Einflüsse und Werbemaßnahmen bei der Analyse der Preis- und Absatzentwicklung.

4.1.4. Genauere Informationen

Da sehr viele Personen den Informationsstrom in einem Unternehmen beeinflussen, ist eine Verfälschung der Informationen in einem manuellen System nicht auszuschließen. Es sei nur auf die Filterwirkung innerhalb der Hierarchie hingewiesen. Die Möglichkeiten der Datenerfassung am Ursprungsort, ausgefeilte Datenkontrollen und eine einheitliche Verarbeitung sichern im MIS die Genauigkeit der Daten.

4.2. Universelle Zielsetzungen

4.2.1. Integration der Planung

Während die elementaren Zielsetzungen den Anstoß zum Aufbau eines MIS geben können, verdichten sich die Ziele dann zu einer universellen Zielsetzung, die den spezifischen Charakter eines MIS ausmacht. Die Ausgestaltung eines MIS muß sich nach der generellen Zielsetzung des Unternehmens richten, so wird ein Unternehmen, das Waffen- oder Raketensysteme anbietet, im MIS stark die Funktionsbereiche Entwicklung und Produktion ausbauen, während ein Getränkehersteller den Marketingbereich betonen wird.

Sehr viele Unternehmensprobleme lassen sich auf eine mangelnde Integration der getroffenen Maßnahmen zurückführen. Die Schwierigkeiten der Integration können sich aus den hierarchischen Stufen, den verschiedenen Funktionsbereichen, mehreren Produkten oder mehreren Fabriken ergeben. Indem das MIS Informationen aus den verschiedensten Bereichen kurzfristig zur Verfügung stellen und Beziehungen aufzeigen kann, ermöglicht es eine bisher unbekannte Integration der Planung.

4.2.2. Zielgerechte Steuerung des Unternehmens

Um ein Unternehmen nach vorgegebenen Zielen steuern zu können, ist ein ständiger Rückkoppelungsprozeß zwischen Plan, Entscheidung und Auswirkung erforderlich. Entscheidungen sind auf ihre Realisation zu kontrollieren, das Marktverhalten ist mit den getroffenen Annahmen zu vergleichen, positive und negative Tendenzen sind schon in der Entwicklungsphase zu erkennen. Das MIS ermöglicht die zielgerechtere Steuerung durch eine systematische Datenerfassung und -auswertung, wie sie mit manuellen Methoden oder einzelnen Programmen nie zu erzielen wäre.

Sobald es möglich ist, mehrere Alternativen schnell über Modelle durchzurechnen, können alle Entscheidungsalternativen zum Erreichen der gesteckten Ziele erwogen werden — ein Vorgehen, das ohne MIS am Aufwand scheitert.

4.2.3. Flexibilität des Unternehmens

Technisches Wissen, Produktionsverfahren, Marktsituationen ändern sich heute schneller, als dies in der Vergangenheit der Fall war. Diesen Änderungen kann das Unternehmen nur mit Flexibilität begegnen. Die Flexibilität in den Produktionsanlagen ist meist, so weit sie wirtschaftlich möglich ist, schon realisiert; MIS erhöht die Flexibilität in Planung und Entscheidung. Als Beispiel sei nur das Marketing neuer Produkte angeführt. Von der Produktidee, über die Entwicklung, die ersten Produktionen, den Verkauf auf dem Testmarkt bis zur generellen Einführung auf dem Markt fällt eine Unzahl von Informationen an, die getroffene Entscheidungen modifizieren und neue Möglichkeiten aufzeigen können. Die integrierte Auswertung im MIS sichert die Anpassungsfähigkeit und Schlagkraft des Unternehmens.

5. Wirkungen auf das Unternehmen

5.1. Wirkungen auf die Planung

5.1.1. Überdenken bisheriger Planungen

MIS ist nicht die Übertragung bisheriger Planung auf die Datenverarbeitung. Der Aufbau eines MIS zwingt zu einem Überdenken des gesamten Planungsgeschehens.

Wie weit ist die bisherige Aufspaltung in Einzelpläne noch zweckmäßig? Sollte die Arbeitsteilung im Planungsprozeß geändert werden? Sind einzelne Planungen historisch bedingt, und tragen sie neuen Entwicklungen mangelhaft Rechnung? Konnten Erfahrungen bei den Planungen bisher nicht in die Praxis umgesetzt werden?

Erst die Bereitschaft, im MIS das Unternehmensgeschehen neu zu überdenken, sichert dem Unternehmen mit MIS einen wesentlichen Fortschritt. Andererseits stellen die bisherigen Planungen ein wichtiges Fundament für den Aufbau dar.

5.1.2. Kurzfristigere und langfristigere Planungen

Zwei Faktoren im MIS tragen dazu bei, den Zeitraum der Planungen zu verändern: erstens die Rechenmöglichkeiten und zweitens der verfügbare Datenbestand.

Die erhöhten Rechenmöglichkeiten erlauben häufiger, im Lichte neuer Daten kurzfristig Pläne durchzurechnen und so eine „rollende oder dynamische Planung" zu erreichen. Außerdem erlauben die genauen Angaben kurzfristige Vorgaben, auf die früher verzichtet werden mußte.

Die Vielfalt der Informationen in Verbindung mit komplexen Prognoseverfahren gestattet eine Ausweitung des Planungshorizonts. Die Daten von staatlichen Stellen und Verbänden werden in absehbarer Zeit in maschinenlesbarer Form zur Verfügung stehen, was diese Tendenz weiter begünstigt.

5.1.3. MIS als Kristallisationspunkt der Planung

Die gesamte Unternehmensplanung wird sich um das MIS gruppieren, da es die Daten und Rechenhilfen bereitstellt. Hierdurch werden auch Planungen ermöglicht, die bisher bei isolierter Betrachtung nicht wirtschaftlich waren. So hat z. B. ein gut finanziertes Unternehmen keine exakte Statistik über die Zahlungsperiode seiner Abnehmer geführt, da aber diese Daten als Konjunkturindikatoren für verschiedene Branchen im Marketing verwendbar waren, wurde eine Planung des Zahlungseingangs sinnvoll.

Im MIS sind einzelne Planungen nicht mehr allein nach ihrem individuellen Beitrag, sondern nach ihrer Leistung für das gesamte Planungsgeschehen zu bewerten.

5.1.4. Abschaffen von Plänen

Aufgabe von Plänen ist die Einschränkung des Entscheidungsspielraums im Planungszeitraum, um Fehlentscheidungen zu verhindern. Pläne sollen zum Teil Informationen ersetzen, die im Handlungszeitpunkt nicht verfügbar sind. Betrachten wir die Auftragseinplanung: nach

Plan kann der Sachbearbeiter in den einzelnen Wochen Terminzusagen bis zu einer bestimmten Höhe geben. Im Moment der Entscheidung kann aber die Kapazitätsauslastung sich gegenüber dem Plan erheblich verändert haben, wodurch ein kürzerer Termin zugesagt werden könnte. Sobald durch MIS eine Abfragemöglichkeit für die Kapazitäten und ihre Auslastung besteht, wäre z. B. ein Plan für die Auftragseinplanung überflüssig. Besonders in Unternehmen, die schnell auf wechselnde Umweltverhältnisse reagieren müssen, ist das Ersetzen bindender Pläne durch Abfragemöglichkeiten bedeutungsvoll.

5.2. Wirkungen auf die Organisation

5.2.1. Dezentralisation gegen Zentralisation

Ein MIS kann sowohl zur verstärkten Dezentralisation als auch zur Zentralisation in einem Unternehmen eingesetzt werden. Die Dezentralisation kann durch die verfügbaren Entscheidungshilfen, die Zentralisation durch die Erfassung peripherer Informationen gefördert werden.

Während Wahl der Ansicht ist, „die Zentralisierung von Information, Kontrolle und Führung ist unser eigentliches Anliegen beim Aufbau eines MIS" [44, S. 42], sei hier untersucht, welche Tendenzen in dieser Beziehung bei MIS gegeben sind. Die Frage nach Zentralisation oder Dezentralisation ist weitgehend eine Frage nach der Informationsverarbeitung: ist die Zentrale oder sind die peripheren Stellen eher in der Lage, die erreichbaren Informationen zur optimalen Führung zu verarbeiten?

Es sei folgende These formuliert:

Da die peripheren Stellen mit MIS die Auswirkungen ihrer Entscheidung auf die Zielsetzung der Gesamtunternehmung und auf die anderen Stellen erkennen können, wird eine stärkere Dezentralisation sinnvoll.

Wie in Abbildung 5-1 dargestellt ist, strömen zu den peripheren Stellen vielfältige Informationen. Jede periphere Stelle ist mit der Zentrale und den anderen peripheren Stellen verbunden, so daß sie jederzeit Informationen dort abrufen kann. Die periphere Stelle benötigt viele detaillierte Informationen über ihre spezielle Umwelt, die nur teilweise maschinell gespeichert werden können, sowie aggregierte Angaben aus den anderen Bereichen. Da sie somit über die Zielvorstellungen und Situationen in anderen Bereichen informiert ist, kann sie die für das Gesamtunternehmen optimalen Entscheidungen treffen. Der dezentrale Entscheidungsprozeß muß durch einen zentralisierten Kontrollprozeß ergänzt werden,

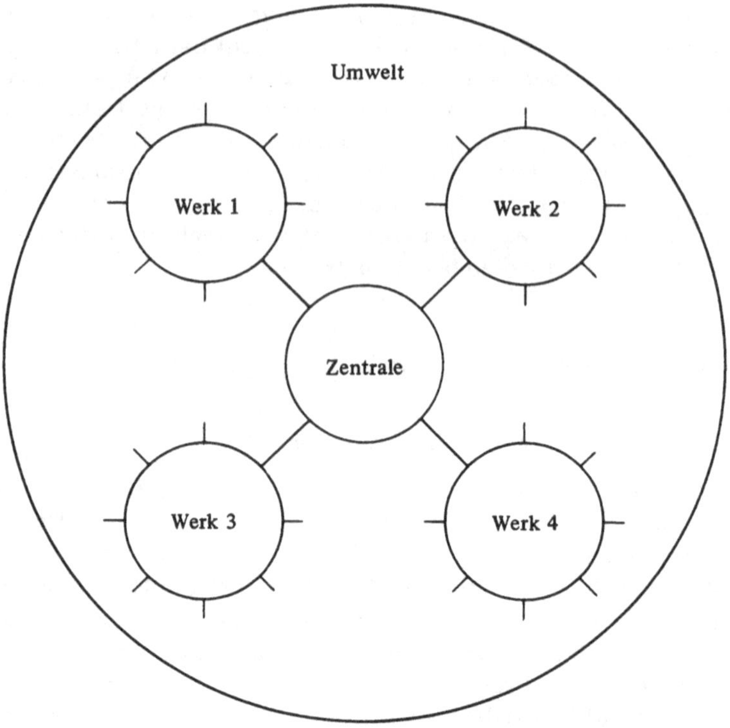

Abb. 5-1 Peripherer Informationsfluß

der sicherstellt, daß bei den Entscheidungen vom Nutzen für's Gesamtunternehmen und nicht allein für die periphere Stelle ausgegangen wird.

Eine stärkere Zentralisation der Entscheidungen würde die maschinelle Speicherung aller Angaben über die spezielle Umwelt aller peripheren Stellen und die Verarbeitung in der Zentrale voraussetzen — ein Vorgehen, das zumindest aufwendiger, wenn nicht häufig unmöglich ist.

5.2.2. Produktmanagement mit MIS

In den letzten Jahren hat sich in einigen Unternehmen durchgesetzt, daß für jede Produktgruppe von der Entwicklung bis zum Vertrieb ein Manager zuständig ist. Daneben bleiben andere Führungskräfte für die gesamte Entwicklung, die Produktion oder den Vertrieb verantwortlich, so daß vom „Matrix-Management" gesprochen wird. Das Problem für einen Produktmanager ist, in jedem Funktionsbereich über so detaillierte Informationen zu verfügen, daß er sein Produkt gegenüber den Leitern der Funktionsbereiche und den anderen Produktmanagern durchsetzen kann. Unter diesem Blickwinkel ist sofort ersichtlich, daß das MIS durch seine Abfragemöglichkeiten und Entscheidungshilfen das Organisationskonzept Produktmanagement weiter fördern wird.

5.2.3. Rolle von Stab und Linie

Der Zuwachs an Personen, die Daten beschaffen, analysieren und planen, ohne selbst Entscheidungsvollmacht zu besitzen, wird sich beim Aufbau von MIS noch beschleunigen. Sobald aber das MIS installiert ist, ist ein Umschwung dieser Tendenz aus zwei Gründen zu erwarten:

(1) Der Aufwand für Datenerfassung, Umrechnung in Planungsgrößen und Analyse wird zunehmend vom MIS übernommen.

(2) Aufgrund der verfügbaren Entscheidungshilfen können Linienmanager mit MIS ohne Unterstützung der Stabsabteilungen selbst planen.

Der erste Grund entspricht der schon bekannten Tendenz der Verlagerung von Verwaltungsarbeiten auf die Datenverarbeitungsanlage. Der zweite Grund trifft stärker den Kern der Stabsabteilungen: die Vorbereitung von Entscheidungsunterlagen und die Durchrechnung von Handlungsalternativen wird vom MIS übernommen, so daß die Linie im Dialog mit der Maschine die Pläne selbst entwickelt und in die Tat umsetzt. Der Anteil der Personen mit Stabsfunktion wird sich u. E. gemäß Abbildung 5-2 entwickeln. Zur Entwicklung des MIS wird der Stab zahlenmäßig eine größere Bedeutung erlangen, nach der Realisation wird er auf eine kleinere Anzahl schrumpfen, als dies heute generell der Fall ist. Voraussetzung dieser Entwicklung ist eine wachsende Kenntnis

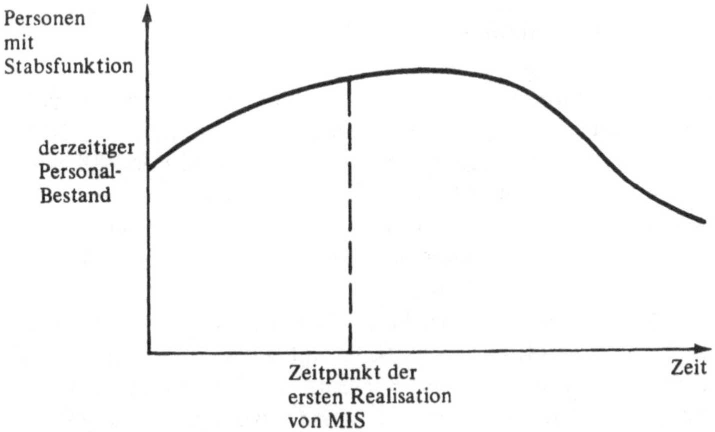

Abb. 5-2 Entwicklung des Personalbestandes mit Stabsfunktion

formalisierter Planungsverfahren in der Linie — eine Tendenz, die sich heute schon abzeichnet.

Mitarbeiter am MIS werden in Linienfunktionen überwechseln. Der verbleibende Stab wird für Ausbau und Anpassung des MIS benötigt.

5.2.4. Gefahren für die Flexibilität

Bei der ersten Einführung der Datenverarbeitung war in einigen Unternehmen festzustellen, daß plötzlich bestimmte Daten nicht mehr zur Verfügung standen oder einige Auswertungen nicht mehr durchgeführt werden konnten. Die Begründung war meist einfach: „die Maschine läßt das nicht mehr zu". Durch die Komplexität und den modellartigen Charaker besteht insbesondere beim MIS die Gefahr, daß die Flexibilität des Unternehmens eingeengt wird.

Ein MIS, das ausschließlich auf eine bestimmte Organisationsstruktur, einen bestimmten Informationsfluß, eine Anlagenkonfiguration oder Betriebssystem festgelegt ist, wird in wenigen Jahren überholt sein und dann den Entscheidungsbereich eher einengen als verbreitern. Die einzige Möglichkeit, der Gefahr für die Flexibilität des Unternehmens entgegenzutreten, ist, Flexibilität in das MIS von den ersten Planungsstufen an einzubauen. Bei einer Entscheidung zwischen niedrigeren Kosten und einer höheren Flexibilität sollte die Flexibilität weitgehend den Vorrang haben.

6. Arten von Informations-Systemen

6.1. Taktische Informations-Systeme

Die Unterscheidung in taktische und strategische Informations-Systeme richtet sich nach den primären Benutzern. Taktische Informations-Systeme dienen in erster Linie der unteren und mittleren Führungsebene, während strategische Informations-Systeme für die mittlere und obere Führungsebene geschaffen sind. Typisch für die Aufgabenstellung von taktischen Informations-Systemen sind alle Probleme der Ablauforganisation in Vertrieb und Fertigung.

Die South African Iron and Steel Corporation (ISCOR) hat ein taktisches Informations-System [30, S. 193 ff.] entwickelt, das den Vertrieb und die Produktion umfaßt. Die Bereiche werden jeweils vom Auftragskontrollsystem oder vom Produktionskontrollsystem abgedeckt. Das Auftragskontrollsystem umfaßt:

— Annahme der vom Verkaufsbüro direkt eingegebenen Aufträge,
— Überprüfen der Auftragsangaben auf Vollständigkeit und Richtigkeit,
— Preiskalkulation,
— Überprüfen des Kundenkredits,
— Mathematisches Modell zur Auftragseinplanung,
— Vergleich der prognostizierten mit der gewünschten Lieferzeit,
— Überprüfen der technischen Angaben.

Falls Unklarheiten bestehen, erhalten die zuständigen Stellen eine Mitteilung; so kann z. B. das Verkaufsbüro die Priorität des Auftrags für eine kürzere Lieferzeit verändern oder die metallurgische Abteilung neue Stahlspezifikationen akzeptieren.

Das Produktionskontrollsystem zeichnet sich durch die Berechnung quantitativer und qualitativer Vorgaben für die einzelnen Fertigungsstufen und eine detaillierte Durchlaufkontrolle über mehrere Datenerfassungsstellen in der Fertigung aus. Über Abfragen kann jederzeit festgestellt werden, wo sich die einzelnen Aufträge befinden, welche Terminüberschreitungen zu erwarten sind und wo die entscheidenden Engpässe sind. Am Ende der Fertigung wird wieder zum Auftragskontrollsystem verzweigt, das die Versandpapiere und Rechnungen schreibt sowie die Zahlungseingänge überwacht.

Das System wurde auf zwei Control Data 3300 realisiert, von denen eine Anlage im Realzeitverfahren läuft. Der Einsatz des Realzeitverfahrens ist für taktische Informations-Systeme typisch, während die Notwendigkeit von Realzeitverfahren für strategische Informations-Systeme geringer ist.

6.2. Strategische Informations-Systeme

Während bei den taktischen Informations-Systemen die Kontrolle des täglichen Ablaufs im Vordergrund steht, sind die strategischen Informations-Systeme primär auf die Gestaltung der Zukunft ausgerichtet. Aufgrund ihrer Zielsetzung sind Prognosen die wichtigsten Daten eines strategischen Informations-Systems. Teilweise werden die Prognosen extern eingegeben, teilweise werden sie vom Informations-System nach Daten der Vergangenheit errechnet.

6.2.1. Finanzorientierte Informations-Systeme

Das älteste Modell eines Unternehmens ist die Buchhaltung. In ihr werden seit frühester Zeit Güter- und Geldbewegungen erfaßt, jedoch diente und dient sie auch heute noch meist nur der Kontrolle und Rechenschaftslegung. Der Ausbau der Buchhaltung zu einem Planungsinstrument ist erst neueren Datums. In der Budgeterstellung tritt der Planungscharakter besonders deutlich hervor.

Viele große und mittlere Unternehmen erstellen zu Beginn eines Geschäftsjahres ein Budget für die wichtigsten Abteilungen. Grundlage des Budgets sind Kostenerwartungen, Absatzprognosen und Investitionsplanungen. Ziel des Budgets ist ein bestimmter Kapitalertrag. Dieses Ziel wird meist aufgrund erster Schätzungen nicht erreicht, so daß neue Schätzungen und erneute Hochrechnung zum Kapitalertrag notwendig sind. Der Prozeß der Budgeterstellung ist in größeren Unternehmen sehr langwierig und bindet bisweilen die gesamte Planungskapazität für mehrere Monate. Der entscheidende Nachteil des Verfahrens ist aber nicht einmal der hohe Personalaufwand, sondern die Unmöglichkeit, eine Vielzahl von Alternativen für Investition und Kostenstruktur durchzurechnen.

Die Sun Oil Company [19] zog hieraus die Konsequenz, ein Finanzmodell aufzubauen. Das Modell umfaßt alle Bereiche des Unternehmens, beginnend bei der Ölsuche und Ölbohrung über den Transport und Raffination bis zum Vertrieb an den Tankstellen.

Ergebnisse des Modells sind:

(1) Geplante Gewinn- und Verlustrechnung
(2) Investitionsplan mit Kapitalflußrechnung
(3) Gewinnverwendungsplan
(4) Plan zu zahlender Steuern
(5) Ertragsanalyse
(6) Planbilanz.

Entwicklungs-, Produktions- und Marketingentscheidungen sind nicht Ergebnisse des Modells, sondern werden von den einzelnen Abteilungen vorgegeben .Das Modell zeigt die Auswirkungen dieser Entscheidungen auf die finanzielle Sphäre und den Gesamtunternehmensplan.

Für das Modell werden folgende Daten benötigt:

(1) Produktpreise und -mengen
(2) Kosten des Rohmaterials
(3) Wirtschaftliche Verhältnisse
(4) Investitionen
(5) Einnahmen der Bereiche
(6) Entscheidungsabhängige Aufwandsgrößen.

Für das Modell wurde das Geschehen im Unternehmen in ein System von Gleichungen überführt. Die Gleichungen sind in verschiedene Blöcke gegliedert, die weitgehend unabhängig voneinander sind und jeweils bestimmte Entscheidungsprobleme umfassen. Ein Integrationsblock sichert die Abstimmung zwischen den verschiedenen Blöcken.

Das Modell wurde als Simulationsmodell aufgebaut, da die Definition einer geeigneten Zielfunktion und die Handhabung eines Optimierungsmodells als zu schwierig angesehen wurden. Eine Vielzahl von Alternativen kann in sehr kurzer Zeit durchgerechnet werden, bis die günstigste Alternative gefunden ist.

Für die Entwicklung des Modells wurden 13 Mann-Jahre benötigt, hiervon entfielen 10 Mann-Jahre auf die Analyse und drei Mann-Jahre auf die Programmierung. Weitere 10 Mann-Jahre wurden für die Schulung des Managements auf den verschiedenen Ebenen, die Diskussion der Ansätze und die Modifikation des Modells nach den erhaltenen Anregungen aufgewandt.

Es ist bekannt, daß die Radio Corporation of America (RCA) ein ähnliches Finanzplanungsmodell aufgestellt hat und die Siemens AG an einem vergleichbaren Ansatz arbeitet. Der Vorteil der finanzorientierten Systeme ist, daß in den meisten Unternehmen für sie schon eine gute Datenbasis vorhanden ist und kritische Investitionsentscheidungen im Gesamtzusammenhang der Unternehmung beurteilt werden können. Zwangsläufig müssen sich diese Informationssysteme am bestehenden Rechnungswesen orientieren, wodurch die Gefahr entsteht, daß die Schwächen des Rechnungswesens auf das Informationssystem übertragen werden.

6.2.2. Marktorientierte Informations-Systeme

Kennzeichen der marktorientierten Informations-Systeme sind Datenbanken und Modelle, in denen der Markt mit seinen Eigenschaften und dem Käuferverhalten abgebildet sind. The Pillsbury Company, ein amerikanischer Nahrungsmittelkonzern, hat z. B. eine Datei aufgebaut, in der alle potentiellen Abnehmer mit Angaben über Anzahl der Käufe, Umfang der Käufe, Markentreue und Reaktion auf Verkaufsförderungsmaßnahmen enthalten sind. Die Kunden sind in zehn Käuferklassen eingeteilt.

Außerdem besteht eine Datei über alle Vertriebswege.

Märkte können nach Produkten, geographischen Gesichtspunkten, Käufertypen und ähnlichem analysiert werden. Für jeden Produktzweig gibt es Planungsmodelle. Im Backwarenmodell kann der Produktmanager z. B. variieren:

Preistellung
Fertigungsmenge
Verkaufsförderung

Werbung
Einführung neuer Produkte
Entwicklungsaufwand.

In einem Dialog mit der Maschine ermittelt der Manager die Auswirkung seiner Maßnahmen auf Gewinn, Marktanteil und Umsatz, um die beste Marketingstrategie zu finden.

Die Marketingentscheidungen können sich auch über mehrere Stufen erstrecken. Im Hühnermodell werden folgende Fragen beantwortet:

Wieviel Eier sind zu verkaufen, wieviel auszubrüten?
Wieviel Küken werden zu Masthühnern, wieviel zu Legehühnern?
Wieviel Masthühner werden als Frischfleisch verkauft, wieviel eingefroren?

In den marktorientierten Informations-Systemen werden die fallweisen Marktuntersuchungen in eine laufende Marktbeobachtung überführt. Weniger die Reduktion der Kosten als die Vergrößerung des Gewinns durch das Ausschöpfen aller Marktchancen steht im Brennpunkt dieser Systeme.

7. Ermittlung von Informationsbedürfnissen

7.1. Induktive Methoden

7.1.1. Interview

Die Ermittlung der Informationsbedürfnisse ist eine der schwierigsten Aufgaben bei der Entwicklung von MIS. Einerseits werden Informationen weitgehend als etwas Selbstverständliches betrachtet, andererseits ist es bei einigen Entscheidungen schwierig, anzugeben, welche Informationen im einzelnen einen Einfluß haben.

Beim Interview besteht die Gefahr, daß schon die Fragestellung die Antwort beeinflußt[1]. Die Fragestellung: „Berücksichtigen Sie bei der Auftragseinplanung die neuesten Bestandszahlen?“ enthält in dem Wort „neuesten“ ein Werturteil; auf diese Frage würde zu häufig mit ja geantwortet, ohne daß die Notwendigkeit der Aktualität diskutiert wird.

[1] Zur Interviewtechnik siehe R. König: Das Interview. Formen-Technik-Auswertung. Berlin, Köln 1968.

Die Frage: „Die Angaben erhalten Sie doch direkt vom Vertrieb?" beeinflußt den Befragten, da sie die erwartete Antwort nahelegt.

Soweit die Fehler in der Interviewtechnik nicht weitgehend umgangen werden, besteht die Gefahr, daß im MIS die Akzente falsch gesetzt werden.

7.1.2. Dokumentenanalyse

Um ein objektiveres Bild zu erhalten, muß das Interview durch andere Methoden ergänzt werden. Die Analyse der schriftlichen Unterlagen gibt einen Überblick über die formell zugeleiteten Informationen. Neben dem eigentlichen Inhalt sind bei der Dokumentenanalyse auch äußerliche Aspekte interessant:

Werden angeblich wichtige Informationen erst nach einigem Suchen gefunden?

Wo sind Randbemerkungen und Hervorhebungen festzustellen?

Zu welchen Schriftstücken liegen erläuternde Notizen vor?

Die Dokumentenanalyse ist auch gut zur Vorbereitung des Interviews mit dem Entscheider geeignet.

7.1.3. Spiegelbildmethode

Die Spiegelbildmethode analysiert den Informationsbedarf nicht beim Informationsempfänger sondern beim Informationslieferant. Kosteninformationen lassen sich z. B. besser in der Betriebsbuchhaltung als bei den Leitern der Kostenstellen erfragen. Die Spiegelbildmethode hat den besonderen Vorteil, daß bei ihr auch die Vorstufen der Informationsaufbereitung erfaßt werden können und die zugeleiteten Informationen in chronologischer Folge gut zugänglich sind.

Der Nachteil der Spiegelbildmethode ist, daß bei ihr jeweils nur ein Teilaspekt der Entscheidung abgedeckt wird und die Bedeutung der Information nicht exakt zu erfassen ist.

7.2. Deduktive Methoden

7.2.1. Entscheidungsbezogene Vorgehensweise

Während die induktiven Methoden immer nur das Informations-Ist und den bewußten Informationsbedarf ermitteln, können wir mit den deduktiven Methoden das Informations-Soll feststellen.

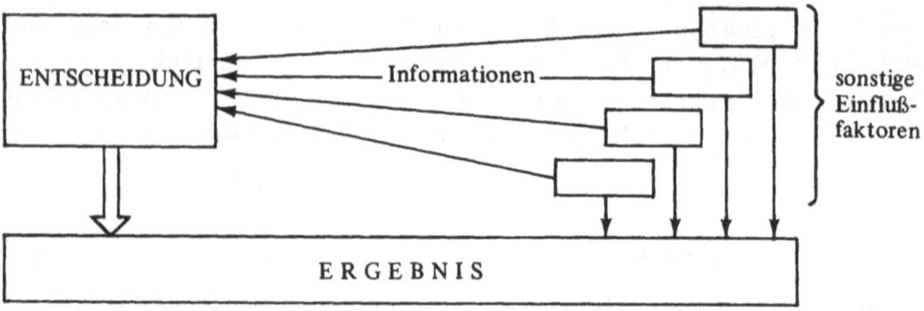

Abb. 7-1 Einflußschema

In einem Unternehmen werden viele verschiedenartige Entscheidungen getroffen, die alle direkt oder indirekt das Ergebnis beeinflussen. Gleichzeitig wirken andere Einflußfaktoren auf das Ergebnis ein (Abb. 7-1).

Um eine gute Entscheidung treffen zu können, müssen Informationen über diese Einflußfaktoren vorliegen. Die entscheidungsbezogene Informationsbedarfsermittlung erstreckt sich über mehrere Stufen:

(1) Welches Ergebnis wird von der Entscheidung direkt beeinflußt?
(2) Welche anderen Einflußfaktoren beeinflussen das direkte Ergebnis?
(3) In welchem Maße ist die Entscheidung von dem Zustand der anderen Einflußfaktoren abhängig?
(4) Welche Informationen beschreiben den Zustand der anderen Einflußfaktoren?
(5) Welche Informationen sind für die direkte Wirkung der Entscheidung bereitzustellen?
(6) Welche Informationen werden über die indirekten Wirkungen der Entscheidung benötigt?

7.2.2. Zielbezogene Vorgehensweise

Während die entscheidungsbezogene Vorgehensweise von der Entscheidung zum Ziel strebt, beginnt die zielbezogene Vorgehensweise bei den Unternehmenszielen und schreitet über operative Einzelziele zu den Entscheidungen. Zu dem Unternehmensziel „stetiges Wachstum" tragen mehrere Komponenten bei, von denen die Produktqualität wiederum durch Formgestaltung, Konstanz der Qualität, Kulanz bei Reklamationen usw. beeinflußt wird (Abb. 7-2).

Zur Konstanz der Qualität tragen z. B. alle Einkaufsentscheidungen für Material bei. Andererseits spielen die Einkaufsentscheidungen auch im Zielsystem Kostenreduktion eine Rolle. Jede Entscheidung wird somit aus mehreren Zielsystemen erreicht. Bei der Informationsbedarfsermittlung ist festzustellen, welche Informationen für die Entscheidungen er-

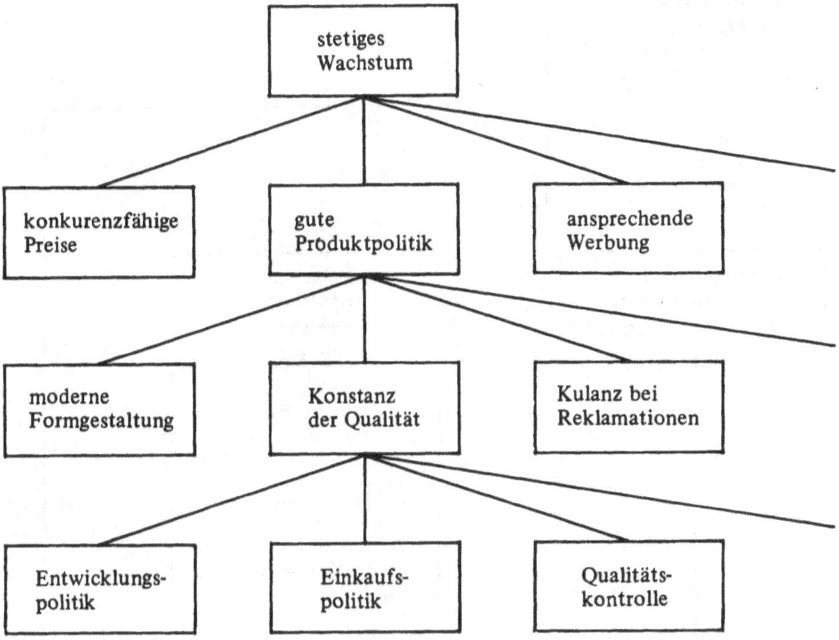

Abb. 7-2 Auflösung des Unternehmensziels in Teilziele und Maßnahmen

forderlich sind, um sicherzustellen, daß die Entscheidungen auch den übergeordneten Zielen entsprechen. In der Praxis ist häufig festzustellen, daß die Rückkopplung in wichtigen Bereichen fehlt.

Die zielbezogene Vorgehensweise steht zur entscheidungsbezogenen Vorgehensweise nicht im strikten Gegensatz. Beide Verfahren beleuchten nur das komplexe Problem der Informationsbedarfsermittlung aus verschiedenen Blickwinkeln.

7.3. Verbindung induktiver und deduktiver Methoden

Im konkreten Fall benötigt die Informationsbedarfsermittlung sowohl die induktiven als auch die deduktiven Methoden. Bei den induktiven Methoden besteht die Gefahr, daß das MIS sich zu stark am momentanen Geschehen orientiert, während bei den deduktiven Methoden leicht praktische Anforderungen und Erfahrungen übersehen werden.

Ob in der Untersuchung das induktive oder das deduktive Element dominiert, hängt von der vorherigen Kenntnis des Entscheidungsprozesses ab. Bei einer guten Kenntnis (Abb. 7-3) kann mit deduktiven Methoden sofort ein Soll-Informationsbedarf ermittelt werden. Der Soll-

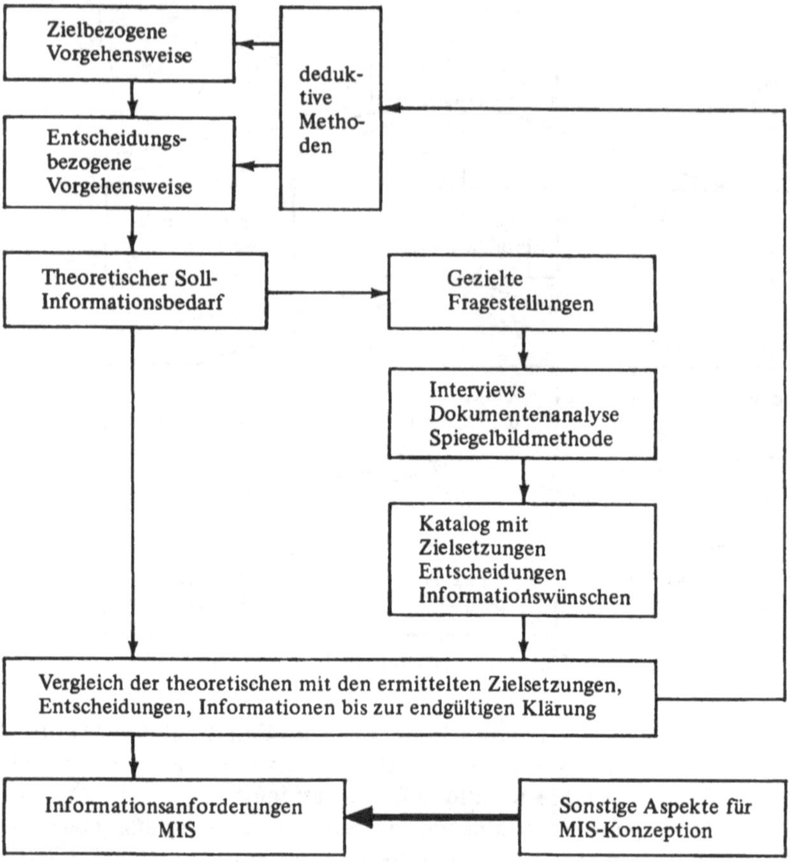

Abb. 7-3 Deduktiv-induktive Informationsbedarfermittlung

Informationsbedarf liefert die gezielten Fragestellungen für die induktiven Erhebungen.

Ohne gezielte Fragestellungen sind Gespräche mit Sachbearbeitern und Managern selten fruchtbar. Stundenlange Gespräche schmelzen dann bei der Auswertung auf einen minimalen Gehalt zusammen. Induktive Erhebungen müssen daher intensiv vorbereitet werden, was ausgehend vom Soll-Informationsbedarf erheblich leichter ist.

Aus der induktiven Erhebung ergibt sich ein Katalog von Zielsetzungen, Entscheidungen und Informationswünschen, die mit dem Soll-Informationsbedarf zu vergleichen sind. Sofern hierbei Diskrepanzen auftreten, ist der Zyklus von den deduktiven zu den induktiven Untersuchungen erneut zu durchlaufen.

Die Informationsanforderungen an das MIS ergeben sich aus der Synthese der Erhebungen, hinzu treten noch spezielle Aspekte wie Sollgrößen zur Plankontrolle und Informationsverknüpfungen, die auf der gewählten MIS-Konzeption beruhen.

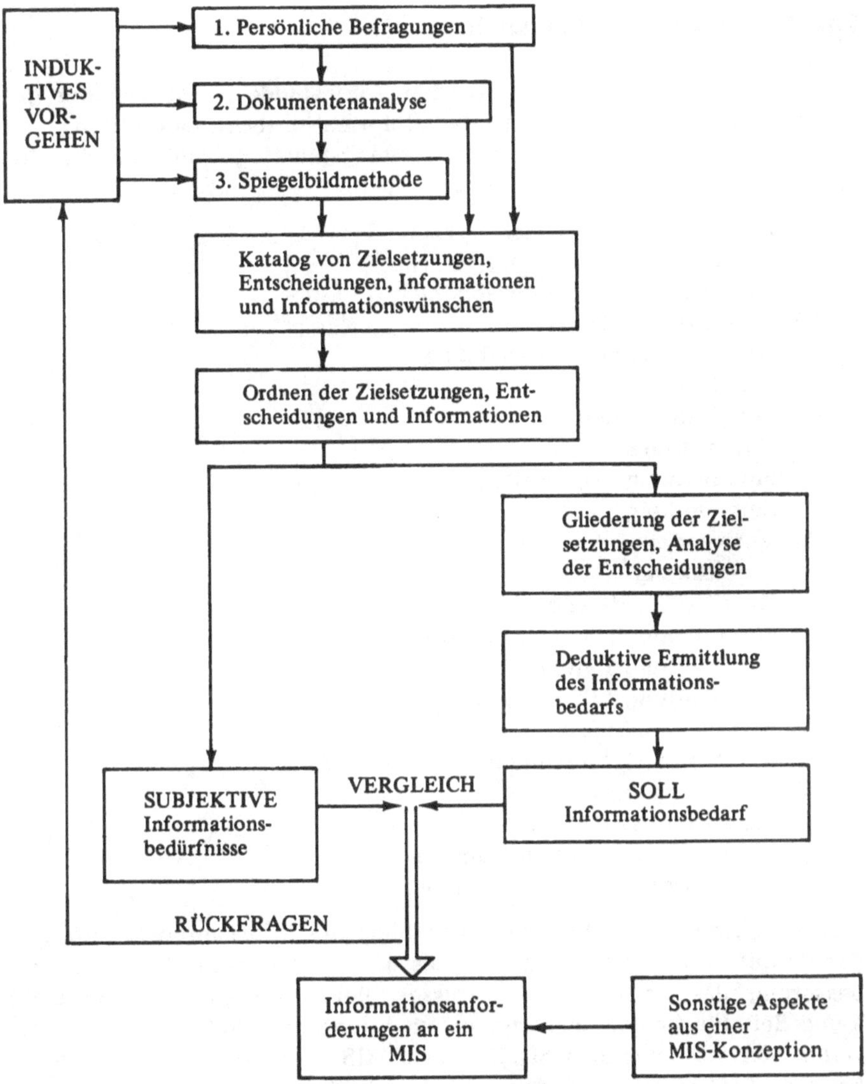

Abb. 7-4 Induktiv-deduktive Informationsbedarfermittlung

Sofern nur eine geringe Kenntnis des Entscheidungsprozesses vorliegt, muß mit den induktiven Methoden begonnen werden (Abb. 7-4).

Bei der induktiv-deduktiven Vorgehensweise muß mit einem 20 bis 30 % höheren Aufwand gegenüber der deduktiv-induktiven Vorgehensweise gerechnet werden.

7.4. Zu erhebende Tatbestände

Die Gliederung der zu erhebenden Tatbestände hängt von der gewählten Vorgehensweise bei der Informationsbedarfsermittlung ab. Haben wir die Entscheidung zum Ausgangspunkt gewählt, so sind für jede Entscheidung insbesondere zu erheben:

(1) Ziele und Beurteilungskriterien
(2) Anstoß zur Entscheidung
periodisch oder ereignisabhängig
(3) Häufigkeitsmerkmale
Überprüfung der Entscheidung
Entscheidung selbst
(4) Beteiligte Stellen
Überprüfung
Entscheidungsvorbereitung
Entscheidung
(5) Verwendete Informationen
Bezeichnung
Quelle (Dienststelle)
Form (manuell, maschinell usw.)
(6) Entscheidungsregeln
(7) Entscheidungshilfsmittel
(8) Betroffene Objekte
z. B. Material, Maschinen, Endverbraucher
(9) Veränderte Informationen
(10) Erstellte Informationen
(11) Unterstützende Entscheidungen
(12) Konkurrierende Entscheidungen.

Eine eiserne Regel gilt für die Erhebung des Informationsbedarfs und das darauf aufbauende Konzept: alles geschieht ausschließlich zur Verbesserung des Entscheidungsprozesses. Beim Aufbau von MIS steht keine Zeit für Kosteneinsparungen im Informationsfluß zur Verfügung, wenn man nicht mit dem Streben nach MIS beginnen und einem modifizierten Berichtswesen enden will. Die Rationalisierung ist der Phase nach der Realisation vorbehalten.

8. Aufbau von Datenbanken

8.1. Analyse des Informationsflusses

Das Kapitel „Einführung in Datenbanken und Informationssysteme" behandelt eingehend die Techniken der Datenbank, weshalb wir uns hier auf spezielle Aspekte beschränken können. Eins der größten Probleme beim Aufbau von Datenbanken ist die sachliche Gliederung der Bestände. Welche Daten sollen auf getrennten Dateien gespeichert werden? Welche Information sollen benachbarte Speicherplätze erhalten?

Für diese Probleme bauen wir eine Matrix auf, an deren Rändern alle Daten (am besten nach Funktionsbereichen gegliedert) abgetragen sind. Aus der Informationsbedarfsermittlung wissen wir, wie häufig und in welcher Kombination die Daten direkt zugriffsbereit sein sollen. In die Matrix tragen wir in der Diagonale ein, wie häufig jede einzelne Date vorgekommen ist, darunter die Häufigkeit der Kombinationen.

Beispiel:

Daten			Häufigkeit
A	B		10
A	B	C	20
A		C	5
	B	C	30
		C	7

Dies ergibt folgende Matrix

	A	B	C
A	35		
B	30	60	
C	25	50	62

In diesem Fall ist B eher mit C in einer Datei zu kombinieren als B mit A oder C mit A.

Mit der Diskriminanzanalyse wird die große Anzahl verschiedenartiger Daten so gruppiert, daß in einer Klasse (→ Datei) jeweils Daten vereint sind, die am meisten gemeinsam gebraucht werden. Bei den Häufigkeitsangaben empfiehlt sich eine Gewichtung für die verschiedenen Funktionen der Datenbehandlung: Daten erzeugen, zu Daten zugreifen, Daten ändern.

Eine kurze Analyse der Datenbestände eines Unternehmens zeigt, daß es z. Z. unmöglich ist, alle Daten ständig in direktem Zugriff von der Datenverarbeitung zu speichern. Es ist daher eine Klassifikation der

Daten danach erforderlich, ob sie direkt zugriffsbereit sein müssen (Direktzugriffsspeicher) oder ein Zugriff innerhalb 24 Stunden ausreichend ist (Magnetbänder). Die direkt zugriffsbereiten Bestände werden zweckmäßigerwiese nochmals in Gruppen unterteilt, die während bestimmter Stunden des Tages an die Datenverarbeitung angeschlossen sind, um den Umfang der benötigten Plattenperipherie zu begrenzen.

Zur Bewältigung des Datenumfangs trägt auch die Trennung in eine Management-Datenbank und in eine Datenbank der operierenden Ebene bei. Die Management-Datenbank enthält nur aggregierte Planungsdaten, die speziell eingegeben oder über Bridgeprogramme[2] aus den Datenbanken der operierenden Ebene gewonnen werden. Der Aufbau einer Management-Datenbank gestattet ein MIS einzuführen, das nur für die mittlere und obere Unternehmensführung bestimmt ist.

8.2. Optimale Zugriffsorganisation

Der Übergang von der sequentiellen Speicherung zum wahlfreien Zugriff wirft das Problem auf, wie der Zugriff möglichst zeitsparend zu organisieren ist. Zur Erläuterung verwenden wir die Angaben aus Tabelle 8/1.

Die Feldbezeichnungen sind in einen alphabetischen Schlüssel überführt worden, der den Ausgangspunkt der Zugriffsorganisation bildet[3]. In Abbildung 8-1 ist eine einfache Organisation angegeben. Soll z. B. der Absatz in Land 2 (ACAB) abgefragt werden, führt der Weg von AA über AB, AC, ACAA zu ACAB, so daß 5 Zugriffe erforderlich sind. Die Zahl der Zugriffe läßt sich für jedes Feld berechnen und hieraus ein durchschnittlicher Zugriffswert für die Zugriffsorganisation berechnen, der für Abb. 8-1 den Wert 9,74 erhält. Eine unterschiedliche Häufigkeit, mit der die Felder benötigt werden, läßt sich leicht über den Zugriffswert berücksichtigen.

Drei Möglichkeiten stehen zur Verbesserung der Zugriffsorganisation zur Verfügung:

(1) Spaltung von Blöcken in vertikaler Richtung
(2) Umordnung in horizontaler Richtung
(3) Verschmelzung der Blöcke in vertikaler Richtung.

Wedekind gibt in seiner Arbeit die Kriterien für die einzelnen Schritte an.

[2] Brigdeprogramme sind spezielle Umsetzprogramme, die Datenbestände für eine übergeordnete Datenbank auswählen, verdichten und einspeichern.

[3] Die Ausführungen beruhen auf der grundlegenden Arbeit von H. Wedekind: Die Konstruktion eines optimalen Zugriffsbaumes für Datenorganisation innerhalb einer Datenbank, Manuskript zur DGU-Tagung 1969.

Feld	Schlüssel
01 Absatz	A
02 Absatz-Inland	A A
03 Absatz-Bezirk 1	A A A A
03 Absatz-Bezirk 2	A A A B
usw.	A A A C
"	A A A D
"	A A A E
"	A A A F
"	A A B A
"	A A B B
"	A A B C
"	A A B D
"	A A B E
"	A A B F
"	A A B G
02 Absatz-Behörden	A B
03 Behörde 1	A B A A
03 Behörde 2	A B A B
03 Behörde 3	A B A C
02 Absatz-Ausland	A C
03 Absatz-Land 1	A C A A
03 Absatz-Land 2	A C A B
usw.	A C A C
"	A C A D
"	A C B A
"	A C B B
"	A C B C
"	A C B D
"	A C C A
"	A C C B
"	A C C C
"	A C C D
"	A C D A
"	A C D B
"	A C D C
"	A C D D

Tab. 8/1 Datei Absatzdaten

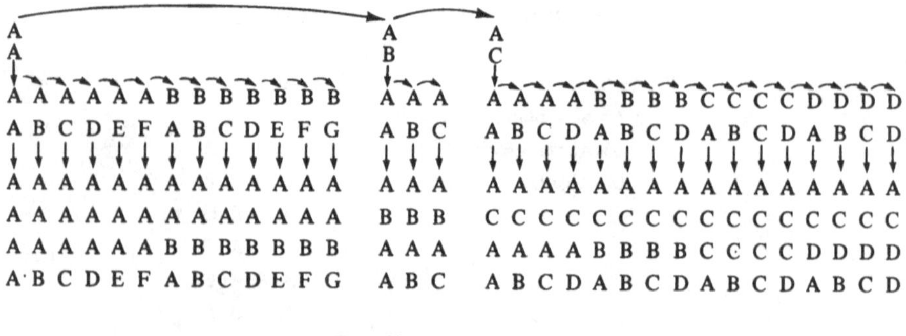

Abb. 8-1 Unwirtschaftliche Zugriffsorganisation

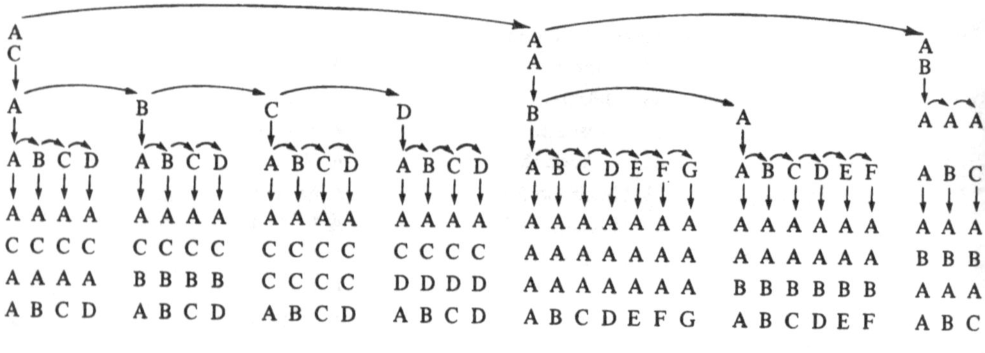

Abb. 8-2 Optimale Zugriffsorganisation durch Umgruppierung und Verschmelzung

Zur Verbesserung des Zugriffs wurde in Abb. 8-2 für den Inlands- und Auslandsabsatz eine zusätzliche Stufe eingeführt und eine Umordnung in horizontaler Richtung vorgenommen. Die Abfrage des Absatzes in Land 2 geht jetzt folgenden Weg AC, ACA, ACAA, ACAB, wodurch die Zahl der Zugriffe von 5 auf 4 sinkt. Für die neue, optimale Zugriffsorganisation wird ein durchschnittlicher Zugriffswert von 7,03 (früher 9,74) erzielt.

9. Quantitative Planungsmethoden als Bausteine im MIS

9.1. Analyseverfahren

Das erhöhte Angebot an Informationen sollte im MIS durch Methoden zur Auswertung der Informationen ergänzt werden. Die Analyseverfahren dienen dem

— Erkennen direkter Zusammenhänge,
— Testen von Hypothesen,
— Erkennen von Entwicklungen.

Sie reichen von den verschiedenen Formen graphischer Ausgaben bis zu komplexen statistischen Programmen. Da die meisten Menschen Graphiken besser auswerten können als Zahlen, wird ein Programm zur graphischen Ausgabe auf Bildschirm oder Drucker benötigt. Ein Bildschirm hat die Vorteile des schnellen Zugriffs und der Möglichkeit, Graphiken über Tastatur oder Lichtgriffel zu ändern. Aus Kostengründen wird der Drucker primäres Ausgabegerät bleiben. Sehr bewährt haben sich Programme, die Zahlenreihen in Form von Buchstaben ausgeben. In Abbildung 9-1 sind die Ausgaben für Werbung mit W, der Absatz mit A und die Preise mit P ausgegeben. Auf einen Blick ist ersichtlich, daß der Absatz der Werbung mit einer Zeitverzögerung folgt und der steile Absatzanstieg sowohl durch zunehmende Werbung als auch durch

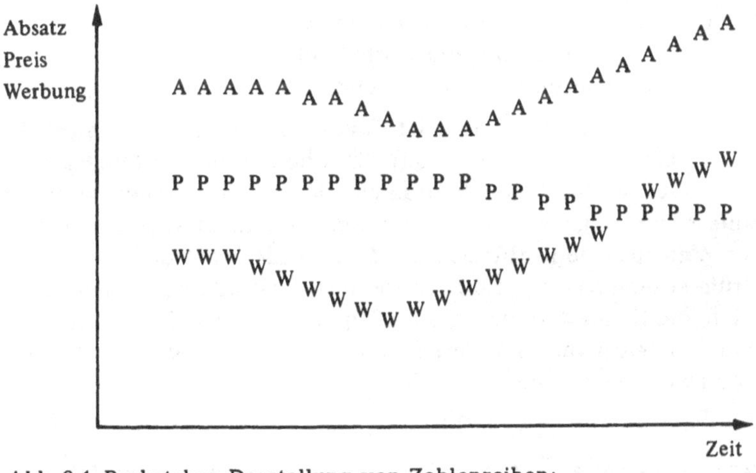

Abb. 9-1 Buchstaben-Darstellung von Zahlenreihen:
A = Absatz, P = Preis, W = Werbung

sinkende Preise verursacht ist. Benötigt wird bei solchen Programmen die Möglichkeit, die Koordinatenmaßstäbe einfach zu ändern.

Kennzahlen können zur Kontrolle aller Funktionsbereiche und des Gesamtunternehmens gebildet werden. Im MIS besteht der besondere Vorzug, daß direkt vergleichbare Kennzahlen nebeneinander gestellt oder auf sie verwiesen wird. Auf diese Weise wird z. B. sofort erkannt, welcher Vertreterbezirk sich weniger zufriedenstellend entwickelt hat und mit welchem anderen Vertreterbezirk er nach vertrieblichen Gesichtspunkten am ehesten vergleichbar ist. Da komplexere Kennzahlen[4] mit geringem Aufwand errechnet werden können, ist zu erwarten, daß sie aus ihrem Schattendasein im Finanzwesen heraustreten und zu einem universellen Planungs- und Kontrollinstrument im MIS werden.

Die Möglichkeit, statistische Verfahren wirtschaftlich einzusetzen, hat sich erst mit der elektronischen Datenverarbeitung eröffnet. Im MIS werden Programme zur Korrelationsrechnung, multiplen Regressionsanalyse, Faktorenanalyse, Diskriminanzanaylse und zu statistischen Testverfahren benötigt. Die vorhandenen Statistikprogramme müssen für MIS umgeschrieben werden, damit ein statistischer Laie mit dem Ergebnis sofort die Angabe erhält, wieweit die Ergebnisse zuverlässig sind und welche zusätzlichen Daten oder Auswertungen eventuell noch erforderlich sind.

Als Prognoseverfahren müssen Programme zur Trendberechnung, zur Saisonermittlung und -bereinigung von Zeitreihen sowie verschiedene Prognosemodelle zur Verfügung stehen.

An die MIS-Programme sind spezielle Anforderungen zu stellen:

(1) leicht aufrufbare Unterprogramme,
(2) Aufbau der Reihen aus der Datenbank,
(3) einfache Definition auszuschaltender Werte.

Bei allen Entscheidungshilfen ist davon auszugehen, daß nicht Spezialisten sondern normal ausgebildete Entscheider in der Linie sie einsetzen. Der Aufruf der Unterprogramme darf daher keine Programmierkenntnisse voraussetzen. Falls Daten aus Beständen angefordert werden, die zur Zeit nicht angeschlossen sind, wird die Anfrage gespeichert und zum frühest möglichen Termin ausgeführt. Fast alle Zeitreihen enthalten Perioden, die Sondereinflüssen unterlegen haben. Die Daten dieser Perioden müssen leicht aus der Berechnung mit allen Konsequenzen für die anderen Daten ausgeschaltet werden können.

[4] Vergl. P. Lauzel et A. Cibert: De ratios au tableau de bord. Paris 1962. — S. A. Tucker: Successful Managerial Control by Ratio-Analysis. New York 1961.

9.2. Synthetische Modelle

9.2.1. Zielsetzungen

Während die Analyseverfahren die direkten Wirkungen aufzeigen, beleuchten die synthetischen Modelle die indirekten Wirkungen einzelner Parameter oder Entscheidungsvariable. Hierbei tritt eine Arbeitsteilung zwischen Mensch und Maschine ein, die die Kreativität des Menschen mit der Folgerichtigkeit und Rechengeschwindigkeit der Datenverarbeitungsanlage verbindet. Die Rolle des Menschen ist das Festlegen direkter Zusammenhänge und die Variation dieser Beziehungen; die Rolle der Datenverarbeitung ist das Verbinden der unmittelbaren Zusammenhänge zu mittelbaren sowie das Aufzeigen der Gesamtwirkung.

9.2.2. Beispiel

Ein einfaches synthetisches Modell möge folgende Frage beantworten: Welche Kapazitätsauslastung werden wir im nächsten Quartal haben, wenn der Konkurrenzpreis um 10 % sinkt

A bei unserem gegenwärtigen Preis?
B bei gleichem Preis wie die Konkurrenz?

Das Modell habe folgende Form:

		A		B
Ereignis				
KP = 0.9 KP	:	180	:	180
Entscheidung				
EP	:	200	:	180
Marktmodell				
MA: $0.6 - 0.4 \dfrac{EP}{KP}$	:	0.156	:	0.20
BU = (GU+T) · S= (10000+500) · 1.2	:	12600	:	12600
Abs = MA · BU	:	1960	:	2520
Firmenmodell				
LE = 1.5 · ABS	:	2950	:	3800
KAP	:	4000	:	4000
AULAST = LE · 100/KAP	:	74	:	94

Der alte Konkurrenzpreis (KP) betrug DM 200,—, somit sank er auf DM 180,—. Unseren eigenen Preis (EP) setzen wir alternativ mit DM 200,— und DM 180,— fest, wodurch sich eine Kapazitätsauslastung von 74 % bzw. 94 % ergibt. Das Ergebnis wurde über das Marktmodell und das Firmenmodell erreicht. Im Marktmodell wurde unterstellt, daß der Marktanteil (MA) maximal 60 % betragen kann und vom Verhältnis des eigenen Preises zum Konkurrenzpreis abhängt. Der Branchenumsatz (BU) setzt sich aus dem Grundumsatz (GU) und dem Trend (T) multipliziert mit dem Saisonfaktor (S) für's nächste Quartal zusammen. Der erzielbare Absatz ergibt sich aus Marktanteil und Branchenumsatz. Jede Mengeneinheit beansprucht 1,5 Leistungseinheiten der Kapazität.

Der Entscheider muß in den Modellen die Form der Gleichungen bestimmen, die Koeffizienten in den Gleichungen werden mit Analyseprogrammen aus der Datenbank gewonnen.

9.2.3. Struktur synthetischer Modelle im MIS

Das obige Beispiel ist typisch für die im MIS anzustrebende Struktur synthetischer Modelle. Am Beginn steht das Ereignis, das die Untersuchung anstößt und zu einer Modifikation der Daten zwingt, sowie die Entscheidung, deren Auswirkungen zu analysieren sind. Es schließen sich die Modelle an, die das Zusammenspiel der Unternehmung mit dem Markt und die internen Abläufe darstellen. Die einzelnen Beziehungen sind alle sehr einfach, erst ihre Vielzahl verhindert in praktischen Fällen, daß der Entscheider die indirekten Zusammenhänge überschauen kann.

9.3. Simulations-Modelle

9.3.1. Wesen und Arten

Simulations-Modelle dienen dem

— Erproben von Entscheidungsregeln,
— Erkennen von Wirkungen im Zeitablauf,
— Beobachten von Endzuständen bei verschiedenen Ausgangsbedingungen.

In deterministischen Simulationsmodellen werden alle Daten und Abläufe als fixiert angesehen, während in stochastischen Simulationsmodellen zufällige Schwankungen mit Zufallszahlen erzeugt werden, um den Einfluß der Unsicherheit in den Daten und Reaktionen zu untersuchen.

Simulationsmodelle sind das flexibelste Entscheidungshilfsmittel über das wir verfügen, und können für alle Unternehmensentscheidungen eingesetzt werden.

9.3.2. Beispiel

Es sei hier ein vereinfachtes Simulationsmodell vorgestellt, das auf einen konkreten Fall zurückgeht.

Problem: Ist die Fertigung ganz an den saisonalen Absatzverlauf anzupassen oder nach bestimmten Entscheidungsregeln zu verändern? Der Absatz des Unternehmens liegt im ersten Quartal um 10 %, im zweiten um 20 % unter dem trendbestimmten Verlauf, im dritten und im vierten Quartal liegt er mit 10 % bzw. 20 % darüber. Von Quartal zu Quartal steigt der saisonbereinigte Grundabsatz um eine halbe Mengeneinheit.

Für die Simulation haben wir folgende Datenbasis:

Saisonfaktoren: 0.9, 0.8, 1.1, 1.2
Grundabsatz: 10.5, 11.0, 11.5, 12.0; 12.5, 13.0, 13.5, 14.0
Planabsatz: 9.5, 8.8, 12.7, 14.4; 11.3, 10.4, 14.9, 16.8
Absatzänderung: −0.7, +3.9, +1.7; −3.1, −1.3, +4.9, +1.9
Produktion Periode 0: 11 Anfangsbestand: 0

Zur Beurteilung der verschiedenen Entscheidungsregeln werden herangezogen der durchschnittliche Bestand, die durchschnittliche Produktionsänderung und die Anzahl von Produktionsänderungen mehr als 10 % der bisherigen Fertigungshöhe. Wir unterstellen, daß der Bedarf der nächsten Periode genau prognostiziert werden kann. Mit der ersten Entscheidungsregel wird die Fertigung genau an den Absatzverlauf angeglichen.

1. Entscheidungsregel:

Produktions-Soll = Prognose Bedarf nächste Periode

Periode	Produktion	Bedarf	Endbest.	Prod. Ändg.	Änderung > 10 %
1	9.50	9.50	0	− 1.50	×
2	8.80	8.80	0	− 0.70	
3	12.70	12.70	0	+ 3.90	×
4	14.40	14.40	0	+ 1.70	×
5	11.30	11.30	0	− 3.10	×
6	10.40	10.40	0	− 0.90	
7	14.90	14.90	0	+ 4.50	×
8	16.80	16.80	0	+ 1.90	×
Summe absolut			0	18.20	6
Durchschnitt				2.28	

Durchschnittlich wurde die Produktion von Quartal zu Quartal um 2,28 Mengeneinheiten geändert, wobei 6 mal eine Produktionsänderung von mehr als 10 % erforderlich war. Der Durchschnittsbestand beträgt null.

Die nächste Entscheidungsregel soll die Fertigung vom Absatzverlauf lösen.

2. Entscheidungsregel:
Produktions-Soll = Prognose Bedarf 4 nächste Perioden / 4

Periode	Produktion	Bedarf	Endbest.	Prod. Ändg.	Änderung > 10 %
1	11.35	9.50	1.85	+ 0.35	
2	11.80	8.80	4.85	+ 0.45	
3	12.20	12.70	4.35	+ 0.40	
4	12.75	14.40	2.70	+ 0.55	
5	13.35	11.30	4.75	+ 0.60	
6	13.80	10.40	8.15	+ 0.45	
7	14.20	14.90	7.45	+ 0.40	
8	14.75	16.80	5.40	+ 0.55	
Summe			39.50	3.75	
Durchschnitt				0.47	0

Die durchschnittliche Produktionsänderung beträgt jetzt nur noch 0,47 Mengeneinheiten, nie war sie größer als 10 %. Andererseits ist der Durchschnittsbestand auf 4,94 Mengeneinheiten gestiegen. Bei der Betrachtung der Endbestände fällt auf, daß der Bestand in keiner Periode auf Null sinkt. Nach dieser „Plausibilitätskontrolle" hätte der Bestand während eines Jahres mindestens einmal in die Nähe von Null kommen müssen.

Wir erproben eine neue Entscheidungsregel. Am Ende des Jahres erstellen wir eine Prognose und errechnen über die Differenz zum Soll des 4. Quartals einen Jahrestrend. Der Trend verändert fortlaufend die Produktionshöhe für das nächste Quartal ausgehend vom letzten Quartal. Der Jahrestrend setzt sich in den Quartalen wie folgt zusammen:

1. Quartal 0,1
2. Quartal 0,1 + 0,1
3. Quartal 0,1 + 0,1 + 0,1
4. Quartal 0,1 + 0,1 + 0,1 + 0,1

3. Entscheidungsregeln:
Summe 1,0
Produktions-Soll = Produktions-Soll-Vorquartal + 0,1 · Trend
Trend = Prognose Jahresbedarf − 4 · Soll 4. Quartal

Periode	Produktion	Bedarf	Endbest.	Prod. Ändg.	Änderung 10 %
1	11.14	9.50	1.64	0.14	
2	11.28	8.80	4.12	0.14	
3	11.42	12.70	2.84	0.14	
4	11.56	14.40	0.00	0.14	
5	12.28	11.30	0.98	0.72	
6	13.00	10.40	3.58	0.72	
7	13.72	14.90	2.40	0.72	
8	14.44	16.80	0.04	0.72	
Summe			15.60	3.44	
Durchschnitt			1.95	0.43	0

Diese Entscheidungsregel benötigt nur eine durchschnittliche Produktionsänderung von 0,43 Mengeneinheiten und einen durchschnittlichen Bestand von 1,95 Mengeneinheiten. Sie ist damit der zweiten Entscheidungsregel nach jedem Beurteilungskriterium überlegen. Die zweite Entscheidungsregel scheidet daher aus weiteren Überlegungen aus. Der Entscheider hat zu beurteilen, ob die Beruhigung der Produktion von einer Schwankung von 2,27 Mengeneinheiten auf 0,43 die Erhöhung des Durchschnittsbestandes auf 1,95 Mengeneinheiten wert ist. Die Stärke der Simulationsmodelle ist, daß sie ihm die Auswirkungen seiner Alternativen vor Augen führen und ihn nach der Gewichtung der Beurteilungskriterien wählen lassen.

Welche Schwächen hat das vorgestellte Beispiel? Der erste Einwand richtet sich gegen die Art des Simulationsmodells: da der Bedarf nicht genau vorhergesagt werden kann, müßte ein stochastisches Simulationsmodell eingesetzt werden. Der zweite Einwand richtet sich gegen die verwendete Entscheidungsregel: die dritte Entscheidungsregel läßt keine Variation in den Parametern zu, die eine stärkere Annäherung an den Absatzverlauf ermöglicht, um die Bestände etwas zu senken.

Das Beispiel für die Simulation zeigt, mit welch einfachen Mitteln ein Einblick in dynamische Wirkungen von Entscheidungen zu erreichen ist. Je mehr ein Anwender mit Simulationsmodellen vertraut ist, desto einfacher ist die Struktur der Modelle, da sie nur noch die wirklich kritischen Einflußgrößen umfassen.

9.3.3. Einbau der Simulationsmodelle in MIS

Simulationsmodelle im MIS müssen zwei Anforderungen genügen:

(1) Sie müssen flexibel sein!

(2) Ein Anwender ohne spezielle Vorkenntnisse muß sie einsetzen können!

Diese Anforderungen sind nur zu erfüllen, indem die Struktur der Simulationsmodelle an diesen Anforderungen ausgerichtet ist. Die Modelle sollten folgende Struktur haben (siehe Abb. 9-2):

(1) Definition Daten und Kriterien,

(2) Definition Simulationsmodell,

(3) Entscheidungsregeln,

(4) Ablaufsteuerung,

(5) Gesamtauswertung.

Die Definition der Daten und Kriterien ist vom Simulationsmodell zu trennen, da bei gleichbleibendem Modell vielfältige Situationen zu untersuchen sind. Die Definition des Modells umfaßt entweder eine neue Beschreibung aller Modellteile oder die Zusammenstellung von Modulen

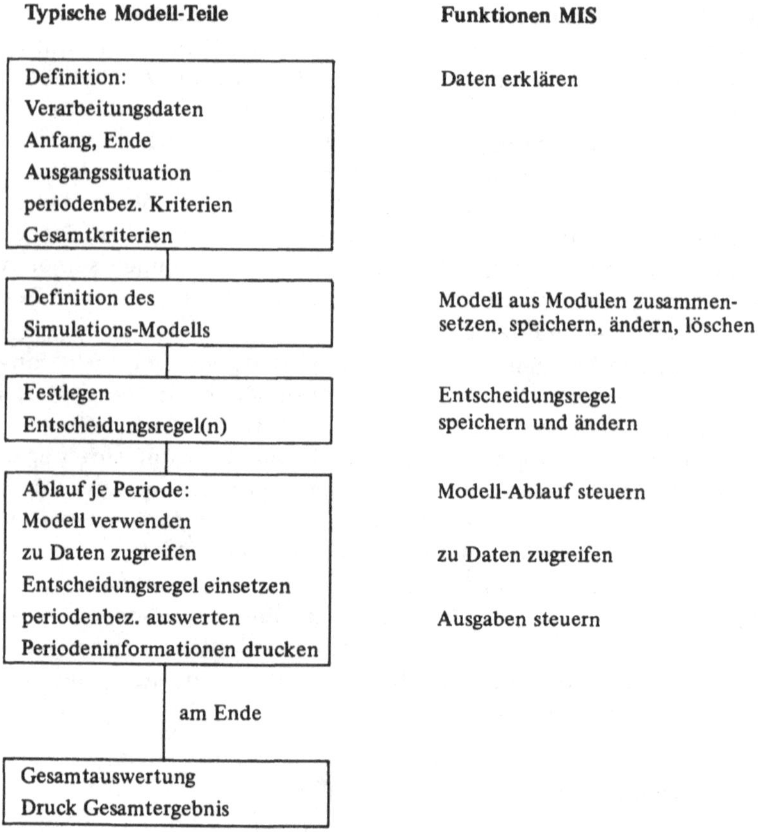

Abb. 9-2 MIS-gerechte Programmstruktur eines Simulationsmodells

(z. B. Zufallszahlenerzeugung, Warteschlangenmodul, Statistikmodul) zu einem neuen Simulationsprogramm. Die Entscheidungsregeln sind aus dem Modell herausgelöst, um sie leicht ändern zu können. In der Modelldefinition sind nur ihre Einsatzpunkte definiert.

Die Ablaufsteuerung erzeugt die Ergebnisse je Periode oder Ereignis, die Endergebnisse liefert die Gesamtauswertung. Die Funktionen, die vom MIS hierbei zu übernehmen sind, sind in Abb. 9-1 dargestellt.

Simulationsmodelle werden heute intensiv eingesetzt. Typisch ist für die Entwicklung der letzten Jahre, daß nicht mehr umfassende Simulationsmodelle für alle Entscheidungen sondern Pakete mit mehreren Simulationsprogrammen gebaut werden, wobei jedes Simulationsprogramm für bestimmte Entscheidungen zuständig ist.

The Pillsbury Company verfügt z. B. über ein Paket mit folgenden Programmen:

— Steuerung des Fertigungsablaufs,
— Entscheidungen zwischen Fremd- und Eigenfertigung,
— Investitionen,
— Kauf von Unternehmen,
— Absatzstrategien.

9.4. Optimierungsmodelle

9.4.1. Voraussetzungen

Optimierungsmodelle haben die Aufgaben

— automatische Ermittlung optimaler Entscheidungen,
— Ermittlung quantitativ optimaler Entscheidungen als Ausgangspunkt qualitativer Anpassungen.

Voraussetzung für ihren Einsatz ist, daß sich eine Zielsetzung eindeutig festlegen läßt und ein lösbarer Modellansatz für das Problem gegeben ist. Die Quantifizierung der Zielsetzung ist insbesondere schwierig bei mehrfachen Zielsetzungen wie Marktanteil und Gewinn oder Produktionsstabilität und Bestandshöhe. Die mathematische Lösbarkeit ist häufig durch die Größe der Probleme und die Nichtlinearität der Beziehungen nicht gegeben.

Trotz der Einschränkungen konnten viele Probleme mit Optimierungsmodellen bewältigt werden, die mit klassischen Verfahren nur mangelhaft und mit der Simulation nur näherungsweise gelöst werden konnten.

9.4.2. Beispiel

Als Beispiel für ein Optimierungsmodell wandeln wir das Problem ab, das wir zuvor mit einem synthetischen Modell behandelt haben.

Welches ist der gewinnoptimale eigene Preis (EP) bei einem Konkurrenzpreis von DM 180,—?

Es ist zu erwarten, daß eine Preisdifferenz von 10 % einen Verlust von 4 % Marktanteil (MA) bedeutet. Maximal kann ein Marktanteil von 60 % erzielt werden. Die variablen Stückkosten betragen DM 108,—. Der Bruttogewinn (G) ist zu maximieren.

1. Definition der Daten

A	=	0.6	maximal erzielbarer Marktanteil
B	=	0.4	Marktreaktion auf das Preisverhältnis
VK	=	108	Variable Stückkosten
KP	=	180	Konkurrenzpreis

2. Definition des Modells

(1) MA = A — B · EP / KP

3. Rechengang

(2) G = (EP — KP) · MA · BU → max!

Deckungsbeitrag · Absatz

G = (A · EP — B · EP ** 2 / KP — A · VK + B · VK · EP / KP) · BU

dG / dEP = (A — 2 · B · EP / KP + B · VK / KP) · BU = 0

EP = (A + B · VK / KP) · KP / (2 · B)

4. Ergebnis

EP = 189

Im obigen Beispiel wurden alle Daten bis auf den Branchenumsatz (BU) eingegeben und brauchten nicht von der Datenbank abgerufen werden. Um Optimierungsmodelle generell und nicht nur für einzelne Fälle einzusetzen, muß das MIS aufgrund einfacher Beziehungen wie (1) und (2) die Berechnung selbständig durchführen.

Für viele Probleme wie lineare und nichtlineare Optimierung, Lagerhaltungs- und Transportmodelle ist diese Forderung schon erfüllt. Das Wissen für den Einsatz der Entscheidungshilfsmittel ist weitgehend vorhanden, der integrierte Einsatz hinkt allerdings um mehrere Jahre hinterher.

10. Planspiele als Mittel der Gestaltung von MIS

10.1. Planspiele als Schulungsmittel

Schon 1956 sind die Möglichkeiten erkannt worden, in einem Planspiel Vorgänge im Unternehmen und am Markt modellartig darzustellen. Computerplanspiele werden zur Ausbildung von Lehrlingen, Studenten und Führungskräften eingesetzt. Hierbei werden sowohl generell für alle Unternehmen gültige Modelle als auch auf bestimmte Branchen oder Unternehmen abgestimmte Planspiele verwendet. Der besondere Vorzug der Planspiele liegt in der schnellen Rückkopplung zwischen Entscheidung und Ergebnis.

10.2. Analyse des Informationsverhaltens in Planspielen

Bei der Beobachtung von Teilnehmern an einem Unternehmensplanspiel fallen zwei Dinge auf: erstens die Intensität, mit der die Teilnehmer in dem Planspiel aufgehen; zweitens die mangelhafte Systematik, mit der die Teilnehmer die verfügbaren Informationen auswerten. Abgesehen von sehr wenigen Gruppen, die bisweilen eine Auswertungszentrale aufbauen, die jedem Unternehmen ein Vorbild sein könnte, stehen die meisten Teilnehmergruppen auch nach mehreren Spielperioden den Informationen hilflos gegenüber. Die Veranstalter sind hieran zum Teil mitschuldig, wenn Planspiele nur über wenige Perioden durchgeführt und die letzten Entscheidungen unter Zeitdruck getroffen werden müssen.

Zur Durchleuchtung des Informationsverhaltens hat die Siemens AG das Planspiel VUM (*V*ertriebsorientiertes *U*nternehmens*m*odell) entwickelt. In dem Planspiel sind nur zwei Arten von Entscheidungen zu treffen: Preise und Investitionen. Zwei Produkte werden jeweils auf zwei Märkten abgesetzt. Die Zahl der Entscheidungen wurde bewußt begrenzt, um in der verfügbaren Zeit möglichst viele Perioden durchspielen zu können. Einen Überblick über das Modell gibt Abbildung 10-1.

Die Besonderheit des Planspiels VUM ist die Möglichkeit, den Informationsgrad der Teilnehmer zu verändern. Informationen können vorenthalten, mit zufälligen Schwankungen überlagert oder mit Zeitverzögerung geliefert werden. Um das Informationsverhalten zu untersuchen, läuft das Planspiel in mehreren Phasen ab:

(1) Entscheidungen zum Kennenlernen des Modells,
(2) Entscheidungen bei vollkommener Information,
(3) Entscheidungen bei ungenauen Informationen,
(4) Entscheidungen bei zeitverzögerten Informationen.

Jede Phase dauert mehrere Spielperioden.

10.3. Beurteilung des Wertes von Informationen

Den Wert von Informationen zu messen, bereitet große Schwierigkeiten. Boyd und Krasnow [8] haben als erste versucht, den Wert von Informationen mit Planspielen zu beurteilen. VUM bedeutet einen weiteren Versuch in diese Richtung, wobei der Wert durch den Vergleich der Ergebnisse in den Phasen 2, 3 und 4 zu einander und zum erzielbaren Optimum ermittelt wird. Dieses psychologische Experiment ergibt den Wert der Information jeweils im Verhältnis zur Fähigkeit des Teil-

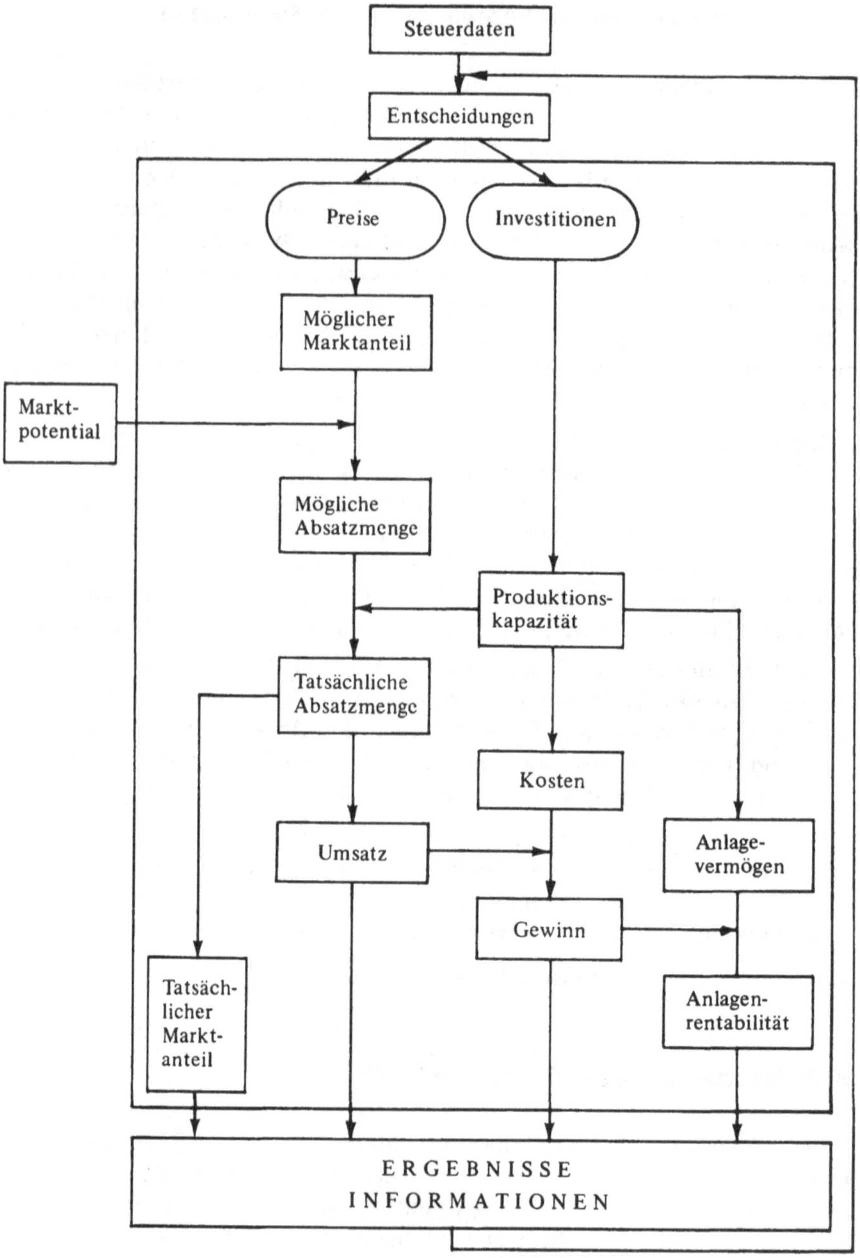

Abb. 10-1 Unternehmensmodell VUM: Zusammenhänge von Entscheidungen und Ergebnissen

nehmers, Informationen zu verarbeiten; nur in dieser Relation können Informationen einen Wert haben.

Wenn Teilnehmer in Planspielen Informationen bezahlen müssen, ergibt dies die subjektive Einschätzung des Informationswerts. Die Entscheidung über den Kauf von Informationen entspricht stark traditionellen Informationsvorstellungen und steht zu dem echten Wert der Information zur Verbesserung der Entscheidung nur in einem losen Zusammenhang.

In dem Planspiel VUM wird auf Blättern angegeben, welche Informationen zur Entscheidung herangezogen wurden. Für Investitionsentscheidungen ergab sich folgende Bild[5]

Information	**Nennungen**
Kapazitätsauslastung	183
Prognose Marktpotential	87
Mögliche Absatzmenge	57
Eigene Preisentscheidung	55
Sonstiges	11

Der Kapazitätsauslastung wird hierbei ein hoher Informationswert beigemessen, während Marktpotential und Absatzmenge vernachlässigt werden.

10.4. Erkenntnisse für MIS aus dem Planspiel VUM

10.4.1. Bedeutung der Entscheidungstechnik und Entscheidungshilfen

Die Güte der Entscheidungen unterschied sich stärker zwischen Gruppen mit unterschiedlicher Entscheidungstechnik als zwischen Phasen mit unterschiedlichem Informationsgrad. Hierdurch wurde experimentell nachgewiesen, daß eine Verbesserung des Informationsangebots im MIS mit einer Auswertung der angebotenen Entscheidungshilfsmittel einhergehen muß. Dieser Schluß verstärkt sich unter dem Gesichtspunkt, daß praktische Probleme erheblich komplexer sind als die Entscheidungen im Planspiel.

10.4.2. Bedeutung des Informationsgrades

Für jeden Informationsgrad ist eine typische Entfernung der Ergebnisse vom Optimum festzustellen. Die besten Entscheidungen werden erwartungsgemäß beim optimalen Informationsgrad erreicht. Bei schlech-

[5] O. V.: Ergebnisse von VUM: Die Auswirkungen unterschiedlicher Informationsgüte auf die Qualität der Entscheidungen, unveröffentlichter Bericht.

terem Informationsgrad überraschte die Tendenz zum Festhalten an einmal getroffenen Entscheidungen, selbst wenn die Informationen eine Änderung nahelegten. Dieses Verhalten könnte aus einem mangelnden Zwang zur Reaktion begründet werden: es kann nicht nachgewiesen werden, daß die Entscheidungen im Moment falsch sind, es besteht hierfür nur eine gewisse Wahrscheinlichkeit. Die Folgerungen hieraus für die Praxis sind offensichtlich.

10.4.3. Informationstypen

In mehreren Läufen kristallisierte sich heraus, daß die Fähigkeit, mit unsicheren oder veralteten Daten richtige Entscheidungen zu treffen, unterschiedlich ist. Einige Gruppen konnten besser mit veralteten als mit ungenauen Daten umgehen, bei anderen lagen die Verhältnisse umgekehrt. Das Wissen, zu welchem Informationstyp nach Unsicherheit und Aktualität die künftigen Benutzer von MIS gehören, ist besonders in den Aufbauphasen von MIS bedeutungsvoll: spielt die Unsicherheit eine untergeordnete Rolle, können zeitsparende Schätzverfahren eingesetzt werden; ist die Genauigkeit gegenüber Aktualität bedeutsamer, sind intensive Datenkontrollen einzubauen.

10.5. Planspiele als Mittel zur Erprobung von MIS-Elementen

Kommunikationssprachen, Entscheidungshilfen, Verfahren der Informationsaufbereitung können in einfachen Planspielen wirkungsvoll getestet werden. Da hierbei effektive Benutzer die Verfahren anwenden, zeigen sich schnell Schwächen und Verbesserungsmöglichkeiten. Der Aufwand zur Änderung der Verfahren ist ungleich geringer als dies später beim Einsatz im MIS der Fall ist.

10.6. Planspiele als Schulungsmittel

Ist eine bessere Schulung für ein MIS-Team möglich, als für ein komplexes Unternehmensplanspiel wie „intop" [43] ein MIS organisieren zu müssen?

Innerhalb von zwei bis drei Wochen können hierbei alle Stufen von der Informationsbedarfsermittlung über den Aufbau von Datenbanken bis zur Konzeption von Entscheidungshilfsmitteln durchlaufen werden. Für alle Anwender tritt mit der Einführung von MIS ein großes Schulungsproblem auf, das unter Einsatz von Planspielen leichter gelöst werden könnte.

11. Spezielle Aspekte der Datenverarbeitung für MIS

11.1. Speichermedien

Beim Übergang von der IBM 360/50 auf die IBM 370/155 verkürzt sich die Zykluszeit von 2 Mikrosekunden auf 115 Nanosekunden bei einer Mindesthauptspeichergröße von 256 KB. Diese Entwicklung hat direkten Einfluß auf die Komplexität der im MIS eingesetzten Modelle und den Komfort der Kommunikationssprache. Wegen des Datenvolumens der Unternehmen ist die Entwicklung der peripheren Geräte noch bedeutungsvoller. Der Magnetplattenspeicher IBM 3330 bietet pro Modul eine Kapazität von 200 Millionen Bytes bei einer durchschnittlichen Zugriffszeit von 30 Millisekunden. An eine Steuereinheit können 4 Modulen angeschlossen werden. Diese Speicherkapazität bedeutet für Großunternehmen eine weitgehende Umstellung von Magnetbändern auf Magnetplatten. Mittlere Unternehmen werden aus Kostengründen im MIS weiterhin eine Kombination von Platten und Magnetbandgeräten realisieren.

11.2. Stapelverarbeitung oder Echtzeitverfahren?

Bei der Stapelverarbeitung werden gleichartige Bearbeitungsfälle gesammelt und in einem Schub verarbeitet, während bei Echtzeitverfahren jeder Fall unmittelbar nach seinem Auftreten in die Datenverarbeitungsanlage eingeht[6]. Echtzeitverfahren haben große Bedeutung für taktische Informations-Systeme. Verkäufer wollen sofort die genaue Höhe der Bestände wissen, die Sachbearbeiter der Produktionssteuerung benötigen einen momentanen Überblick über den Materialfluß. Für strategische Informations-Systeme sind Echtzeitverfahren von untergeordneter Bedeutung, da eine minutengenaue Information nicht benötigt wird [10]. Sofern die Datenbestände nicht älter als 1 Woche sind, dürfte dies für alle strategischen Management-Informations-Systeme genügen.

11.3. Time-Sharing

Im Time-Sharing benutzen viele Benutzer jeweils ein Programm auf der gleichen Anlage. Wegen der hohen Rechengeschwindigkeiten merkt der einzelne Benutzer nicht, daß gleichzeitig andere Benutzer angeschlossen sind. Der besondere Vorteil der Time-Sharing-Anlagen liegt im

[6] Vergl. G. Loibel, H. Schmid, P. Müller: Lexikon der Datenverarbeitung, München 1963, S. 418.

Zugriff zu Datenbanken und Programmen über viele Datenendplätze, der wirtschaftlichen Kommunikationsmöglichkeit und der variablen Speicherplatzbelegung. Der zeitraubende Umweg über die Dienststelle „Rechenzentrum" ist hierbei eingespart.

Ist Time-Sharing eine unbedingte Notwendigkeit für MIS? Diese Frage ist zu verneinen. Bis zu einer Größenordnung von mehreren hundert Millionen Umsatz kann eine MIS-Lösung ohne Time-Sharing unter der Betrachtung von zusätzlichem Ertrag und Aufwand wirtschaftlicher sein. Time-Sharing bietet jedoch die Möglichkeit der schnellen Kommunikation mit dem Rechner, wodurch viele Alternativen erprobt werden können und der Entscheider sich — unterstützt durch Hinweise aus der Datenverarbeitung — an die benötigten Informationen und Lösungen herantasten kann. Diese effektiven Vorzüge werden noch von psychologischen Faktoren verstärkt.

Programme unterliegen im Time-Sharing theoretisch keiner Begrenzung, da jeweils nur ein Abschnitt der Programme von einem Direktzugriffsspeicher in den Kernspeicher übernommen wird. Eine vom Programmierer gesteuerte Segmentierung der Programme ist dadurch überflüssig. In der Praxis amerikanischer Unternehmen ist festzustellen, daß Entscheidungsmodelle, die im Time-Sharing-Betrieb laufen, kleiner sind als Modelle, die in Form der Stapelverarbeitung über das Rechenzentrum abgewickelt werden. Dieser Erfahrung stehen zwei neuere Entwicklungen entgegen: erstens die zunehmende Rechengeschwindigkeit und Kernspeichergröße, zweitens das Konzept des Multitasking. Die zunehmende Leistungsfähigkeit der Anlagen erlaubt einzelnen Benutzern auch größere Probleme schnell zu lösen. Im Multitasking werden Programme in mehrere voneinander unabhängige Teilprogramme zerlegt, die über mehrere Programmsteuerungen der Anlage parallel und nicht wie bisher nur verzahnt mit anderen Programmen verarbeitet werden.

Für MIS ist noch ein Begriff von besonderer Bedeutung: „multiuser". Mit diesem Verfahren können mehrere Benutzer gleichzeitig ein Programm verwenden, was speziell für Datenbanksoftware und Programme mit standardisierten Entscheidungsmodellen interessant ist.

11.4. Datenfernverarbeitung

Die Datenfernverarbeitung spielt im MIS primär bei der Datenerfassung und im Verkehr mit der Datenverarbeitungsanlage eine Rolle. Darüber hinaus beeinflußt sie die gesamte Datenbankorganisation. Mit Datenfernverarbeitung müssen nur bestimmte Datenbestände an den zentralen Computer überspielt werden. Detaillierte Daten bleiben in den Datenbanken der peripheren Stellen und werden erst bei Bedarf über die Datenfernverarbeitung abgerufen. Es bestehen Pläne, nicht nur Datennetze für einzelne Unternehmen aufzubauen, sondern die Datenbanken zwischen verschiedenen Unternehmen und zwischen Unternehmen und öffentlichen Stellen zu verbinden (Datenbankverbundsysteme).

11.5. Verbindung zwischen verschiedenen Programmen

Im MIS besteht die Notwendigkeit, verschiedene Programme aneinander zu ketten oder miteinander zu verbinden. Eine Möglichkeit, die hierbei auftretenden Probleme der Datenströme zu überwinden, ist, die Dateierklärungen aus den Programmen in die Datenbanksoftware zu überführen. Will man diesen Weg nicht beschreiten, werden Pufferdateien und generalisierte Reformatierungsprogramme erforderlich. Das vorhergehende Programm gibt seine Daten in beliebigem Format an die Pufferdatei ab. Vor der Verarbeitung im nächsten Programm paßt ein generalisiertes Reformatierungsprogramm die Daten nach den Erfordernissen des Folgeprogramms an. Hierdurch werden die Programme in der Dateierklärung voneinander unabhängig und können unter Berücksichtigung sachlogischer Einschränkungen beliebig aneinander gekoppelt werden.

Sofern die Pufferdatei eine Zählanzeige besitzt, können auch zwei Programme parallel arbeiten. Das Folgeprogramm geht nach Verarbeitung aller Daten in der Pufferdatei in Wartestellung, bis die Pufferdatei wieder vom vorlaufenden Programm gefüllt wird.

Eine intensive Kenntnis aller Techniken der Datenverarbeitung ist für den Aufbau von MIS unbedingt erforderlich, die entscheidenden Probleme liegen aber weniger in der formalen Durchführung mit EDV als in der Frage nach dem sachlichen Inhalt des MIS.

12. Arbeitsplan MIS

12.1. Ausgangspunkte der Planung

12.1.1. Planung von unten nach oben

Die Vorgehensweise beim Aufbau von MIS unterscheidet sich grundlegend je nachdem, an welchem Punkt ein Unternehmen das Problem aufgreift. Bei der Planung von unten nach oben wird mit der Datenerfassung auf der operierenden Ebene begonnen. Die bereitgestellten Programme untersützen die täglich zu treffenden Entscheidungen. Dieser Ansatzpunkt ist der einzig mögliche für taktische Informationssysteme.

Die Schaffung einer breiten und detaillierten Datenbasis könnte aber auch nahelegen, ein strategisches Informations-System auf diese Weise zu beginnen. Abgesehen bei kleineren Unternehmen wirft aber die Reorganisation des Datenflusses auf der operierenden Ebene so viele Probleme auf, daß der eigentliche Aufbau des strategischen Informations-Systems weit in die Zukunft verschoben wird. Eine andere Vorgehensweise ist daher erforderlich.

12.1.2. Planung von oben nach unten

Unternehmen mit strategischen Informations-Systemen haben sich ab Beginn auf den Bedarf für Informationen und Entscheidungshilfsmittel bei der mittleren Führungsebene konzentriert. Zwangsläufig können dadurch nicht mehr alle Informationen am Entstehungsort ins MIS übernommen werden. Die strategischen Informations-Systeme verwenden

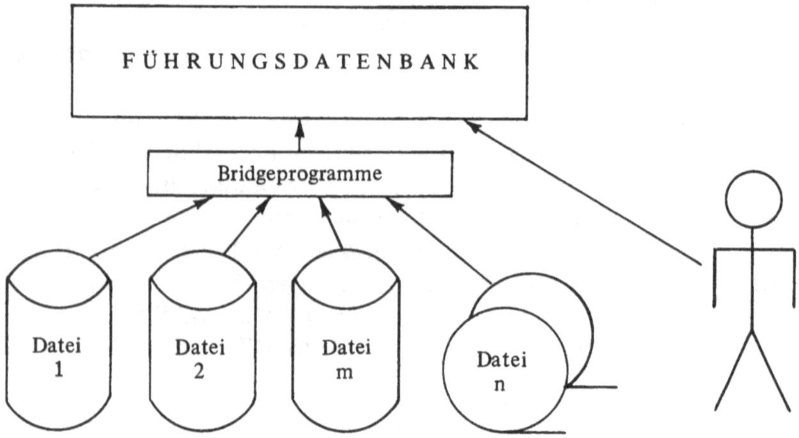

Abb. 12-1 Datenbankhierarchie

eine Führungsdatenbank (Abb. 12-1), in die die Daten sowohl über Umsetzprogramme aus den Datenbeständen der operierenden Ebene als auch nach manueller Aufbereitung eingehen. Ist das Informations-System in den Grundzügen realisiert, beginnt eine Ausweitung nach unten zu den Informationsquellen.

12.1.3. Aufbau MIS ausgehend von vorhandenen Verfahren

Die bestehenden Datenverarbeitungsprogramme sind eine erhebliche Investition, die möglichst weitgehend auch im MIS ihren Wert behalten soll. Bei Industrieunternehmen mit einem Jahresumsatz bis zu 50 Millionen DM wird der Aufbau von MIS die vorhandenen Programme an die neuen Anforderungen anpassen und die verbleibenden Lücken mit Neuentwicklungen schließen. Für größere Unternehmen bedeutet dieses Vorgehen jedoch eine unwirtschaftliche Begrenzung der Entwicklung.

12.1.4. Aufbau von MIS, losgelöst von vorhandenen Verfahren

Die heute in Unternehmen vorhandenen Verfahren bewältigen in erster Linie Verwaltungsaufgaben und sind nicht auf Entscheidungsprozesse ausgerichtet. Das Konzept für MIS muß eine Sollvorstellung entwickeln, die das Optimum für das Unternehmen, losgelöst von den vorhandenen Programmen, darstellt. Nach der Konzeptionsphase werden die Programme geprüft, wie weit sie die Einführung des Idealkonzepts erleichtern und inwiefern sie aus wirtschaftlichen Gründen eine Modifikation des ersten Konzepts nahelegen.

12.2. Beispiel für einen Arbeitsplan MIS

12.2.1. Vorbereitungsphase

Der im folgenden beschriebene Arbeitsplan unterteilt den Aufbau von MIS in mehrere Phasen. Nach jeder Phase kann die Unternehmensleitung überprüfen, ob die erzielten Ergebnisse den Zielvorstellungen entsprechen. Sollte nach einer Phase die Unternehmensleitung zu dem Schluß kommen, daß die Arbeiten am MIS vorerst nicht weiterzuführen sind, so liegen dennoch aus den vorhergehenden Phasen Ergebnisse vor, die selbständig verwertbar sind.

In der Vorbereitungsphase trifft die Unternehmensleitung die grundlegenden Entscheidungen für MIS. Diese Phase umfaßt

— Festlegen der Zielsetzung MIS
— Budgetschätzung Gesamtprojekt
— Organisatorische Einordnung des MIS-Team
— Ernennung des Projektleiters

Die Zielsetzung gibt die primäre Stoßrichtung für das MIS. Soll primär das Berichtssystem verbessert werden, oder sind auch die Möglichkeiten von Entscheidungsmodellen zu prüfen? Sollen Planungen für verschiedene Bereiche integriert werden? Ist im Unternehmen ein Kontrollsystem aufzubauen?

Die Zielsetzung umfaßt auch die künftigen Anwender. Soll das MIS primär für die obere, mittlere oder untere Führungsschicht bestimmt sein? Welche Funktionsbereiche sind im MIS besonders detailliert zu berücksichtigen, welche Bereiche sind von untergeordneter Bedeutung?

In dieser Phase ist auch festzulegen, welche vorhandenen Planungsverfahren außerhalb von MIS bleiben sollen und welche zu integrieren sind, um spätere Kompetenzstreitigkeiten zu vermeiden.

Eine exakte Budgetschätzung für das Gesamtprojekt MIS abzugeben, ist in dieser frühen Phase unmöglich, dennoch wird eine Budgetangabe benötigt, um die Bedeutung des Projekts zu konkretisieren. Richtsätze für die Kosten von MIS bestehen heute noch nicht. Wahl [44] hat einen Kostensatz von 5 % und mehr des Umsatzes angesprochen, wobei nicht ersichtlich ist, ob es sich hierbei um die einmaligen Aufbaukosten oder die laufenden Betriebskosten mit oder ohne Hardware handelt. Martino schätzt die Kosten auf das 5½fache der Hardwarekosten. Diese Kosten setzen sich wie folgt zusammen [31]:

(1)	Hardware	1,0 Einheiten
	davon Hardwaremiete	0,5 Einheiten
	Hardwarebetrieb	0,5 Einheiten
(2)	Programmierung, Analyse und Systementwicklung	1,0 Einheiten
(3)	Programmierung, Analyse des Änderungsdienstes und Entwicklung spezieller Berichte	0,5 Einheiten
(4)	Datenerfassung, Dateierstellung und -wartung	0,5 Einheiten
(5)	Vorbereitung von Berichten	0,5 Einheiten
(6)	Direkter Leitungsaufwand	1,0 Einheiten
(7)	Beteiligung der oberen Führung, Verwaltungskostenanteil usw.	1,0 Einheiten

Da alle diese Angaben weder die Branche, die Größe des Unternehmens, den Grad der Dezentralisation noch die Art des Informations-Systems berücksichtigen, haben sie nur sehr begrenzten Wert. Es lassen sich höchstens gewisse Extremwerte angeben: der Aufbau eines einfachen MIS wird mindestens einen Aufwand von DM 300 000,— verursachen, für die größten deutschen Unternehmen könnte der MIS-Aufwand einen Maximalwert von 40 Millionen DM einschließlich Testzeit erreichen.

Die Budgetschätzung soll nicht eine genaue Kostenvorgabe sein, sondern einen groben Rahmen abstecken, innerhalb dessen die MIS-Aktivitäten sich bewegen sollen. In den einzelnen Phasen sind Budgets zu erstellen, die eine exakte Richtschnur bilden.

Die organisatorische Einordnung des MIS-Teams umfaßt die Frage nach der Unterstellung, der Berichtspflicht und dem Informationsrecht. Die direkte Unterstellung unter den Vorstandsvorsitzenden oder den Inhaber des Unternehmens ist bei größeren Unternehmen weniger empfehlenswert, da der Chef des Unternehmens zu wenig Zeit hat, um lenkend einzugreifen. Eine Zuordnung zum Leiter der Verwaltung erscheint zweckmäßiger, da hier noch die Möglichkeit zur intensiven Diskussion besteht und die Unabhängigkeit von den Funktionsbereichen Vertrieb, Produktion, Entwicklung gegeben ist. Gleichzeitig sollte ein Lenkungsausschuß für MIS aus der gesamten obersten Unternehmensleitung gebildet werden, der regelmäßig zusammentritt.

Die direkte Berichtspflicht des MIS-Teams muß bis zur obersten Unternehmensleitung bestehen. In unterschiedlicher Form sind alle Ebenen der Hierarchie über den Arbeitsfortschritt in einem vierwöchigen Abstand zu unterrichten. Hierbei sind auch die Sachbearbeiter einzuschließen, damit kein Mißtrauen über die neuen Entwicklungen wachsen kann. Die periodischen Berichte werden durch fallweise Berichte nach Abschluß einzelner Projekte ergänzt.

Das Informationsrecht des MIS-Teams sollte alle Aspekte des Unternehmens umfassen, wobei Geheiminformationen u. U. nur dem Projektleiter zugänglich sind. Nur bei diesem umfassenden Informationsrecht ist die Ermittlung des echten Informationsbedarfs gesichert.

Die formelle Ernennung des Projektleiters kann erst nach dem Abschluß der obigen Punkte erfolgen, da erst hierdurch ein Überblick über die Qualifikationsanforderungen vorliegt. Die Stärke des Projektleiters muß in der Kenntnis der wirtschaftlichen Zusammenhänge des Unternehmens liegen, gewisse Kenntnisse der Datenverarbeitung und moderner Entscheidungstechniken sind allerdings unumgänglich.

12.2.2. Entwicklung Prototyp MIS

In der gleichen Weise wie neue Produkte nicht sofort in die Massenfertigung gehen sondern zuerst in der Laborfertigung erzeugt werden, ist es zweckmäßig, den Aufbau von MIS nicht in der ganzen Breite zu beginnen, sondern zuerst den Prototyp eines MIS für eine bestimmte Entscheidung zu entwickeln. Der Ptototyp dient zwei Zwecken: erstens soll er den Nutzen des MIS an einem konkreten Fall nachweisen, zweitens soll er den Mitarbeitern am MIS praktische Erfahrungen auf dem neuen Arbeitsgebiet vermitteln. Die mit dem Prototyp erzielten Ergebnisse sind nicht repräsentativ für die erzielbaren Ergebnisse im Gesamtunternehmen, geben aber schon konkrete Anhaltspunkte für Vorteile und Schwächen der MIS-Konzeption.

Für den Prototyp ist eine Entscheidung auszuwählen nach den Gesichtspunkten: Bedeutung für das Unternehmen, betroffene Bereiche, Verfügbarkeit der Daten und Abgrenzbarkeit von anderen Entscheidungen. In einem Unternehmen entschied man, einen Prototyp MIS für die Festsetzung des Werbebudgets zu entwickeln. Das Budget konnte einen Maximalwert von 15 Millionen DM jährlich erreichen; die Entscheidung betraf den Marketingbereich, der auch im MIS einen Schwerpunkt bilden sollte. Die Daten für die Aufstellung des Budgets waren weitgehend vorhanden, gleichzeitig hatten die Sachbearbeiter aber das Bewußtsein, daß die Informationen noch nicht ausreichend genutzt wurden. Die Verfügbarkeit der Daten hat für den Prototyp erhebliche zeitliche Vorteile, andernfalls muß erst eine langwierige Datenerfassung eingeleitet werden. Da auf dem Markt des Unternehmens geringe Möglichkeiten des Preis- und Qualitätswettbewerbs bestanden, ließ sich die Entscheidung über das Werbebudget von anderen Entscheidungen klar abtrennen, was für den Prototyp als eigenständiges Verfahren wesentlich ist.

Das für den Prototyp festzulegende Kostenbudget hängt von der Komplexität der Entscheidung ab, für die er entwickelt wird. Das Budget sollte nicht zu knapp bemessen sein, da in dieser Entwicklungsphase Bausteine und Techniken für einen universellen Einsatz im MIS zu erproben sind.

Sobald das Budget feststeht, kann mit der Konzeptentwicklung für den Prototyp begonnen werden. Die Literatur zu MIS und zu dem zu unterstützenden Entscheidungsproblem bietet eine gewisse Hilfestellung. Das Vorhaben ist schon zu Beginn in einzelne Bausteine zu zerlegen, um einerseits Flexibilität zu erzielen und andererseits Programmteile zu erhalten, die vielfach zu verwenden sind. Der Personalplan des Prototyps erstreckt sich auf zeitweilige und ständige Mitarbeiter. Die zeitweiligen Mitarbeiter kennen entweder den bearbeiteten Entscheidungsbereich besonders gut oder sind Spezialisten für Datenverarbeitung oder Entscheidungshilfen. Sie dienen gleichzeitig als Kontaktpersonen zu den betreffenden Dienststellen. Die ständigen Mitarbeiter werden die Träger der gesamten künftigen MIS-Entwicklung sein. An dem Prototyp sollten einschließlich Projektleiter mindestens 3 und höchstens 5 Personen ständig mitarbeiten, um sowohl einen schnellen Arbeitsfortschritt als auch eine intensive Teamarbeit zu ermöglichen. Sobald die Mitarbeiter bekannt sind, kann der Arbeitsplan mit Teilterminen aufgestellt werden. Die Dauer des Projekts Prototyp sollte ein halbes Jahr nicht überschreiten, andernfalls besteht die Gefahr, daß in Detailprobleme ein zu hoher Aufwand investiert wird.

Die Schulung der Unternehmensleitung und der Beteiligten ist eine Notwendigkeit, die während der gesamten MIS-Entwicklung gegeben ist. Sobald das erste Konzept vorliegt, sollte eine Besprechung einberufen werden, in der die Ideen vorgestellt und eingehend diskutiert werden. Für den Prototyp wird danach eine Ist-Aufnahme durchgeführt, die nicht nur das Entscheidungsproblem klärt, sondern auch die Methodik bei der Ist-Aufnahme für eine breitere Basis erprobt. Vor der Realisation des Prototyps sind Leistungskriterien festzulegen, an denen später der Erfolg gemessen wird.

Bei der Realisation haben die Probleme der Informationsverwaltung und der Entscheidungshilfen besonderes Gewicht. Für die zu gewählte Entscheidung ist eine Datenbank aufzubauen und ein Auskunftsystem zu schaffen. Da meist kein Datenbanksystem sofort zur Verfügung steht, ist die Datenbankorganisation mit einer problemorientierten Sprache so zu simulieren, daß Qualitätsmerkmale des künftigen Datenbanksystems zu erkennen sind. Das Auskunftsystem wird sich in diesem Stadium noch der Konsole bedienen. Entscheidungshilfen sollten nicht allein nach dem direkten Nutzen für das vorliegende Problem eingesetzt werden, sondern auch, um die Möglichkeiten analytischer Verfahren und von Entscheidungsmodellen zu erproben.

Nach der Realisation und Erprobung des Prototyps erfolgt der Vergleich mit den vorher aufgestellten Leistungskriterien. Sollten sich bestimmte Leistungskriterien weniger bewähren, ist dies schriftlich zu fixieren. Ebenso treten möglicherweise aufgrund der gewonnenen Erfahrungen neue Leistungskriterien hinzu.

Den Abschluß der Arbeiten am Prototyp MIS bildet die Präsentation bei der Unternehmensleitung und der Erfahrungsbericht.

12.2.3. Analyse MIS-Bedarf

Hat der Prototyp die in ihn gesetzten Erwartungen nicht erfüllt, müssen einschneidende Konsequenzen gezogen werden. Der Prototyp mußte erweisen, ob das Unternehmen zur Zeit das nötige Potential hat, um ein MIS aufzubauen. Eine mögliche Konsequenz aus einem Fehlschlag ist das vorläufige Einstellen der weiteren Arbeiten. Im Prototyp liegt ja ein selbständig verwertbares Instrument vor und der bisherige Aufwand ist begrenzt. Eine andere Konsequenz wäre der Austausch oder die Ergänzung der am MIS beteiligten Mitarbeiter. In jedem Fall bedeutet ein Mißerfolg des Prototyps eine wesentliche Belastung für das weitere Vorgehen.

War der Prototyp ein Erfolg, kann mit der Arbeit am MIS auf breiter Basis begonnen werden. Ausgangspunkt der weiteren Überlegungen ist die Bedarfsanalyse für das MIS. Der geschätzte Aufwand für die Bedarfsanalyse wird nach einem Beschluß durch die Unternehmensleitung zum Budget Bedarfsanalyse.

Die Bedarfsanalyse hat für die Ist-Aufnahme zwei Hauptbestandteile:

(1) Zusammenstellen der Entscheidungen in den Unternehmensbereichen,

(2) Ermittlung der vorhandenen und benötigten Entscheidungsgrundlagen.

Bei den Entscheidungen interessiert ihre Art, welche Unternehmensebene sie trifft, die kurz-, mittel- und langfristige Tragweite sowie die Häufigkeit, mit der die jeweilige Entscheidung zu treffen ist. Die Bedarfsanalyse soll einen Überblick über alle Entscheidungen in einer so spezifischen Form geben, daß er nur für das eigene Unternehmen gelten kann.

Die ermittelten Entscheidungsgrundlagen umfassen für jede Entscheidung die Informationen nach Art der Bereitstellung (personell-maschinell, periodisch-ereignisabhängig usw.) und nach der zeitlichen Verfügbarkeit sowie die eingesetzten Modelle und Verfahren. Die Verfahren sind nach Häufigkeit ihres Einsatzes und Komplexität zu gliedern. Zweckmäßig ist auch ein Vermerk über die subjektive Beurteilung der Entscheidungsgrundlagen durch die Entscheider.

Die Ermittlung der Entscheidungsgrundlagen entspricht weitgehend der Informationsbedarfsanalyse, ist aber noch nicht so detailliert, wie es für die endgültige Realisierung von MIS erforderlich ist. Die Bedarfsanalyse mündet in ein Ausweisen der Informations- und Verfahrenslücken ein. Das Ende der Bedarfsanalyse bildet die Entwicklung von Vorschlägen für MIS. Diese Vorschläge müssen umfassen:

— Integration von Daten,
— Änderung des Berichtswesens,
— Schaffung von Auskunftssystemen,
— Einsatz genereller Analyseverfahren (für mehrere Entscheidungen),
— Einsatz spezieller Analyseverfahren,
— Aufbau bereichsüberschreitender Entscheidungsmodelle,
— Aufbau bereichsbezogener Entscheidungsmodelle,
— Änderung und Integration vorhandener Planungsverfahren.

12.2.4. Wahl der Ausbaustufen

Jedes Unternehmen wird sich für eine andere Folge der Ausbaustufen entscheiden, da die Kriterien für die Wahl aufgrund der individuellen Situation unterschiedlich gewichtet werden. Ein Auswahlkriterium ist die Aktualität von Planungsproblemen. Einzelne Entscheidungen treten in einem Unternehmen plötzlich in den Blickpunkt, alle beteiligten Stellen sind aufgeschlossen für Verfahren, die hierbei eine Lösung versprechen. Die Gefahr für MIS, das auf diese Entwicklungen eingeht, ist der entstehende Zeitdruck. Aktuelle Planungsprobleme lassen meist keine grundlegenden Verbesserungen zu, sondern rufen nach einer schnellen Lösung. Für MIS ist ein Vorgehen günstiger, bei dem jede Stufe die Realisation der nachfolgenden Stufen erleichtert. Erste Stufen haben daher häufig einen Schwerpunkt in der Datenerfassung.

Erwartete Erkenntnisse aus anderen Bereichen können ein Hinausschieben von Ausbaustufen bewirken. So hat ein Chemieunternehmen, das mit einem Elektrounternehmen enger zusammenarbeitet, die Tätigkeit im Fertigungsbereich zurückgestellt, da das Elektrounternehmen intensiv an der Fertigungssteuerung arbeitet. Teilweise sind die Ausbaustufen durch die personelle Kapazität vorbestimmt. Verfügen die Mitarbeiter am MIS über Vertriebserfahrung, so ist es sinnvoll, diese Fähigkeiten erst im Marketingbereich zu nutzen, bevor Gebiete mit geringerer Vorkenntnis in Angriff genommen werden. Für die ersten Ausbaustufen ist erforderlich, daß die Entscheider, für die das System entwickelt wird, besonders aufgeschlossen sind. Andernfalls können die zu Beginn unvermeidlichen Rückschläge das gesamte System blockieren.

Ausbaustufen, für die ein Erfolg nachweisbar ist, begünstigen die weitere Arbeit. Beim MIS ist jedoch ein Erfolg geldmäßig noch schwerer nachzuweisen, als dies bei traditionellen Verfahren der Fall ist; nichtmonetäre Größen können eine Hilfestellung bieten. Bei der Durchsicht der Vergangenheitsdaten wird z. B. auffallen, wie lange allmähliche Marktverschiebungen unbemerkt blieben. Hier kann MIS durch Signale die Reaktionszeit verkürzen. Zahl der betrachteten Alternativen, Verringerung irrelevanter Informationen, Verkürzung der Frist zwischen Ereignis und Information sind weitere Erfolgsmaßstäbe.

Für jede Ausbaustufe ist anzugeben:

— angesprochene Führungsebene,
— erfaßte Produkte,
— eingeschlossene Bereiche,
— Detaillierung je Bereich und
— eingesetzte Verfahren.

Für jede Ausbaustufe sind Leistungskriterien und Sollvorgaben aufzustellen, die so spezifisch sind, daß der Grad, mit dem sie erreicht werden, der ausschließliche Erfolgsmaßstab ist. Während „Steigerung des Gewinns" keine Sollvorgabe in diesem Sinne ist, stellt z. B. „Erstellen der Kostenübersicht nach Dienststellen bis zum 5. des Folgemonats" einen Erfolgsmaßstab dar.

Die Ausbaustufen und die zugehörigen Einzelschritte sind in einem Netzplan darzustellen. Anhand dieser Unterlagen trifft die Unternehmensleitung über Inhalt, Zeitbedarf und Aufwand jeder Ausbaustufe eine Entscheidung.

12.2.5. Realisierung MIS

Die Realisierung von MIS ist primär ein personelles Problem: der Einsatz der Mitarbeiter, die Koordination der Arbeiten und die Schulung der Betroffenen.

Der Umfang der Arbeiten am MIS erzwingt das Bilden von Arbeitsteams. Die Teams sollten nach Entscheidungsproblemen und weniger nach methodischen Gesichtspunkten gebildet werden. Ein Team muß für eine Entscheidung alle Aufgaben von der Datenerfassung über Entscheidungshilfen bis zur datenverarbeitungsmäßigen Realisierung übernehmen, was ein abgestimmtes Wissen bei den Teammitgliedern voraussetzt. Das Bilden von Teams nach methodischen Gesichtspunkten (Spezialisten für Datenverarbeitung, Spezialisten für Simulation usw.) würde erhebliche Koordinationsschwierigkeiten erzeugen und eine sachgerechte Lösung behindern. Höchstens bei mehr als 20 ständigen MIS-Mitarbeitern könnten Spezialistenteams für Software und mathematische Verfahren mit 2—3 Herren zweckmäßig sein.

Um einen engen Kontakt zwischen Anwendern und MIS-Team herzustellen, stellen die Einsatzgebiete zeitweilige Mitarbeiter ab. Diese Mitarbeiter steuern spezielle praktische Erfahrung bei und bilden später die Stützpunkte für MIS. In jedem Bereich sind neben den zeitweiligen Mitarbeitern Verbindungleute zu benennen, die eine lenkende Funktion für MIS in ihrem Zuständigkeitsbereich ausüben.

Die Mitarbeiter am MIS sind in der Kenntnis des eigenen Unternehmens, in den Möglichkeiten von MIS sowie in Entscheidungstechniken und Datenverarbeitung intensiv zu schulen. Selbst bei einem kleinen MIS-Team sollte ein formelles Schulungsprogramm aufgestellt werden.

Das Schulungsprogramm für die Anwender von MIS gliedert sich in zwei Teile. Die generelle Schulung gibt einen Überblick über das konzipierte Gesamtsystem, die verwendeten Techniken und Aspekte der Informationsverarbeitung. Daneben ist eine spezielle Schulung durchzuführen, die jedem Anwender die Möglichkeiten in seinem Bereich, die erforderlichen Tätigkeiten und die Beziehungen zu den Nachbarbereichen erläutert.

Während der Arbeit sollten regelmäßig Kurzberichte von maximal 3 Seiten herausgegeben werden. Durch diese Berichte ist jeder informiert und kann frühzeitig eine abweichende Meinung geltend machen.

Die Realisierung von MIS sollte sich möglichst eng an den Arbeitsplan halten, der bei der Wahl der Ausbaustufen konzipiert wurde, da ansonsten leicht die Generallinie verloren geht.

Die schwerwiegendsten Probleme werden bei der Planung und Durchführung organisatorischer Änderungen[7] auftreten, da hier manifeste Machtinteressen berührt werden. MIS ohne organisatorische Änderungen ist kaum sinnvoll, jedoch sei davor gewarnt, mit MIS eine komplette Reorganisation zu versuchen, da sonst fast nicht zu überwindende Wider-

[7] Vergl. R. Beckhard: Organization Development, Strategies and Modells. Reading, Massachusetts 1969.

stände bei der Einführung auftauchen. Das Management-Informations-System ist als umfassendes Konzept auf die Unterstützung aller Mitarbeiter angewiesen.

Literatur

[1] Ackoff, R. L.: Management Misinformation Systems. In: Management Science 14, Dez. 1967, S. B-147 — B-156.
[2] Amstutz, A. E.: Market-Oriented Management Systems: The Current Status. In: Journal of Marketing Research 6 (1969) S. 481—496.
[3] Anderson, E. P., R. K. McAfee, A. Seelenfreund: Development and use of computer models for analysis of long range planning decisions at Southern Pacific Company. Fall Joint Computer Conference, 1968, S. 431—439.
[4] Beged-Dov, A. G.: An Overview of Management Science and Information Systems. In: Management Science 13 (1967) Nr. 12, S. B-817 — B-837.
[5] Berenson, C.: Marketing Information Systems. In: Journal of Marketing 33 (1969) Okt., S. 16—23.
[6] Blau, H.: Die Planung von Management-Informations-Systemen. In: Bürotechnik u. Automation (1967).
[7] Boulden, J. B., and E. S. Buffa: Corporate models: on-line, realtime systems. In: Harvard Business Review 70 (1970) Juli—Aug., S. 65—83.
[8] Boyd, D. F., and H. S. Krasnow: Economic evaluation of management information systems. In: IBM Systems Journal, März 1963, S. 2—23.
[9] Buzzell, R. D., D. F. Cox, R. V. Brown: Marketing Research and Information Systems. Text and Cases. McGraw-Hill Book Company, New York 1969.
[10] Deardon, J.: The Myth of Real-Time Management Information. In: Harvard Business Review 44, Mai—Juni 1966, S. 123—132.
[11] Dworatschek, S.: Management-Informations-Systeme. Walter de Gruyter & Co., Berlin 1971.
[12] EDP Analyser: Computer-assisted Corporate Planning, EDP Analyser, Vol. 4, Nr. 9, 1966.
[13] EDP Analyser: New Management Reporting Systems. EDP Analyser 5, Nr. 1, 1967.
[14] EDP Analyser: Building Corporate Data Systems. EDP Analyser 5, Nr. 4, 1967.
[15] EDP Analyser: New Dimensions in Management Control. EDP Analyser 6, Nr. 2, 1968.
[16] EDP Analyser: Systematic Methods for Business Planning, EDP Analyser 6, Nr. 3, 1968.
[17] EDP Analyser: What's the Status of MIS? EDP Analyser 7, Nr. 10, 1969.
[18] Gershefski, G. W.: The Development and Application of a Corporate Financial Model. The Planning Executives Institute, Oxford, Ohio 1968.
[19] Gershefski, G. W.: Building a corporate financial model. In: Harvard Business Review (1969) July—Aug., S. 61—72.

[20] Günther, R., und H. Rölle: Entwicklungstendenzen in der Gestaltung von Management-Informations-Systemen in den USA. In: Bürotechnik u. Automation (1970) Heft 2, S. 78—80.

[21] Head, R. V.: Management Information Systems: a Critical Appraisal. In: Datamation 13 (1967) Mai, S. 22—27.

[22] Head, R. V.: The Elusive MIS. In: Datamation (1970) Sept., S. 22—27.

[23] Huppertz, K. H.: Unternehmensplanung als Führungsinstrument. In: Rationeller Handel (1969) Nr. 12, S. 60—63.

[24] Jordt, A., und K. Gscheidle: Erfassung betrieblicher Informationssysteme. In: Bürotechnik u. Organisation (1969).

[25] Jordt, A. G., und K. Gscheidle: Analyse von Arbeitsabläufen-Darstellung der Grundlagen und Technik. In: Bürotechnik u. Organisation (1970).

[26] Koreimann, D.: Planung und Organisation von Management-Informations-Systemen. Walter de Gruyter & Co., Berlin 1971.

[27] Kotler, P.: Operations Research in Marketing. In: Harvard Business Review 45 (1967) Jan.—Febr., S. 30 ff.

[28] Kotler: P.: The Future of the Computer in Marketing. In: Journal of Marketing (1970) Jan., S. 11—14.

[29] Kotler, P.: Corporate models: better marketing plans. In: Harvard Business Review 70 (1970) Juli-Aug. S. 135—149.

[30] Lambert, W. M., and W. R. Ruffels: The ISCOR real-time industrial data processing system. Spring Joint Computer Conference 1968.

[31] Martino, R. L.: MIS-Management Information Systems. MDI Publications, Wayne, Pennsylvania 1969.

[32] McNiven, M., and B. D. Hilton: Reassessing Marketing Information Systems. In: Journal of Advertising Research 10 (1970) Nr. 1, S. 3—12.

[33] Montgomery, D. B., and G. L. Urban: Marketing Decision-Information Systems: An Emerging View. In: Journal of Marketing Research 7 (1970), S. 226—234.

[34] Morenoff, E., and J. B. McLean: Inter-program communications, program string structures and buffer files. Spring Joint Computer Conference 1967.

[35] Rölle, H.: Konzeptionen für die Gestaltung von Management Informations Systemen. Betriebswirtschaftliches Institut für Organisation und Automation, Köln 1968.

[36] Schrieber, A. N. (Hrsg.): Corporate Simulation Models. Graduate School of Business Administration, Seattle, Washington 1970.

[37] Schulz, A.: Integrierte Systeme. In: bit (1970) Aug., S. 943—948.

[38] Schwartz, M. H.: MIS Planning. In: Datamation's (1970) Sept., S. 28—31.

[39] Sherwood, H. F.: IMIS-Integrated Management Information Systems. Diebold, Europe 1970.

[40] Stevenson, H.: Konzept eines Informationssystems für Kreditinstitute. In: IBM Nachrichten 20 (1970) Aug., S. 313—318.

[41] Stubenrauch, H. K.: Delphi — ein handelsorientiertes Unternehmensspiel. Siemens-Schriftenreihe „data praxis", 1969.

[42] Strunz, H.: Entscheidungstabellen und ihre Anwendung bei Systemplanung, -implementierung und -dokumentation. In: elektronische datenverarbeitung (1970) Heft 2, S. 56—65.

[43] Thorelli, H. B., R. L. Graves, L. T. Howells: INTOP International Operations Simulation. Player's manual. The Free Press, New York 1963.
[44] Wahl, M. P.: Grundlagen eines Management-Informationssystems. H. Luchterhand, Neuwied, Berlin 1969.

Glossary

Diskriminanzanalyse

Die Diskriminanzanalyse zerlegt eine Gesamtgruppe in homogene Teilgruppen. Haupteinsatzgebiet ist die Marktsegmentierung, wobei der gesamte Absatzmarkt in unterschiedlich reagierende Teilmärkte zerlegt wird.

Echtzeitverfahren

Ist die Verarbeitung jedes Bearbeitungsfalles unmittelbar nach seinem Auftreten.

Faktorenanalyse

Die Faktorenanalyse ermittelt aus einer Vielzahl von Merkmalen eine Gruppe von Grundmerkmalen, durch die die Veränderung einer Größe erklärt werden kann.

Integrierte Datenverarbeitung

Umfaßt entweder die Integration von Datenbeständen, die Integration der Datenströme zwischen Programmen oder die Integration mehrerer Aufgaben in wenigen Programmen. Die Integrationsmöglichkeiten treten meist kombiniert auf.

Korrelationsrechnung

Die Korrelationsrechnung mißt, wie eng der lineare Zusammenhang zwischen den betrachteten Größen ist. Ergebnis der Korrelationsrechnung ist der Korrelationskoeffizient. Das Quadrat des Korrelationskoeffizienten (Bestimmtheitsmaß) gibt an, wie weit die Variation einer Größe durch die Variation einer oder mehrerer anderer Größen erklärt werden kann.

Management by exception

Nach diesem organisatorischen Konzept erhält der Manager nur die Informationen, die eine wesentliche Planabweichung darstellen. Voraussetzung hierfür ist die Möglichkeit, zeitbeständige Planzahlen aufzustellen und eine Abweichung als wesentlich zu definieren. Diese Voraussetzungen sind häufig für die untere Unternehmensebene gegeben. Für die obere Unternehmensebene erscheint wegen der sich rasch ändernden Umweltbedingungen ein „management by perception“ zweckmäßiger. Hierbei werden alle Informationen zu einem Problemkomplex zur Verfügung gestellt.

Management-Informations-System

ist ein Informations-System, das unter Einsatz der Datenverarbeitung alle Informationen bereitstellt, die zur Lenkung eines wirtschaftlichen Unternehmens benötigt werden.

Matrix-Management

Bei der Organisationsform des Matrix-Management sind einige Manager für die einzelnen Funktionsbereiche und gleichzeitig andere Manager für die einzelnen Produkte über alle Funktionsbereiche hinweg zuständig. Hierbei sind die Produkte gedanklich als Zeilen, die Funktionsbereiche als Spalten einer Matrix aufgefaßt.

Multiple Regressionsanalyse

Die multiple Regressionsanalyse berechnet, wie stark einzelne Größen eine andere Größe (=abhängige Größe) beeinflussen.

Multitasking

Unabhängige Programmteile werden durch zwei oder mehr Programmsteuerungen einer Anlage parallel zueinander verarbeitet.

Multiuser

Das selbe Programm wird gleichzeitig durch mehrere Benutzer auf einer Anlage verwendet.

Produktmanagement

Im Produktmanagement ist ein Manager für ein Produkt oder eine Produktgruppe von der Entwicklung bis zum Vertrieb zuständig. Diese Organisationsform steht im Gegensatz zum Funktionsmanagement, in dem ein Manager für alle Produkte in einem Funktionsbereich (z. B. Produktion) verantwortlich ist.

Rechenschaftslegung

Nach dem Prinzip der Rechenschaftslegung werden Informationen so aufbereitet, daß sie im nachhinein eine Beurteilung der getroffenen Entscheidungen ermöglichen. In den letzten Jahren ist eine stärkere Umorientierung von den Istdaten der Rechenschaftslegung zu Plandaten festzustellen (exante Betrachtung).

Rollende Planung

Bei der rollenden Planung werden Pläne für sich überlappende Zeiträume erstellt. Der erste Fünfjahresplan soll z. B. für die Jahre 1971 bis 1975 gelten, 1971 wird ein neuer Fünfjahresplan für 1972 bis 1976 aufgestellt. Schwerpunkt der Planung ist immer der nächste Zeitabschnitt, längerfristige Auswirkungen werden durch den längeren Planungszeitraum berücksichtigt. Das Prinzip der rollenden Planung wird auch für kurzfristige Pläne eingesetzt.

Stapelverarbeitung
Mehrere gleichartige Bearbeitungsfälle werden gesammelt in einem Schub auf der Datenverarbeitungsanlage verarbeitet.

Strategisches Informations-System
ist ein Informations-System, das zur Verbesserung mittel- und langfristiger Entscheidungen der Unternehmensführung geschaffen wurde.

Taktisches Informations-System
ist ein Informations-System, das für die Verbesserung kurzfristiger Entscheidungen auf der unteren Unternehmensebene geschaffen wurde.

Time Sharing
Viele Benutzer verwenden gleichzeitig eine Anlage zum Ablauf ihrer jeweiligen Programme.

Verfügbare Informationen
sind alle Informationen, die im Informations-System enthalten sind.

Zugeleitete Informationen
sind ein Teil der verfügbaren Informationen, der periodisch oder ereignisabhängig dem Entscheider zugeleitet wird.

Stücklistenprozessor

Basis für ein Informationssystem in der industriellen Fertigung

von

Erhard Schröder

Summary

Informationssysteme für die Industrie gewinnen zunehmend an Bedeutung. Der Grund liegt darin, daß häufig mit manuellen Mitteln eine wirtschaftliche und optimale Fertigungssteuerung nicht möglich ist. Der Begriff Fertigungssteuerung ist in diesem Zusammenhang in weiterem Sinne zu verstehen und umfaßt die gesamte Planung und Steuerung der Produktion. Als Unterscheidungsmerkmale gegenüber dem wesentlich einfacheren Produktionsablauf noch vor einigen Jahrzehnten seien nur folgende genannt: der Hang zur Konzentration führte zu größeren, in vielen Fällen sogar multinationalen Unternehmen, die Produkte sind komplizierter geworden und werden teilweise auf teuren und ebenfalls komplizierten Maschinen gefertigt. Daneben führten die Erfolge auf dem Gebiet der Normierung zu einer erhöhten Abhängigkeit von Zulieferanten. Zuletzt sei auf die starke Konkurrenzsituation hingewiesen, die sich zum Teil durch eine Internationalisierung des Marktes ergeben hat.

Mit Hilfe der elektronischen Datenverarbeitung können auch auf diesem Gebiet viele Probleme gelöst werden. In Zukunft wird wohl kein Unternehmen auf solche Rationalisierungsmöglichkeiten verzichten können.

Nun sind in einem industriellen Informationssystem eine Reihe von Aufgaben zu lösen, z. B. auf dem Gebiet der Materialdisposition oder des Terminwesens, die in verschiedenen Betrieben eine unterschiedliche Bedeutung haben können. Grundlage und Voraussetzung für solche Systeme ist aber immer eine zentrale Verwaltung der Daten, in modernen Systemen in einer Datenbank.

Die Programme für die Verwaltung der wichtigsten technischen Unterlagen neben den Zeichnungen, Stücklisten und Arbeitsplänen, sind unter dem Begriff „Stücklistenprozessor" bekannt geworden. Das vorliegende Kapitel gibt eine Einführung in Prinzip und Arbeitsweise der meisten heute in der Praxis eingesetzten Stücklistenprozessoren. Dabei wird besonders auf die Probleme, die sich durch die vielfältige Anwendung der Stückliste ergeben, eingegangen. Zusätzlich wird eine Methode der deterministischen Bedarfsermittlung, die eng mit dem Stücklistenprozessor verbunden ist, beschrieben.

1. Einleitung

Elektronische Rechenanlagen werden heute bereits in großer Anzahl und mit zunehmenden Erfolg in der Wirtschaft eingesetzt. Im Bereich der Produktionsplanung und -steuerung fing dieser Prozeß der Automatisierung erst relativ spät an. Dabei entstehen gerade auf diesem Gebiet jährlich Milliardenverluste durch planerische und organisatorische Fehlleistungen. Als Faktoren, die zu diesen Verlusten beitragen, seien nur folgende genannt:

- hohe Kapitalbindung in Lager und Fertigung
- keine optimale Auslastung der vorhandenen Kapazität
- schlechte Investitionsplanung und -kontrolle
- schlechte Termintreue bei der Bearbeitung von Aufträgen.

Nun ist es sicher unmöglich, mit manuellen Mitteln in dem integrierten Prozeß der Fertigungssteuerung eine optimale Lösung herbeizuführen. Dazu sind die Probleme zu komplex und vielschichtig. Hilfe kann nur durch leistungsfähige Rechner und durch eine leistungsfähige Software erfolgen.

Von Seiten der Hardware sind heute die Voraussetzungen für ein umfassendes Steuerungssystem der Produktion erfüllt, es stehen sowohl schnelle Rechner als auch Randomspeicher mit hinreichend großer Kapazität und geringer Zugriffszeit zur Verfügung.

Der Aufwand für die Erstellung der Anwendungssoftware dagegen wird meist unterschätzt. Es ist wohl kaum übertrieben, wenn man feststellt, daß nur wenige Unternehmen in der Lage sind, sowohl das qualifizierte Personal als auch die notwendigen Mittel zur Verfügung zu stellen, um umfassende Systeme für die Fertigungsplanung und -steuerung zu entwickeln.

Eine Analyse der verschiedenen Aufgabengebiete zeigt aber, daß viele Probleme in den Betrieben gleichartig gelagert sind, wenn auch mit unterschiedlichen Akzenten [22], [18]. Gleichgültig, ob es sich um einen Serien-, Kleinserien- oder Einzelfertiger handelt, das Problem der Verwaltung der technischen Unterlagen, wie Stücklisten und Arbeitspläne, das Problem der Bedarfsermittlung und des Kapazitätsabgleiches besteht bei allen.

Die Lösung liegt also im Einsatz allgemein anwendbarer und anpassungsfähiger Anwendungsprogramme. Die meisten Hersteller von elektronischen Rechenanlagen haben diese Bedürfnisse des Marktes erkannt, und heute gehören Standardprogramme für die Fertigungsindustrie, wegen ihres bausteinmäßigen Aufbaues häufig Modularprogramme genannt, zum Angebot an Standardsoftware [1], [11], [12], [18], u. a. Der

Erfolg bleibt nicht aus. In zunehmendem Maße werden solche Modularprogramme von den Unternehmen eingesetzt.

Nun soll hier durchaus nicht behauptet werden, eine optimale Lösung für alle Probleme der Fertigungsindustrie mit Hilfe der EDV sei bereits gefunden. Dafür sind die Probleme zu komplex und es liegen noch zu wenig Erfahrungen vor. Sicher ist jedoch, daß bereits mit den vorhandenen Mitteln eine beträchtliche Verbesserung der Verhältnisse erreicht werden kann.

Für ein Teilgebiet aus dem genannten Komplex hat sich heute ein Lösungsverfahren allgemein durchgesetzt. Es ist die Stücklistenverwaltung auf der Grundlage einer integrierten Datenspeicherung. Die Programme hierfür sind unter dem Begriff „Stücklistenprozessor" bekannt geworden und sind Basis und Ausgangspunkt für die meisten Planungs- und Steuerungssysteme in der Fertigungsindustrie.

Auf maschinelle Stücklistenorganisationen, die mit Magnetbändern arbeiten, soll im Rahmen dieses Kapitels nicht näher eingegangen werden. Solche Programme werden zwar heute in der Praxis eingesetzt [24], [14], [15], verlieren aber zunehmend an Bedeutung.

Der Begriff „Stücklistenprozessor" bezieht sich in diesem Kapitel nur auf randomspeicherorientierte Prozessoren.

2. Stücklisten

Neben den Arbeitsplänen sind Stücklisten die wichtigsten Unterlagen in der Fertigung. Aus ihnen geht im wesentlichen hervor, welche Einzelteile und Baugruppen erforderlich sind, um ein Produkt herzustellen. Stücklisten sind also Verzeichnisse aller Teile eines Erzeugnisses oder einer Baugruppe unter Angabe der Menge.

2.1. Inhalt und Aufbau

Stücklisten werden in verschiedenen Bereichen eines Betriebes benötigt (Abb. 2-1).

— in der Konstruktion als Ergänzung zur Zeichnung
— in der Materialdisposition zur mengen- und termingerechten Bedarfsermittlung
— in der Fertigung als Montageunterlagen
— in der Kalkulation zur Angeboterstellung.

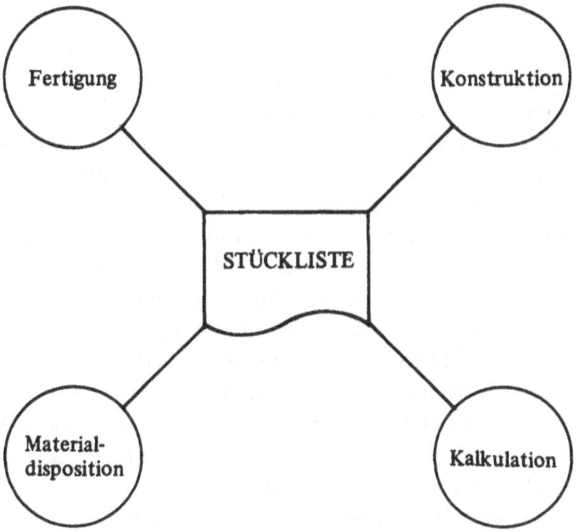

Abb. 2-1 Hauptanwendungsbereiche der Stückliste

Jede dieser Abteilungen hat ihre speziellen Anforderungen bezüglich Inhalt und Aufbau der Stücklisten. Als Mindestangaben sind aber immer vorhanden

— Stücklistenkennzeichnung (Identnummer und Bennung)
— Angaben über Menge und Art der Komponenten

Ausgangspunkt für eine Stücklistenerstellung ist die Konstruktionsabteilung. Nachdem für eine Baugruppe oder ein Erzeugnis die Zeichnung erstellt worden ist, werden alle Teile in der *Konstruktionsstückliste* zusammengestellt. Merkmal der Konstruktionsstückliste ist die Gliederung nach funktionellen Gesichtspunkten, d. h. ihr Aufbau ist abhängig von den konstruktiven Zusammenhängen des Erzeugnisses.

Diese funktionelle Gliederung entspricht oft nicht den Erfordernissen der Fertigung. Hier benötigt man Stücklisten, die dem Fertigungs- und Materialfluß entsprechend aufgebaut sind. Außer Konstruktionsstücklisten sind also auch noch Fertigungsstücklisten erforderlich.

Fertigungsstücklisten, auch Montagestücklisten genannt, werden von der Arbeitsvorbereitung erstellt, indem Konstruktionsstücklisten durch die notwendigen fertigungsorientierten Angaben ergänzt und den Belangen der Fertigung angepaßt werden. Entspricht der Aufbau der Konstruktionsstücklisten dabei nicht dem Fertigungsfluß, wird die Stückliste nach fertigungstechnischen Gesichtspunkten umgeformt. Die Fertigungsstückliste ist gleichzeitig Grundlage für die Vor- und Nachkalkulation.

Für eine andere wichtige Aufgabe, die Materialdisposition, wird ebenfalls die Stückliste benötigt. Um die *Dispositionsstückliste* zu erhalten, wird die Fertigungsstückliste um dispositive Daten wie Lieferantenangaben, Bezugsart, Lagerort etc. erweitert.

Konstruktions-, Fertigungs- und Dispositionsstücklisten sind also nach Inhalt und Aufbau verschieden. Häufig liegen daher in der Praxis für dasselbe Erzeugnis verschiedene Stücklisten vor. Der Nachteil, der daraus resultiert, liegt klar auf der Hand. Es ist einmal ein unnötig großer Aufwand bei der Verwaltung der Stücklisten zu betreiben, zum anderen entstehen erhebliche Schwierigkeiten bei der Durchführung des Änderungsdienstes. Meist ist es nicht möglich, alle Stücklisten für ein Erzeugnis immer auf demselben Änderungsstand zu halten. Die Folge sind dann z. B. falsche dispositive Maßnahmen.

Es sollte das Ziel einer Stücklistenorganisation sein, alle Anforderungen in einer „universellen" Stückliste zu vereinigen, die in allen Bereichen eines Betriebes verwendet werden kann.

Der Einsatz eines Stücklistenprozessors ist ein Lösungsweg zur Erreichung dieses Zieles.

2.2. Stücklistenformen

Neben unterschiedlichem Aufbau und Inhalt kommen Stücklisten auch noch in verschiedenen Formen vor. Die Zweckmäßigkeit der zu wählenden Form hängt von der Art der Anwendung und von der Produktstruktur ab. Grundsätzlich kann man unterscheiden zwischen

— erzeugnisbezogenen und
— baugruppenbezogenen

Stücklistenformen.

Die erzeugnisbezogenen Stücklisten, wie Übersichtsstücklisten und Strukturstücklisten, enthalten alle Positionen, die zur Erstellung eines Erzeugnisses notwendig sind. Dagegen beziehen sich die Angaben der baugruppenbezogenen Stücklisten nur auf die jeweilige Baustufe. Das Erzeugnis wird hierbei durch eine Reihe von Baukastenstücklisten gemäß seiner Struktur beschrieben.

Im folgenden werden die wichtigsten Stücklistenformen näher erläutert. Die in Abb. 2-2 schematisch dargestellte Produktstruktur soll dabei als Beispiel dienen.

In der *Übersichtsstückliste* sind alle Teile, aus denen ein Erzeugnis zusammengesetzt ist, unter Angabe ihrer Menge aufgeführt (Abb. 2-3). Gruppierungen, die den strukturellen Aufbau wiedergeben, sind nicht enthalten. Darin liegt auch der wesentliche Nachteil dieser Stücklisten-

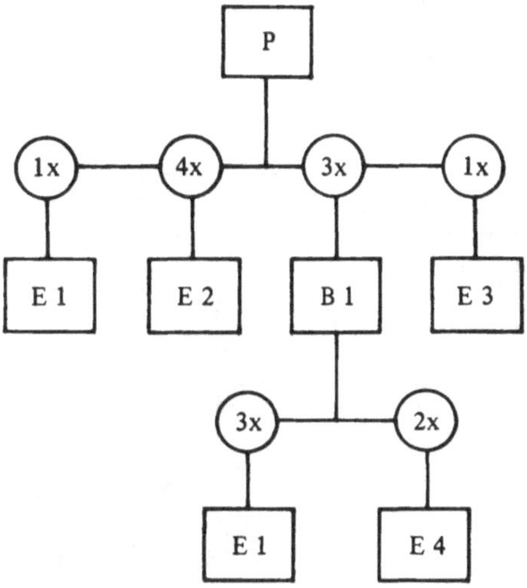

form. Eine zeitlich und örtlich differenzierte Planung und Bereitstellung der Bauelemente ist nicht möglich. Übersichtsstücklisten sind also nur dort sinnvoll einzusetzen, wo eine einfache Produktstruktur vorliegt, d. h., wo Erzeugnisse weitgehend aus Einzelteilen montiert werden.

Abb. 2-2 Schematische Darstellung des strukturellen Aufbaus eines Produktes. Die Kreise symbolisieren die Verknüpfungspunkte

Der Nachteil der Übersichtsstücklisten kann durch die Verwendung von *Strukturstücklisten* behoben werden. Bei dieser Stücklistenform sind die Baugruppen mit ihren Fertigungsstufen aufgeführt. Die Struktur wird dabei besonders kenntlich gemacht, z. B. durch Sterne wie in Abb. 2-4. Einzelteile und Baugruppen können mehrfach in der Stückliste erscheinen. Bei komplizierten Produktstrukturen werden Strukturstücklisten daher sehr lang und unübersichtlich.

In der *Baukastenstückliste* sind nur die Teile erfaßt, die zur Montage einer Baugruppe benötigt werden. Je Baugruppe bzw. Erzeugnis muß also eine Baukastenstückliste geführt werden. Der strukturelle Zusammenhang kann über die Teilenummer rekonstruiert werden (Abb. 2-5). Der Vorteil der Baukastenstückliste liegt darin, daß jede Baugruppe unabhängig von der Anzahl der Wiederverwendungen nur einmal in einer Stückliste erfaßt ist. Dadurch ist es möglich, den Gesamtumfang aller Stücklisten erheblich zu reduzieren. Weitere Vorteile liegen in einer vereinfachten Behandlung

ÜBERSICHTSSTÜCKLISTE

Teilenummer: 523
Benennung: P

Teilenummer	Benennung	Menge
1020	B 1	3
2057	E 4	6
1740	E 3	1
1583	E 2	4
770	E 1	10

Abb. 2-3 Übersichtsstückliste

STRUKTURSTÜCKLISTE

Teilenummer: 523
Benennung: P

Stufe	Teilenummer	Benennung	Menge
* 1	770	E 1	1
* 1	1583	E 2	4
* 1	1020	B 1	3
** 2	770	E 1	3
** 2	2057	E 4	2
* 1	1740	E 3	1

Abb. 2-4 Strukturstückliste

BAUKASTENSTÜCKLISTE

Teilenummer: 523
Benennung: P

Position	Teilenummer	Benennung	Menge
01	770	E 1	1
02	1580	E 2	4
03	1020	B 1	3
04	1740	E 3	1

BAUKASTENSTÜCKLISTE

Teilenummer: 1020
Benennung: B 1

Position	Teilenummer	Benennung	Menge
01	770	E 1	3
02	2057	E 4	2

Abb. 2-5 Baukastenstücklisten

von Änderungen und in der Möglichkeit, je Baugruppe eine Nettobedarfsermittlung durchzuführen. Demgegenüber steht als Nachteil die Unübersichtlichkeit der Erzeugnisstruktur.

Wie wir noch sehen werden, ist für die maschinelle Verwaltung von Stücklisten mit einem Stücklistenprozessor, der nach dem in diesem Kapitel beschriebenen Prinzip arbeitet, das Vorliegen von Baukastenstücklisten die Voraussetzung.

Neben den besprochenen Stücklistenformen kommen noch einige Mischformen wie die Baukastenstrukturstückliste vor, auf die hier aber nicht näher eingegangen werden soll. Eine weitergehende Behandlung dieses Themas siehe [21].

2.3. Teileverwendungsnachweis

Neben den Stücklisteninformationen interessiert häufig die Angabe, in welchen Baugruppen bzw. Erzeugnissen ein Teil enthalten ist. Diese Angaben werden immer dann benötigt, wenn die Auswirkungen von Änderungen ermittelt werden sollen. Zum Beispiel kann bei Lieferschwierigkeiten von Kaufteilen die Frage auftreten, welche Auswirkungen sich für das Produktionsprogramm ergeben. Diese und ähnliche Auskünfte können über einen Teileverwendungsnachweis erlangt werden.

Für jedes Teil wird seine Verwendung in übergeordneten Baugruppen und/oder Erzeugnissen festgehalten. Die Ordnung des Teileverwendungsnachweises ist also die Umkehrung der Stücklistenordnung (inverted file). Wie Stücklisten werden auch die Teileverwendungen in verschiedenen Formen beschrieben. Abb. 2-6 zeigt ein Beispiel für einen Teilverwendungsnachweis in Baukastenform.

BAUKASTENTEILEVERWENDUNG

Teilenummer: 770
Benennung: E 1

Teilenummer	Benennung	Menge
523	P	1
1020	B 1	3

Abb. 2-6 Teileverwendungsnachweis in Baukastenform

3. Prinzip und Arbeitsweise des Stücklistenprozessors

Im vorigen Kapitel wurde beschrieben, was eine Stückliste ist, wie sie entsteht, und wer sie verwendet. Für die weiteren Betrachtungen ist dabei besonders der letzte Punkt wichtig.

Die Stückliste wird also gemäß ihrer unterschiedlichen Funktion von verschiedenen Abteilungen in einem Betrieb benötigt, wobei jede Abteilung besondere Auswertungen wünscht. Wie bereits gesagt, wird dieses Problem auf herkömmliche Weise meist derart gelöst, daß jeder Anwendungsbereich seine eigenen Stücklisten hat. Es liegt also eine erhebliche Redundanz der Daten vor, zumal der Teileverwendungsnachweis ebenfalls getrennt geführt wird.

Die Stückliste selbst enthält redundante Informationen. Ein Mehrfachverwendungsteil wird so häufig angeführt und beschrieben, wie es in den verschiedenen Stücklisten vorkommt.

Bei einer manuellen Stücklistenorganisation ist es außerordentlich schwierig und aufwendig, alle Informationen auf demselben Änderungsstand zu halten. Ein leistungsfähiger Stücklistenprozessor muß daher so konzipiert sein, daß diese Schwierigkeiten behoben werden.

Bevor wir darauf eingehen, wie das Problem der Stücklistenorganisation heute mit Hilfe von leistungsfähigen Rechnern und direkt adressierbaren Speichern gelöst werden kann, sollen noch einmal die Forderungen an einen Stücklistenprozessor zusammengetragen werden. Gleichzeitig erhalten wir damit eine „Check-Liste" für die Beurteilung einer Stücklistenorganisation.

- weitgehende Vermeidung von Redundanz bei der Speicherung von Stücklisten,
- führen einer „universellen" Stückliste in einer zentralen Datenbank,
- Stücklisten und Teileverwendungen müssen in beliebiger Form und nach beliebigen Auswahlkriterien erstellt werden können,
- einfacher und sicherer Änderungsdienst,
- rationelle Ausnützung des Speicherplatzes,
- einfache und schnelle deterministische Bedarfsermittlung durch Stücklistenauflösung.

3.1. Adreßkettung

Sollen Daten in einer bestimmten Reihenfolge verarbeitet werden und ist die physische und logische Reihenfolge nicht identisch, so gibt es drei Lösungsmöglichkeiten für die Behandlung dieses Problemes:

— die Daten werden durch Sortieren in die gewünschte Reihenfolge gebracht
— der Datenbestand wird jeweils nach dem logisch nächstfolgenden Satz durchsucht
(file scanning)
— unabhängig von der physischen Reihenfolge werden Sätze, die zueinander in einer logischen Beziehung stehen, durch eine Adreßkette verbunden.

Die erste Möglichkeit ist die Methode der konventionellen Datenverarbeitung. Die Nachteile sind bekannt und es soll hier nicht näher darauf eingegangen werden.

Die zweite Möglichkeit ist hauptsächlich von theoretischem Interesse. Das Durchsuchen eines ganzen Datenbestandes, nur um einen gewünschten Satz zu finden, ist abgesehen von dem Sonderfall, daß physische und logische Reihenfolge einander entsprechen, zu zeitaufwendig. Obgleich gesagt werden muß, daß sich einige Informationssysteme unter anderem dieser Methode bedienen [20].

Die dritte Methode ist die Grundlage der heute in der Industrie eingesetzten modernen Stücklistenprozessoren.

Die Sätze werden gemäß ihrer logischen Beziehungen zueinander in Ketten zusammengefaßt. Dabei enthält jeder Satz in einem Kettfeld die Adresse des nächstfolgenden Satzes. Der letzte Satz einer Kette enthält ein Endekennzeichen (list structure) oder verweist auf den ersten Satz der Kette (ring structure). In Abb. 3-1 ist ein Beispiel für eine offene

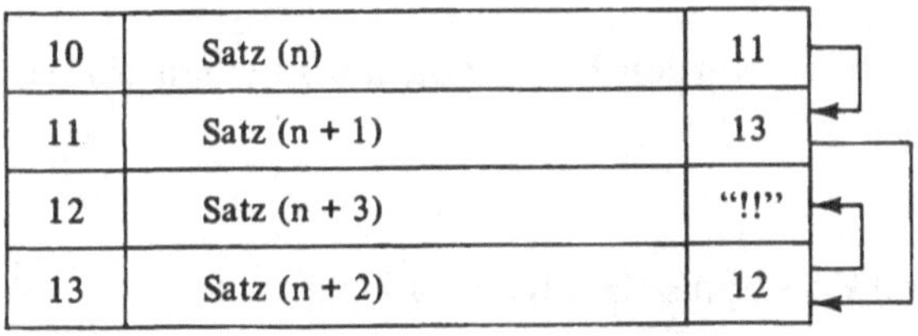

Abb. 3-1 Prinzip der Verkettung

Kette (list structure) gegeben. Die Kreise symbolisieren dabei die Adressen. Der letzte Satz der Kette, der Satz mit der Adresse 12, enthält das Kettenendezeichen.

Da die Anzahl der Ketten, in die ein Satz eingefügt werden kann, theoretisch unbegrenzt ist, lassen sich auf diese Weise leicht mehrdimensionale Strukturen darstellen. Wie wir noch sehen werden ist die Datenbank, die der Stücklistenprozessor erstellt und verwaltet, ein Beispiel für eine zweidimensionale Daten-Struktur.

Auf das Problem der Adressierung soll hier nur kurz eingegangen werden. Grundsätzlich besteht die Möglichkeit, entweder physische oder logische Adressen zu verwenden.

Eine physische Adresse ist eine echte Hardware-Adresse. Sie hat z. B. folgenden Aufbau:

E	Z	K	S	L

E = Einheit
Z = Zylinder
K = Kopf (Spur)
S = physischer Satz (Block)
L = logischer Satz

Eine logische Adresse ist eine hardwareunabhängige Adresse. Die Datenbank wird z. B. in Seiten unterteilt. Dabei ist eine Seite die Transporteinheit zwischen Direktzugriffsspeicher und Kernspeicher. Die Seiten sind lückenlos aufsteigend mit 0 beginnend durchnumeriert.

In der Seite sind dann die logischen Sätze enthalten. Eine solche Adresse kann dann folgendermaßen aussehen:

SN	LN

SN = Seitennummer
LN = Liniennummer (Nummer des Satzes in der Seite)

Vor dem jeweiligen Seitentransport wird die logische Adresse in eine physische umgerechnet.

Beide Adressierungsmethoden werden heute von Stücklistenprozessoren in der Praxis angewendet.

3.2. Teilestammdaten und Erzeugnisstrukturdaten

Bevor nun erläutert wird, wie Stücklisten mit Hilfe von Adreßketten weitgehend redundanzfrei dargestellt werden können, soll geklärt werden, welche Informationen in Stücklisten enthalten sind.

Grundsätzlich enthält eine Stückliste Informationen, die ein Erzeugnis oder eine Baugruppe beschreiben, und Informationen, die die Struktur eines Erzeugnisses beschreiben, — also wie und in welchen Mengen Teile zusammengefügt werden müssen, — um ein Erzeugnis zu erstellen. Im folgenden wird daher von Teilestammdaten und Erzeugnisstrukturdaten gesprochen.

Der Stücklistenprozessor legt diese Informationen in getrennten Sätzen ab. Die Teilestammsätze enthalten dabei die teileidentifizierenden und -beschreibenden Angaben wie Teilenummer, Benennung, Dispositionsart etc. Unabhängig davon, wie häufig ein Teil in Stücklisten vorkommt, wird für jedes Teil nur ein Teilestammsatz angelegt. In der Praxis können Teilestammsätze sehr lang werden. Sätze mit mehr als 500 Zeichen sind keine Seltenheit. Dadurch, daß für jedes Teil nur ein Teilestammsatz angelegt wird, kann der Speicherplatzbedarf erheblich reduziert werden.

Ein Erzeugnisstruktursatz dagegen muß für jede einzelne Stücklistenposition angelegt werden. Er enthält im wesentlichen die Angabe, wie häufig ein Teil in die nächsthöhere Baugruppe eingeht. Erzeugnisstruktursätze haben meist eine Länge von etwa 20 Stellen.

Der Unterschied zwischen Teilestamm- und Erzeugnisstrukturdaten wird anhand der Produktstruktur in Abb. 2-2 deutlich. Die Rechtecke symbolisieren die Teilestammdaten, die Kreise die Erzeugnisstruktur daten.

Voraussetzung für die oben beschriebene Trennung des Informationsgehaltes einer Stückliste und somit auch für eine Stücklistenorganisation auf der Grundlage eines Stücklistenprozessors ist das Vorliegen von Baukastenstücklisten.

3.3. Aufbau der Datenbank

Anhand unserer Produktstruktur aus Abb. 2-2 werden Aufbau und Verkettung von Teilestamm- und Erzeugnisstruktursätzen gezeigt.

Zunächst werden die Teilestammdaten geladen. Die Eingabe kann z. B. von Lochkarten erfolgen. Der Stücklistenprozessor benötigt für die Speicherung als Angabe nur die Teilenummer (Identnummer oder Zeichnungsnummer). Der Rest ist eine Folge beliebiger Informationen, die der Teilebeschreibung dienen. Die Eingabedaten werden vom Stücklistenprozessor um eine Reihe von Kettfeldern erweitert und im Teilestammdatenbereich abgelegt.

Die Eingabedaten für die Erzeugnisstrukturen müssen für jede Stücklistenposition die übergeordnete Teilenummer (Erzeugnis- bzw. Baugruppennummer), die untergeordnete Teilenummer (Identnummer der Komponente) und eine Mengenangabe enthalten. Aufgrund der Teilenummern trägt der Stücklistenprozessor die Adressen der entsprechenden Teilestammsätze in die Kettfelder der Erzeugnisstruktursätze ein. Gleichzeitig werden die Sätze in Stücklisten- und Teileverwendungsketten eingereiht. Abb. 3-2 zeigt ein Beispiel für die Eingabe von Stücklisten.

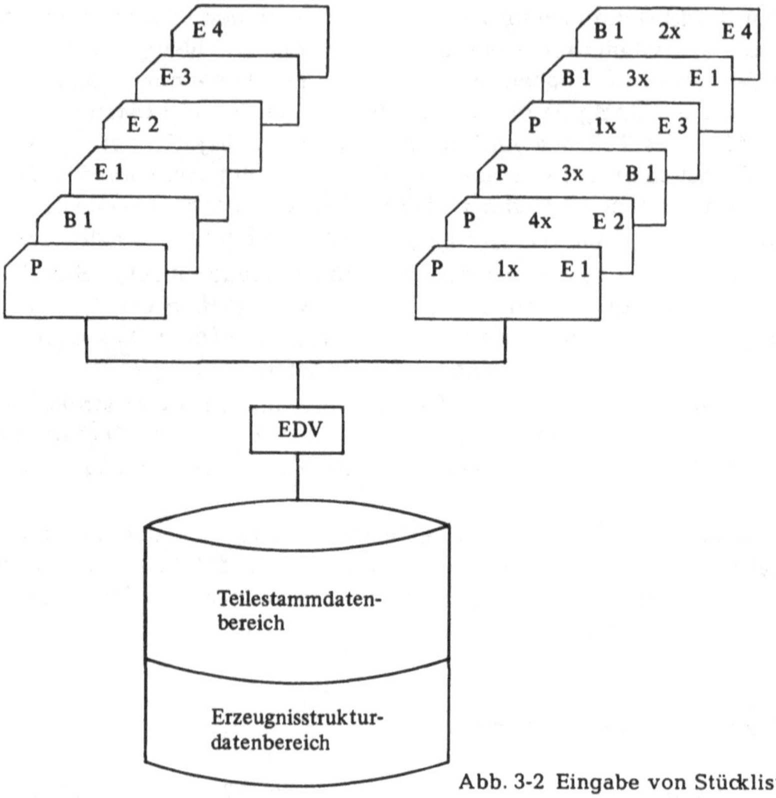

Abb. 3-2 Eingabe von Stücklisten

3.4. Stücklisten- und Teileverwendungskette

Die Stücklistenkette stellt den Zusammenhang zwischen einem Erzeugnis bzw. einer Baugruppe und seinen Komponenten her. Ausgehend vom Teilestammsatz sind alle Positionen einer Stückliste, dargestellt durch die Erzeugnisstruktursätze, in einer Adreßkette zusammengefaßt. Diese Kette ist meist nach Positionsnummern sortiert.

Gleichzeitig legt der Stücklistenprozessor eine Teileverwendungskette an, die alle Teileverwendungen eines Einzelteiles oder einer Baugruppe verkettet. Diese Kette ist meistens nach dem LIFO-Prinzip (Last in, first out) organisiert. Der Anker der Kette liegt ebenfalls im Teilestammsatz.

Dieselben Daten können also nach zwei verschiedenen Kriterien ausgewertet werden. Eine solche Struktur läßt sich nicht mehr linear darstellen. Man spricht daher von einer zweidimensionalen Struktur.

Teilestammsätze

Satz-adresse	Anker-Stücklisten-kette	Anker Teilever-wendungs-kette	Teile-nummer	Benennung	andere Daten
1	10	!!	523	P	
2	!!	14	770	E 1	
3	!!	11	1583	E 2	
4	14	12	1020	B 1	
5	!!	13	1740	E 3	
6	!!	15	2057	E 4	

Erzeugnisstruktursätze

Satz-adresse	Adresse überge-ordnetes Teil	Adresse unterge-ordnetes Teil	Folgeadresse Stücklisten-kette	Folgeadresse Teileverwen-dungskette	Stücklisten-position	Menge	andere Daten
10	1	2	11	!!	01	1	
11	1	3	12	!!	02	4	
12	1	4	13	!!	03	3	
13	1	5	!!	!!	04	1	
14	4	2	15	10	01	3	
15	4	6	!!	!!	02	2	

——— Stücklistenkette

– – – Teileverwendungskette

Abb. 3-3 Adreßverkettung durch den Stücklistenprozessor

Abb. 3-3 zeigt, wieder am Beispiel der Struktur aus Abb. 2-2, die Verkettung der Teilestamm- und Erzeugnisstrukturdaten durch den Stücklistenprozessor.

3.5. Organisation der Teilestammdaten

Teilestammdaten werden vom Stücklistenprozessor über eine identifizierende Nummer, die Teilenummer, gespeichert und gefunden. Dabei werden zwei Methoden angewendet:

— die Sätze werden mit Hilfe von Indextabellen gespeichert und gefunden (indexed sequential)
— die Teilenummern werden über einen Randomgenerator in Datenbankadressen umgeformt.

Auf Einzelheiten soll hier nicht näher eingegangen werden. Beide Methoden werden heute in der Praxis angewendet [11], [12].

Interessant ist in diesem Zusammenhang die Möglichkeit, nur die Teilenummer, also den identifizierenden Teil des Teilestammsatzes, indexed sequential zu speichern. Der Teilestammsatz selbst wird unabhängig von diesem „Stellvertreter" — Teil organisiert, z. B. starr sequentiell und ist mit ihm über eine Adresse verbunden. Der Vorteil liegt hauptsächlich in einer erheblichen Reduzierung des Aufwandes bei einer notwendigen Speicherreorganisation. Nur der Stellvertreterteil muß ggf. reorganisiert werden. Die Teilestammsätze selbst bleiben unverändert und ihre Adreßteile behalten ihre Gültigkeit.

3.6. Organisation der Erzeugnisstrukturdaten

Erzeugnisstruktursätze sind nur über Adreßketten, die von den Teilestammsätzen ausgehen, erreichbar. Gemäß dem Prinzip der Adreßkettung ist es dabei unerheblich, wo die Erzeugnisstruktursätze physisch gespeichert sind. Trotzdem lohnt es sich, über diesen Punkt einige Überlegungen anzustellen. Ziel ist dabei eine Optimierung der Zugriffszeit.

Stücklistenpositionen, dargestellt durch Erzeugnisstruktursätze, werden häufig in logischer Reihenfolge verarbeitet. Zum Beispiel werden beim Ausdrucken einer Baukastenstückliste alle Positionen nacheinander angesprochen. Der Gedanke liegt also nahe, logisch zusammenhängende Informationen auch physisch möglichst nahe beieinander zu speichern. Dies kann auf folgende Weise erreicht werden. Die Seiten eines Bereiches der Datenbank (ggf. die Spuren eines Plattenspeichers) werden horizontal gefüllt. Die Positionen der ersten Stückliste werden in der ersten

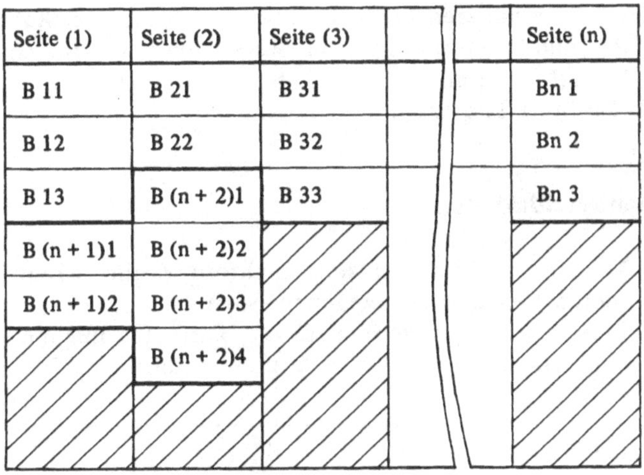

Erläuterung: Bnm: B = Baukastenstückliste
n = Stücklistennummer
m = Positionsnummer

Abb. 3-4 Organisation der Erzeugnisstruktursätze

Seite abgelegt, die der nächsten Stückliste in der nächsten Seite und so weiter, bis die letzte Seite des Bereiches erreicht ist. Die darauf folgende Stückliste wird dann wieder in der ersten Seite abgelegt etc. (Abb. 3-4). Der Vorteil dieser Organisation liegt darin, daß der freie Raum einer jeden Seite für Einfügungen zur Verfügung steht. Wird z. B. eine Stückliste um eine Position erweitert, so ist mit einiger Wahrscheinlichkeit gewährleistet, daß der neue Erzeugnisstruktursatz in der Seite gespeichert werden kann, in der die anderen Positionen dieser Stückliste stehen. Bei diesem Speicherungsverfahren ist die Wahrscheinlichkeit, daß alle Positionen einer Stückliste nach durchgeführten Änderungen weiterhin mit einem Plattenzugriff zur Verfügung stehen gegenüber einer starr-sequentiellen Speicherung erheblich vergrößert.

4. Erweiterung des Stücklistenprozessors

Bisher wurde das Prinzip des Stücklistenprozessors gezeigt. In der Praxis ergeben sich meist zusätzliche Anforderungen, die erfüllt werden müssen. Einmal sind es Anforderungen, die die Stücklistenorganisation betreffen, wie die Behandlung von Variantenstücklisten und technischen

Änderungen, zum anderen hat sich gezeigt, daß man im Rahmen eines Informations- und Steuerungssystems Stücklisten und Arbeitspläne nicht getrennt betrachten kann. Die Arbeitsplaninformationen müssen also mit denen der Stückliste integriert werden.

4.1. Variantenstücklisten

Häufig kann es zweckmäßig sein, mehrere ähnliche Erzeugnisse in einer Variantenstückliste zusammenzufassen. Ausgehend vom Grundtyp einer Erzeugnisgruppe werden für die Varianten nur die Positionen angegeben, in denen sie sich vom Grundtyp unterscheiden (Abb. 4-1).

VARIANTENSTÜCKLISTE

Erzeugnisgruppe: P

Stufe	Teilenummer	Benennung	Menge		
			Gleiche Teile	Varianten	
				10	11
* 1	770	E 1	1	–	–
* 1	1583	E 2	–	4	–
* 1	1020	E 5	–	–	4
* 1	2010	B 1	3	–	–
** 2	770	E 1	3	–	–
** 2	2057	E 4	2	–	–
* 1	1740	E 3	–	1	–
* 1	3057	E 6	–	–	1

Abb. 4-1 Variantenstückliste in Strukturform

Eine solche Darstellungsart eignet sich für Erzeugnisse, die einen hohen Anteil an Gleichteilen enthalten. Neben dem Vorteil der besseren Übersichtlichkeit wird durch eine Stücklistenorganisation mit Variantenstücklisten auch eine günstigere Disposition erreicht und der Umfang der Stücklisten verringert.

Für die Behandlung von Variantenstücklisten mit dem Stücklistenprozessor sollen zwei Möglichkeiten gezeigt werden.

4.1.1. Gleichteilsstücklisten

Alle Gleichteile einer Variantengruppe, also Teile, die in allen Varianten vorkommen, werden in einer fiktiven Gleichteilstückliste zusammengefaßt (Abb. 4-2). Die Stücklisten für die einzelnen Varianten enthalten

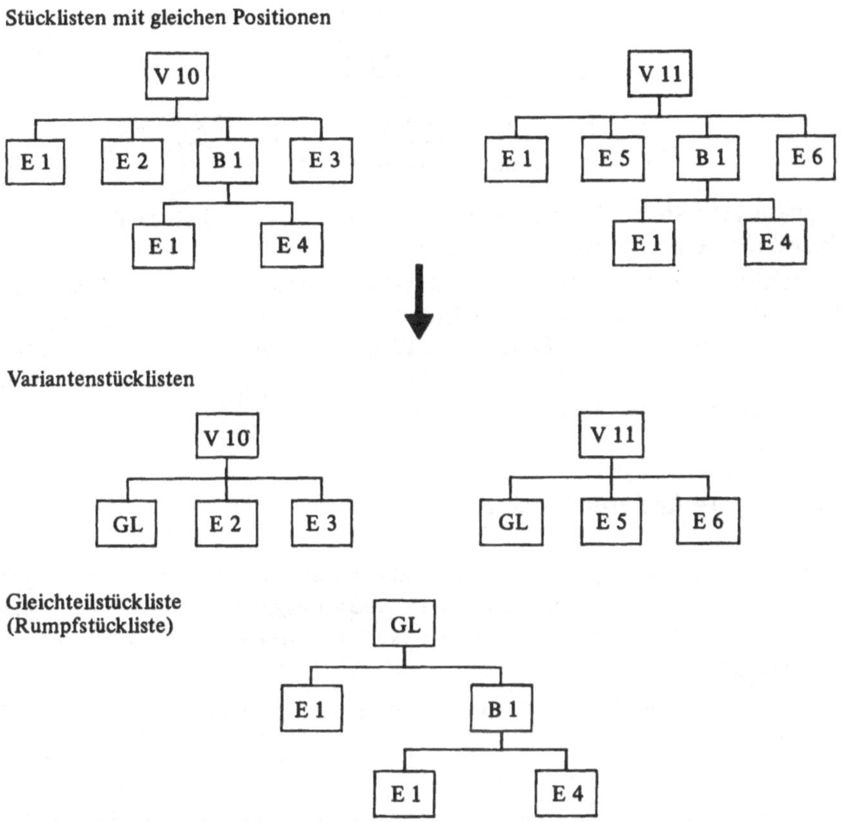

Abb. 4-2 Entstehen von Gleichteilstücklisten

dann als Position die Gleichteilstückliste (Rumpfstückliste). Auf diese Weise wird erreicht, daß die Positionen der Rumpfstückliste nur einmal gespeichert werden.

Der Nachteil dieser Methode liegt in organisatorischen Schwierigkeiten bei der Erfassung der Rumpfstücklisten. Der Stücklistenprozessor selbst kann unverändert eingesetzt werden.

4.1.2. Plus-Minus-Stücklisten

Ausgehend von einer bereits existierenden Stückliste werden für eine neue Variante nur die Positionen angeführt, in denen sich die Variante von der Ausgangsstückliste unterscheidet. Es können dabei Teile hinzugefügt und eliminiert werden (Abb. 4-3). Der Vorteil dieser Methode

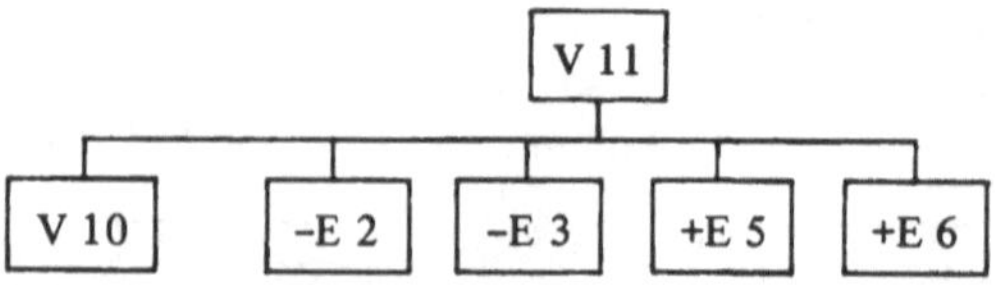

Abb. 4-3 Plus-Minus-Stückliste

liegt darin, daß sie häufig dem Vorgehen in der Konstruktion bei der Erstellung neuer Stücklisten entspricht.

Der Stücklistenprozessor kann Plus-Minus-Stücklisten ohne Einschränkung verarbeiten. Gewisse Einschränkungen ergeben sich allerdings bei einer deterministischen Bedarfsermittlung. Bei Verwendung von Plus-Minus-Stücklisten ist eine exakte Bedarfsauflösung nur möglich, wenn eine Demontage der Minus-Teile zulässig ist.

4.2. Mehrere Änderungsstände

Bei der Einführung technischer Änderungen ergibt sich das Problem, den Zeitpunkt zu bestimmen, ab dem Änderungen wirksam werden sollen. Grundsätzlich kann man zwei Ursachen für technische Änderungen unterscheiden

— Änderungen, die die Funktionsfähigkeit eines Erzeugnisses betreffen und
— wirtschaftliche Erwägungen.

Im ersten Falle ist eine sofortige Änderung notwendig. Die Stücklisten müssen möglichst schnell den neuen Gegebenheiten angepaßt werden, um die Produktion nicht funktionsfähiger Teile zu vermeiden. Im zweiten Falle sind für die Bestimmungen des wirksamen Änderungstermines eine Reihe von Kriterien zu beachten wie Beschaffungszeit von Werkstoffen und Betriebsmitteln, Lagerbestände etc.

Es kann also der Fall eintreten, daß zu einem Zeitpunkt von einer Stückliste zwei Versionen vorliegen. Die Konstruktion und die Materialdisposition verwenden die geänderte Version, während für die Erstellung der Fertigungsunterlagen die alte Stückliste noch so lange ihre Gültigkeit behält, bis der technische Änderungstermin erreicht ist.

Eine Möglichkeit, dieses Problem zu lösen, besteht darin, daß in den Erzeugnisstruktursätzen der Änderungstermin gespeichert wird. Zusätzlich muß angegeben werden, ob es sich um einen Auslauf- oder Einlauftermin handelt. Bei den auswertenden Programmen, z. B. der Bedarfsauflösung, muß dann jede Stücklistenposition auf Gültigkeit geprüft werden.

4.3. Konstruktions- und Fertigungsstücklisten

Unter 1. wurde auf Unterschiede hingewiesen, die bezüglich des strukturellen Aufbaus bei Konstruktions- und Fertigungsstücklisten auftreten können. Ziel ist es, beide Stücklistenarten gemeinsam in einer Datenbank zu verwalten. Dieses Ziel kann mit dem Stücklistenprozessor nur mit Einschränkung erreicht werden.

Eine gemeinsame Verwaltung ist möglich, wenn Konstruktions- und Fertigungsstücklisten grundsätzlich den gleichen strukturellen Aufbau haben. Ist diese Voraussetzung nicht gegeben, so bleibt nur eine getrennte Speicherung und Verwaltung mit all ihren Nachteilen.

Bei gleichem strukturellen Aufbau werden im Erzeugnisstruktursatz Kennzeichen gesetzt, aus denen ersichtlich ist, ob eine Position zu einer Konstruktions- oder zu einer Fertigungsstückliste gehört (Abb. 4-4). Positionen, die zu beiden gehören, erhalten z. B. kein Kennzeichen.

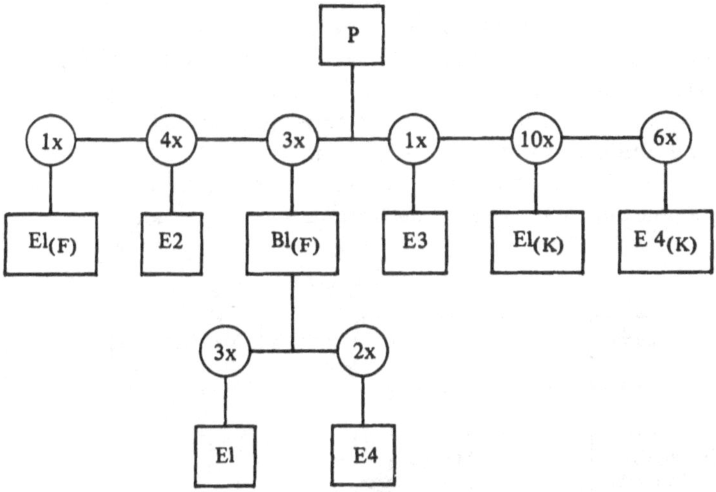

F = Position nur für Fertigungsstückliste

K = Position nur für Konstruktionsstückliste

Abb. 4.4 Darstellung von Konstruktions- und Fertigungsstücklisten

4.4. Arbeitsplandaten

Neben den Stücklisten sind die Arbeitspläne die wichtigsten Unterlagen der Fertigung. Im Arbeitsplan ist festgelegt

— wie,
— in welcher Reihenfolge,
— woraus und
— womit

ein Teil gefertigt werden soll. Eine Datenbank, die Grundlage für ein Planungs- und Steuerungssystem für die Fertigung ist, muß auch die Arbeitsplandaten enthalten. Die meisten heute angebotenen Stücklistenprozessoren enthalten diese Erweiterung.

Ein Arbeitsplan besteht im allgemeinen aus einem Kopfteil mit Angaben wie Teilenummer, Benennung oder Klassifikation, einem Werkstoffteil mit Werkstoffnummer und Werkstoffbenennung und den Arbeitsgängen. Zu jedem Arbeitsgang werden u. a. Kostenstelle, Maschinengruppe, Rüstzeit, Stückzeit, Lohngruppe und Arbeitsgangbeschreibung angegeben. Der Stücklistenprozessor legt für Arbeitsgänge und Maschinengruppen eigene Sätze an. Ebenfalls können Arbeitsgangbeschreibungen ausgelagert werden. Diese Maßnahme kann bei genormten Beschreibungen zu einer erheblichen Speicherplatzersparnis führen.

Die Angaben aus dem Arbeitsplankopf werden normalerweise im Teilestammsatz gespeichert. Für den Werkstoffteil wird ein eigener Teilestammsatz angelegt, der über einen Erzeugnisstruktursatz als „Pseudostückliste" mit dem zugehörigen Einzelteil verkettet ist.

Die Adreßkettung der Arbeitsplandaten ist ähnlich wie bei den Stücklisten. Vom Teilestammsatz ausgehend werden alle Arbeitsgänge eines Arbeitsplanes in einer Adreßkette zusammengefaßt. Im Arbeitsgangsatz verweisen dann Indices auf den Maschinengruppen- und ggf. Arbeitsgangbeschreibungssatz. Zusätzlich werden Verwendungsketten für Maschinengruppen und Arbeitsgangbeschreibungen aufgebaut.

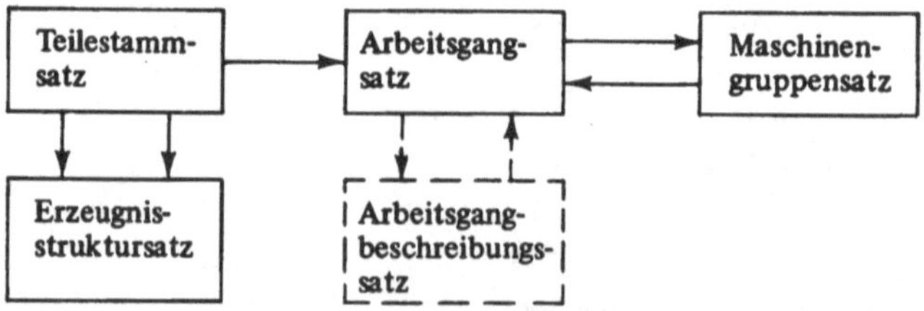

Abb. 4-5 Datenbankdiagramm für Stücklisten und Arbeitsplandaten

Abb. 4-5 gibt einen Überblick über die Struktur der vom Stücklistenprozessor erstellten und verwalteten Datenbank in Form eines Datenbankdiagrammes. In solch einem Datenbankdiagramm lassen sich die strukturellen Zusammenhänge einer Datenbank besonders übersichtlich aufzeigen. Sätze sind durch Rechtecke und Ketten durch Pfeile dargestellt.

4.5. Bedarfsermittlung durch Stücklistenauflösung

In Betrieben mit mehrstufiger Fertigung tritt das Problem auf, für ein Produktionsprogramm oder für einen Auftragsbestand den Bedarf an Komponenten, d. h. an Baugruppen, Einzelteilen und Material mengen- und terminmäßig exakt zu ermitteln. Ziel ist es, dafür zu sorgen, daß auf jeder Fertigungsstufe die Komponenten ausreichend und rechtzeitig verfügbar sind. Einer manuellen Behandlung dieser Vorgänge sind rein vom Aufwand her enge Grenzen gesetzt. Mit Hilfe des Stücklistenprozessors kann dieses Problem durch Stücklistenauflösung gelöst werden.

Für die Stücklistenauflösung hat sich heute ein Verfahren durchgesetzt, bei dem mit Hilfe von Aktivitätsketten eine horizontale Bedarfsauflösung durchgeführt wird. Dieses Verfahren soll nachfolgend kurz beschrieben werden.

Daneben gibt es noch eine Reihe anderer Verfahren, z. B. das in [22] beschriebene Gozintolistenverfahren, die in der Praxis noch keine große Bedeutung erlangt haben.

Bei der Bedarfsauflösung handelt es sich im Kern um eine einfache Bruttobedarfsrechnung. Bei allen Teilen, für die ein Bedarf vorliegt, werden die Stücklistenketten durchlaufen und der Bedarf an Komponenten durch Multiplikation mit der Mengenangabe im Erzeugnisstruktursatz ermittelt. Die Bedarfe selbst werden in Bedarfssätzen abgelegt, die Teil des Teilestammsatzes sein können oder mit diesem verkettet sind. Jeder Bedarfssatz ist im allgemeinen in Periodenfelder unterteilt.

Ein Periodenfeld repräsentiert dabei eine Planungsperiode. Die Anzahl der Periodenfelder hängt vom Planungszeitraum ab.

Um zu vermeiden, daß der Bedarf für ein Teil mehrfach aufgelöst wird, werden vom Stücklistenprozessor beim Laden der Stücklisten *Dispositionsstufen* automatisch ermittelt. Für die niedrigste Fertigungsstufe, auf der ein Teil vorkommt, wird eine Dispositionsstufe vergeben. Dabei gibt es heute in der Praxis zwei Methoden. Bei der einen Methode werden die Dispositionsstufen vom Erzeugnis ausgehend mit Null beginnend gezählt, bei der anderen beginnt man beim Einzelteil, bzw. beim Material.

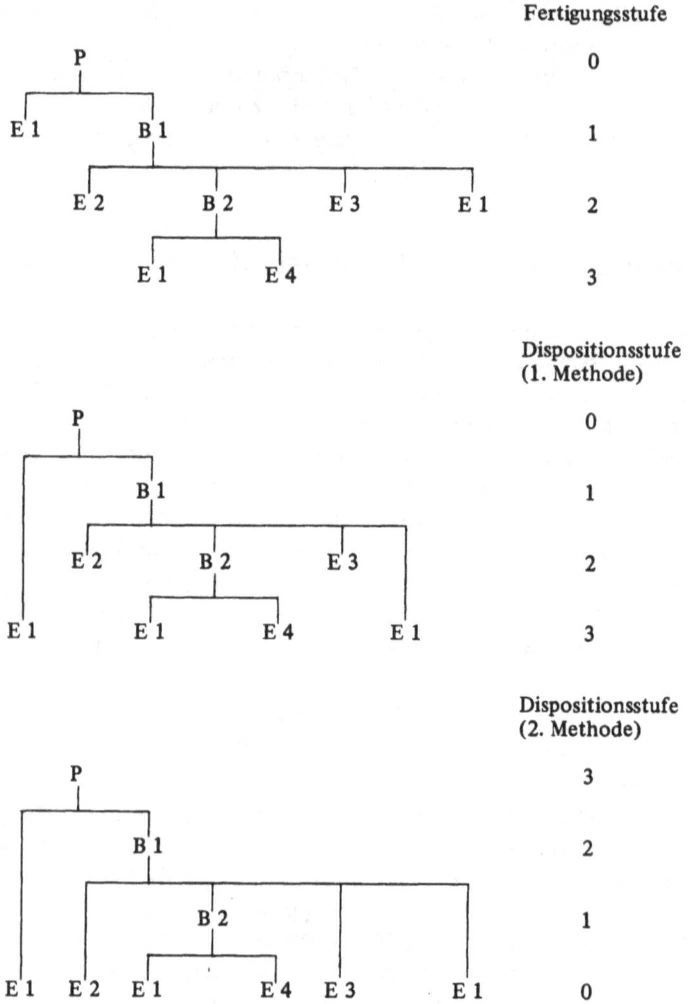

Abb. 4-6 Fertigungsstufen und Dispositionsstufen

Abb. 4-6 zeigt am Beispiel einer Erzeugnisstruktur die Unterschiede zwischen Fertigungsstufen und beiden Arten von Dispositionsstufen.

Für die Bedarfsauflösung ist es unerheblich, ob Dispositionsstufen beim Erzeugnis oder beim Einzelteil beginnend gezählt werden.

Liegt nun bei der Bedarfsübernahme oder bei der Auflösung für ein Teil ein Bedarf vor, so wird der Bedarfssatz angelegt, falls er nicht schon vorhanden ist, und der Teilestammsatz in eine Aktivitätskette eingereiht. *Aktivitätsketten* sind Adreßketten, die alle Teilestammsätze einer

Dispositionsstufe verbinden, für die ein Bedarf vorliegt. Die Anker der Ketten stehen in einer Dispositionsstufentabelle, die an definierter Stelle in der Datenbank gespeichert ist.

Die Auflösung beginnt mit der höchsten Dispositionsstufe bei Zählung von unten. Erst wenn alle Bedarfe dieser Stufe aufgelöst sind wird zur nächst niederen Stufe übergegangen.

Die einfache Bruttobedarfsrechnung kann durch eine Reihe von Zusätzen erweitert werden, auf die hier nicht näher eingegangen werden soll, da die Methoden der Bedarfsermittlung nicht zum eigentlichen Thema „Stücklistenprozessor" gehören. Nähere Einzelheiten sind u. a. den Schriften [1], [12] und [19] zu entnehmen.

5. Anwendungen des Stücklistenprozessors

Wie schon gesagt wurde, ist es die Aufgabe des Stücklistenprozessors, die technischen Daten der Fertigung, nämlich Stücklisten und Arbeitspläne, zu verwalten. Zur Erfüllung dieser Aufgabe werden Programme, die nach dem Prinzip des Stücklistenprozessors arbeiten, bereits in vielen Betrieben eingesetzt. Unter 3. wurden die Anforderungen an einen Stücklistenprozessor zusammengetragen. Es kann gesagt werden, daß die heute eingesetzten Stücklistenprozessoren diese Forderungen weitgehend erfüllen. Durch das Führen einer universellen Stückliste und durch die Möglichkeit, Variantenstücklisten zu verwalten, wird eine Redundanz weitgehend vermieden. Gleichzeitig ist damit ein einfacher Änderungsdienst und eine rationelle Ausnützung des Speicherplatzes gewährleistet. Mit geeigneten Programmen können Stücklisten und Teileverwendungen in beliebiger Form erstellt werden. Alle unter 2. beschriebenen Formen und Arten sind möglich, damit sind die Belange der verschiedenen Anwendungsbereiche der Stückliste erfüllt.

Zur deterministischen Bedarfsermittlung muß gesagt werden, daß die Forderung nach einer einfachen Bedarfsauflösung zwar erfüllt, daß aber der zeitliche Aufwand recht erheblich ist. Sicher werden aber die in letzter Zeit angebotenen schnellen Plattenspeicher eine Verbesserung bringen.

Am Rande seien hier noch Einsatzmöglichkeiten des Stücklistenprozessors vermerkt, die nicht unmittelbar mit Stücklisten und Arbeitsplänen zusammenhängen. Der Stücklistenprozessor kann in allen Fällen eingesetzt werden, wo Daten vorliegen, die eine ähnliche Struktur wie Stücklisten aufweisen. Beispiele hierfür sind die Rezepte in der chemischen Industrie oder die Auftragsdaten im Bereich der Auftragsverwaltung.

Auch die STAN-Organisation (Stärke- und Ausrüstungsnachweis) im militärischen Bereich ist sicher gut zur Übernahme durch den Stücklistenprozessor geeignet.

Zum Schluß soll noch einmal auf die Bedeutung des Stücklistenprozessors als Grundlage für Informations- und Steuerungssysteme in der Fertigung hingewiesen werden. Der Problemkreis, der mit solchen Systemen abgedeckt werden kann, ist nur schwer einzugrenzen. Mit zunehmender Erfahrung und mit fortschreitender Entwicklung der Rechnertechnik wird der Grad der Automatisierung immer mehr ansteigen.

Heute werden für folgende Bereiche Programme angeboten, die auch schon in verschiedenen Betrieben installiert sind:

— deterministische Bedarfsermittlung über Stücklistenauflösung
— Bedarfsvorhersage mit statistischen Verfahren
— Bestandsrechnung und Bestellrechnung
— Ablaufplanung
— Kapazitätsplanung
— Kapazitätsterminierung
— Werkstattsteuerung

Die Entwicklungstendenz geht darin, daß angestrebt wird, weitere Problemkreise, so aus dem Bereich des Vertriebes und des Rechnungswesens, zu integrieren [15], [18].

Wie schon in der Einleitung erwähnt wurde, bieten heute die meisten Hersteller von EDV-Anlagen Modularprogramme für die oben genannten Probleme an. Damit stehen auch kleineren Unternehmen die Wege zu einer Automatisierung offen. Durch die sich verschärfende Konkurrenzsituation und den steigenden Kostendruck wird in Zukunft wohl kein Unternehmen auf die Rationalisierungsmöglichkeiten verzichten können, die sich durch den Einsatz der EDV im Bereich der Fertigungsplanung und -steuerung ergeben.

Literatur

[1] Ahrens, F.: PSS System für Produktionsplanung und -steuerung, (1970), AEG-Telefunken Datenverarbeitung. Best.-Nr. DBS 140770.

[2] Berr, U.: Methoden der Organisation, Datenverarbeitung und Unternehmensforschung im Wechselspiel, gezeigt am Beispiel der Teilebedarfsermittlung (Stücklistenauflösung). elektronische datenverarbeitung 9 (1970) H. 1, S. 19 bis 32.

[3] Berr, U., und A. J. Papendieck: Grundlage der Stücklistenauflösung. Teilebedarfsermittlung und Theorie der Graphen. Werkstattstechnik 58 (1968) H. 2, S. 74—76; H. 3, S. 130—132.

[4] Elmaghraby, S. E.: A Note on the "Explosion" and "Netting" Problems in the Planning of Materials Requirements. Operations Research 11 (1963) S. 630—635.

[5] Franzel, J., und J. Kiesel: BASIS 4004/15 bis 26, Verfahren und Datenorganisation der Stücklistenverwaltung, Verfahrensbeschreibung. Siemens, Schriftreihe data praxis.

[6] Futh, H.: Betrachtungen zur Einrichtung der integrierten Datenverarbeitung (dargestellt am Beispiel eines Industrieunternehmens). In: Handbuch der maschinellen Datenverarbeitung. Forkel-Verlag, Stuttgart 1964.

[7] Kalscheuer, H. D.: Integrierte Datenverarbeitungssysteme für die Unternehmensführung. 2. Aufl. Walter de Gruyter & Co., Berlin 1969.

[8] Lösch, E. G.: Anwendung der Theorie der Graphen auf ein Problem der auftragsgebundenen Produktionsdisposition. Ablauf- und Planungsforschung 5 (1964) H. 3, S. 124—132.

[9] Müller-Merbach, H.: Die Berechnung des Netto-Teilebedarfs aus dem Gozinto-Graph. Ablauf und Planungsforschung 5 (1964) H. 4, S. 191—198.

[10] Müller-Merbach, H., und W. P. Schmidt: Der Gozinto-Graph und seine praktische Anwendung für die Teilebedarfsermittlung. Zeitschrift für wirtschaftliche Fertigung 63 (1968) H. 12, S. 643—646.

[11] System/360 Bill of Material Processor, Application Description, IBM-Form H. 20-0197.

[12] GEPEXS, General Electric Stücklistenauflösungs-System. Bull GE, Ref.-Nr. 16.60.680.

[13] Bill of Material Processor, Honeywell EDP Manufacturing Application Summary. File No. 137.2105. 131 D. 0-684.

[14] Die Fertigungssteuerung bei der IBM-Deutschland. IBM-Form 71416.

[15] LAMBDA — Ein System zur Lösung von Fertigungs- und Vertriebsaufgaben. Bull-GE, Ref.-Nr. 32.60.681 D.

[16] MOS — Management Operating System, Planungs- und Steuerungssystem für die Fertigung. Einführungsschrift, IBM-Form 74842.

[17] Prompt (Production Reviewing, Organizing and Monotoring of Perfomance Techniques) — General Description. ICL Technical Publication 4045.

[18] The Production Information and Control System (PICS). IBM-Form E. 20—0280—0.

[19] MOSCOR-Bedarfsrechnung auf der Grundlage des IBM/360-Stücklisten-Processors. IBM-Form 80629.

[20] System/360 Generalized Information System, Application Description Manual. IBM-Form H20-0574-0.

[21] Systematik und Aufbau von Stücklisten. IBM-Form 80 512-1, 1967.

[22] Schmidt, W. P.: Grundlagen, Verfahren und Datenorganisation für die Teilebedarfsermittlung (Stücklistenauflösung). elektronische datenverarbeitung 12 (1969), S. 580—591; 5 (1970), S. 193—203; 6 (1970), S. 253—260.

[23] Trux, W.: Einkauf und Lagerdisposition mit Datenverarbeitung. Verlag moderne Industrie.

[24] Wolf, S.: Erzeugnisstruktur und Stücklistengestaltung. VDI-Bericht Nr. 101, VDI-Verlag Düsseldorf 1966.

[25] Wolf, S.: Materialbedarfsrechnung über Stücklistenauflösung im Hause MAN, Werk München. IBM-Nachrichten 15 (1965) H. 170, S. 2529—2541.

Glossary

Stücklisten

Stücklisten sind Verzeichnisse aller Teile eines Erzeugnisses oder einer Baugruppe unter Angabe der Menge. Aus ihnen geht im wesentlichen hervor, welche Einzelteile und Baugruppen erforderlich sind, um ein Produkt herzustellen.

Arbeitsplan

Der Arbeitsplan gibt an, wie, mit welchen Werkstoffen und mit welchen Maschinen ein Teil zu fertigen ist.

Teil

Im Zusammenhang mit dem Stücklistenprozessor bezieht sich der Begriff Teil sowohl auf Einzelteile, als auch auf Baugruppen und Erzeugnisse.

Teilenummer

Die Teilenummer ist eine ein Teil identifizierende Nummer. Sie wird auch Identnummer oder ggf. Zeichnungsnummer genannt.

Teilestammsatz

Der Teilestammsatz enthält alle teilebeschreibenden und identifizierenden Angaben. Er wird für jedes Teil nur einmal angelegt.

Erzeugnisstruktursatz

Der Erzeugnisstruktursatz enthält Angaben, die die Rekonstruktion einer Erzeugnisstruktur ermöglichen.

Randomgenerator

Mit Hilfe eines Randomgenerators wird der Ordnungsbegriff eines Satzes (z. B. die Teilenummer im Teilestammsatz) in eine physische oder logische Adresse umgewandelt.

Datenbankdiagramm

Der strukturelle Aufbau einer Datenbank kann mit Hilfe eines Datenbankdiagramms dargestellt werden. Dateien (bzw. Sätze) werden durch Rechtecke, Ketten durch Pfeile symbolisiert.

Bedarfsauflösung

Mit Bedarfsauflösung, auch Stücklistenauflösung genannt, bezeichnet man Verfahren, bei denen der Bedarf ausgehend von einem Auftragsbestand oder Produktionsprogramm deterministisch ermittelt wird.

Informationssysteme der öffentlichen Hand

Administrative Informationssysteme.

von

Christoph K. Heitz

Summary

Administrative Informationssysteme sind projizierbar sowohl im Bereich der schlichten Hoheitsverwaltung oder Leistungsverwaltung als auch im Bereich der obrigkeitlichen Hoheitsverwaltung. Zum ersten Bereich gehört das gesamte Spektrum der Daseinsvorsorge und Dienstleistungen, zum zweiten Bereich gehören die staatlichen Sicherheistorgane, also Polizei, Grenzschutz, Militär. Charakteristisch für den Bereich der Leistungsverwaltung sind im gesamten Spektrum der Aufgaben planerische und dispositive Tätigkeiten, für die unmittelbare Beantwortung von Fragen nicht von ausschlaggebender Bedeutung ist. Die Antwortzeiten können hier im Bereich von fünf Minuten oder Stunden, vielleicht sogar im Bereich von Tagen liegen. Hingegen kommt es im Bereich der obrigkeitlichen Hoheitsverwaltung auf sehr schnelle, zuverlässige und präzise Ermittlung und Übermittlung von Informationen an.

Aufbauend auf drei Grundgebieten der Leistungsverwaltung — der Stadt- und Regionalplanung, der Sozialplanung, der Wirtschaftsplanung — sind die Aufgaben auf der Ebene von Gemeinde — Stadt — Region charakteristisch für die Leistungsverwaltung. Für Planung auf der Ebene der Landesregierung sind Informationen aus diesen komunalen Informationssystemen ebenso Voraussetzung wie die aufgrund bestimmter länderspezifischer Aufgaben im Informationssystem der Landesregierungen gespeicherten Daten. Während bei Informationssystemen für die Leistungsverwaltung die Aggregierung von Daten zu aussagefähigen Informationen wichtig ist und die Aggregierung zunimmt mit der Abstufung Gemeinde, Land, Bund, haben Informationssysteme im Bereich der obrigkeitlichen Hoheitsverwaltung im allgemeinen den Zweck, Detailinformation überregional zu übermitteln.

Die entsprechenden, für die beiden Bereiche unterschiedlichen datentechnischen und programmtechnischen Eigenheiten werden diskutiert.

1. Definition, Abgrenzung, didaktisches Rüstzeug

Einer Explosion gleicht die Zunahme des Wissens der Menschheit in den letzten Jahrzehnten, so wird es von Fachleuten behauptet. Die Zeit, in der sich das gesamte Wissen jeweils verdoppelt, wird auf fünf Jahre geschätzt.

In enger gegenseitiger Dependenz stehen damit Bildungsstand, Freizeitmaß, zivilisatorische Errungenschaften. Nicht zu übersehen ist aber auch die Erhöhung von Arbeitseffektivität und -geschwindigkeit. Der einzelne Mensch wird mehr und effektiver in kürzerer Zeit arbeiten.

Das gilt auch im administrativen und politischen Bereich. Einerseits ist zügige, detaillierte und fundierte Planung notwendig. Andererseits entsteht größerer Informationsumsatz mit hohem internen Verflechtungsgrad aller Informationen.

Hier sind die „Informationssysteme der öffentlichen Hand" als geeignetes Instrument für Informationserfassung, Speicherung, Auswertung und Übermittlung im Zusammenhang mit Planungs- und Entscheidungsproblemen anzusehen.

Der Einfachheit halber und zur Abgrenzung gegenüber den industriellen, militärischen und sonstigen Informationssystemen sollen sie „Administrative Informationssysteme" heißen.

Für dieses Kapitel besteht der Ansatz, diese Informationssysteme entsprechend einer älteren Differenzierung in „Schlichte Hoheitsverwaltung oder Leistungsverwaltung" und „Obrigkeitliche Hoheitsverwaltung" zu diskutieren. Das geschieht aus didaktischen Gründen, denn die charakteristischen Datails lassen sich nur auf diese Weise entwickeln und darstellen.

Der dritte Bereich der öffentlichen Hand, der fiskalische, ist hier nicht von Interesse, da dessen Aufgaben mehr denen des industriellen Bereichs ähneln.

Der Bereich der Leistungsverwaltung umschließt alle die Aufgaben, die mit dem Begriff „Service für den Bürger" zu umreißen wären. Die obrigkeitliche Hoheitsverwaltung ist der Bereich des Bundesgrenzschutzes und der Polizei.

Dabei ist der Bereich Polizei eigenständig in bezug auf die Gestaltung von Informationssystemen, während die Charakteristika des Grenzschutzes doch den militärischen Gegebenheiten sehr ähneln. In den nachfolgenden Abschnitten ist aus diesem Grund nur das Informationssystem Polizei neben dem Informationssystem der Leistungsverwaltung Gegenstand der Diskussion.

In dem Bestreben, einen Informationshintergrund, ein gewisses Denkgerüst zu übermitteln, an Hand dessen Problem und System zu diskutieren sind, ist es notwendig, ein abstraktes Modell für die Managementstruktur der Verwaltung herzuleiten.

Ein Informationssystem für operationale und strategische Planung im administrativ-politischen Bereich zu definieren oder begrifflich zu entwickeln heißt, zunächst den Begriff der Planung, den Akt des Planens, einer eingehenden Untersuchung zu unterwerfen. Das ist um so mehr notwendig als alle Begriffe wie „Informationssystem", „System", „Planen" usw. gegenwärtig der üblichen nach Erreichung einer gewissen Popularität eintretenden Inflation ihres Inhalts ausgesetzt sind.

Planen ist in gewisser Weise ein schöpferischer Akt. Doch im Unterschied zu einem schöpferischen Akt bei der Schaffung eines Kunstwerks beruht Planung auf eingehender Information über die Situation und die Ausgangspunkte, der Herleitung von alternativen Möglichkeiten für Entwicklung oder Reaktion, auf der Entscheidung über die Auswahl einer von mehreren Alternativen (Planungsentscheidung) und auf der Veranlassung von Maßnahmen (Planungsdurchführung). Als schöpferische Tätigkeiten sind die Entwicklung von Alternativen des Handelns und die Auswahl zwischen Alternativen zu sehen.

Durch den Planungsakt entsteht im zu planenden oder durch Planung zu beeinflussenden Objektsystem eine neue Situation, ein neuer Zustand. Dieser neue Zustand ist Initiator für neuerliche Information und erneutes Durchlaufen der aufgezählten Positionen. Es liegt auf der Hand, auf diese Weise einen „Planungskreis" zu definieren (Abb. 1-1).

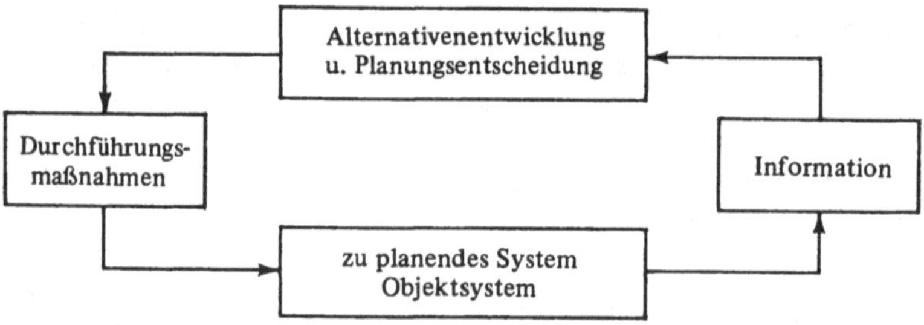

Abb. 1-1 Planungskreis

Dieses Modell ist recht allgemein und erweiterbar. Durch äußere Einflüsse werde der Zustand des zu planenden Systems geändert (etwa durch die Konjunkturschwankungen das Gewerbesteueraufkommen einer Stadt), Information darüber geht an die daran unmittelbar betroffenen Gremien und veranlaßt diese zu reagierender Planung. Andererseits könnte es sein, daß eigene Initiative bestimmte Entwicklungen auslöst. Diese führt zu Planungen und Durchführungsmaßnahmen. Die Einflüsse, die quasi von außen kommen, lassen sich durch Pfeile im Modell darstellen (Abb. 1-2).

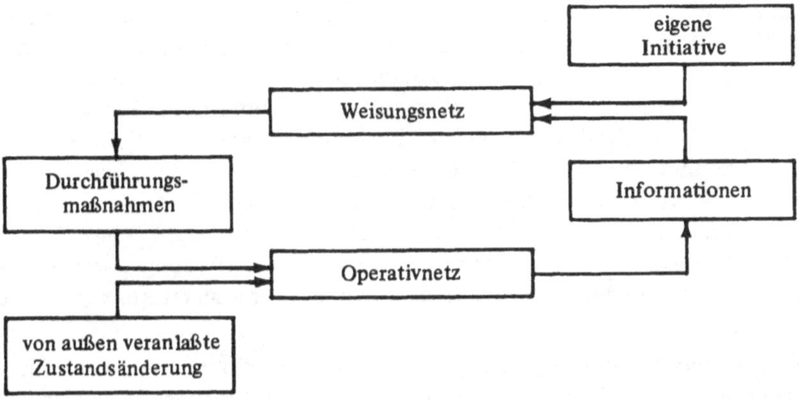

Abb. 1-2 Planungskreis mit Außeneinflüssen

Naturgemäß ist der Planungskreis nicht auf eine Person beschränkt, sondern eine ganze Organisation ist hier vielschichtig beteiligt. Es läßt sich ein ganzes Netz von kommunikativen Beziehungen beschreiben, für das dieser Planungskreis hoch abstrahierendes Modell ist. Davon ableitend scheint es sinnvoll, von „Operativnetz" für das zu planende Objektsystem zu sprechen und vom „Weisungsnetz" für das Netz, in dem der Planungsakt stattfindet (Abb. 1-2).

Doch wie entsteht Kontrolle für dieses Weisungsnetz, woher weiß es, in welche Richtung es planen oder etwas entwickeln soll?

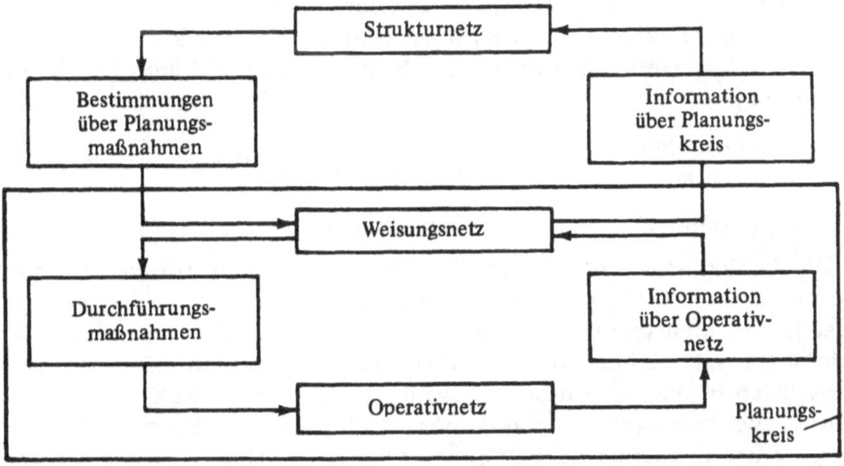

Abb. 1-3 Erweiterter Planungskreis

Offenbar ist es notwendig, eine Instanz darüber anzunehmen, die diese Richtlinien festlegt. Diese Instanz müßte in der Lage sein, Ziele, Grenzen und Prozeduren des Planens aufzustellen und für deren Einhaltung zu sorgen. Es entsteht so ein Kontrollkreis über dem Planungskreis (Abb. 1-3). Da er die Strukturen des Planungskreises beeinflußt, kann die entsprechende Ebene als Strukturnetz bezeichnet werden, der Gesamtkreis als Strukturkreis. Über dem Strukturnetz kann eine weitere, eine wertsetzende Ebene angenommen werden, die die „Ethik" des Systems bestimmt, die dem Strukturnetz vorschreibt, wozu Planung gemacht werden soll, mit welchem Aufwand und mit welchen vertretbaren Kosten, etwa „Social Costs".

Zur Vervollständigung des Modells sei angenommen, daß Informationswege bei bestimmten Informationen von unten nach oben ein oder zwei Ebenen überspringen können und daß andererseits die oberen Ebenen unter Außerkraftsetzung der dazwischenliegenden Ebenen in den Ablauf der unteren Ebenen eingreifen, solcherart die Reaktionsgeschwindigkeit erhöhend, aber Stabilität und Ethik des Systems aufs Spiel setzend [1].

Die Auffächerung der Ebenen des Modells in Abbildung 1-3 führt zu einer Struktur nach Abbildung 1-4. Ein Planungskreis nach Abb. 1-1 besteht jeweils aus einem vorgeordneten und im allgemeinen mehreren nachgeordneten Systemen. Der Netzstruktur mehr angepaßt ist der Begriff „Untersystem" anstelle von Planungskreis. Das Gesamtmodell besteht aus den Untersystemen. Jedem Untersystem I ist eine Zielfunktion Z_i (Plan, Dienstvorschrift, Unterschriftenbefugnis) vorgegeben, anhand derer die jeweils nachgeordneten Systeme kontrolliert werden. Da die Systeme der untersten Ebene, der operierenden Ebene, nicht als selbständige Untersysteme zu bezeichnen sind, ist die Struktur der Abbildung 1-4 weiterhin als dreistufiges System zu bezeichnen. Durch die Codierung

— zehn Untersysteme,
— drei Stufen

ist das Gesamtmodell hinreichend charakterisiert.

Die Analogien des Modells zur Struktur einer administrativen Organisation lassen sich nur entwickeln, wenn es gelingt, auch die Verwaltung idealisiert darzustellen, d. h., wenn ein Sollzustand definierbar und beschreibbar ist. Keinesfalls entspricht das Modell den hierarchischen Strukturen in der öffentlichen Verwaltung, doch erlaubt das Modell die Zuweisung von Aufgabenkategorien zu bestimmten Ebenen. Hieraus unmittelbar abzuleiten ist die Relevanz der Information für die einzelnen Ebenen und damit der Informationsfluß.

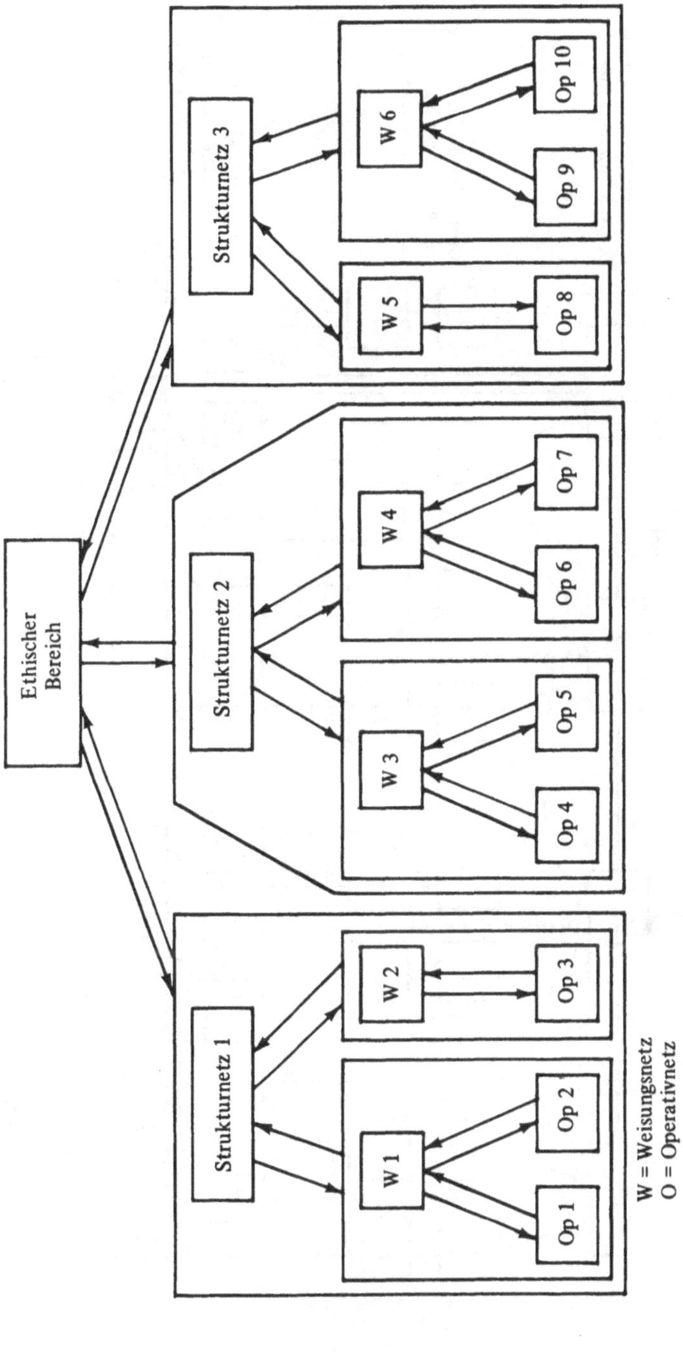

Abb. 1-4 Gesamtprojektion des Managementmodells

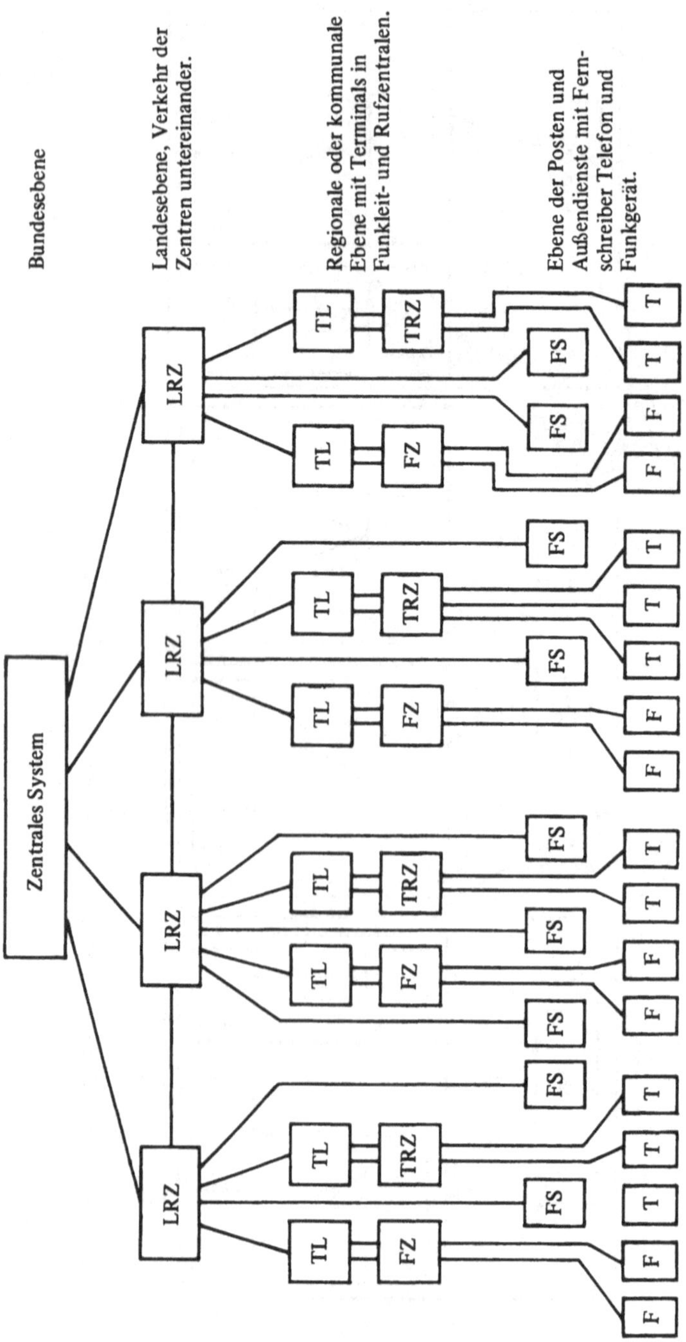

FS = Fernschreiber
F = Funkgerät
FZ = Funkleitzentralen
T = Telefon
TL = Terminal
TRZ = Telefonzentralen

Abb. 1-5 Hierarchisches Meldenetz

Ein wenig anders ist das Modell für die Polizei aufzubauen. Hier bestehen zwar auch unterschiedlich hohe Ebenen. Doch diese sind zu sehen als die jeweils regional größeren Einheiten. Die Staffelung in Netzebenen mit unterschiedlichen Aufgaben entfällt. Das ganze System ist als hierarchisch strukturiertes Meldenetz zu sehen.

Die Informationen entstehen auf der untersten Ebene, laufen auf einer mittleren Ebene zusammen, werden von dort auf die Nachbarn in der untersten Ebene verteilt und an die nächste vorgeschaltete Ebene gesendet. Es findet also Informationsübertragung von unten nach oben statt, doch im Gegensatz zu den Prozessen im Untersystemmodell ist auch die Übermittlung von Information von „oben" nach „unten" hier die Regel. In der Terminologie des ersten Modells wird dieses hierarchische Meldenetz entsprechend Abbildung 1-5 charakterisierbar durch

— vier Ebenen,
— ein Untersystem.

Die realen Organisationen sind immer Mischformen dieser beiden Modelltypen, besonders an der Schwelle zu rationalen Managementformen. Sie sind einerseits nach dem Untersystemtyp strukturiert und verfügen andererseits über einfache informatorische Beziehungen nach der Art des hierarchischen Meldenetzes. Auf die weiterführende Literatur zu diesem Thema sei hingewiesen [2, 3].

In realen Organisationen ist darüber hinaus ein amorphes Netz kommunikativer Beziehungen lokalisierbar (Telefongespräche, persönliche Kontakte). Gerade wegen seines im allgemeinen nicht rationalen Charakters belastet dieses Netz die beiden anderen, die strukturierten. Konventionelle Systemanalysen, z. B. für die Einrichtung von Großraumbüros, gehen von diesem dritten Netz aus (Strichlisten, Multimomentaufnahme, Zettelerhebung). Diese rein quantitativen statistischen Ansätze erscheinen aber für die Systemanalyse von Managementinformationssystemen als unzureichend. Sie sind zwar unproblematisch, sie stören die menschlich verständliche Machtposition des Einzelnen nicht, der ständig glaubt, beweisen zu müssen, daß er König auf seiner Dienststelle ist, und sie berühren nicht das Faktum der Machtgruppierungen. Aber das hohe Maß an Irrationalität europäischen, speziell deutschen Managements in Industrie, Verwaltung und Militär beruht in erster Linie auf der Existenz dieses dritten Netzes mit seiner hohen technischen Qualität und Stabilität, aber mit seiner geringen Managementeffektivität.

Der Informationsfluß in realen Organisationen soll projizierbar sein auf die beiden ersten Modelle, wenn vorgesehen ist, Managementinformationssysteme mit Hilfe technischer Mittel begrenzter Bandbreite — und als solche sind elektronische Datenverarbeitungsanlagen zu bezeichnen — zu realisieren. Aber welches der beiden aufgeführten Modelle entspricht taktisch operationaler Planung, und welches ist langfristiger, strategischer Planung adäquat?

2. Systemanalyse administrativer Informationssysteme

Es mag für den soziologisch vorgebildeten Leser befremdlich erscheinen, mit Begriffen einer scheinbar trockenen technischen Sprache daranzugehen, soziotechnische Systeme zu beschreiben. Doch Management-Informationssysteme, die mit Informationsspeichern arbeiten, bedingen ganz einfach einen hohen Grad an Exaktheit, Eindeutigkeit und Rationalität. Daraus folgt sogar, daß nur Prozesse, die diesen Kriterien entsprechen, erfaßt und mit Hilfe von elektronischen Datenverarbeitungsanlagen unterstützt werden können.

Freilich wird es möglich sein, mit Hilfe technischer Begriffe und technischer Modelle auch Planungs- und Entscheidungsprozesse, die bisher als der hohen Kunst der Führung zugehörig Intuition und Persönlichkeit vorauszusetzen schienen, in hohem Maße zu rationalisieren. Die daraus resultierende Animosität gegenüber MIS wird — sich stützend auf pseudoethische und pseudoanthropologische Argumente — ständiges Faktum des hier tätigen Systemanalytikers bleiben [4].

Zweifelsohne gibt es Bereiche des öffentlichen Lebens, die nie Gegenstand eines Informationssystems der Verwaltung sein können. Das betrifft einerseits den ethischen Bereich (siehe Abb. 1-4) etwa beschreibbar durch

— die Festlegung planerischer Zielvorstellungen,
— moralische Haltungen,
— Ethik,
— ästhetische Urteile.

Es betrifft andererseits
— politische Kräfteverhältnisse,
— die Erfassung von Meinungen einflußreicher Personen und Instanzen,
— die Erfassung von Zustimmung und Kritik der Bürgerschaft [5].

2.1. Leistungsverwaltung

Es erweist sich als nicht einfach, Verwaltungsroutine abzugrenzen gegenüber Planungstätigkeiten. Das erste ist ein Thema „Datenverarbeitung in der öffentlichen Verwaltung", das zweite ist die Frage der Planungsinformation, die wesentlich Gegenstand dieses Kapitels ist. Planungsinformation entsteht aber aus den Daten der Verwaltungsroutine. Würde Planungsinformation ausschließlich auf Daten basieren, die manuell erhoben und ausgewertet werden, ist dafür kein Informationssystem auf der Basis einer EDVA in der öffentlichen Verwaltung notwendig. Andererseits führt der Prozeß der Verwaltungsautomation nicht zwangsläufig zu einem Informationssystem, das für die Planung geeignet ist. Soll der Planungsteil aufbauen können auf dem Verwaltungsvollzugssystem, werden sich einige Forderungen bezüglich des Inhalts und der Zugriffs- bzw. Ordnungsverfahren ergeben. In letzter Konsequenz lassen sich beide Systeme nicht trennen, denn sie bilden ein integriertes System.

Exemplarisch für die gesamte Diskussion sind die Prozesse in einer Kommunalverwaltung. Sie stehen im Mittelpunkt der folgenden Ausführung. Die Verhältnisse auf der Landesebene stellt der abschließende Abschnitt dar.

2.1.1. Verwaltungsvollzug

Die wesentlichen Gebiete des Verwaltungsvollzugs — des Bereichs, mit dem der Bürger unmittelbar zu tun hat — sind z. B.:

— Einwohnerwesen,
— Finanzwesen,
— Liegenschaftswesen.

Die wichtigsten Dateien, die hier üblicherweise bestehen, gibt die Tabelle 2/1 an.

Der Inhalt der Dateien ändert sich, wenn der Bürger in irgendeiner Weise bei der Verwaltung aktiv wird, wenn er z. B. seinen Wohnsitz verändert und deswegen einen Meldeschein ausfüllen muß, oder wenn er sich verehelicht, ein Grundstück erwirbt oder Steuern bezahlt. Die Prozesse selbst finden über den Weg der Formularerfassung, Ablochung und Dateiveränderung ihre Realisierung.

Es ist sinnvoll im Sinne einer Verwaltungsrationalisierung, die verschiedenen Datensätze, die die Daten des Einwohners als Bürger, als Steuerzahler, als Grundstücksbesitzer und darüber hinaus in vielen anderen Eigenschaften enthalten, durch inhaltliche oder datentechnische Begriffe miteinander zu verknüpfen. Daten über die gleichen Eigenschaften werden dann nur einmal gespeichert, sie sind zudem schnell und einfach miteinander in Verbindung zu bringen. Zieht ein Einwohner innerhalb der Stadt um, muß er bisher seine neue Adresse an viele unterschiedliche Stellen der Verwaltung melden. Tut er das nicht, bleibt der Umzug Stellen der Verwaltung verborgen, entsteht höherer Verwaltungsaufwand

Tab. 2/1 Dateien des Verwaltungsvollzugs

Einwohnerdatei
Lohnsteuer- und Wahldatei
Grundstücks- und Gebäudedatei
Eigentümerdatei (Grundbuch)
Eigentümerfolgedatei
Wohnungs- und Teileigentumsdatei
Straßenverzeichnis
Anschriftendatei natürlicher und juristischer Personen
Erbbaurechtsdatei
Kraftfahrzeugsdatei
Vergnügungssteuerveranlagungsdatei
Hundesteuerveranlagungskartei
Gewerbesteuerveranlagungsdatei
Grundbesitzabgabenveranlagungsdatei
Gewerbesteuermeßbescheidsarchiv
Finanzpersonendatei
Einziehungskontendatei
Wohngeldempfängerdatei
Sozialhilfeempfängerdatei

deswegen, weil Zustellungen nicht möglich sind, z. B. bei Steuerbescheiden oder Wahlbenachrichtigungen. Verfügt nur eine Datei über die Adresse, genügt es, daß der Bürger einmal seine Adressenänderung bekannt gibt. Sie ist dann für alle anderen Dienststellen der Verwaltung zugänglich.

Diese „Horizontale Integration" ist Kennzeichen für eine Datenbank im öffentlichen Bereich. Die Verknüpfung von Datensätzen über mehrere Dateien hinweg ist geradezu Kriterium für den Begriff Datenbank. Für mehrere unabhängig nebeneinander bestehende Dateien ist dieser Begriff nicht zu rechtfertigen.

2.1.2. Datenbasis für langfristige Planung

Die horizontale Integration reicht aus für die Belange des Publikumsverkehrs und für interne Verwaltungsvorgänge. Sie entspricht den Prozessen im Operativnetz (unterste Ebene in der Abbildung 1-3). Die das gesamte System vertikal integrierende Planungsinformation ist nur über ein datentechnisches Gebilde, das „Planungsdatenbank" heißt, zu realisieren. Dieser zentrale Komplex eines Informationssystems der öffentlichen Verwaltung enthält Dateien mit für Planung mittelbar oder unmittelbar relevanten Daten für einzelne Fachgebiete. Das können Statistiken sein, die sich aus dem Änderungsdienst des Verwaltungsvollzugs ergeben und speziell erfaßte statistische Daten. Das können Daten sein über

Bevölkerung und deren Wanderung, Daten über Wirtschaftsstruktur und Steueraufkommen in verschiedenen Wirtschaftszweigen, Daten über Schüler in verschiedenen Stadtbezirken und vorhandene Schul- und Ausbildungskapazität. Diese Liste ist beliebig nach oben erweiterbar, aber abhängig von den jeweiligen Gegebenheiten.

Ein kommunales Informationssystem wird aber erst voll wirksam, wenn es Unterlagen über regionale und geographische Gegebenheiten liefern kann. Eine Stadtplanungs- oder Regionaldatei ist deswegen die wichtigste Datei einer Planungsdatenbank. Da die Daten der anderen Fachgebiete in enger Beziehung zu regionalen Gegebenheiten gesehen werden müssen, steht die Diskussion dieser Datei im Mittelpunkt der folgenden Ausführungen. Bestimmte datentechnische oder logische Zusammenhänge sind an dem Datenkörper Regionaldatei am eindeutigsten zu beschreiben. Ihre Diskussion anhand der Regionaldatei ist hinreichend, da die Probleme in anderen Fachbereichen analog dazu zu sehen sind. (Es geht nicht darum, eine völlige Beschreibung eines kommunalen Informationssystems zu geben, sondern die prinzipiellen Forderungen und Lösungswege aufzuzeigen. Dem Leser ist mit Anregungen, Hinweisen und Prinzipien mehr geholfen als mit einer für einen Spezialfall detailliert ausgearbeiteten Konstruktion).

Die kleinste geographische oder regionale Einheit einer Stadt oder einer Region ist das Grundstück respektive das Gebäude. Eine Grundstücks- und Gebäudedatei ist bereits Teil einer Verwaltungsvollzugsdatenbank. Sie ist sehr umfangreich, etwaige Auswertungen sind dementsprechend umständlich und aufwendig. Deswegen besteht das Bestreben, die Daten regional zu strukturieren und zu größeren topologischen Einheiten zusammenzufassen.

Hier entsteht das Problem der Auswahl einer einheitlichen topologischen Größe, die einerseits für Auswertungen Übersicht und Eindeutigkeit bietet, andererseits nicht zu grob ist. Es gibt einige angelsächsische Projekte, bei denen die „Blockseite" kleinste aggregierte Einheit ist. Eine Blockseite ist der Teil eines Baublockes längs einer Straße. Eine Blockseite ist beschreibbar durch geographische Koordinaten des Anfangs- und des Endpunktes, die fiktive Punkte in der Mitte der angrenzenden Straßenkreuzungen sind. Auf die Aggregationseinheit „Blockseite" sind Pauschalzahlen über die Bebauung, die mittlere Geschoßzahl, den Zustand der Wohnungen, der sanitären Einrichtungen, Kennzahlen über die Art der Bevölkerung, die Alterstruktur, die soziale Schichtung, Kinderzahl, Kriminalität, Krankheitsfälle usw. beziehbar. Diese Daten können aus Erhebungen stammen, z. B. Einwohnerzählung, oder Wohnungszählung, sie können aber auch durch spezielle auswertende Programmläufe aus der Gebäudedatensammlung ermittelt werden. Die Daten lassen sich in einer sogenannten Blockseitendatei abspeichern oder sie sind ad hoc auf die Blockseite bezogen, entsprechend dem Benutzerwunsch zu erstellen [6].

Während die Blockseite topologisch gesehen Element eines Netzes ist, ist der Baublock ein flächenartiges Element. Als Baublock ist eine bebaute Fläche zu sehen, die von einer Straße, einer Bahnlinie oder einem Flußufer begrenzt wird. Die Umgrenzung kann durch die Verbindungspunkte der Eckkoordinaten beschrieben werden, doch als Ordnungsbegriff hat sich die sog. Schwerpunktkoordinate durchgesetzt. Ein unter Umständen willkürlich wählbarer markanter Punkt möglichst in der Mitte des Baublocks wird geographisch vermessen. Aus seinen, auf das Gauß-Krüger-Netz bezogenen Koordinaten läßt sich eine für die Benennung geeignete Codierung herleiten. Von dieser Benennung leitet sich auch die Benennung der Blockseite ab, die außer dieser Schwerpunktkoordinatenbezeichnung noch eine laufende Nummer enthält, um sie unter den übrigen eindeutig zu identifizieren [7].

Es sind Versuche bekannt geworden, als kleinste aggregierte Einheit Planquadrate einzuführen. Planquadrate haben den Vorteil, mathematisch und damit im Sinne der Informationsverarbeitung relativ einfach zu sein; sie passen sich im allgemeinen den realen topologischen Gegebenheiten sehr schwer an. Wegen der Ungenauigkeiten, die hier entstehen, ist der hohe Aufwand für Informationsanalyse und Datenerfassung bei einem Planquadratrastersystem nicht zu rechtfertigen.

Für europäische Verhältnisse, charakterisierbar durch die dichte Bebauung in Städten im Rahmen eines unregelmäßigen Straßenrasters sind alle drei Begriffe „Baublock“, „Blockseite“, „Raster“ als kleinste aggregierende Einheit in Frage zu stellen. Darüber hinaus ist sehr häufig die sog. „Substanzdynamik“, — d. h. die Streubreite der Unterschiede in der Bebauung, der Bausubstanz, der sozialen Schichtung usw. — innerhalb so großer Einheiten, wie sie die diskutierten darstellen, zu groß, als daß sie durch Mittelwertkennzahlen darstellbar wären. Es scheint sich daher für die europäischen Verhältnisse abzuzeichnen, daß doch auf das Grundstück als kleinste regionale Einheit zurückzugreifen ist. Dabei bleibt zu diskutieren, und die Frage ist wahrscheinlich nur im Einzelfall entscheidbar, ob die Grundstücksdatei über ihre Basiseintragungen hinaus mit aggregierten Planungsdaten zu versehen ist, oder ob das Grundstück mit der Bebauung in einer speziell für Planungszwecke geeigneten Datei nochmals aufgeführt wird.

Ordnungsbegriff für das Grundstück wird wieder eine Koordinate sein, das hat den Vorteil, daß es mit Hilfe von Algorithmen größeren topologischen Einheiten (Blockseite, Baublock, Raster, Einzugskreise) flächenmäßig und netzmäßig zuzuordnen ist.

Der Stammsatz der Grundstücks- und Gebäudedatei im Verwaltungsvollzug ist von variabler Länge; weil z. B. die Zahl der Wohnungen

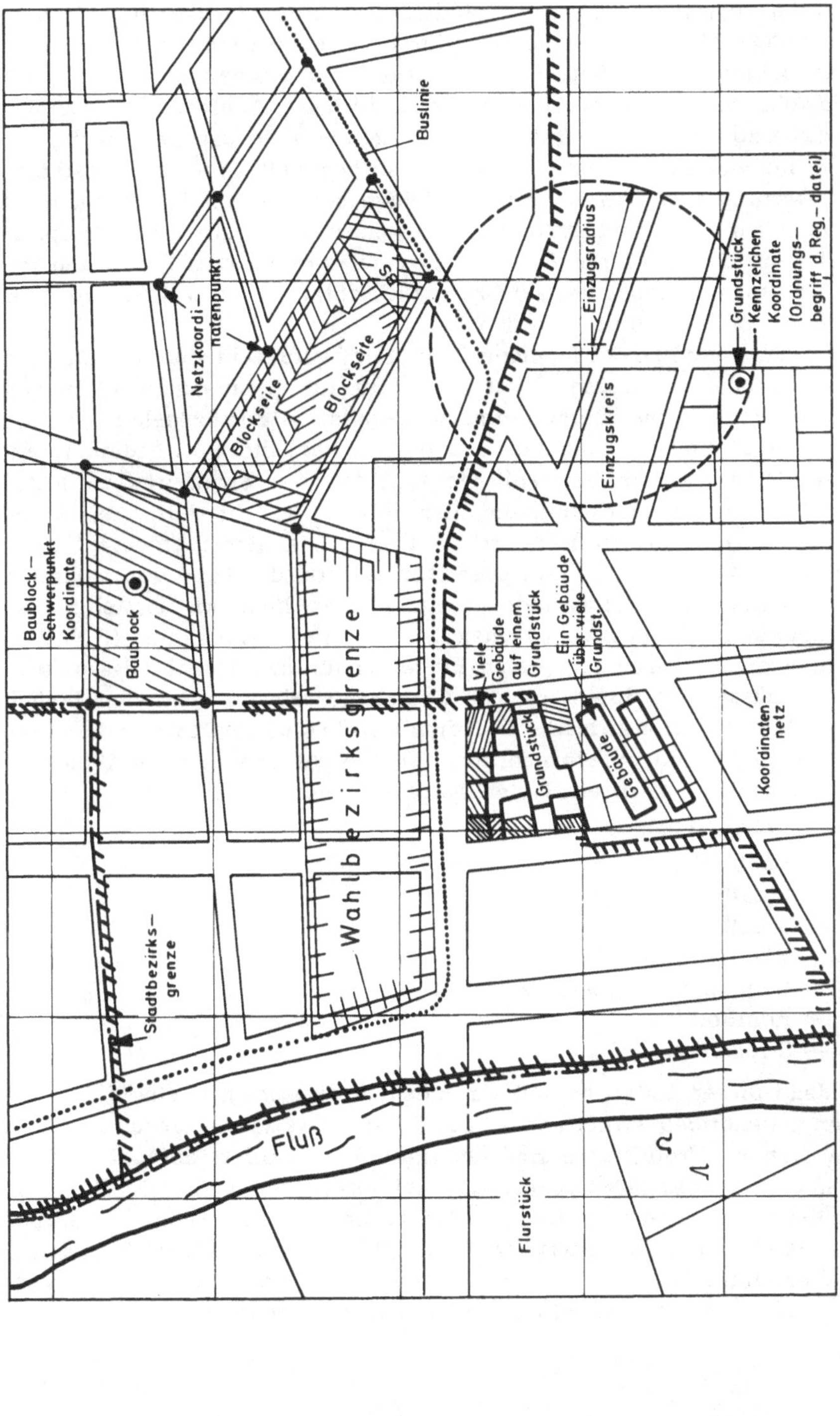

Abb. 2-1 Topologische Zusammenhänge

jeweils verschieden ist, das Grundstück mehrere Besitzer haben kann, bestimmte Eigenschaften nur manchmal vorhanden sind, wie etwa eine Unterkellerung. Der Datensatz enthält darüber hinaus Querverweise zur Einwohnerdatei, mit deren Hilfe es möglich ist, Analysen der sozialen Schichtung, der Altersstruktur, der Familiengröße usw. zu erarbeiten. Wie im vierten Abschnitt zu zeigen ist, gestaltet sich die Querschnittauswertung von Sätzen variabler Länge sehr aufwendig. Planung ist aber auf die Querschnittanalyse angeweisen. Der Aufbau der Regionaldatei auf der Basis des Grundstückes mit aggregierten Daten und getrennt von der Gebäude- und Grundstücksdatei des Verwaltungsvollzugs scheint ein Erfordernis zu sein.

Wenn alle Sätze der Planungsdatei gleich aufgebaut sind (die gleichen Felder, gleiche Satzlängen), ist es einfach, für Planungsuntersuchungen die gesamte Datei querschnittmäßig sequentiell durchzugehen. Für die Grunddatei und die Planungsdatei besteht aber die Notwendigkeit, auf ihre Sätze nach unterschiedlichen topologischen Strukturen zurückzugreifen. Die Schwierigkeit, die hier auftritt, besteht darin, daß keine eindeutigen Oberbegriffe zu schaffen sind. Die nächst größere Einheit wäre die Blockseite, es gibt aber Grundstücke, die Teile von mehreren Blockseiten sind. Ein Grundstück kann einen Baublock darstellen, ein Baublock kann unterschiedlichen Stadtbezirken angehören (Abb. 2-1). Sollen die größeren regionalen Einheiten für den Planer aussagefähig sein, müssen sie direkt auf das Grundstück als der kleinsten Einheit zurückgreifen. Hierarchische Zwischenbegriffe sind sinnlos. Um die Daten trotzdem für die unterschiedlichen Kategorien von Oberbegriffen verfügbar zu machen, ist ein System von Listen aufzubauen:

— Blockseiten
— Baublöcke
— Stadtbezirke
— Schulbezirke
— Wahlbezirke
— Ordnungsdienstbezirke
— Rohrnetz
— Straßen usw.

Jede dieser Listen enthält für jeden Schlüsselbegriff eine Unterliste der zugehörigen Grundstücke. Die beispielsweise zu einem Baublock gehörenden Grundstücke sind auf diese Weise sofort auffindbar, ohne daß man die gesamte Grundstücksdatei durchgehen müßte. Da die Blockseiten immer eindeutig auch Straßen zuzuordnen sind, enthält die Liste der Straßen auch die Querverweise auf die Blockseiten (Abb. 2-2), umgekehrt enthalten die Blockseiten Kettungsfelder untereinander, um nacheinander in der richtigen Reihenfolge in der Straße zu erscheinen.

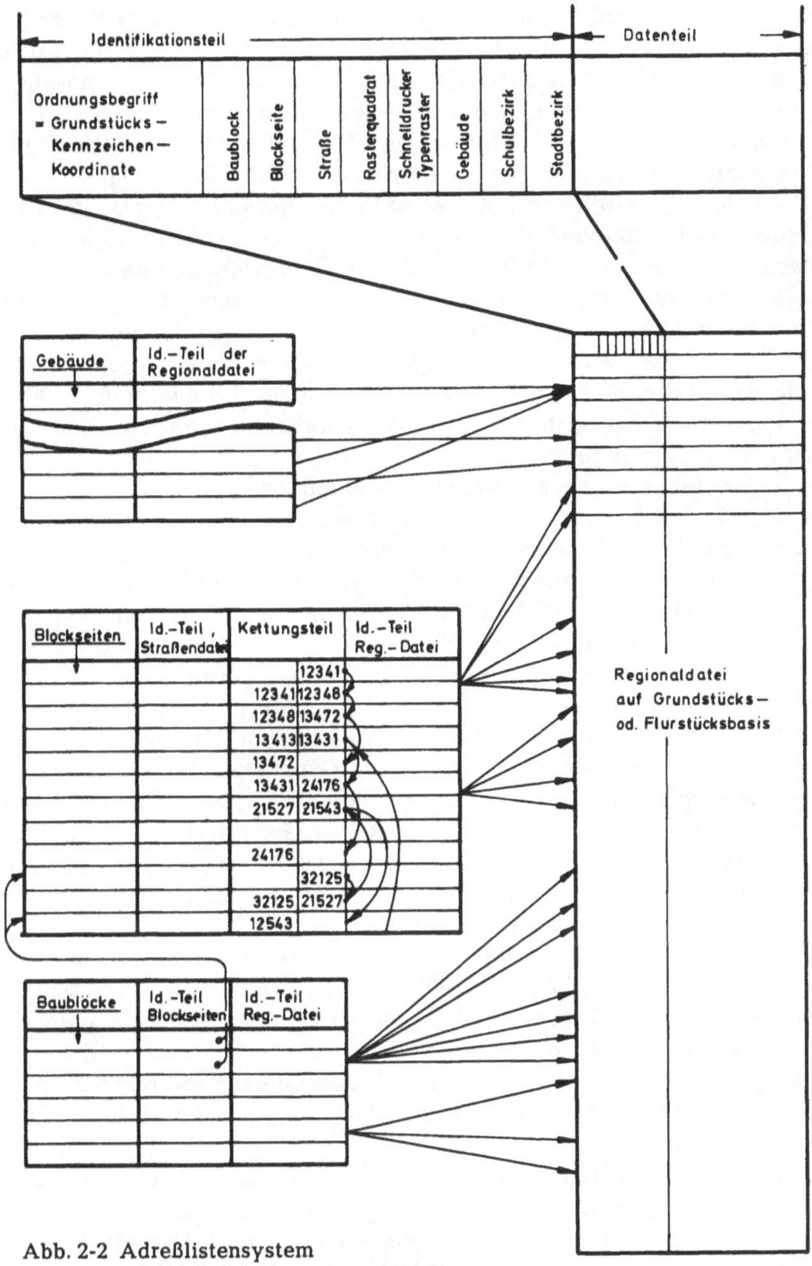

Abb. 2-2 Adreßlistensystem

Dieses Listensystem erinnert sehr an das Invertierungsverfahren für Datenbanken. Doch im Gegensatz zu diesen Methoden, Listen für zusammengehörige Inhalte aufzubauen, und das ist bei hohem Änderungsdienst sehr problematisch, dienen die Listen mit den topologischen Strukturen dem Zugriff auf den Schlüsselbegriff der Planungs- und der Grunddatei, nicht dem Zugriff zu den Feldern aufgrund des Inhalts.

Weil der Schlüsselbegriff die Koordinate des Grundstücks ist, ist es möglich, nach Planquadrat, Koordinatennetz oder bestimmten geometrischen Figuren, etwa Kreis, Rechteck oder Dreieck, zu den Grundstücken zuzugreifen. Die Berechnung von Einzugsgebieten für die Planung von Verkehrslinien oder anderen öffentlichen Einrichtungen ist damit wesentlich erleichtert, d. h., die regionalen Gegebenheiten sind leichter mathematisierbar und damit den verschiedenen Optimierungsverfahren des Operations-Research und den Systemanalyseverfahren, etwa der Simulation, leichter zugänglich.

Für den Planer wird es immer notwendig sein, auf Daten zurückzugreifen, die nicht in dieser speziellen Datenbank bereits verfügbar sind. Es läßt sich für den Systemanalytiker nicht voraussehen, welche Informationen eines Tages gebraucht werden. Eine der Grundvoraussetzungen einer Planungsdatei muß daher sein, daß über sie oder von ihr aus zu allen anderen Dateien des Systems der Zugang möglich ist. Für die Analyse der Wirtschaftsstruktur einer Region ist der Rückgriff auf die Datei der Wirtschaftsbetriebe und der öffentlichen Einrichtungen erforderlich. Die Datei der Wirtschaftsbetriebe sei nach dem Namen alphabetisch geordnet. Dann ist es notwendig, aus der Grundstücksdatei zunächst die Eigentümer als juristische Personen herauszufinden, dann die Namen dieser Eigentümer in einer Liste zwischenzuspeichern und mit dieser neuen Liste in die Datei der Wirtschaftsbetriebe zu gehen. Die herausgesuchte Untermenge ist dann noch daraufhin zu untersuchen, ob sie in diesem Stadtviertel ansässig ist oder nicht.

Hier besteht die Notwendigkeit, ad hoc in einem stufenweisen Prozeß aufgrund inhaltlicher Gegebenheiten Verbindungen von einer Datei zu einer anderen und von dieser zur nächsten herzustellen. Je nach dem Inhalt der Felder gibt es unterschiedliche Wege zwischen den Dateien eines gesamten Systems. Die Verknüpfbarkeiten aufgrund von Listen, Schlüsselbegriffen oder Feldinhalten sind in einer Matrix nach Tab. 2/2 beschreibbar.

Tab. 2-2 Matrix der Dateiquerverbindungen

Man kommt von einer Datei zur anderen aufgrund der angegebenen Charakteristika: id = gleicher Ordnungsbegriff, al = Adreßlistenverknüpfung, ke = Kettung mit Hilfe von Adreßfelder für logische oder physikalische Adressen, ag = Daten nur aggregiert vorhanden, l = Datensatz enthält auf logischer oder physikalischer Ebene die Adresse des zugehörigen Satzes in einer anderen Datei. Zahlen angegeben, so geht die Verknüpfung über die Datei mit der entspr. Nummer.

	1 Einwohner	2 Grund. u. Gebäuded.	3 Flurstücks-datei	4 Grundbuch	5 Unternehmen	6 Gewerbesteuer	7 Grundsteuer-konten	8 KFZ-datei	9 Rohrnetzdatei	10 Kommunale Einrichtungen	11 Haushaltplan	12 Bevölkerungs-daten	13 Wirtschafts-indikatoren	14 Regionaldatei	15 Blockseiten-datei	16 Baublock	17 Straßen	18 Stadtbezirke	19 Schulbezirke	20 Wahlbezirke	21 Postbezirke	22 Polizeibezirke	23 Mülltouren	24 Buslinien
1 Einwohnerdatei	X	l	–	l	lg 1)	–	l	l	–	–	–	–	–	l	2	2	2	2	14	14	15	16	15	15
2 Grundst-u. Gebäuded.	l	X	–	id	lg	5	id	l	id	l	–	–	–	id	l	l	l	l	16	16	15	16	15	15
3 Flurstücksdatei	l	–	X	id	lg	–	id	–	id	l	–	–	–	id	–	–	l	l	–	–	–	l	–	–
4 Grundbuch	l	id	id	X	lg	–	id	–	–	l	–	–	–	id	–	l	–	l	–	–	–	–	–	–
5 Unternehmen	–	l	–	l	X	id	l	l	14	–	–	lag	lag	l	lag	lag	15	16	16	16	–	–	–	–
6 Gewerbesteuerkonten	–	–	–	–	id	X	–	–	id	–	–	–	”	–	–	–	–	–	–	–	–	–	–	–
7 Grundsteuerkonten	l	id	id	id	lg	–	X	–	l	l	–	–	”	id	14/2	14/2	14/2	–	–	–	–	–	–	–
8 KFZ-datei	l	–	–	–	lg	–	–	X	–	–	–	14/1	–	lag	14	14/2	15	16	–	–	–	–	–	–
9 Rohrnetzdatei	–	15	15	–	–	–	–	–	X	15	l	15	–	15	id	–	15	l	–	–	–	–	–	–
10 Kommunale Einr.	–	l	l	l	–	–	l	–	14	X	l	lag	–	l	14	l	14	16	–	–	–	–	–	–
11 Haushaltplan	–	–	–	–	–	lag	lag	–	–	–	X	–	lag	–	–	–	–	–	–	–	–	–	–	–
12 Bevölkerungsdaten	–	14	–	–	–	14	–	–	14	14	–	X	–	lag	14 l	l	l15	l16	l	l	l	l	14	14
13 Wirtschaftsindikatoren	–	–	–	–	lag	lag	lag	–	–	–	lag	–	X	5	–	lag	–	–	–	–	–	–	–	–
14 Regionaldatei	2	id	id	id	l	5	id	lag	id	l	–	lag	–	X	l	l	l	l	16	16	15	16	15	15
15 Blockseitendatei	2/14	al	–	14/2	l	14/5	14	14	14	14	–	l	–	al	X	id	al	al	16	16	al	16	Ke	Ke
16 Baublockdatei	2/14	al	–	14/2	l	14/5	14	14	14	14	–	l	–	al	id	X	–	al	al	al	al	al	–	–
17 Straßendatei	2/14	15	–	14/2	14/2	14/5	14	14	14	14	–	l	–	15	al	–	X	–	–	–	–	–	(15)	(15)
18 Stadtbezirke	2/14	15	l	14/2	14/2	14/5	14	14	14	14	–	l	–	al	al 16	al	(15)	X	–	–	–	–	–	–
19 Schulbezirke	2/14	al	–	–	14/2	–	–	–	–	14	–	l	–	al	al 16	al	(15)	–	X	–	–	–	–	–
20 Wahlbezirke	al	al	–	–	14/2	–	–	–	–	14	–	l	–	al	al 16	al	–	–	–	X	–	–	–	–
21 Postbezirke	al	al	–	–	14/2	–	–	–	–	14	–	l	–	al	al 16	al	–	–	–	–	X	–	–	–
22 Polizeibezirke	al	al	al	–	14/2	–	–	al/1	–	14	–	l	–	16	al 16	al	(15)	–	–	–	–	X	–	–
23 Mülltouren	–	15	–	–	15	–	–	–	–	14	–	14	–	15	Ke	–	(15)	–	–	–	–	–	X	–
24 Buslinien	–	15	–	–	15	–	–	–	–	14	–	16	–	15	Ke	–	(15)	(15)	–	–	–	–	–	X

Sehr häufig besteht der Wunsch herauszufinden, welche Entwicklung eine Region, die Wirtschaft dieser Region oder die Bevölkerung hier von Jahr zu Jahr genommen haben. Diesbezügliche Auswertungen sind Grundlagen für Trendanalysen und Prognosen. Um das zu bewerkstelligen, gibt es zwei Wege:

(1) Erfassung und ständige Mitschreibung der Änderungen, so wie sie eintreten.

Dabei entstehen viele einzelne Dateien, die im Grunde genommen Zeitreihen sind und mit jeder Änderung einzeln fortgeschrieben werden. Darauf aufbauende Trendberechnungen sind auch hier nicht schwierig zu realisieren. Die Auswertungen sind aber sozusagen eindimensional, und es ist schwer, die nebeneinander bestehenden Zeitreihen zueinander in Beziehung zu setzen.

(2) Periodische Abbildung des gesamten Inhalts einer Datenbank resp. Abzug von Teilen des Inhaltes, die für Trendberechnungen interessant werden können.

Das Programm stellt diese Änderungen periodisch in Form einer Matrix zusammen. Die Matrix ist eine Abbildung des Zustands des Systems zu einem bestimmten Zeitpunkt. Eine Trendanalyse würde jetzt davon ausgehen, daß der charakteristische Inhalt immer an der gleichen Stelle der Matrix erscheint. In der Darstellung eines geometrischen Modells (Abb. 2-3) entsteht so ein Informationsquader mit den drei Kanten: Dateiordnungsbegriff, Datensatz und Zeit.

Trendanalysen wären in diesem Modell als Fortschreiten entlang der Zeitachse zu betrachten, dabei immer in einem bestimmten Feld der Matrix bleibend. Diese Struktur ist generell, sie ist denkbar in allen Fachbereichen des Informationssystems. Es ist abwegig, Zeitreihen anders darstellen zu wollen, wenn die Programmtechnik des Systems ein entsprechendes Zugriffsverfahren standardmäßig zur Verfügung stellt. In einer Matrix dieser Art lassen sich beispielsweise die innerstädtischen Umzüge dokumentieren. Monatlich oder vierteljährlich sind dazu die Änderungen auszuwerten, und in einer Matrix, die in Kopf- und Zeilenleiste die einzelnen Stadtbezirke führt, sind die Zahlen über die Umzüge einzutragen. Aus diesen monatlichen Zustandsbeschreibungen lassen sich dann Balkendiagramme und Karten mit entsprechenden Markierungen erstellen oder graphische Ausdrücke nach der Art der Abb. 2-4.

Ergänzend zu dieser grundlegenden Regionaldatei sind für Planung zusätzliche Dateien notwendig. Die Datensätze sind tunlichst durch Begriffe zu ergänzen, die eine regionale Zuordnung erlauben, also etwa Koordinaten, um diese Informationen mit der regionalen Datei in einen

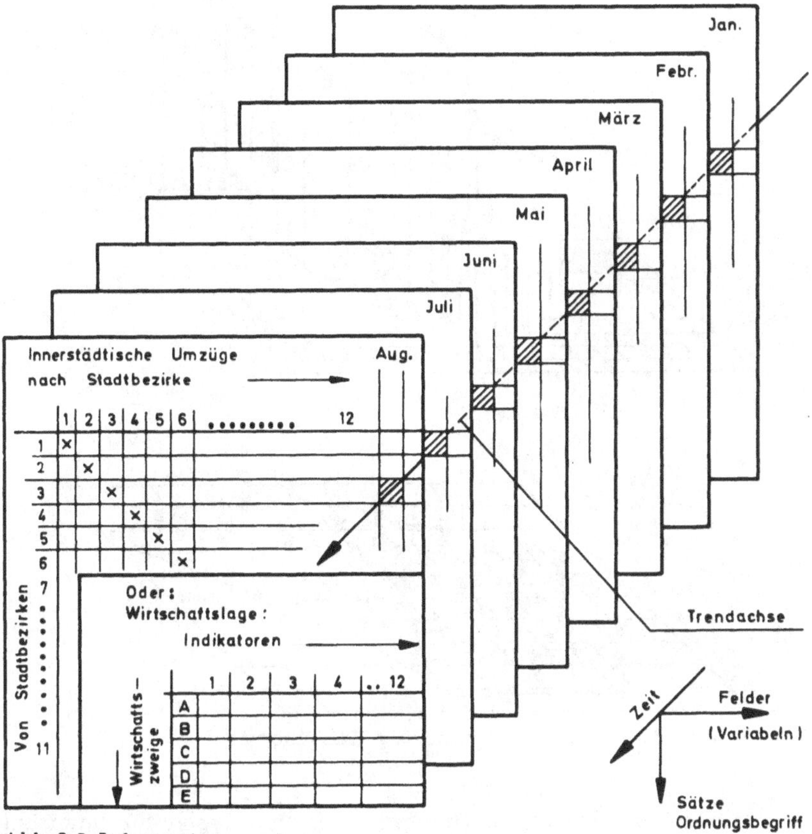

Abb. 2-3 Informationsquader

aussagefähigen Zusammenhang zu bringen. Ein Verzeichnis der Schulen würde etwa genau beschreiben, welche Schule mit welchen Einrichtungen in welchem Bauzustand an welcher Stelle gelegen ist. Das gleiche gilt etwa für Krankenhäuser, Kindergärten, Sportstätten, Erholungsgebiete. Dateien mit Daten über Kriminelle, über Krankheitsfälle oder soziale Außenseiter, über Arbeitslose, für die auch jeweils die Möglichkeit der regionalen Zuordnung besteht, ermöglichen in Zusammenhang mit der Regionaldatei aussagefähige Information. Auch eine Datei über Umweltdaten, d. h. Daten, die Aufschluß geben über Niederschlagshäufigkeiten, Windrichtungen, Kohlenoxydgehalt der Luft, radioaktiven Ausfall, die Häufigkeit von Nebel sind für großräumige Planung dringende Voraussetzung.

Erst die regionale Zuordnung macht alle diese Daten gegenüber konventionellen Statistiken aussagefähiger. Ihrer Charakteristik nach sind

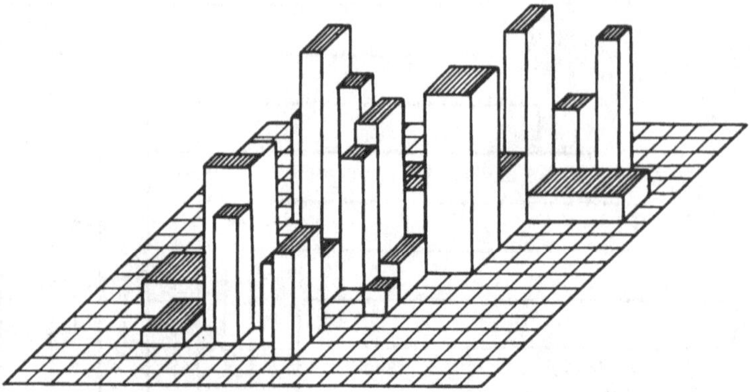

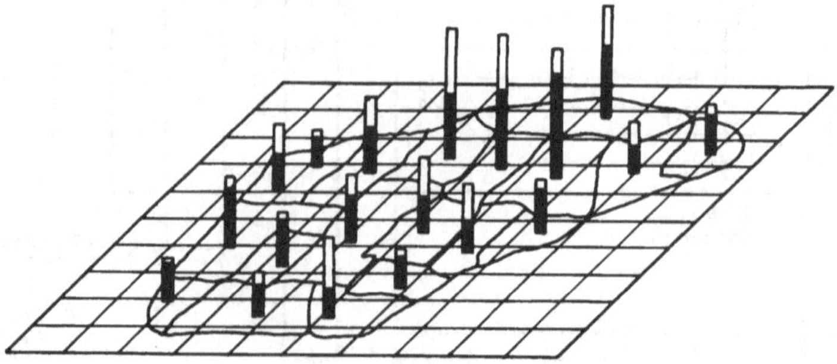

Abb. 2-4 Graphische Ausdrucke vom Zeichengerät

Informationen, die hieraus abzuleiten sind, Unterlagen für langfristige investierende Planung. Sie gehören in der Terminologie des Abschnitts 1 auf die Strukturnetzebene.

2.1.3. Information als Auswertung vorhandener Daten

Ausgehend von der Vorstellung, die Information entstehe durch die Interpretation von Daten mit Hilfe eines Programmes oder Modells, lassen sich einige Beispiele für das Zusammenspiel von Modellen und Daten in einem Informationssystem aufführen. Der Auswertemöglichkeiten sind unendlich viele. Es kann im Rahmen dieser Abhandlung nur möglich sein, einige Beispiele für Typen von auswertenden Modellen zu bringen. Dabei ist der Versuch zu umgehen, die Typisierung von Modellen theoretisch zu untermauern. Auf die entsprechende Literatur sei hingewiesen [8].

Rein pragmatisch und vom datenverarbeiterischen Standpunkt her zweckmäßig sind zwei Gruppen von Programmen, nämlich

— Analyseprogramme,
— Darstellungsprogramme.

Die Analyseprogramme oder Modelle sind in jedem MIS von zentraler Bedeutung und man könnte sagen, ein MIS ist soviel wert wie seine verfügbaren Analyseprogramme.

Analyseprogramme in diesem Sinne sind alle mathematisch-statistischen Verfahren, wie Regressionsanalyse, Zeitreihenanalyse, Varianzanalyse, Multivariantenanalyse. Analyseprogramme sind aber auch alle speziell entwickelten Modelle, etwa Allokationsmodelle oder Prognoserechnungen. Auch die sogenannten Kurzsimulationen, die dem schnellen Vergleich mehrerer Alternativen in einer Entscheidung dienen, gehören hierher.

Eine besondere Kategorie von Analyseprogrammen sind die sogenannten Kontrollprogramme. Sie überwachen das Ausmaß und den Trend von bestimmten Änderungen, und sie geben bei Überschreitung von Kontrollgrenzen selbsttätig Warnanzeigen.

Programme zur Darstellung von gewonnenen Informationen folgen meistens auf Analyseprogramme. Der Ausdruck eines Histogramms, einer Bevölkerungspyramide, einer Trendkurve oder einer Karte mit Hilfe eines Schnelldruckers oder Plotters dient der visuellen Darbietung der von Analyseprogrammen ermittelten Ergebnisse. Daß bei der Entwicklung der datentechnischen Gesamtkonzeption die Darstellungsprogramme auf die Analyseprogramme abgestimmt werden müssen, ist selbstverständliches Erfordernis. Zusammen mit dem Retrieval-Programm für die Planungsdatenbank entsteht auf diese Weise eine Programmkette.

Im Prinzip heißt das, daß der Benutzer beliebige Ketten für seine Auswertungen zusammenstellt. Analyseprogramme arbeiten immer nur innerhalb solcher Ketten. Andererseits gibt es Programmketten, die nicht eigentlich solche Analyseprogramme enthalten. Dazu gehören Auskünfte oder Auflistungen aufgrund des Schlüsselbegriffs einer Datei oder aufgrund qualifizierender Bedingungen.

Die im folgenden zu diskutierenden Beispiele für Analyseprogramme werden immer auch Beispiele für Programmkettungen sein.

Beispiel 1 — Stadtsanierung:

Um herauszufinden, ob ein bestimmter Stadtbezirk von Grund auf zu sanieren ist, ist die Erarbeitung einer Vielzahl von analytischen Informationen auf der Basis der gespeicherten Daten notwendig. Hierzu gehört die Analyse des Altersaufbaus für diesen Stadtbezirk. Eine Auswertung würde ausgehen von der Feststellung der Gebäude und Grundstücke, die zu diesem Stadtbezirk gehören. Aus der bereits diskutierten Regionaldatei würde über die Liste der Stadtbezirke zu ermitteln sein, welche Gebäude oder Grundstücke zu diesem Stadtbezirk gehören. Die Datensätze der Gebäude wären herauszusuchen und in einer Arbeitsdatei zwischenzuspeichern. An Hand dieser sind aus der Gebäude- und Grundstücksdatei des Verwaltungsvollzugs die Familienverbände zu ermitteln, die hier wohnhaft sind. Die Nummern der Familienverbände verweisen auf Schlüsselbegriffe der Einwohnerdatei des Verwaltungsvollzugs. In diesem speziellen Fall, bei dem der Schlüsselbegriff, das Personenkennzeichen, bereits Auskunft über das Geburtsdatum gibt, ist es ausreichend, nur den Schlüsselbegriff auszuwerten, in anderen Fällen, etwa für die Analyse der Berufsstruktur, wäre auf das entsprechende Feld des Einwohnersatzes zuzugreifen. Erst jetzt, nachdem die in Frage kommenden Kennzeichen für die in dem zu untersuchenden Stadtbezirk wohnenden Einwohner zwischengespeichert sind, beginnt das Analyseprogramm aufgrund der Geburtsdaten eine Klassifizierung nach Alter. Nach Abschluß dieser Analyse übergibt das Programm die Zahlen der Altersklassifizierung für männlich und weiblich getrennt an das entsprechende Darstellungsprogramm „Bevölkerungspyramide". Der Vergleich der Alterspyramiden verschiedener Stadtbezirke läßt Schlüsse über die Art der Alters- und Sozialstruktur der verschiedenen Gebiete zu. Neben einer Reihe anderer Untersuchungen ist sicher die Aufschlüsselung der Bausubstanz des in der Untersuchung befindlichen Stadtbezirks notwendig. Wieder wird der Planer auf die Regionaldatei zurückgreifen, sich an Hand der Querverweisliste die Gebäudedaten, soweit möglich aus der Regionaldatei, ergänzend aber aus der Gebäudedatei des Verwaltungsvollzugs, ausgeben lassen. Selektion der Felder „Baujahr", „Wohnungsgröße", „sanitäre Einrichtungen", „baulicher Zustand", Eingabe in eine Zwischendatei, Häufigkeitsanalyse über die einzelnen Felder mit Hilfe eines Analyseprogrammes, anschließende Darstellung mit Hilfe eines Balkendiagramms werden die weiteren Schritte dieser Auswertung sein.

Es bleibt dem Auswertenden, in diesem Fall dem Planer, überlassen, die Darstellungen zu interpretieren.

Er befindet sich im Planungsprozeß auf der Ebene des Weisungsnetzes, seine wertende Interpretation der Ergebnisse der Analyse unterliegt den Vorgaben aus der Strukturnetzebene direkt oder indirekt.

Beispiel 2 — Allokationsmodell:

Einmal abgesehen davon, daß Entscheidungen über den Standort von Schulen, Kindergärten, Krankenhäusern, Einkaufszentren bisher vielleicht ausschließlich nach wahl- oder parteipolitischen Gesichtspunkten getroffen wurden, sind Verfahren, die diese Entscheidungsfindung operationalisieren, bisher zwar bekannt, aber kaum im Einsatz, weil die erforderliche Datenbasis fehlte oder die Verbindung zu einem Datenbankkomplex nicht herzustellen war. Alle diese Standortoptimierungen lassen sich auf die gleiche Grundaufgabe zurückführen, d. h., für das Problem, einen Standort vor anderen als geeignet auszuzeichnen, lohnt sich die Entwicklung eines generellen Verfahrens. Es gibt hierfür mehrere mathematische Ansätze. Für diese Abhandlung ist das Gradientenverfahren im Zusammenspiel mit der Regionaldatei und einem Kartendarstellungsprogramm zu diskutieren.

Der mit diesem Problem beauftragte Systemanalytiker wird an Hand des Stadtplans, der bestehenden Bebauung und aufgrund der Besitzverhältnisse über das ganze Stadtgebiet verteilt einige für die Einrichtung von Krankenhäusern geeignete Grundstücke herausfinden. Er kann damit rechnen, daß z. B. drei Klinik-Komplexe in den nächsten 20 Jahren neu gebaut werden können. Seine Aufgabe ist es nun, herauszufinden, an welchen Stellen diese drei Komplexe nach Einzugsgebiet, Grundstückskosten und Kapazität am besten zu bauen sind. Nach Art der Probierverfahren nimmt er einen der geeigneten Standpunkte nach dem anderen vor. Um jeden Punkt legt er konzentrische Kreisringe gleicher Breite und versieht sie mit einer Gewichtung, die mit dem Radius exponentiell abfällt. Mit Hilfe eines algorithmischen Analyseprogramms ermittelt er für jeden Kreisring die in seine Fläche fallenden Grundstücke. Das Programm arbeitet mit der Umrechnung von Rechteckkoordinaten in Kreiskoordinaten.

Die Regionaldatei ist sequentiell darauf abzusuchen, ob ein Grundstück oder Gebäude mit seinen Koordinaten innerhalb dieses Ringes liegt oder nicht. Der stufenweise Prozeß des Heraussuchens der dort wohnenden Einwohner und deren Auszählung erfolgt dann wie im ersten Beispiel. Dieses geschieht für alle Kreisringe für alle in Frage kommenden Standorte. Die Summierung unter Berücksichtigung der Gewichtung ergibt die für die unterschiedlichen Standorte kennzeichnenden Zahlen. Mit Hilfe der Simulationstechnik läßt sich daraus das Standorttripel bestimmen, das optimal erscheint. Einfacher ist wahrscheinlich die Ermittlung des optimalen Standorttripels aufgrund der Gradientendarstellung in einer Karte.

Das geschilderte Verfahren ist sehr aufwendig, weil für die Ermittlung der Gebäude in den konzentrischen Kreisringen das Abarbeiten der gesamten Regionaldatei notwendig ist.

Deswegen ist es sinnvoll, einzelne Daten, die für diesen Typ von Planungen notwendig sind, auf Blockebene aufzuaggregieren und mit diesen Daten die Standortoptimierung durchzuführen. Es wird sich immer zeigen, daß es notwendig ist, den Komplex der Regionaldatei durch eine neue Liste zu erweitern oder zu ergänzen.

Beispiel 3 — Verkehrsflußanalyse:

Für den Bau von U-Bahnlinien oder die Einrichtung von Omnibusverbindungen und den Ausbau von Straßen ist die Kenntnis des mußmaßlichen Einzugsgebietes von zwingender Notwendigkeit. Für die etwas großräumigere Regionalplanung basiert die Berechnung auf den Einzugsflächen, für die Berechnung von Straßenbreiten, Kanalisationsquerschnitten oder Wasserversorgungsnetzen sind netzartige Elemente Ausgangspunkt. Der hier arbeitende Planer wird aufgrund einer ihm vorliegenden Karte im ersten Fall die Koordinateneckpunkte eines Gebietes, das er untersuchen möchte, angeben, im zweiten Fall den Namen der Straße in der Straßenliste. Aufgrund dessen ist die Zahl anliegender Gebäude, die Alters- und Sozialstruktur der dort wohnenden Einwohner zu ermitteln. Der Faktor, der Verkehrsnetzplanung am meisten beeinflussen sollte, ist die Erfassung der Wege der Einwohner zu Arbeitsstätten oder Schulen. Im Prinzip läuft es darauf hinaus, für jeden einzelnen der irgendwo beschäftigten Einwohner den Weg von der Wohnstätte zum Ort seiner Tätigkeit zu erfassen. Auch hier wird man wegen des sehr großen Aufwandes zu größeren räumlichen Einheiten, als es das Gebäude darstellt, übergehen müssen. Wahrscheinlich ist eine Erhebung anläßlich einer Volkszählung sinnvoll. Die Ergebnisse der Erhebung wären dann auf die mit Hilfe der Regionaldatei festgelegten Flächen oder Netzelemente zu projizieren. Die visuelle Darstellung mit Hilfe eines Zeichengerätes auf der Basis des Stadtplans ist für die darauf aufbauende Planung wahrscheinlich der brauchbarste Ausgangspunkt.

2.1.4. Operationale Führungsaufgaben

Es bestehen einige Aufgaben, die zwar Gegenstand mittleren Managements sind, aber ihrer Natur nach als dispositive Tätigkeiten mehr zu dem operativen Bereich gerechnet werden müssen. Dazu gehört etwa die Erstellung von Stundenplänen für Schulen, die Zuteilung von Lehrern zu Schulen, was insbesondere für Berufs- und Gewerbeschulen sehr wichtig ist. Die Verfolgung von öffentlichen Bauprojekten mit Hilfe von Netzplantechniken [9], insbesondere in bezug auf die Einhaltung der Kosten, ist auch eine solche Aufgabe. Zu diesen dispositiven Tätigkeiten gehört die Planung der Krankenhausbettenbelegung oder ein Nachweis für Hotelzimmer, die Führung eines zentralen Veranstaltungskalenders im Zusammenhang mit der Verplanung von Konzertsälen, Messehallen oder Sportstadien. Obwohl eigentlich zu dem fiskalischen Bereich gehörend, sind einige dispositive Tätigkeiten hier mit aufzuführen, weil sie auf die Informationen der Planungsdatenbank zurückgreifen können und mit deren Hilfe optimal zu erfüllen sind. Das wäre die Einsatzplanung des fahrenden Personals bei den städtischen Verkehrsbetrieben, die Planung der Wartungs- und Instandsetzungsroutine für städtische Straßenbahnen und Omnibusse, die Errechnung optimaler Touren für Müllabfuhr und Straßenreinigung, Personaleinsatzpläne für Räum- und Streudienst im Winter usw.

2.1.5. Benutzerkommunikation

Unabhängig von der datentechnischen Realisierbarkeit, über die im Abschnitt 3 zu sprechen sein wird, sind für ein Informationssystem der öffentlichen Verwaltung bestimmte Gesichtspunkte der Kommunikation des Benutzers mit dem System wichtig. Eine große Zahl von Fachleuten vertritt die Ansicht, ein Informationssystem solle in erster Linie alle möglichen Berechnungen und Auswertungen zulassen, der Komfort für den Benutzer stehe dabei im Hintergrund. Sie gehen davon aus, daß ein Planer seine Aufgabe formuliert, dann aber zum Rechenzentrum hingehen muß, um sie ausführen zu lassen. Mit der Zunahme des Komforts und des Aufwandes bei der Auswertung wird aber erkennbar, daß die Motivation, ein Informationssystem zu benutzen, zunimmt, wenn der Zugang zum System wesentlich erleichtert wird, etwa durch eine für jeden Benutzer leicht erlernbare etwas standardisierte Benutzersprache.

Es dürfte nicht viel mehr Aufwand sein, die Regeln und Eingrenzungen einer solchen Sprache zu erlernen als sich den Inhalt einer gesetzlichen Verordnung anzueignen und danach zu handeln. Voraussetzung dafür ist, daß der Benutzer mit den rein datentechnisch bedingten Dingen, wie sie etwa Programmiersprachen beinhalten, nichts mehr zu tun hat. Aber es ist ihm zuzumuten, sich mit den inhaltlichen Möglichkeiten des Systems vertraut zu machen, um vernünftig damit umgehen zu können. Es wird notwendig sein, auch für die Spitzen der Verwaltung und für die politischen Vertreter, den Umgang mit diesen technischen Gegebenheiten zu erlernen. Bei dem Trend zunehmender Komplexität in allen Bereichen des öffentlichen Lebens wird es, mag man diese Tatsache nun bedauern oder begrüßen, dazu kommen, daß das Vermögen, mit dem System sinnvoll umgehen zu können, zum Qualifikationsnachweis für Führungspositionen wird. Das heißt nicht, daß der Mensch, in dem Fall der angesprochene Vertreter der Verwaltung oder eines Parlaments, zum Sklaven des Systems wird, es heißt ganz einfach, so präzise zu denken und zu formulieren, wie es dem Maß an Verantwortung in einflußreicher politischer Position eigentlich nur adäquat ist.

Es gibt eine große Zahl amerikanischer Entwicklungen, die im Dialog zwischen Maschine und Benutzer den Wunsch des Benutzers in bezug auf eine Auswertung oder eine Auskunft stufenweise präzisieren und herausarbeiten. Abgesehen von dem sehr großen Aufwand an Hardware, der durch die Benutzung von dafür notwendigen Terminals entsteht, sind die Software-Einrichtungen bei diesen Systemen sehr aufwendig. Insbesondere in dem Fall, daß mehrere Benutzer zu der Anlage Zugang haben, wird ein Dialog-Verfahren zum Aufbau der Aufgabenstellung sehr unwirtschaftlich. Die Entwicklung in den USA geht deswegen in letzter Zeit einerseits in Richtung starrer Formalisierung der Anfragen, andererseits in Richtung einfacher aber sehr benutzerfreundlicher Bedienersprachen. Diese haben den Vorteil, daß im on-line-Betrieb wie im off-line-Betrieb geschlossene Aufträge abgefertigt werden können. (Zu Einzelheiten einer solchen Bedienersprache siehe Abschnitt 3.)

Gegenstand laufender Untersuchung im Zusammenhang mit MIS allgemein ist das Problem der Aussagefähigkeit von Darstellungen, eng verbunden mit der Frage der Signifikanz von Informationen über bestimmte Sachverhalte. Von Seiten des Benutzers ist die Frage nach dem Komfort der Darstellung nach Augenscheinlichkeit und Sinnfälligkeit der dargestellten Informationen zu stellen. Hier zu optimalen Verhältnissen zu kommen, dürfte das Feld von Forschungen des nächsten Jahrzehntes sein. Beim derzeitigen Stand der Entwicklung bleibt nur übrig, empirisch vorzugehen, d. h. auszuprobieren, ob eine vorgeschlagene Lösung den Bedürfnissen entspricht oder ob sie verbessert werden kann.

2.1.6. Das Gesamtkonzept

Auf der Basis der Diskussion der Komponenten eines Informationssystems der öffentlichen Verwaltung am Beispiel Kommunalverwaltung wird die Präsentation des Gesamtkonzeptes möglich. Diese wird möglich mit der Darstellung des Informationsflusses im gesamten Informationssystem. Die beschreibenden Mittel der Nachrichtentechnik — Vierpoltheorie, lineare Systemtheorie, Shannon-Kanal — sind unter bestimmten Voraussetzungen hier brauchbar. Datenverarbeitungsanlagen arbeiten im Gegensatz zu konventionellen Kommunikationsmitteln mit Informationsspeichern. Darüber hinaus läßt sich nachweisen, daß die Informationen am Eingang wegen der Querschnittauswertung im System einer anderen semantischen Ebene angehören, als die Informationen am Ausgang. Insofern gehören solche Informationssysteme zu den nicht-linearen Klassifizierern. Die Zeichnung in Abb. 2-5 benutzt die Shannon'sche Kanaldarstellung als Analogon, d. h. immer unter der Voraussetzung, daß die Übermittlungszeit vom Erzeuger der Information zum Benutzer nicht dargestellt wird, sondern nur der logische Zusammenhang, ist die Darstellung richtig. Erzeuger der Information ist die Dienststelle, die den direkten Kontakt mit dem Bürger hat und seine Änderungswünsche zur Kenntnis nimmt. Mit Hilfe von Datenerfassungsprogrammen bei der Ersterfassung oder den Änderungsprogrammen im laufenden Betrieb gelangen die Daten in die Vollzugsdatenbank (VDB). Diese Vollzugsdaten

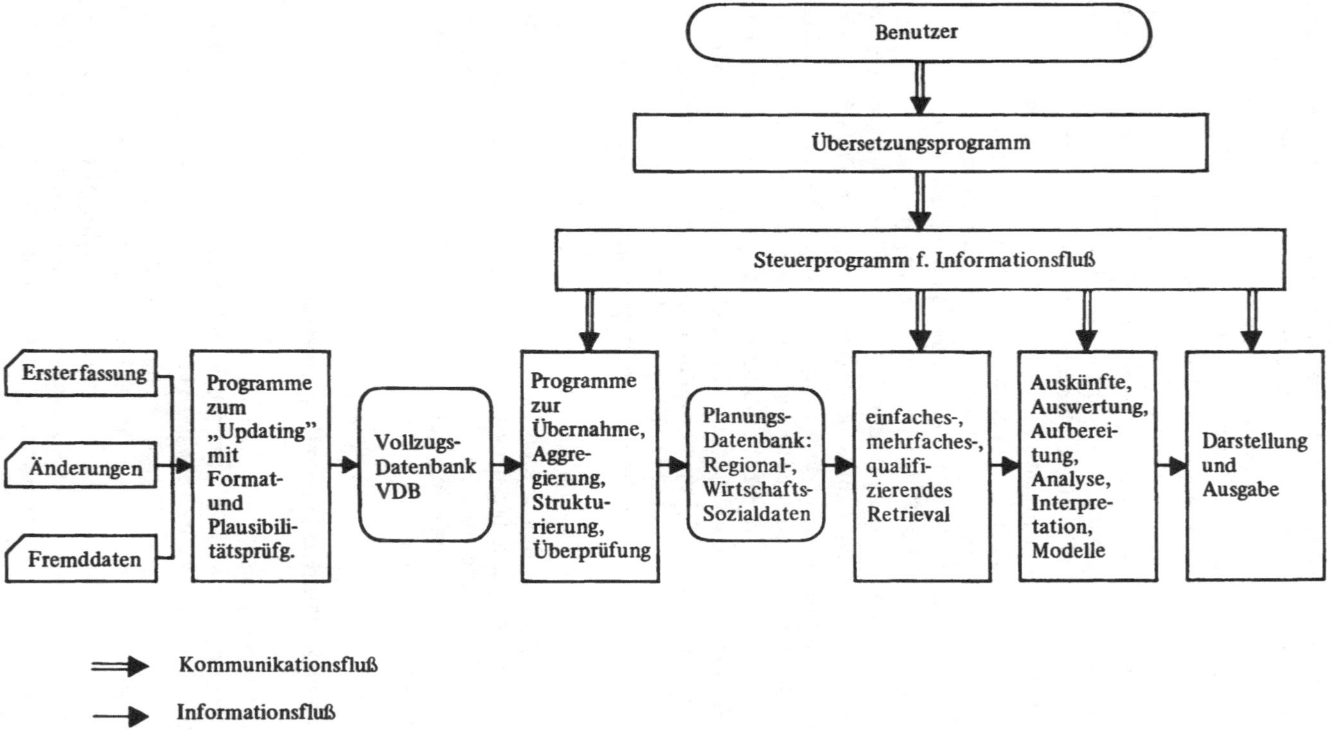

Abb. 2-5 Gesamtkonzept

und Daten, die aus speziellen Erhebungen, wie statistischen Umfragen, Volkszählungen oder den vielen hundert kleinen Karteien kommen, bieten die Informationsbasis des gesamten Systems. Die Daten der Planungsdatenbank (PDB) entstehen aus diesen ersten Daten auf unterschiedliche Weise. Die erwähnten Matrizen als Abbildung eines Zustandes zu einem bestimmten Zeitpunkt lassen sich anläßlich des „Updatings" der Änderungen in der Vollzugsdatenbank erzeugen. Die Regionaldatei ist anfangs als Untermenge der Grundstücks- und Gebäudedatei aufzubauen. Ihr Inhalt wird ergänzt einerseits durch den Aufbau des Adreßlistensystems (Strukturgraph), andererseits durch aggregierte Querschnittdaten, die in speziellen Prozessen aus den Vollzugsdaten ermittelt werden. Auch Fremddaten gelangen über interpretierende und auswertende Prozesse in spezielle Dateien der Planungsdatenbank. Retrieval-Programme machen die Daten für die Analyseprogramme zugänglich. Während einfaches Retrieval der Erfüllung eines Auskunftswunsches aufgrund des bekannten Schlüsselbegriffs dient, ist mehrfaches Retrieval das Heraussuchen von vielen Datensätzen an Hand des Schlüsselbegriffs. Dagegen ist als qualifizierendes Retrieval das Auffinden von Datensätzen zu sehen, deren Feldinhalte bestimmten Kriterien entsprechen. Die aufgefundenen Sätze oder Felder dieser Sätze stehen in Arbeitsdateien den Analyseprogrammen, den wissenschaftlichen Modellen zwecks Auswertung oder Interpretation zur Verfügung. Die so erzeugte Information geht dann in Form graphischer Darstellungen oder Texte an den Benutzer (Abb. 2-5).

Völlig unabhängig hiervon ist der Informationsfluß zu sehen, der, vom Benutzer ausgehend, das System des zuerst diskutierten Flusses steuert. Es ist ganz eindeutig, daß dieser vom Benutzer ausgehende Informationsfluß ein Meta-System zu dem Fluß innerhalb des Informationssystems darstellt. Zur Unterscheidung sollte das Meta-System als Kommunikationsfluß bezeichnet werden.

2.2. Obrigkeitliche Hoheitsverwaltung

Während bei dem Informationssystem für die Leistungsverwaltung die Aggregation von Daten für die Planung der Schwerpunkt der Aufgaben des Systems ist, besteht die Hauptaufgabe des polizeilichen Informationssystems in der überregionalen Präsentation von Informationen über Einzelindividuen oder Sachen. Ein zweiter sehr wichtiger Unterschied besteht in den Zeitbedingungen, die für die Antwort- oder Reaktionszeiten des Systems gelten. Abgesehen von einigen Fällen, bei denen es um die schnelle Präsentierung von Ergebnissen, Tabellen, Kurven und dergl. geht, sind die Zeitbedingungen bei der Leistungsverwaltung im allgemeinen nicht kritisch. Dagegen hängt die Arbeitsfähigkeit und der Wirkungsgrad eines polizeilichen Informationssystems gerade davon ab, wie schnell Informationen zu übermitteln oder, wenn im System bereits vorhanden, wiederzufinden sind. Ein weiterer Unterschied zur Leistungsverwaltung besteht in der mehr netzartigen Struktur des polizeilichen Informationssystems. Der Unterschied ist aber nicht gravierend, wenn überregionale Informationssysteme auf dem Gebiet der Leistungsverwaltung — man denke an das Konzept kommunaler Datenzentralen oder Informationssysteme auf Bundes- und Landesebene — in die Betrachtung einbezogen werden. Dieses Kapitel macht aus didaktischen Gründen davon Gebrauch, daß das Informationssystem auf Landesebene (Abschnitt 4) als eine Kombination der Prinzipien des kommunalen Informationssystems mit den Prinzipien des polizeilichen Informationssystems vor allem in bezug auf seinen überregionalen Datentransfer gesehen werden kann.

2.2.1. Die Datenbasis eines polizeilichen Informationssystems

Der Schwerpunkt des Systems der Leistungsverwaltung liegt auf dem Gebiet der auswertenden oder interpretierenden Modelle. Ohne diese wäre die Datenbasis vom Verwaltungsvollzug her zwar vorhanden, sie hätte aber gewisse Ähnlichkeit mit den vielzitierten Zahlenfriedhöfen. Der Schwerpunkt des polizeilichen Informationssystems liegt eindeutig auf den Dateien und den Zugriffsmöglichkeiten zu ihren Daten, nicht auf einer Vielzahl von besonders komplizierten Modellen. Das wird besonders deutlich in Anbetracht von etwa 2 Millionen Straftaten im Jahr [nach 16].

Es wird spezieller Kunstgriffe bedürfen, entsprechend große Dateien über Täter, Kraftfahrzeuge, Dokumente, Sachgegenstände und Schußwaffen auf dem laufenden zu halten und in dem hierarchisch gestaffelten Netz verfügbar zu machen. Wohl wichtigste Maßnahme zur Erreichung dieses Ziels ist die Anpassung der Informationsauswahl an die entsprechende hierarchische Ebene. Auf der untersten Ebene, der regionalen, stehen alle Informationen zur Verfügung. Auf Landesebene, als der Ebene darüber, sind nur Teile der Sätze, insbesondere die, die der Identifikation und der regionalen Zuordnung des Falles dienen, interessant, auf Bundesebene aber nur Informationen zu einigen ausgewählten Fällen, die aus Gründen internationaler Verbrechensbekämpfung oder Gründen nationaler Sicherheit von Bedeutung sind. Unabhängig davon, welche Information auf Bundesebene verfügbar ist, arbeiten die Systeme auf Landesebene — also die Landeskriminalämter — in einem Ring zusammen.

Die Schwierigkeit bei Dateien mit Daten über einige Millionen Täter ist die eines eindeutig identifizierenden Ordnungsbegriffs. Dieser müßte aufbauen auf den unveränderlichen Merkmalen einer Person bzw. einer Kombination von Merkmalen. Die Kombination von Merkmalen wird nötig, weil beispielsweise Familiennamen leicht doppelt oder mehrfach belegt sein können, Vornamen sehr häufig unterschiedlich geschrieben oder gehört werden; zudem kann eine Person mehrfache Vornamen haben. Das Geburtsdatum ist zwar von hohem Identifikationswert, doch auch dieses Merkmal ist mehrfach belegt. Als ergänzendes Merkmal der Identifikation eignet sich der Geburtsort, sein Identifikationswert ist aber nicht sehr hoch, da die Anzahl der Orte in der Bundesrepublik relativ gering ist.

Ausgehend von der Überlegung, daß das Merkmal mit dem höchsten Selektionswert den Ordnungsbegriff darstellen sollte, wird an erster Stelle eines Satzes der Familienname stehen, an zweiter Stelle das Geburtsdatum, an dritter Stelle der oder die Vornamen, an vierter Stelle der Geburtsort. Jeder auftretende Fall wird zudem mit einer bundeseigenen Nummer (Bundesfallnummer) und mit der Nummer der Dienststelle, die den Fall aufgenommen, in das System eingegeben hat und allein berechtigt ist, Änderungen an den Eintragungen vorzunehmen, versehen. Ein weiteres Feld dient der Aufnahme phonetisch ähnlicher Namen, die mittels Adreßkettung oder Indexlisten für Recherchezwecke aneinander oder miteinander verbunden werden können. Diese 7 Felder sind als Identifikationsfelder zu sehen. Wenn der Familienname Ordnungsbegriff der gesamten Datei ist, ist es notwendig, Indexlisten zumindest für die Fallnummer und die Dienststellennummer aufzubauen. Wegen des hohen Aufwandes bei Änderungen und Reorganisationen sollte es bei diesen Indexlisten bleiben. Innerhalb eines Namens oder einer Namensgruppe erfolgt die Ordnung nach Geburtsdatum, während Vornamen und Geburtsort für den Ordnungsbegriff unberücksichtigt bleiben. Bei Mehrdeutigkeiten geht das Suchprogramm diese Sätze noch sequentiell durch. Die Dauer dieser Prozesse dürfte im Mittel noch im Teil-Sekundenbereich liegen.

Außer den beschriebenen Identifikationsfeldern sollten die Sätze nur Querverweise enthalten auf Dateien, die die eigentlichen Inhalte speichern. Außer einigen Standardinformationen, wie etwa Nationalität, Körpergröße, Fingerabdruckformel, besondere Kennzeichen, enthalten diese „Inhaltsdateien" die Art der Straftat, verbale Stichworte dazu und vielleicht die für Aufklärung nützlichen Charakteristika des Vorgehens. Diese Datei enthält auch Querverweise zu den Dateien mit Kraftfahrzeugen, Dokumenten und Ausweisen, Schußwaffen und sonstigen Sachen, wenn sie mit dem Fall in irgendeiner Verbindung stehen.

Die Daten über Kraftfahrzeuge, Dokumente, Wertgegenstände und Schußwaffen werden in eigenen Dateien geführt, ähnlich der Täterdatei. Das ist deswegen sinnvoll, weil diese Objekte sehr häufig Gegenstand polizeilicher Fahndung sind, ohne daß die Täter in dieser Sache zu ermitteln wären.

Für Kraftfahrzeuge wäre das polizeiliche Kennzeichen eindeutiger Ordnungsbegriff. Aufgeführt würden Hersteller, Farbe, Baujahr, Typ und Fahrgestell-Nr., soweit bekannt. Auch ein Kraftfahrzeug bekommt eine Bundesfallnummer und die Dienststellennummer der Dienststelle, die den Fall bearbeitet. Wenn in einigen Jahren damit zu rechnen ist, daß alle Kommunalverwaltungen für die Abwicklung ihres Kraftfahrzeugwesens Rechner einsetzen und diese Rechner in Kommunalverwaltungen über ein Datenübertragungsnetz angesteuert werden können, läßt sich die Datei mit den festen Charakteristika des Fahrzeugs ergänzen, wenn nur das polizeiliche Kennzeichen bekannt ist. Im Fall der Kraftfahrzeuge ist es ausreichend, daß überregional schnell zugänglich nur das polizeiliche Kennzeichen und die Bundesfallnummer nur Verfügung stehen, während die Einzeldaten in regionalen Zentren stehenbleiben können. Gerade bei der hohen Mobilität von Tätern im Zusammenhang mit Kraftfahrzeugen kommt es auf schnelle Auskunft an.

Die Datei der Dokumente und Ausweise ist analog dazu aufgebaut. Hier besteht aber eine Untergruppierung bereits nach der Art, etwa Ausweis, Verschlußsache, Dokument, Geldschein. Für jedes gestohlene Objekt ist die Wertangabe, das ausstellende Institut, Ausgabe oder Ausstellungsdatum, der Eigentümer mit Personenkennzeichen aufzuführen, ebenso die Bundesfallnummer und die Nummer der angebenden Dienststelle. Für die Datei mit den Angaben über Schußwaffen gilt ähnliches. Neben den üblichen Daten, wie Bundesfallnummer, ist der Hersteller, der Typ, die Seriennummer, das Kaliber, das Datum des Verlustes aufzuführen. Eine entsprechende Datei besteht für abhanden gekommene Sachgegenstände.

Zu erwähnen ist noch, daß bei den letzten drei Kategorien eine Unterteilung in Identifikationsteil und inhaltlichen Teil nicht notwendig erscheint, weil einerseits Sofort-Auskünfte hier selten sind, andererseits eine eindeutige Identifikation erst aufgrund der Kenntnis aller Angaben über das jeweilige Objekt möglich wird.

2.2.2. Datenerfassung und Auswertung

Bei allen Informationssystemen ist die Datenerfassung, das heißt die Eingabe der Daten in das System, das schwierigste Problem. Sehr häufig sitzen Dutzende von Angestellten und lochen monatelang bestehende

Karteien auf Lochkarten ab. In einzelnen Fällen mag das der einzige Weg sein, im Falle der Polizei spricht einiges dagegen. Einmal dauert das Ablochen der bestehenden Daten längere Zeit. Einige der Erfahrungen bei Daten aus der kriminalpolizeilichen Praxis zeigen, daß eine Übernahme der Daten nur sinnvoll ist, wenn sie sehr schnell geht, das heißt, solange die Information noch aktuell ist. Es ist nutzlos, nicht aktuelle Informationen in das System zu übernehmen. Zum zweiten ist die Handhabung in den einzelnen Bundesländern bisher verschieden. Die Karteien und Formulare sind dementsprechend verschieden aufgebaut. Da aber ein System entstehen soll, das über Ländergrenzen hinweg zumal auf Bundesebene arbeiten kann, ist es absehbar das einfachste, sozusagen von vorne anzufangen: Vom Tage „X" an melden die Dienststellen die bei ihnen einlaufenden Fälle nach entsprechendem Format in das System. Von diesem Tage „X" an sind diese bereits eingegebenen Informationen an allen Dienststellen des Netzes erreichbar.

Wegen des hohen Grades an Standardisierung in der internen Abspeicherung bietet sich eine Standardisierung bei der Eingabe und bei der Veranlassung von Ausgaben an. Die einzelnen Prozesse „Eingeben", „Ändern", „Löschen" und „Suchen" sind durch die jeweiligen Anfangsbuchstaben eindeutig einzuleiten. Auf welche Datei sich der jeweilige Prozeß bezieht, wäre durch einen zweiten Buchstaben zu kennzeichnen, etwa „P" für **P**ersonen, „K" für **K**raftfahrzeuge, „S" für **S**chußwaffen, „D„ für **D**okumente und „O" als **O**bjekt für die Datei der Sachgegenstände. Für den Zugriff zu bestimmten Feldern, sowohl für Eingaben als auch für Auskünfte ist der Feldname in Abkürzungen aufzuführen. Das Übliche jedoch wird sein, daß eine Dienststelle einen Fall mit allen Angaben vorbereitet und in einem Schritt über einen Datenfernschreiber in das System eingibt. Anfragen werden stets die Ausgabe des gesamten Satzes in entsprechender Standardformatisierung zur Folge haben.

Das polizeiliche Informationssystem eignet sich mit diesen Einrichtungen auch zur Nachrichtenübermittlung. Hinweise über einzelne Täter, besonders im Zusammenhang mit Raubüberfällen, Steckbriefe, Angaben über abhanden gekommene Wertsachen oder Kraftfahrzeuge können umgehend und jedem einzelnen Beamten, auch im Streifendienst, übermittelt werden.

Amerikanische Erfahrungen haben überdies ergeben, daß es notwendig ist, neben diesen standardisierten Anfragen im Realzeitbetrieb kompliziertere Recherchen zuzulassen, besonders dann, wenn die Angaben zu dem Fall fragmentarisch sind oder verschiedene Fälle miteinander in Verbindung gebracht werden sollen. Die Zeiten für diese Recherchen sind nicht so kritisch. Sehr häufig stehen sie im Zusammenhang mit langwierigen kriminalpolizeilichen Ermittlungen. Für diese Ermittlungen wäre entweder Spezialpersonal auszubilden, das über Terminal mit der Anlage verkehrt und für die Recherche hinreichend Zeit hat, oder die Rechercheaufträge sind auf entsprechenden Formularen genau zu spezifizieren. Dafür ausgebildetes Rechenzentrumpersonal verarbeitet diese ausgefüllten Formulare und arbeitet die Recherchen im Stapelbetrieb ab; die Ergebnisse können dann etwa einen Tag später zur Verfügung stehen. Der Stapelbetrieb hat den Vorteil, daß aus der Art der immer wiederkehrenden Recherchen auf eine Änderung oder Erweiterung des Systems zu schließen ist. Hier entsteht an den Systementwickler die Forderung, das System von vorn herein so aufzubauen, daß es durch zusätzliche Routinen beliebig erweiterbar ist.

Auch Sherlock Holmes, der vielgerühmte englische Romankriminologe, hätte seine Freude an einem solchen System. Es gibt eine Anekdote, nach der er aufgrund des Täterverhaltens in den vergangenen Wochen und Monaten eine Prognose für die Schandtaten der kommenden Nacht herausarbeitete. Die daraufhin eingeleiteten Maßnahmen zusammen mit englischen Cops vereitelten zwei neue Anschläge auf Krämerläden, und die Täter wurden festgenommen. Solche Präventivmaßnahmen werden zumindest im regionalen Bereich eines polizeilichen Informationssystems systematisch möglich. Dazu bedarf es nur der Eintragung der geographischen Koordinaten, wobei die Feinheit des Koordinatennetzes zweckmäßigerweise dem Typenraster des Schnelldruckers angepaßt sein sollte, in die Täter- oder Fallartendatei des Systems. Mit Hilfe spezieller Darstellungsprogramme, und hier gerät das polizeiliche Informationssystem sehr in die Nähe eines taktischen Führungssystems oder eines Management-Informationssystems (MIS), ist es möglich, den Wanderweg von Betrügern sichtbar zu machen oder die Massierung von Verbrechen in bestimmten Stadtvierteln zu erkennen. Abgesehen davon, daß sich für die Erforschung des sozialpsychologischen Verhaltens von Tätern — Einzugsgebiete, Quellgebiete, Zuflußgebiete, Fluchtwege — einige neue Impulse ergeben können, ist der unmittelbare Zweck dieser Informationen, Präventivmaßnahmen einleiten zu können, etwa durch massierten Streifeneinsatz in den entsprechenden Gebieten zu der fraglichen Uhrzeit.

Es könnte in einzelnen Spezialfällen nötig sein, Informationen aus anderen Informationssystemen der Kommunalverwaltung zu bekommen. Die Feststellung von Wohnsitzen, Überprüfung von Angaben mit Hilfe der Einwohnerdatei des Verwaltungsvollzuges, Feststellung von Daten über Kraftfahrzeuge aus der Datei des Kraftfahrzeugwesens im Verwaltungsvollzug usw. Abgesehen einmal von sehr großen verwaltungsjuristischen Restriktionen, die hier bestehen, ist es technisch inzwischen durchaus realisierbar, die unterschiedlichen Informationssysteme zum

Zweck des Informationsaustausches miteinander arbeiten zu lassen. Diese Informationen sind naturgemäß nicht mit Hilfe des standardisierten Befehlskatalogs eines Systems zu veranlassen. Ein spezielles Mehrrechnerkommunikationssystem mit den Möglichkeiten einer flexiblen Bedienersprache, der Möglichkeit, ein bestimmtes Rechenzentrum zu adressieren, sind die daraus folgenden Konsequenzen. Es scheint so zu sein, daß der Schwerpunkt der Arbeiten der kommenden Jahre auf dem Gebiet der Mehrrechnerkommunikation liegen wird mit der Tendenz, Verbindungen zu anderen Rechnern ad hoc aufzubauen, etwa über Fernschreibleitungen, um mit diesem anderen Rechner Informationen auszutauschen. Es ist absehbar, daß die Schwierigkeiten hier nicht auf dem technischen Sektor liegen, sondern bei der Lösung der Frage der Zugriffsberechtigung und der Priorität. In den Kreis der Systeme, die hier miteinander korrespondieren würden, gehören:

— polizeiliches Informationssystem
— Feuerwehrsystem
— kommunales Informationssystem Leistungsverwaltung
— Landesinformationssystem mit einigen seiner Komponenten
— Informationssysteme staatlicher Institutionen, wie das Kraftfahrzeug-Bundesamt in Flensburg oder das Statistische Bundesamt.

3. Datentechnische Realisierung

Die Untersuchung der Aufgaben politischer Informationssysteme im Abschnitt 2 ist nicht möglich, ohne Bezugnahme auf datentechnische Begriffe, ohne Berücksichtigung bestimmter datentechnischer Voraussetzungen. Im Abschnitt 2 erscheinen aber diese datentechnischen Begriffe in einem operations-analytischen Zusammenhang mit dem gesamten System. Ein wissenschaftlicher Systemanalytiker, dessen Metier beispielsweise die Optimierung von Lagerhaltungsbeständen oder des Einsatzes von Güterwaggons bei einer Eisenbahndirektion ist, könnte nach kurzer Einarbeitung ohne Programmierkenntnisse bereits entscheidend über die Konzeption des gesamten Systems mitreden. Es ist ein Irrtum, anzunehmen, nur Programmierer könnten hier arbeiten, im Gegenteil, die Fähigkeit zu abstraktem logischen Denken führt wahrscheinlich weiter als große Erfahrung in der Programmierung. In diesem Abschnitt stehen jedoch Programmierung und Datentechnik im Vordergrund.

3.1. Das System der Leistungsverwaltung

3.1.1. Datentechnik im Verwaltungsvollzug

Im allgemeinen Fall bestehen die Dateien des Verwaltungsvollzugs aus Sätzen mit einer variablen Zahl von Feldern bei unterschiedlicher Länge dieser Felder. Das liegt daran, daß die Charakteristika des einzelnen Einwohners verschieden sind: die Länge des Namens, ein akademischer Titel, ein Adelsprädikat, die Zahl der Kinder usw. Bei diesen Dateien besteht das Problem, die variabel langen Sätze richtig zu interpretieren, d. h. die Felder mit dem interessierenden Inhalt exakt wiederzufinden. Zwei prinzipiell verschiedene Verfahren finden hier Anwendung.

(1) Jeder Satz enthält ein Kopffeld, in dem die Zahl der belegten Felder und deren Länge angegeben ist. Das Einleseprogramm liest zuerst diesen Kopf, dann transferiert es die Inhalte der Felder in einen festen Bereich, eine Maske. Dort stehen die Felder dann praktisch fest adressierbar für Änderung und Auswertung zur Verfügung. Beim Auslesen auf Peripheriespeicher erfolgt der umgekehrte Prozeß. Die Platzersparnis durch diese Komprimierung beträgt etwa 70 %.

(2) Vor jedem Feld in jedem Satz steht eine Kennbyte-Gruppe. Der Satz wird in einfacher Weise in den Rechenspeicher eingelesen. Die Felder sind an Hand der Kennbyte-Gruppe direkt adressierbar. Bei einigen Hardwarekonfigurationen ist es möglich, diese Sätze mit ihren Feldern aufgrund der Kennbyte-Gruppe von der Datenübertragungssteuerung lesen zu lassen.

Das erste Verfahren ist für Verwaltungsvollzugsaufgaben weit verbreitet, es benötigt aber diese aufwendigen Entzerrer- und Kompressionsprogramme. Wegen dieser Programme ist sequentielles Abarbeiten für Querschnittuntersuchungen hier sehr aufwendig. Aber Querschnittauswertungen sind im Verwaltungsvollzug im allgemeinen selten oder sollten Spezialfällen vorbehalten bleiben. Die Dateien sind nach einem Index sequentiell geordnet (ISAM), für Änderungen des Inhaltes einzelner Felder greift das betreffende Änderungsprogramm über ISAM-Module aufgrund des Schlüsselbegriffes zu dem Satz zu, das gleiche bei einfachen Auskünften. Sollte es notwendig sein, neben dem ersten Schlüsselbegriff einen zweiten oder gar einen dritten für den Zugriff zuzulassen, ist der Aufbau von Indextabellen, die den Querverweis zu der physikalischen Adresse des Satzes in der Datei enthalten, möglich.

Für die datentechnische Realisierung der „Horizontalen Integration" bestehen zwei Verfahren. Das eine arbeitet mit Querverweisen auf logischer Ebene. Das heißt, die Sätze der einen Datei führen jeweils den Schlüsselbegriff der Sätze der anderen Datei mit. In Dateien des Grundstückswesens ist z. B. das Personenkennzeichen (PKZ) des Besitzers mit aufgeführt. Das PKZ ist Ordnungsbegriff in der Einwohnerdatei. In der Einwohnerdatei können die Ordnungsbegriffe der Steuerkontendatei oder der Grundstücksdatei mitgeführt werden. Die Dateien können bei diesem Verfahren auf unterschiedlichen Datenträgern nebeneinander bestehen [10].

Das andere Verfahren arbeitet mit physikalischen Querverweisen. Es nimmt keinen Bezug auf den Ordnungsbegriff, es speichert die physikalischen Adressen der zusammengehörigen Sätze. Das Verfahren ist besonders geeignet, wenn sich mehrere Dateien auf dem gleichen Datenträger befinden, wie das z. B. die sinnvollste Lösung für den Einsatz des Magnetkartenspeichers für diese Zwecke bedeutet. Es dürfte aber richtungsweisend sein für besonders schnelle Querzugriffsverfahren auch bei anderen Datenträgern, wie etwa der Großplatte [11].

3.1.2. Planungsdatenbank

Wegen der Vielzahl der möglichen Querschnittauswertungen in einer Planungsdatenbank sind feste Satzlängen in jeweils einer Datei ein Erfordernis. Auch diese Dateien sind zweckmäßigerweise indexsequentiell oder hierarchisch-indexsequentiell (HISAM) geordnet. Hierarchisch-indexsequentiell bietet sich beispielsweise bei der Regionaldatei an, deren Ordnungsbegriff die Gauss-Krüger-Koordinaten sind.

HISAM heißt, daß die Indexstufenbereiche nicht willkürlich nach Zahlen, sondern anhand inhaltlicher Kriterien festgelegt werden. Besteht aufgrund der inhaltlichen Gegebenheiten bereits eine hierarchische Staffelung, läßt diese sich über eine entsprechende Codierung berücksichtigen. Im Fall der Gauss-Krüger-Koordinaten bietet sich an, die Koordinaten in Ost-Westrichtung — entsprechend den Zeilen eines Fernsehbildes — in den Erstdatenbereich zu nehmen. Die Zeilennummerierung in Nord-Südrichtung würde sich dann als erster Indexstufenbereich eignen. In einzelnen Sachgebieten bestehen natürliche Hierarchien. Im Fall der Regionaldatei kann in einzelnen Städten der Fall auftreten, daß die Hierarchien Stadtteil, Baublock, Blockseite, Grundstück überwiegend rein strukturierbar sind.

In einem HISAM-System wären die natürlichen Hierarchien, auch die Indexstufen, kennzeichbar an der Zahl der Ziffern im Code. Ein Stadtteil hätte 2 Ziffern, ein Baublock 4, eine Blockseite 5, ein Gebäude 8. Aufgrund einer bestimmten Ziffernfolge ist dann sofort ein bestimmtes Grundstück oder einer der Oberbegriffe im Zugriff.

Das im Abschnitt 2.1.2. diskutierte System von Listen für die regionale Strukturierung entsteht mit Hilfe des sogenannten Adreßlistensortierers. Dieser arbeitet die Datei sequentiell ab, ordnet die Felder in beliebiger Reihenfolge um und sortiert nach dem neuen ersten Feld. Darüber hinaus kann er in dieser neuen Datei beliebig viele Felder nach dem Schlüsselfeld löschen. In dieser Weise sind Listen generierbar, die außer dem neuen Ordnungsbegriff im ersten Feld nur im zweiten Feld den Ordnungsbegriff der Stammdatei führen und sonst keine Felder besitzen.

Häufig ist es wichtig, die Elemente einer Liste zu einer Folge oder Kette zusammenzubinden. Für die Zuordnung von Blockseiten zu einer Straße reicht es nicht aus, nur die Kennziffern der Blockseiten anzugeben, auch die Reihenfolge der Blockseiten in der Straße ist von Bedeutung. Zu diesem Zweck werden die Sätze, die die Blockseiten beschreiben, mit Kettungsfeldern versehen. Die Kettungsfelder verweisen zum Vorläufer und zum Nachfolger in der Straße.

Der erste Schritt jeder inhaltlichen Analyse von Datenbeständen ist ein Retrieval. Dreht es sich dabei um ein einfaches Retrieval, ist der Zugriff aufgrund des Schlüssels mit Hilfe von ISAM möglich. Auch das mehrfache Retrieval, das Heraussuchen ganzer Gruppen aufgrund des Schlüsselbegriffs, etwa die Gebäude, die zu einem Baublock gehören, wird mit ISAM bewerkstelligt. Die auf diese Art herausgesuchten Sätze wandern in eine Arbeitsdatei und stehen dort für den nächsten Schritt der Auswertung zur Verfügung. Am interessantesten für Planungsinformationen sind die Querschnittanalysen aus der Planungsdatenbank. Das Konzept geht davon aus, daß keine Querverweislisten für inhaltliche Bezüge bestehen. Sequentielles Abarbeiten der Datei ist deswegen hier üblich. Das System tranferiert die Sätze der Datei blockweise in den Arbeitsspeicher.

Erfüllen die Felder der Sätze bestimmte qualifizierende Bedingungen, werden sie ganz oder ausschnittsweise in eine Arbeitsdatei eingelesen, wo sie für Auswertungen durch Analyseprogramme zur Verfügung stehen.

3.1.3. Die Module für den Informationsfluß

Die Suche nach einem Datensatz aufgrund der Querverweise (an Hand von Pointern auf physikalischer Ebene), entsprechend der horizontalen Integration ist mit dem aus der angelsächsischen Literatur stammenden Begriff „Interfile" zu bezeichnen. Der Zugriff zu den Sätzen einer Datei aufgrund von Schlüsselbegriffen, Indexlisten oder hierarchischer Ordnungssysteme heißt „Intrafile" und die Recherche über mehrere Sätze hinweg aufgrund inhaltlicher Kriterien „Intrarecord". Die Auswertung bereits qualifizierter Daten mit Hilfe eines Analyseprogramms ist dann als „Interrecord" zu kennzeichnen. Charakteristisch für diesen letzten Fall ist, daß die Analyseprogramme erst dann anfangen können zu arbeiten, wenn die zu behandelnde Datenmenge abgeschlossen in der Arbeitsdatei vorhanden ist. Statistische Berechnungen, z. B. Mittelwertbildung, ist eben nur möglich, wenn bereits alle zu berücksichtigenden Daten zur Verfügung stehen. Der Leser soll sich vor Augen führen, daß diese vier unterscheidbaren Prozesse grundsätzlich unterschiedlicher datentechnischer Natur sind. Die einzelnen Komplexe des hier konzipierten Informationssystems lassen sich nachgerade mit Hilfe dieser Angaben charakterisieren.

Die Wirtschaftlichkeit beim Aufbau eines Systems ist in hohem Maße davon abhängig, auf wie wenige Grundstrukturen es zurückgeführt werden kann. Das System ist um so flexibler und leistungsfähiger, je einfacher diese Grundstrukturen sind und je einfacher sie miteinander kombinierbar sind. Es ist sicher wirtschaftlicher, hohen gedanklichen Aufwand zu treiben, diese Grundstrukturen herauszufinden, als die Generalisierung von Systemen mit größerer Flexibilität des Gesamtsystems und damit größerer Komplexität anzustreben. Der inzwischen zum Dogma gewordene Satz von der größeren Aufwendigkeit generalisierter Systeme bezieht sich eben nur auf diese Alternative. Er hat vom Standpunkt moderner Systemtechnik keine allgemeine Gültigkeit. Entsprechend ist eine Anzahl von Bausteinen beschreibbar, aus denen das konzipierte System aufzubauen ist. Hierbei bleibt zunächst das Kommunikationssystem mit dem Benutzer außer acht.

(1) Datenkomprimierungsprogramm: Nach Plausibilitäts- und Zeichenprüfung sind in die Peripherie auszulesende Sätze auf minimalen Raum zu bringen. Dafür erhält jeder Satz einen Kennkopf, der angibt, welches Feld des Standardsatzes vorhanden ist und wie lang dieses Feld ist.

(2) Einleseroutine für Vollzugsdatenbank: Mit Hilfe von ISAM wird der komprimierte Satz an die ihm gehörende Stelle der Vollzugsdatenbank gestellt.

(3) Entzerrer-Programm: Um den Satz, der in der Vollzugsdatenbank komprimiert steht, interpretieren zu können, ist es notwendig, ihn auf ein Standardformat zu entzerren. Erst in dieser entzerrten Form steht er für Auswertungen oder ausschnittweise Übernahme zur Verfügung.

(4) Einleseprogramm für die Planungsdatenbank: Unter der Annahme, die Datei sei bereits eingerichtet, übernimmt dieses Programm den Transfer von Datensätzen aus dem Arbeitsspeicher in eine Datei der Planungsdatenbank. Meistens ist ein solches

Programm Teil des Ein-/Ausgabesystems des Betriebssystems. Auch ISAM macht von diesem Programmbaustein Gebrauch. Für den Benutzer ist er durch Standardisierung komfortabler zu machen.

(5) Adreßlistensortierer: Dieses Systemprogramm ist benutzbar für den Aufbau des Listensystems nach Art der Abb. 2-2. Soll der Benutzer eines Informationssystems damit umgehen, ist der Komfort zur Bedienung dieses Bausteins so zu erhöhen, daß der Aufbau von Adreßlisten ohne intime DV-Kenntnisse möglich wird.

(6) Adreßlistenzugriff: Der Zugriff zu den Stammdaten aufgrund der generierten Adreßlisten ist eine Angelegenheit, die normalerweise ein Programmierer mit Hilfe einer Programmschleife in ein Programm einbaut. Da die Analyseprogramme auf allen möglichen Dateien arbeiten sollen, ist es sinnlos, in sie diese Zugriffsverfahren einzubauen. Deswegen ist der Zugriff zu Daten aufgrund dieser Adreßlisten als selbständiges Programm aufzubauen.

(7) Qualifizierendes Retrieval: Während mit Hilfe von ISAM sowohl im einfachen als auch im mehrfachen Retrieval auf Sätze an Hand des Schlüsselbegriffs zugegriffen wird, selektiert ein qualifizierendes Retrieval Sätze aufgrund des Inhaltes einzelner Felder oder einer Kombination von Feldern in einem Satz. Zu diesem Zweck ist die Datei sequentiell abzuarbeiten. Numerische Vergleiche auf „$<$, $>$, $\neq$, $=$", Alpha-Vergleiche auf „$=$", sowie beliebige Bool'sche Verknüpfungen zwischen Feldern oder deren Werten (man spricht auch von Aspekt und Deskriptor) sind vorauszusetzen.

(8) Initialisierung von Arbeitsdateien: Für die Kettung von Programmen und stufenweises Zwischenspeichern ist es notwendig, Arbeitsdateien einzurichten. Auf Betriebssystemebene ist das so umständlich, daß es dem Benutzer nicht zuzumuten ist. Ein Baustein, der aufgrund von Angaben über Feldzahl und Feldlänge oder aufgrund der Angaben in der Datendefinitionstabelle (s. u.) eine Arbeitsdatei initialisiert und für den Ablauf der Kette zur Verfügung stellt, ist daher erforderlich.

(9) Einleseprogramm für Arbeitsdatei: Die Datensätze, die aufgrund des Retrievals zu weiterer Aufbereitung oder Analyse zur Verfügung stehen sollen, müssen zunächst in einer Arbeitsdatei zwischengespeichert werden. Das Programm besorgt den Transfer dieser Datensätze in die Arbeitsdatei, wobei hier angenommen sei, daß diese bereits eingerichtet ist.

(10) Einleseprogramm für Datendefinitionstabelle: Jedes der aufgeführten Programme muß in der Lage sein, mit unterschiedlich langen und unterschiedlich strukturierten Datensätzen zu arbeiten. Es wäre zuviel verlangt, den Benutzer bei jedem Zugriff zu einer anderen Datei zu veranlassen, dem Programm diese Angaben von Hand einzugeben. Deswegen ist eine interne Tabelle (die Datendefinitionstabelle = DDT) mit der Beschreibung des Aufbaues jeder einzelnen Datei unerläßlich. Mit Hilfe dieses Programmbausteins ist es möglich, die entsprechenden Angaben in diese Tabelle zu bringen. Jedes andere Programm holt sich die Angaben aus dieser Tabelle, baut zunächst damit seinen Arbeitsbereich auf und beginnt danach mit dem Transfer der Daten.

(11) Formattransformator: Auch wenn die Angaben über das Format der Daten in der Datendefinitionstabelle mit aufgenommen werden, kommt es vor, zumal bei Fremddaten, daß Formate auftreten, die von den Analyseprogrammen nicht ohne weiteres verarbeitet werden können. Das ist besonders bei Programmen der Fall, die in einer höheren Programmiersprache geschrieben sind, etwa FORTRAN. Während des Auslesens der Daten aus der Arbeitsdatei in das Analyseprogramm ist in diesen Fällen der Formattransformator dazwischen zu schalten.

(12) ISAM/HISAM-Zugriff: Sowohl bei ISAM als auch bei HISAM ist für Such- und Leseprozesse ein Baustein notwendig, der die qualifizierenden Bedingungen des Benutzers interpretiert. Für den Fall, daß es sich um Schlüsselzugriffe handelt, übergibt der Baustein die Schlüsselparameter an das Ein-/Ausgabesystem zur Bewerkstelligung.

3.1.4. Die Bausteine für den Kommunikationsfluß

Während der Informationsfluß von der Datenerfassung in die Vollzugsdatenbank unbeeinflußt von dem an Planungsdaten interessierten Benutzer läuft, kann er den Informationsfluß von der Vollzugsdatenbank in die Planungsdatenbank zumindest teilweise veranlassen oder beeinflussen, jedenfalls soweit die Modalitäten dafür nicht fest eingerichtet sind. Er muß auf jeden Fall den Informationsfluß aus der Planungsdatenbank über Retrieval-, Analyse- und Darstellungsprogramme veranlassen. In der Entwicklungsphase eines Informationssystemes wird dafür eine Steuerkartenversion ausreichend sein.

Doch wie bereits im Abschnitt 2 angedeutet, ist die Komfortabilisierung dieses Vorgangs mit Hilfe einer Benutzersprache eine der Aufgaben eines Informationssystems. Mit Hilfe der Benutzersprache aufzubauende

Befehlssätze bewirken die Aneinanderkettung der aufgeführten Programmbausteine und der Analyseprogramme zu ablauffähigen Programmketten. Dabei ist es ein Problem von sekundärer Bedeutung, ob diese Benutzersprache besonders elegant ist. Im Gegenteil, ein Problem besteht darin, daß bei zu großer Ähnlichkeit mit der Umgangssprache unbewußt oder bewußt die Möglichkeiten der Umgangssprache auf die Kommunikationssprache übertragen werden. Verwechselungen im Sinne des Systems, falsche Befehlssätze und schließlich die Verärgerung des Benutzers über das in seinen Augen dann miserable System sind die Folgen. Die Benutzersprache dürfte sich beim gegenwärtigen Stand der Entwicklung auf einige standardisierte Befehle im Zusammenhang mit Programmnamen, einschließlich der Zuweisung für die Datenauswahl beschränken.

Der Satz

"DRUCKE LISTE "BAUSUBSTANZ" MIT SPALTE 1 = GEBAEUDENR, SPALTE 2 = GESCHOSSZAHL, SPALTE 3 = BAUJAHR, FUER REGIONALDATEI WENN BAUBLOCK = XYZ"

ist nach demselben Grammatik-System aufgebaut, wie die Satzfolge

„ERSTELLE TABELLE "KINDERZAHL" MIT SPALTE 1 = KINDERZAHL, SPALTE 2 = ANZAHL KINDERZAHL, FUER DATEI EINWOHNER WENN STADTBEZIRK = UNTERSTADT; DRUCKE TABELLE "KINDERZAHL"; DRUCKE HISTOGRAMM FUER TABELLE "KINDERZAHL" "

Mit Befehlssätzen, die nach den zugelassenen Regeln aufgebaut sind, muß der Compiler oder Interpreter fertig werden. Er erzeugt eine ablauffähige Programmkette.

Die Befehle "DRUCKE", "ZEICHNE", "ZEIGE", "STELLE", "ERSTELLE" sind dem Übersetzer als eröffnende Befehlsworte bekannt. Der Übersetzer weiß, daß nach einem dieser einführenden Befehle der Name eines Programms zur Verarbeitung von Daten folgt. Das kleine Wort "MIT" kennzeichnet, daß jetzt Parameter fuer das Programm folgen. Durch das Wort "FUER" gilt die Parameterfolge als abgeschlossen, nach dem Wort "FUER" folgt der Name der Datei, deren Daten zur Verarbeitung heranzuziehen sind. Nach dem Wort "WENN" folgen die qualifizierenden Bedingungen für das Retrieval der Daten aus der betreffenden Datei. Es würde den Rahmen dieses Kapitels sprengen, hier weiter ins Detail zu gehen. Auf die weiterführende Literatur sei hingewiesen [12; 13; 14].

Dieser Fall des Aufbaus einer Programmkette aufgrund eines Befehlssatzes, der vom Benutzer zu spezifizieren ist, ist als deterministisch zu bezeichnen. Es gibt aber einige Fälle, bei denen nicht vorherzusehen ist, welcher Programmbaustein als nächster abläuft. Erst aufgrund des

Ergebnisses des gerade ablaufenden Teils, aufgrund also der Information am Ausgang des einen Systems, ist entscheidbar, welcher Schritt als nächster zu gehen ist. Insbesondere Analyse- und Diagnoseverfahren machen von Techniken dieser mehr probabilistischen Systeme [15] Gebrauch. Ein Beispiel dafür wäre ein Programm zur Überwachung des Trends, den das Steuereinkommen einer Stadt voraussichtlich nimmt. Dieser Trend ist aufgrund der einlaufenden Gelder nicht eindeutig zu bestimmen, vielmehr ist eine Vielzahl von Variablen zu berücksichtigen, die diesen Trend letzten Endes beeinflussen. Das Programm entscheidet, ob es aus den Informationen aus z. B. vier führenden Wirtschaftszweigen zu einem Ergebnis kommen kann, oder ob es auf Informationen aus einer größeren Zahl von Wirtschaftszweigen, gegebenenfalls zu anderen Zeitpunkten, zurückgreifen muß. Die Verzweigungsmöglichkeiten werden einmal generell festgelegt, die Entscheidung für diesen oder jenen Weg bleibt der Verzweigungslogik des Programms aufgrund des jeweiligen Zwischenergebnisses überlassen.

Für die Verzweigungslogik bestehen datentechnisch unterschiedliche Möglichkeiten. Derzeit sehr aktuell ist die Technik der Entscheidungstabellen. Die Ergebnisse des ersten Programmschrittes sind in eine Tabelle einzutragen. Aufgrund der Einträge in der Tabelle ist entscheidbar, wohin das Programm verzweigen muß. Eleganter, weil flexibler und beliebig erweiterbar, sind Verzweigungen, die datengesteuert während der Ausführungsphase Programme nachladen. Spezielle Formen der Overlay-Technik bieten sich hier an oder die sehr komplizierte Steuerung des Monitorfeldes durch die Daten, um auf die Weise eine JOB-STREAM-Steuerung zu erreichen.

3.2. Realisierung des Informationssystems der Polizei

Das System der Polizei ist von bestimmten speziellen technischen Einrichtungen mehr abhängig als das der Leistungsverwaltung. Es ist zudem erst arbeitsfähig, wenn alle technischen Einrichtungen dafür vorhanden sind.

Die theoretische Betrachtung im einführenden Kapitel war von vornherein ausgegangen von einer netzartigen Struktur. Dieses Netz war charakterisierbar durch die Angaben „ein Untersystem, vier Ebenen". Nachbarn auf der gleichen Ebene korrespondieren miteinander nur über Stellen der vorgeordneten Ebene. Sehr häufig bestehen nicht einmal technische Einrichtungen für den Verkehr untereinander.

Die unterste Ebene, die operative Ebene, ist im Fall der Polizei der Beamte im Streifendienst. Er kann sich über Funk oder Telefon mit seiner

Dienststelle oder der zentralen Leitstelle einer Stadt oder Region in Verbindung setzen. Die Dienststelle ist ausgerüstet mit festinstallierten Nachrichtengeräten, d. h. im allgemeinen mit Datenfernschreibern. Über die Datenfernschreiber kann die Dienststelle direkt mit dem zuständigen regionalen System verkehren, sie hat damit unmittelbar Zugang zu den Daten der gesamten Region und zu den Daten, die auf Bundesebene wichtig sind (Abb. 1-5). Ein Beamter im Außendienst möchte beispielsweise ermitteln, ob eine ihm verdächtig vorkommende Person bereits erkennungsdienstlich erfaßt ist. Er setzt sich fernmündlich mit seiner Dienststelle in Verbindung und veranlaßt die nötigen Auskunftsverfahren. Die Dienststelle ihrerseits standardisiert die Anfrage auf das für diesen Fall vorgesehene Format und übermittelt die Anfrage an das Rechenzentrum. Die Anlage sucht mit Hilfe von ISAM den Identifikationsteil der Täterdatei durch. Dabei ist es eine organisatorische Frage, ob jedes einzelne regionale Rechenzentrum eine Datei mit den Tätern des eigenen Bereichs führt oder dieses Rechenzentrum Zugang hat zu einem für das Gebiet der BRD zentralen Rechenzentrum, das die gesamte Täterdatei, beschränkt auf den Identifikationsteil, führt.

Verläuft die Suche nach der betroffenen Person in der Täterdatei negativ, gibt das System eine entsprechende Antwort an die veranlassende Dienststelle. Etwa 98 % der Anfragen verlaufen negativ, und aus dieser Angabe läßt sich ersehen, wie wichtig es ist, den Identifikationsteil der Täterdatei vom Inhaltsteil zu trennen. Verläuft die Anfrage nämlich positiv, holt das System aufgrund der Querverweise im Indexteil die ergänzenden Informationen aus der Datei mit den inhaltlichen Einzelheiten. Dort vorhandene Querverweise auf die Dateien mit Kraftfahrzeugen, Schußwaffen, Dokumenten oder Sachobjekten, führen zu einer Ergänzung der Information durch die Angaben aus diesen Dateien. Die gesamte aufbereitete Information wird dann über Datenfernschreiber oder das Datensichtgerät, das bei den Funkleitstellen installiert sein mag, ausgegeben. Wünscht eine Dienststelle die Aufnahme eines neuen Satzes in die Datei, übermittelt sie die Informationen mit entsprechenden Codes versehen über Datenfernschreiber oder Datensichtgerät. Das System ordnet von sich aus dem neuen Satz eine Bundesfallnummer zu und ordnet den Satz mittels ISAM an der entsprechenden Stelle der Datei ein. Führt ein Verbrechen zur Eingabe eines neuen Satzes bei einer Person, die schon erfaßt ist, wird ein eigenständiger neuer Satz aufgebaut mit den gleichen Identifikationsmerkmalen wie der erste, jedoch mit einer anderen Bundesfallnummer. Kann ein Fall als geklärt angesehen werden, veranlaßt die klärende Dienststelle unter Angabe der Bundesfallnummer die Löschung und die Protokollierung über den Schnelldrucker.

3.2.1. Technische Einzelheiten

Für Systeme, die mit einem hohen Prozentsatz standardisierter Anfragen arbeiten, hat sich, wiederum in den USA, eine Drucktastentechnik eingebürgert. Neben dem etwas umständlichen Betrieb mit einem Fernschreiber ermöglichen diese Geräte den Aufruf der unterschiedlichen Prozeduren über spezielle Tasten, z. B. „Anfrage Täterdatei" oder „Löschen Fallnummer". Nach dem Drücken der Taste sind dann über die normale Tastatur der Suchbegriff oder die anderen Angaben einzugeben.

Sehr wichtige einzelne Datenverarbeitungssysteme rüstet man zweckmäßig im Tandembetrieb aus, um zu verhindern, daß der Ausfall einer Maschine zur Stillegung des gesamten Rechenzentrums führt. Im Fall des Informationssystems der Polizei für das gesamte Gebiet der BRD wird entsprechend der jetzigen Ländergliederung pro Bundesland ein regionales Datenzentrum installiert werden. Einerseits sollen die Daten gegenseitig zugänglich sein, andererseits sind Vorrichtungen zu schaffen, um den Betrieb eines Zentrums zumindest in seinen wichtigen Funktionen von den benachbarten Zentren übernehmen zu lassen, wenn die Anlage ausfällt. Es dürfte datenfernverarbeitungsmäßig zwar wesentlich aufwendiger sein, erspart aber die Installation einer zweiten Maschine in jedem regionalen Zentrum. Lediglich bei dem Konzept, das davon ausgeht, daß der Identifikationsteil der Täterdatei in einem zentralen Rechenzentrum geführt wird, muß dieses zentrale Rechenzentrum als Tandemsystem ausgerüstet sein.

Die Dimensionierung des Systems hat sich nach dem Informationsaufkommen in der Hauptverkehrsstunde zu richten. 2000 Anfragen in der Hauptverkehrsstunde pro regionales Rechenzentrum, d. h. bis zu 20 000 Identifikationsfragen beim zentralen Rechenzentrum erfordern Rechner, die pro Sekunde etwa 6 Suchgriffe ermöglichen. An dieser Stelle wird sehr deutlich, wie die Ausnutzung der Softwarenmöglichkeiten die Dimensionierung des Systems beeinflussen wird.

3.2.2. Software-Forderungen

Neben der Forderung, daß ein leistungsfähiges „ISAM" zur Verfügung stehen muß, ist das Hauptproblem des hier diskutierten Informationssystems eine Mehrrechner-Software (MRS), d. h. ein Programmpaket, das neben der Interpretation des Benutzerwunsches den Verkehr mehrerer Rechner untereinander leistet.

Im Prinzip ist jeweils das ganze System Teil der Betriebssoftware jedes einzelnen Rechners in diesem Verbund. Das System wird aktiviert, wenn es aus Dimensionierungsgründen nicht ständig resident bleiben kann, durch den Aufruf von einem Terminal aus. Aufgrund der Angaben, die von dort hereinkommen, ruft das System entweder Zugriffs- und Verarbeitungs- oder Änderungsroutine im gleichen Rechner auf, oder es formt je nach Art der Aufgabe die Angaben in einen Standard um, der für alle Rechner verbindlich ist. Die MRS versieht die Angaben mit Leitadressencodes und Angaben über die Art des intern verwendeten Codes (BCD, BCDIC, EBCDIC, ASCII 8) und schickt die „Message" hinaus. Jeder Rechner in diesem Verbund — oder genauer gesagt, die MRS jedes einzelnen Rechners — muß die Codeidentifizierung und die Leitcodierung interpretieren können. Die MRS setzt die übermittelten Angaben anschließend in den rechnerinternen Code um, kann dann den Inhalt der „Message" interpretieren und Zugriffs- respektive Auswertemodule aktivieren. Die Antwort würde entsprechend umgekehrt laufen.

Eine solche MRS ist zwar aufwendig, aber für ein Verbundsystem — vor allem wenn Rechner unterschiedlicher Hersteller Verwendung finden — elementare Voraussetzung.

3.3. Zusammenfassung

Die Analyse der Informationssysteme für die Leistungsverwaltung und die obrigkeitliche Hoheitsverwaltung zeigt deutlich, daß der Schwerpunkt des einen Systems mehr auf der auswertenden Ebene liegt, auswertende und interpretierende Programme also besonders wesentlich sind, die Anlagekonfiguration zwar ausreichend, aber für diese Zwecke nicht besonders prädestiniert sein muß. Der Schwerpunkt des anderen Systems liegt eindeutig in der Verwaltung sehr großer Dateien unter der Bedingung sehr kurzer Zugriffszeiten. Das System ist eindeutig bestimmt durch einen hohen Aufwand sehr spezialisierter Hardware, funktionsfähig erst mit Datenfernverarbeitungsanlagen, Sichtterminals oder Datenfernschreibern. Während das erste System mit Hilfe einer sehr benutzerfreundlichen, sehr flexiblen Bedienersprache betrieben werden kann, ist ausschlaggebend für die Funktionsfähigkeit des zweiten Systems ein hoher Grad an Standardisierung bei der Formulierung der Anfragen. Wegen dieser Unterschiede ist die vielfach aufgeworfene Frage, ob es nicht möglich sei, ein beide Komponenten integrierendes System zu schaffen, wahrscheinlich zu verneinen.

Ein Landes-Informationssystem als die Überlagerung der beiden beschriebenen Systeme aufzufassen, geschieht in erster Linie aus didaktischen Gründen. Von beiden Systemen werden bestimmte Gedanken, verschiedene Prinzipien übernommen zum gedanklichen Aufbau des Landesinformationssystems im nächsten Abschnitt.

4. Informationssystem auf Landesebene

Das interessanteste Problem bei einem Informationssystem auf Regierungsebene ist die Überwindung des Kontrasts zwischen dem Autarkiestreben mit der daraus folgenden Abkapselung der einzelnen Ressorts und der zu erarbeitenden Gesamtlinie auf der Ebene des Präsidenten oder Kanzlers, wenn es um die Vertretung nach außen geht. Das Informationsbedürfnis ist entsprechend unterschiedlich. Entsprechend unterschiedlich ist auch der Entstehungsgrad und der Aggregationsgrad der Information. Es besteht einiger Grund zu der Annahme, daß ein Regierungsinformationssystem gerade wegen der Erarbeitung von Unterlagen für übergeordnete Planungen einen gewissen Druck zu Koordination und Vereinheitlichung in den Ressorts ausüben wird.

In einer ersten Annäherung ließe sich sagen, ein Informationssystem auf Landesebene sei zu charakterisieren als die Überlagerung des Typs „Kommunales Informationssystem" mit dem Typ „Informationssystem Polizei". Einerseits die Art der Aufgaben, die sehr den Aufgaben auf kommunaler Ebene entsprechen, andererseits die netzartige Struktur eines überregionalen Systems lassen diesen Schluß zu. Doch gerade an der Überlagerung zeigen sich zumindest vom Datentechnischen her die Probleme. Obwohl ein Landesinformationssystem (in der Terminologie der Abb. 1-4) sich nur mit Aufgaben der Strukturnetzebene oder der Ebene darüber befassen sollte, bestehen aufgrund der verfassungsrechtlichen Gegebenheiten Landesaufgaben auf der operativen Ebene. Aus dieser Situation heraus ist es notwendig, den Teil des Landesinformationssystems, der sich mit operativen Aufgaben beschäftigt, getrennt von dem für reine Management-Entscheidungen vorgesehenen Teil zu diskutieren. Zudem ergeben sich aus der Art der Aufgaben einige in ihrem Wesen sehr unterschiedliche Gesichtspunkte.

Das Gebilde Landesinformationssystem ist noch komplizierter als es die in erster Annäherung angenommene Überlagerung der beiden Typen ahnen läßt. Aufgrund der verfassungsrechtlichen Struktur bestehen zwei sich über das ganze Land erstreckende Netze, die sowohl operationale als auch planerische Aufgaben wahrnehmen und darüber hinaus eine Zentrale zum Zweck übergeordneter Planung, d. h. zum Zweck der Erarbeitung gesetzgeberischer Maßnahmen, mit planungsrelevanten Informationen versorgen.

4.1. Das Netz kommunaler Gebietsrechenzentren

Während im Abschnitt 2 ein Informationssystem der Leistungsverwaltung als selbständiges System betrachtet wurde, wird es mit zunehmender Entwicklung notwendig sein, ein solches System im Verbund mit anderen Systemen zu betreiben. Es hat einerseits verwaltungsvereinfachende, andererseits datentechnische Gründe. Jedes der in diesem Netz beteiligten kommunalen Gebietsrechenzentren arbeitet, wie im Abschnitt 3 angedeutet, umfassend auf den Gebieten des Verwaltungsvollzugs (Abb. 4-1).

Aus den gleichen Gründen, mit denen die horizontale Integration belegt wurde, nämlich Erhöhung des Komforts für den Bürger und Ver-

Abb. 4-1 Landesinformationssystemnetz

A Teil des kommunalen Gebiets-RZ-Netzes.
B Teil des staatlichen RZ-Netzes mit Terminals für Fernverarbeitung.
C Üblicherweise bestehende Überlagerung der Informationsflüsse beider Netze in den Rechenzentren.
D Ergänzung des kombinierten RZ-Netzes durch ein zentrales RZ mit Planungsdaten des Fachressorts.

Alle RZ können wahlfrei miteinander verkehren (nach Siemens AG: Bayrisches Informationssystem) München 1970.

einfachung für die Stellen der Verwaltung, bilden die kommunalen Gebietsrechenzentren untereinander ein Informationsnetz. Etwas vereinfachend gesprochen verschmelzen die physikalisch getrennten Dateien in den unterschiedlichen kommunalen Gebietsrechenzentren zu einer einzigen. Der seinen Wohnsitz ändernde Bürger könnte auf dem zuständigen Amt seines neuen Wohnsitzes seine neue Adresse angeben. Die Angaben seines alten Wohnsitzes stehen an der Dienststelle des neuen Wohnsitzes zur Verfügung. Die Daten können, um die Fernübertragungsleitungen sparsamer zu benutzen, einmalig in das Rechenzentrum des neuen Wohnsitzes transferiert werden. Die Angaben bezüglich Grundstückseigentum, Kraftfahrzeugbesitz oder Hundehaltung stehen dann umgehend zur Verfügung. Anstelle der „Lauferei" zu verschiedenen Ämtern, die unter Umständen Stunden in Anspruch nimmt, beschränkt der Bürger nunmehr die für seine Ummeldung aufzuwendende Zeit auf einige Minuten.

Wie bei dem System der Polizei ist bei Informationssystemen, die im integrierenden Zugriff eine so große Menge von Datensätzen bewältigen müssen, ein eindeutiger Identifikationsbegriff notwendig. Während bisher immer Name, Vorname, Geburtsort, Geburtsdatum zur Identifikation benutzt worden sind, sieht man im Zusammenhang mit der Einführung von Datenverarbeitungssystemen die Notwendigkeit, diese Begriffe durch kodierte Zahlen zu einer mehrziffrigen Nummer zusammenzufassen. Dieses „Personenkennzeichen" soll bundeseinheitlich eingeführt werden, d. h. es darf in der Bundesrepublik nicht zwei Träger gleicher Ziffernkombinationen geben. In einigen anderen Ländern, z. B. in Israel oder in Dänemark, sind derartige Kennzahlensysteme bereits in Verwendung. Das Personenkennzeichen soll sich aus Angaben über das Geburtsjahr, den Monat, den Tag im Monat und aus einer laufenden Nummer für die in einem Vergabekreis an einem Tag Geborenen zusammensetzen. In einer weiteren Ziffer sind das Geschlecht und das Geburtsjahrhundert ablesbar.

4.2. Das Netz der staatlichen Gebietsrechenzentren

Für die Wahrnehmung und Durchführung von Aufgaben auf der operationalen Ebene, die unter der Hoheit des Landes durchzuführen sind, besteht ein zweites Netz von Rechenzentren. Zu den Aufgaben dieser Zentren gehört die Verwaltung von Steuerkonten für Steuern, die dem Land anteilig zufließen, wie etwa Kraftfahrzeugsteuer, Lohn- und Einkommensteuer. Dazu gehört das gesamte Gebiet der Sozialversorgung und in einzelnen Ländern das des Katasterwesens. Bei diesen Gebieten handelt es sich wiederum um Dinge, die jeden einzelnen Bürger angehen.

Demnach wird auch hier das Personenkennzeichen Verwendung finden. Ja es erscheint sogar sinnvoll zu sein, auf Angaben in den kommunalen Gebietsrechenzentren zurückzugreifen, um einen noch wirtschaftlicheren Integrationseffekt zu erreichen. Es ist darüber hinaus denkbar, daß diese staatlichen Gebietsrechenzentren von den kommunalen Gebietsrechenzentren Gebrauch machen. Die Trennung in Aufgaben der einen oder anderen Ebene, soweit sie im Rahmen einer Verwaltungsreform sinnvoll ist, ist viel einfacher zu regeln durch Zugriffsberechtigungssysteme. Darunter sind Aufstellungen zu verstehen, die enthalten, wer, in welcher Funktion, zu welchen Daten zugreifen darf, um sie zu ändern, auszuwerten, zu erfragen oder zu transferieren. An dieser Stelle wird deutlich, daß sehr viele Aufgaben, die hier zu lösen sind, nicht eigentlich datentechnischer Art, sondern verwaltungsorganisatorischer Art sein werden.

Neben diesen Funktionen, mit denen fast jeder Bürger zu tun hat, bestehen auf Landesebene noch einige andere, mit denen der Bürger nur gelegentlich, indirekt oder gar nicht in Berührung kommt. Die für die Wahrnehmung dieser Funktion eingerichteten Ämter nehmen in der Hierarchie der Abb. 1-4 eine Zwitterstellung ein. Einerseits sind sie beschäftigt mit Abwicklungsarbeiten, andererseits haben sie Stabsfunktionen für Planungen auf den entsprechenden Gebieten. Zu diesen Ämtern gehören

— Gesundheitsämter
— Tierzuchtämter
— Wasserwirtschaftsämter
— Landbauämter
— Straßenbauämter
— Forstämter

Alle diese Ämter werden in irgendeiner Weise ihre Dateien oder bereits bestehende Dateien in die Gebietsrechenzentren des Landes integrieren. Das wird den ungeheuren Vorteil haben, daß die in den einzelnen Ressorts sehr häufig unterschiedlichen Angaben zum gleichen Gegenstand, wie das etwa bei Grundstücken häufig der Fall ist, revidiert werden können.

4.3. Informationssystem für die Landesregierung

Aus den beiden skizzierten Netzen, dem Netz der kommunalen Gebietsrechenzentren und dem Netz der staatlichen Gebietsrechenzentren sind Querschnittinformationen zu ermitteln, in dem Sinne, wie es in Abschnitt 2 für die Leistungsverwaltung dargelegt worden ist. Diese

Querschnittsinformationen der einzelnen Fachressorts, auf denen dann eine Planungsdatenbank auf Landesebene nach den gleichen Prinzipien wie auf kommunaler Ebene aufgebaut ist, werden Grundlage und Ausgangspunkt für Planungsinformation sein.

Die Gebiete werden inhaltlich etwas anders liegen und auch vielleicht selbständig nebeneinander bestehen:

(1) Gebietsdatenbank: Charakterisierende Kennzahlen für jede Gemeinde, etwa Einwohnerzahl, Altersverteilung, Konfessionsverteilung, Familiengröße, Berufsstruktur, Wirtschaftsstruktur, Flächenausdehnung, Bewaldung, landwirtschaftlich genutzte Fläche, industriell genutzte Fläche, klimatische Bedingungen usw. sind hier interessant. Auch die Angabe geographischer Koordinaten fehlt nicht.

(2) Sozialdatenbank: Querschnittinformationen, nicht Kennzeichen einzelner Bürger sind Inhalt dieses Komplexes. Mit dem Bezug auf die Regionaldatenbank sind hier aufzunehmen Zahlen über die Familiengrößen, Altersverteilung, Berufsstruktur, Berufswechsel, Arbeitslosigkeit, Invalidität, Krankenbezüge, auftretende Krankheiten, Epidemien usw.

(3) Wirtschaftsdatenbank: Daten über die Situation in einzelnen Wirtschaftszweigen und Sparten zu kennzeichnen durch Auftragsbestände, Lagerbestände, Monatsumsatz, Steuervorauszahlungen, bezahlte Steuern, Auftragseingang, Investitionsraten, Liquidität, Abschreibungssätze und -raten, Zahl der offenen Stellen, Beschäftigtenstand, Umsatz, Exportsituation usw. sind Gegenstand dieser Wirtschaftsdatenbank. Die Daten sind jeweils über Koordinaten oder Gemeindenamen in einen regionalen Zusammenhang zu bringen.

(4) Finanzdatenbank: Die Spitzenrolle der Planung auf Landesebene spielt das Finanzwesen. Das schwierigste Problem ist dabei eine vernünftige Verplanung von Mitteln, insbesondere, wenn es Mittel sind, deren Aufkommen nicht gesichert ist. Eine eindeutige Verfolgung der Einkommenssituation im öffentlichen Bereich ist eine Voraussetzung, ein genau und präzise aufgestellter Haushalt- und Investitionsplan die andere. Die einzelnen Posten sowohl auf der Einnahmen- als auch auf der Ausgabenseite sind als Datei dieser Finanzdatenbank aufzuführen.

Sicher ist für die Planung die genaue Kenntnis der gerade bestehenden Situation eine gewisse Voraussetzung. Doch die Daten, die aus den beiden Gebietsrechenzentrennetzen einfließen, sind in erster Linie Änderungsdaten. Demnach muß auch die Planungsdatenbank auf dem laufenden gehalten werden. Aufschlußreich sind besonders die Trends, die die

Änderungen nehmen. Das Verfahren, periodische Auszüge in Matrixform zu machen und diese Matrizen abzuspeichern, bietet sich hier wieder an. Das ermöglicht wie auf dem Gebiet der kommunalen Leistungsverwaltung die Erstellung von Situationsvergleichen in Abhängigkeit von der Zeit oder die Erstellung von Zeitreihen für Analyse- und Prognosezwecke entsprechend der Abb. 2-3.

Während bisher die Zahlen, wenn sie überhaupt zu ermitteln waren, nur Ausgangspunkt für die Diskussion im politischen Kräftespiel gewesen sind, eröffnen sich mit den Daten einer derartigen Datenbank und modernen systemanalytischen Methoden völlig neue Aspekte in Form mehr operationalisierter Planungen für ein Land. Mitglieder von Parlament und Executive werden sich in zunehmenden Maße mit Methoden modernen Managements auseinandersetzen, um bei der zunehmenden Komplexität und Dynamik eines modernen Staates, den sie führen wollen, überhaupt noch wirkungsvoll arbeiten zu können.

Auf der Basis der Planungsdatenbank wird die Durchführung einer Simulationsstudie zur Bewertung von Alternativen, Investitions- und Entwicklungsentscheidungen möglich. Die Frage, „was passiert, wenn" ist operationalisierbar geworden und damit quantitativ entscheidbar. Die Wertekriterien freilich, nach denen entschieden werden muß, sind nach wie vor nicht quantifizierbar, aber mit Hilfe eines solchen Modells wäre es beispielsweise möglich, zu beurteilen, welchen Einfluß der Bau einer Ölraffinerie in einer Ecke des Landes für die betreffende Region und für das ganze Land haben wird. Ein Effekt ist sicherlich eine Erhöhung des Gewerbesteueraufkommens. Eine andere Konsequenz wäre aber sicher in diesem Gebiet die Verschiebung des Arbeitskräftepotentials und unter Umständen eine völlige Veränderung der Berufsstruktur in einem weiten Umkreis um dieses Gebiet herum. Von zunehmender Wichtigkeit werden bei derartigen Planungen auch klimatische Gegebenheiten. Der Standort für einen neuen Großflughafen ist einerseits abhängig von dem Einzugsgebiet an Menschen und Gütern, andererseits ist es notwendig, auf die klimatischen Voraussetzungen einzugehen. Umgekehrt ist zu untersuchen, wie eine so große freie Fläche den Grundwasserhaushalt und damit die Wasserversorgung der umliegenden Siedlungsgebiete beeinflussen würde. Es gibt noch eine Vielzahl von Problemen, die überhaupt erst angegangen werden können, wenn vernünftiges Datenmaterial vorhanden ist und auch vernünftig interpretierbar dargestellt werden kann.

In dieser Darstellung kann es nur darauf ankommen, die Prinzipien anzudeuten, die bei der Einführung von Informationssystemen wesentlich sind. Es kann der Versuch gemacht werden zu zeigen, in welcher Weise Informationssysteme auf diesem Gebiet wahrscheinlich arbeiten werden und wie sie das Verwaltungshandeln absehbar politisch und gesetzgeberisch entscheidend beeinflussen und rationalisieren. Nicht nur die rationellere Abwicklung bestehender Aufgaben wird möglich, sondern auch ein höherer Grad von Rationalität in bezug auf die Organisation einer Hierarchie in der Staatsführung im Sinne eines „Mehrebenen-Mehruntersystem"-Modells wird zu einem greifbaren Ziel.

Literatur

[1] Churchmann, C. West: Challenge to Reason. Mc Graw Hill, New York, London 1968.

[2] Mesarovic M. D.: An Axiomatic Approach to Organisations from a General Systems Viewpoint. In: Cooper, Leavitt, Shelley: Organisations Research. John Wiley & Sons, New York 1964.

[3] Schoderbek: Management Systems. John Wiley & Sons, New York 1967.

[4] Steinbuch, K.: Falsch programmiert. Deutsche Verlags-Anstalt, Stuttgart 1968.

[5] Lehmann-Grube, H.: Der Anwender und seine Anforderungen an das Informationssystem. Kommunale Planung, Report K I—2. Stadtverwaltung Köln 1970.

[6] Almendinger: A Geographic Base File for Urban Data Systems. System Development Corporation Report 1708, 3600.

[7] Schürmann: Vorschlag zur Schaffung eines regionalen Ordnungssystems auf der Basis eines mittels EDV geführten Liegenschaftskatasters. Kommunale Planung, Report K 102—1. Stadtverwaltung Köln 1970.

[8] Stachowiak, H.: Denken und Erkennen im Kybernetischen Modell. Wien 1969.

[9] Gewald, Wille: Netzplantechnik. München, Wien 1967.

[10] IBM: Universelle Datenverarbeitung bei Behörden. AE-Form Nr. 095.

[11] Siemens AG: ORSYK, Organisationssystem für Kommunalverwaltungen. Best.-Nr. 2-2600-721.

[12] Lefkovitz, D.: File Struktures for On-line Systems. Spartan Books, New York 1968.

[13] Kuhns, J. L.: Answering Questions by Computer. A Logical Study. Rand-Memorandum RM-5428-PR, Dec. 67.

[14] Feldmann, Gries: Translator Writing Systems. Communications of the ACM 11 (1968) No. 2.

[15] Beer, Stafford: Kybernetik und Management. Reihe „Welt im Werden" bei S. Fischer 1963.

[16] Keidel, Siemens AG: Informationssystem für die deutsche Polizei. München 1970.

[17] Gorny, R. u. a., Siemens AG: Polizeiliches Auskunftssystem PASS. München 1969.

[18] March & Simon, H. A.: Organisations. John Wiley & Sons, New York 1958.

[19] Beer, Stafford: Decision & Control. John Wiley & Sons, New York 1967.
[20] Simon, H. A.: The New Science of Management Decision. Harper and Row, 1960.
[21] Koontz o'Donell: Management, A Book of Readings. Mc Graw Hill, New York 1964.
[22] Simon, H. A.: Administrative Behavior. A Study of Decision-Making Processes in Administrative Organisations. Macmillian, New York 1957.
[23] Rosove, P. E.: Developing Computer Based Information Systems. John Wiley & Sons, New York 1963.
[24] Hollmann, H.: Statistische Grundlagen der Regionalplanung. Hannover 1968.
[25] Isard, P.: Methods of Regional Analysis. MIT 1960, Library of Congres 60-11 723.
[26] Forrester, J.: Urban Dynamics. MIT Press, 1969.
[27] Lowry, S.: Seven Modells for Urban Development. In: Journal of the American Institute of Planners 31 (1965) No. 2.
[28] Crecine, John P.: A Computer Simulation Modell of Municipal Budgeting. In: Management Science (1967) July.
[29] Pierce, John F.: Operations Research and the Design of MIS. Badger Printing Corp. Apleton, Wis. 1967.
[30] Hoo, Ida: A Critique in the Application of Systems Analysis to Social Problems. University of California Press, Berkeley.

Glossary

Aggregierung

Für den Planer ist nicht die Information über ein einzelnes Objekt oder Individuum aussagefähig. Erst Angaben über mehrere ggf. mehrere hundert Einheiten lassen Aussage und Interpretation zu. Insofern ist die Frage der Aggregation die wichtigste systemanalytische Frage in bezug auf Planungsinformation. Der Grad der Aktualität aggrcgierter Daten ist ein Maß für die Qualität eines Planungsinformationssystems.

Antwortzeit

Zwischen der Anfrage an ein Informationssystem und der darauf erfolgenden Antwort liegt eine durch das System gegebene Zeit. Diese heißt Antwortzeit.

Bandbreite

Ein Begriff aus der Nachrichtentechnik. Sie bezeichnet die Breite des Bereichs von Schwingungen (Frequenzen), die ein Nachrichtenübertragungsmittel bis zu einer gewissen Grenze verfälscht übertragen kann. Die Bandbreite ist damit ein Maß für die Menge von Informationen, die übertragen werden.

Baublock
Topologische Einheit, die durch die Begrenzung von Straßen, Verkehrslinien oder Flüssen eindeutig identifizierbar ist.

Blockseite
Die Seite eines Baublockes, längs einer Straße.

Bundesfallnummer
Jeder auftretende Kriminallfall wird mit einer für das ganze Bundesgebiet eindeutigen Nummer versehen. Unter dieser Nummer ist der dazugehörige Datensatz einerseits richtig einzuordnen, andererseits sofort wieder auffindbar. Darüber hinaus laufen Hinweise über Querverbindungen zu anderen Fällen über diese Bundesfallnummer.

Hoheitsverwaltung
Schlichte Hoheitsverwaltung
Der Bereich der öffentlichen Verwaltung, der in das gesamte Spektrum der Daseinsvorsorge und Dienstleistungen für den Bürger gehört. Besonders wichtiger Teil der schlichten Hoheitsverwaltung ist die Leistungsverwaltung, der die Schaffung von öffentlichen Einrichtungen, z. B. Straßen oder Verkehrsmitteln oder Schulen obliegt.

Obrigkeitliche Hoheitsverwaltung
Der Bereich der Verwaltung, der ordnende und sichernde Aufgaben hat, also insbesondere Polizei.

Informationsfluß
Aus den Daten des Verwaltungsvollzuges entstehen durch Auslese und Aggregation planungsrelevante Daten. Mit Hilfe von interpretierenden Modellen und Analyseprogrammen werden daraus darstellungsfähige Informationen. Es ist also ein Informationsfluß von der Datenerfassung bis zum Planer entstanden. Unabhängig hiervon ist der Kommunikationsfluß.

Integration
Horizontale —:
Die Verknüpfung von Verwaltungsvorgängen auf der Verwaltungsvollzugsebene quer durch verschiedene Bereiche. Datentechnisch bedeutet H. I., daß in einem Datensatz in einem Bereich die Nummern der zugehörigen Datensätze in anderen Bereichen mitgeführt werden. Auf diese Weise ist es möglich, nötigenfalls Angaben aus allen zusammengehörigen Datensätzen herauszuziehen oder zu ändern.

Vertikale —:
Aus den Daten des Verwaltungsvollzugs entsteht durch Aggregation (s. d.) eine Information, die für Planung mehr geeignet ist. Aufbauend auf diesen aggregierten Daten lassen sich mit Hilfe wissenschaftlicher Modelle und

Verfahren Planungsinformationen erstellen und Planungsalternativen vergleichen. Dieser Weg von den vielen Detailinformationen zur aussagefähigen Planungsinformation ist als vertikale Integration zu bezeichnen.

Kommunikationsfluß

Will ein Benutzer mit einem Informationssystem arbeiten, muß er seinen Auskunftswunsch in einer bestimmten Art und Weise formulieren. Das System interpretiert diesen Wunsch und baut eine entsprechende Programmkette auf. Diese wiederum leistet Retrieval, Interpretation und Darstellung. Man könnte sagen, der Kommunikationsfluß steuert den Informationsfluß.

Mehrrechnerkommunikation

Der Verkehr mehrerer Rechenzentren miteinander in einem Netz nach Maßgabe vorgesehener Standards. Die Mehrrechnerkommunikation wird geleistet von der Mehrrechnersoftware.

Mehrrechnersoftware (MRS)

Programmsystem für den Verkehr mehrerer Rechner unteinander. Es ist als Programm in jedem Rechner vorhanden, bereitet zu übermittelnde Information entsprechend dem Standard des Netzes auf und interpretiert ankommende Informationen entsprechend den internen Konventionen. Mit Hilfe der MRS ist es möglich, auch Rechner unterschiedlicher Hersteller in einem Netz miteinander verkehren zu lassen.

Multimomentaufnahme

Verfahren zur Erfassung des Arbeitsablaufes in Organisationen: zu unvorhersehbaren Zeitpunkten werden die einzelnen Arbeitsplätze einer Organisation auf ihre momentane Tätigkeit hin abgefragt. Die Auswertung nach statistischen Gesichtspunkten ergibt ein repräsentatives Bild der Tätigkeiten an den untersuchten Arbeitsplätzen.

Planung

Strategische —:

große Fristen umfassende, sich mit der Schaffung von Systemen oder Einrichtungen befassende Planung. Im öffentlichen Bereich gehört dazu zumindest die Stadt- und Regionalplanung oder die Infrastrukturplanung.

Operationale —:

Kurzfristiger Einsatz von Mitteln, Verteilung von Personal für bestimmte Aufgaben, vorausschauende dispositive Tätigkeit ist Charakteristikum operationaler Planung. Im öffentlichen Bereich gehört dazu die Planung der Einsätze des fahrenden Personals oder die Steuerung von Räum- und Streudienst im Winter, die Zuteilung von Lehrern zu Schulen, der Aufbau von Fahrkursen und Fahrplänen der Verkehrsmittel, die Erstellung von Stundenplänen.

Planungsdatenbank

Aus der Vollzugsdatenbank ausgelesene oder aggregierte Daten oder Daten, die besonders für Planungszwecke zusammengestellt werden, können in sogenannten Planungsdateien untergebracht werden. Sie bilden die Planungsdatenbank, wenn sie über Listen oder Ketten miteinander verknüpft werden können.

Sozialplanung

Analyse und darauf aufbauend eine Planung der bestehenden bzw. anzustrebenden Sozialstruktur, ist die Aufgabe der Sozialplanung. Sie ist sicher eng verflochten mit der Wirtschaftsplanung, da eine vernünftig funktionierende Wirtschaft nur im Zusammenhang mit der wohnenden Bevölkerung gesehen werden kann.

Sozialstruktur

Sowohl die Altersschichtung, die Einkommensklassen, die Familiengröße, die Berufsstruktur sowie Angaben über Bodenständigkeit und Mobilität ergeben die Sozialstruktur einer Bevölkerung. Die Kenntnis der Sozialstruktur ist wichtig als Voraussetzung für Wirtschafts- und Sozialplanung.

Stadt- und Regionalplanung

Die Stadt- und Regionalplanung beschäftigt sich mit der Entwicklung ganzer Stadtviertel oder Gebiete im Sinne einer übergeordneten Gesamtplanung. Zu ihrem Bereich gehört die Verkehrsplanung, die Planung von Wohn-, Industrie- und Verwaltungsgebieten ebenso wie eine vernünftige Verteilung der Schulen, Krankenhäuser und Sportstätten.

Substanzdynamik

Sollen Pauschalzahlen (aggregierte Daten) aussagefähig sein für eine ganze Gruppe von Einzelelementen, so stellt sich die Frage, wie weit die Streubreite der Eigenschaften der einzelnen Elemente durch diese Pauschalzahlen zu beschreiben ist.

Dieser Zusammenhang wird durch den Begriff „Substanzdynamik" bezeichnet.

Vollzugsdatenbank

Die Dateien des Verwaltungsvollzuges können satzweise über Listen oder Ketten miteinander verknüpft sein. In dieser Beziehung bilden sie eine Datenbank.

Wirtschaftsplanung

Einerseits Konjunkturprognose und damit Prognose des Steueraufkommens, andererseits Aufstellung und Kontrolle von Haushalt- und Investitionsplänen ist Aufgabe der Wirtschaftsplanung. Bei langfristigen Überlegungen ist hier die Wirtschaftsentwicklungsplanung, die sich mit der Förderung von Industrie und Wirtschaft in einem bestimmten Gebiet beschäftigt, mit einzubeziehen.

Informationssysteme im militärischen Bereich

von

Frank-Dieter Peschanel

Summary

Die bewaffneten Kräfte eines Staates sind heute in den Augen der politischen Führungsgremien kaum mehr als ein Instrument der Sicherheitspolitik, dessen man sich ebenso im Krieg wie im Frieden bedient. Das bedeutet, daß die Leistung der Streitkräfte an dem Gewicht gemessen wird, das sie in den vielfältigsten Verhandlungssituationen in und zwischen Bündnissystemen, in den verschiedensten Konflikttypen, von kleinen Verletzungen bis zu atomaren Auseinandersetzungen, in das politische Kalkül einbringen können. Es ist also notwendig, nicht nur das „Funktionieren" von Information und Operation in Kriegszeiten zu betrachten. Die Informationsbasis, die eine funktionierende Streitmacht und ein qualifiziertes Krisenmanagement überhaupt erst ermöglicht, muß permanent geschaffen und aktuell gehalten werden. Jede relevante Entscheidungsaufgabe militärischer, militärpolitischer oder politischer Natur bestimmt aus sich heraus die jeweils notwendige Informationsbasis. Daher wird auch versucht, die vielfältigen Informationsaufgaben und Informationssysteme des „militärischen" Bereichs durch Deduktion aus den hauptsächlichen Entscheidungsaufgaben in Krieg und Frieden zu gewinnen.

Im großen sind zwei Gruppen von Informationen zu unterscheiden. Einmal die in der militärischen Operation zur bestmöglichen Einsatzentscheidung notwendigen Informationen wie: wo befinden sich feindliche Flugzeuge?, mit welchem Kurs und welchem voraussichtlichen Ziel? — welche eigenen Abwehrkräfte sind in der verfügbaren Minutenspanne mobilisierbar?

Dann der komplizierte Komplex der Planung und Realisierung einer den politischen Umweltbedingungen entsprechenden funktionsfähigen Streitmacht. Unterschiedlichste Fragen müssen beantwortet werden, wie: Welche alternativen hypothetischen Kriegsbilder entstehen durch die technologische Entwicklung von Waffensystemen, durch die machtpolitisch denkbaren Verschiebungen in und zwischen Bündnissen? Welcher Typ von Streitkräften wird in 10 Jahren sinnvoll sein, und zwar für kriegerische Auseinandersetzungen ebenso wie für diplomatische?

Hinter all diesen Aufgaben stehen militärische Informationssysteme — militärisch in dem Sinne, daß sie von Uniformträgern betrieben werden, daß sie letztlich der Gestaltung militärischer Realität dienen, bzw. daß sie von wesentlichem Einfluß auf die Impulse und Zwänge sind, die vom militärischen Bereich ausgehend auf den Gesamtstaat wirken.

Die drei folgenden Hauptabschnitte versuchen einen Überblick über die in Krieg und Frieden benötigten Informationsverarbeitungsaufgaben zu geben. Der vierte Abschnitt weist auf theoretische Gesetzmäßigkeiten und deren Konsequenzen für die Realität der Informationsverarbeitung hin. Im fünften Abschnitt wird auf die Rolle der Datenverarbeitung als Mittel der Informationsverarbeitung eingegangen, insbesondere auf die elektronischen (Management-)Informationssysteme.

1. Überblick über die Aufgaben und Informationsprobleme der Streitkräfte

Die Streitkräfte jedes Landes sind ein wesentliches Mittel der Außen- und Sicherheitspolitik. D. h., daß sie durch eine Fülle von Bedingungen und Tendenzen sowohl des „internationalen Systems" als auch der nationalen Ziele und Möglichkeiten geprägt werden. Diese übergeordneten Gesichtspunkte sollen zunächst in ihrem Einfluß auf die Informationsprobleme beleuchtet werden. Die Ausführungen können wegen der Problemfülle allerdings nur beispielhaften Charakter haben.

1.1. Informationsaufgaben in Friedens- und Spannungszeiten

In Friedenszeiten ist es die Aufgabe der obersten nationalen Führung

(1) sich dessen bewußt zu sein, wie tief der Frieden nun wirklich ist;

(2) eine Vorstellung zu haben, welche Tendenzen vermutlich auf welche neuartigen Konfrontationssituationen führen;

(3) die bewaffneten Streitkräfte mit der sich verändernden Umwelt zu ändern, sie „funktionsfähig" zu erhalten;

(4) in politischen Situationen auch den Wert der eigenen Streitkräfte in Relation zu anderen abschätzen zu können.

In der Terminologie der modernen Konfliktforschung kann man diese Aufgaben auch so formulieren:

(1) Erstellen von kurz-, mittel- und langfristigen Konfliktspektren, möglichst mit Wahrscheinlichkeiten gewertet.

(2) Ermitteln der realistischen Strategien, die zum Verfolgen nationaler Ziele .taugen. Realistisch heißt: unter Berücksichtigung der Fähigkeiten intellektueller, technologischer und wirtschaftlicher Natur der beteiligten Nationen.

Die Informationsbedürfnisse dieser Aufgaben werden eigentlich erst unter dem Druck des atomaren Patts seit etwa 5 Jahren systematisch untersucht.

1.1.1. Informationsaufgaben für ein „kurzfristiges Konfliktspektrum"

Eine der einfacheren Aufgaben ist die Erstellung eines „kurzfristigen Konfliktspektrums". Dazu benötigt man:

(1) die Listen der als potentielle Gegner und Partner angesehenen Nationen,
(2) die Liste der Waffensysteme beider Seiten, dazu die technischen Daten über Anzahl, Einsatzbedingungen, Wirkungen, Wirksamkeit der Gegenmaßnahmen etc.,
(3) die Liste der hypothetischen Kriegsziele beider Seiten.

Dann stellt man fest:

(1) welche der Waffensysteme offensiv unter Berücksichtigung der geographischen und zeitlichen Bedingungen für welche Ziele einsetzbar sind,
(2) welche eigenen/gegnerischen Waffensysteme zur Bekämpfung der jeweils gegnerischen offensiven Systeme tauglich sind und mit welchem Effekt.

Betrachtet man nun die ‚technischen' Erfolgschancen pro Kriegsziel unter Berücksichtigung der ‚Risikobereitschaft' der politischen Führungen, so erhält man schließlich das gesuchte „kurzfristige Konfliktspektrum".

Die permanent erforderlichen Informationen für diese Teilaufgabe sind:

(1) für viele Nationen (Partner und Gegner) all die Dinge, die die militärische Stärke einer Nation ausmachen, wie
— Aufbau, Gliederung und Umfang der Streitkräfte
— Technische Daten der Waffensysteme
— Anzahl und Arten der Waffensysteme
— Ausbildungsstand und Menschenreservoir
— Wirksamkeit der Führungssysteme
— Wirksamkeit der Nachrichtenübermittlungssysteme
— Schutz und Versorgung der Zivilbevölkerung
— wirtschaftliche Ressourcen
(2) (evtl. weltweite) militärgeographische Detailkenntnisse
(3) Persönlichkeits-Diagramme der politischen Führungsspitzen, die z. B. Aufschluß über die Nutzenvorstellungen, Skrupel etc. geben. (Soziogramme, Psychogramme)

Man sollte nun eine erste quantitative Abschätzung über den allein durch diese Teilaufgabe geforderten Informationsumfang versuchen. Wenn man z. B. bedenkt, daß in NATO und Warschauer Pakt (WP) jeweils mehrere Millionen Soldaten geführt werden, Hunderte von Raketenstellungen und Flugplätzen mit Tausenden von Raketen und Flugzeugen vorhanden sind, dann wird es leicht verständlich, daß die Datenmengen, die nur den Zustand der eigenen und der gegnerischen Kräfte beschreiben, vielleicht jeweils 200 Dateien zwischen einigen -zig und einigen Millionen Datensätzen enthalten. Legt man, um zu einer groben Abschätzung zu kommen, Datensätze von 500 bytes und eine mittlere Dateilänge von 10 000 Datensätzen zugrunde, so erhält man überschlägig einen Speicherbedarf von etwa 1 Milliarde bytes, also etwa die heuzutage maximal an eine Rechenanlage anschließbare Menge gespeicherter Information. Wohlgemerkt: Darin ist nur die aktuelle militärische Lage einer Nation enthalten, keinerlei Zeitreihen, aus denen Entwicklungen und Tendenzen ermittelt werden könnten. Überdies, z. B. einem Kabinett ist bestimmt nicht mit 1 Milliarde auf einige Plattenstapel verteilten Zeichen gedient: Dieser Informationsberg muß auf brauchbare 3 bis 4 DIN-A-4-Seiten reduziert werden.

1.1.2. Informationsaufgaben für ein „mittelfristiges bis langfristiges Konfliktspektrum"

Die BRD kann, zumindest im Sommer 1970, die Frage nach voraussichtlichen Gegnern und Partnern für die nächsten 1 bis 2 Jahre beantworten, ebenso die Frage nach Art und Umfang evtl. zu erwartender Konflikte in Mitteleuropa. Doch wie sind die Vorstellungen für das Jahr 1975 oder für 1980? Eines ist gewiß: Die Entwicklung von Waffensystemen, die Umstrukturierung von Streitkräften in Führungsstil, Material und Mentalität benötigen etwa diesen Zeitraum, gleichfalls die gravierende Veränderung von Bündnissen.

Das bedeutet, daß heute nationale Zielvorstellungen für 1980 bestehen müssen, da alle politischen Lebensäußerungen von heute in Bereichen wie Rüstungspolitik (z. B. Waffenkäufe bei Bündnisgenossen), Militärbudget, Forschungsetats, Bildungswesen, öffentliche Meinungsbildung, internationale Imagepflege zu einer partiellen Determinierung der nächsten 10 bis 15 Jahre führen. Bei langen Fristen von 5 bis 15 Jahren sind auch die Wechselwirkungen zwischen vielfältigen Faktoren des zivilen und des militärischen Bereichs zu berücksichtigen, nicht nur die Faktoren selber. Eine Reihe von Fragen soll diesen Komplex näher ausleuchten.

— Welche Faktoren bestimmen die Aggressivität eines Staates? Von welchen anderen Faktoren hängen diese für die Aggressivität relevanten Faktoren ab? Wie werden sie sich voraussichtlich entwikkeln?
— Welche Nachwuchskräfte für Politik und Streitkräfte zeichnen sich in den diversen Staaten ab? Welche Ziele, Motivationen und Stilmittel sind von ihnen zu erwarten?
— Wie wird die Entwicklung der Sozialprodukte geschätzt? Wie groß kann oder wird der voraussichtliche bzw. maximal mögliche Anteil des Militäretats sein?

— Können internationale Handelsbeziehungen, z. B. in Fragen von Rohstoffmärkten, zu einer Veränderung des politischen Klimas führen?
— Welche waffentechnologischen Entwicklungen sind denkbar, möglich bzw. sicher?
— Welchen Einfluß haben heute ablaufende militärische und nichtmilitärische Forschungen im Bereich von Technik und Management auf Material und Führungsstruktur in den Streitkräften des Jahres 1980?

Jede der obigen Fragen weist auf eine umfangreiche Prognose von vielen militärischen, wirtschaftlichen und politischen Größen hin. Diese Prognosen müssen als Planungsgrundlagen zumindest in $^1/_2$ oder ganzjährigen Perioden erstellt werden. Der Leser mag selber ableiten, zu wievielen Hundert Sachverhalten Datenmaterial beschafft und ausgewertet werden muß. Die USA sind uns sowohl in der wissenschaftlichen Methodik zur Ermittlung der relevanten Größen als auch in der Konstruktion von Informationssystemen und deren Integration in den großen Planungsprozeß weit voraus. Zu dem berühmten PPBS (Planning Programming Budgeting System) der USA gibt es bis jetzt bei uns nur Ansätze.

Die vielfältigen Ansätze in der BRD, in Friedenforschungsinstituten, Hochschulinstituten, Parteiausschüssen, in Referaten vieler Ministerien sowie im Nachrichtendienst sind sowohl vom Forschungsobjekt als auch von der wissenschaftlichen Methodik unkoordiniert. Bisher ist die westliche Fachliteratur zu diesem Thema fast rein US-amerikanisch — Deutschland leistet sich bisher nicht viel mehr als gelegentliche Diskussionsbesuche von Hermann Kahn (der nur ein Steinchen im Mosaik der amerikanischen Konfliktforschung ist!).

Es erscheint einsichtig, daß eine Fülle unterschiedlicher, im alten akademisch/militärischen Rahmen gar nicht mehr zusammen erfaßbarer Disziplinen wie

— Persönlichkeits- und Verhaltenspsychologie
— Wirtschaftstheorie
— technologische Prognose (Geschichte und Futurologie der technologischen Entwicklung)
— Simulation von Konflikten
— Spieltheorie, angewandt auf diplomatische und kriegerische Konfrontation
— Entwicklung von Managementsystemen
— Konstruktion von Informationssystemen

an der Erstellung der für solche Aufgaben benötigten Informationssysteme beteiligt sein muß.

1.1.3. Überblick über die Friedenssysteme

Die aufgezeigten Aufgaben führen auf eine Fülle von Informationssystemen, die sich zum Teil aus vielen Subsystemen zusammensetzen. An dieser Stelle werden nur die Systeme für Krisen- und Friedenszeiten zusammengestellt, die im Sinne des Krisenmanagement-Informations-Systems (als Oberbegriff) wesentlich sind. Die Verflechtung der vielen Faktoren und ihrer Komponenten geht in ihrer Vielfalt aus dem Logik-Diagramm (Abb. 1-1), „Faktoren", die die Stärke einer Nation bestimmen, detaillierter hervor (ohne daß dort Anspruch auf Vollständigkeit erhoben wird).

Innerhalb des „Informationssystems des Krisenmanagements" sollen folgende Informationssysteme unterschieden werden:

— Politisches Informationssystem (nationale Ziele und Prioritäten, Strategien zur Erreichung der Ziele)
— ökonomisches Informationssystem (Zustand und Tendenzen wirtschaftlicher Größen)
— handelspolitisches Informationssystem (internationale wirtschaftliche Beziehungen, Verträge, Tendenzen)
— politische und militärische Persönlichkeiten und politische Gruppen (Persönlichkeitsprofile, Motivationen, Ziele, Einfluß auf die internationale Politik)
— wehrgeographisches Informationssystem
— wehrtechnologisches Auskunfts- und Prognosesystem (Waffen- und Unterstützungssysteme)
— Informationssystem über innere Sicherheit (Aktivität von Agenten und Saboteuren, Kollaboration)
— Informationssystem über fremde Streitkräfte (Material, Personal, Schlagkraft)
— Informationssystem über die eigenen Streitkräfte (Material, Personal, Schlagkraft)
— Informationssystem zur Erstellung der Bedrohung für Gegenwart und Zukunft in dem alle zuvor genannten Informationen zusammenfließen.

Die Produkte all dieser Informationssysteme laufen (je nach Führungsaufgabe unterschiedlich akzentuiert und aufbereitet) in periodischer Form zur Kanzlerlage, zur Ministerlage im Verteidigungsministerium, zur Lage bei den Führungsstäben der Teilstreitkräfte, den Wehrbereichskommandos etc. zusammen. Einen typischen nichtperiodischen Lagebericht enthält das Weißbuch des Verteidigungsministeriums, das versucht, über die Wochenperiode hinaus für Jahre gültige Feststellungen zu machen. Überhaupt, begegnet man im militärpolitischen oder militärischen Bereich einer „Lage", so kann man sicher sein, daß sich dahinter ein mehr oder weniger umfangreiches Informationssystem befindet.

1.1.4. Die Zeitbedingungen der Friedenssysteme

Solange keine besonderen Spannungszeiten vorliegen, können alle Informationssysteme des übergeordneten Krisenmanagementsystems ohne besondere Zeitbedingungen und Risiken der Beschaffung arbeiten: Tagtäglich sind tausende Meldungen und Daten der verschiedensten Herkunft aufzubereiten. Die Streitkräfte selber befinden sich auf ihrem nationalen Territorium, d. h., sie tragen mangels Gegnerkontakten nur in einigen speziellen Bereichen, wie z. B. der Luftraumüberwachung, zu dem Datenstrom bei. Fehleinschätzungen korrigieren sich in der Regel ohne großen Schaden aus, da in den meisten Fällen kein unmittelbarer Handlungszwang unter teilweise falscher Information besteht. Die Informationen über Klarstand der eigenen Truppen, Manöverbewegungen und taktische Verfahren anderer Staaten können ohne massive elektronische Störung oder Sabotage der Nachrichtenverbindungen in nicht bedrohte Führungszentralen mit regulärem Büro-Arbeits-Rhythmus geleitet werden. Die aus den verschiedensten Quellen und Ämtern stammenden Aussagen über die militärische Leistungsfähigkeit fremder Staaten, ihre Führungsverfahren, Nachrichtenübermittlungsverfahren etc. können in Ruhe als Grundinformationen auch an die Bedarfsträger in der Truppe verteilt werden. In dessen Aufgabenkreis gehören z. B. auch die Informationsbeschaffung und -verteilung, die für die Starfightereinsätze das „mission preplanning" ermöglicht, das Ermitteln optimaler taktischer Gegenmaßnahmen in Seekriegssituationen etc. etc.

Es resultiert ein festgefügtes militärisches und militärpolitisches Informationssystem, das unter Umständen jahrzehntelang nur zwei Aufgaben hat:

(1) möglichst alle relevanten Informationsquellen über fremde Staaten und ihre Streitkräfte auszuschöpfen und das gewonnene Material erstklassig aufzubereiten
   1. für Zwecke der obersten politischen Führung
   2. für den militärischen Apparat als Basisinformation für den Ernstfall,

(2) möglichst genau über die eigenen materiellen und personellen Möglichkeiten zu informieren.

Wir bezeichnen alle derartigen Informationssysteme als „Friedenssysteme".

1.2. Informationsaufgaben im Konflikt

In stärkeren Spannungszeiten bis in die ersten Stunden eines Konflikts ist zu erwarten, daß viele früher leicht erhältliche Informationen aus Zeitungen und Radiosendungen, Agentenberichte, elektronische Ausstrahlungen von militärischen Objekten etc. „eingefroren" werden, so daß das Informationsniveau über das aktuelle Geschehen beim Gegner absinkt. Das ist die Stunde, in der der Verrat von Plänen oder politischen Zielen, also von gegnerischer Führungsinformation, von äußerster Bedeutung ist.

Nach Beginn des Konflikts ist das Hauptaufkommen über den Gegner von den kämpfenden Truppen und ihren Aufklärungssystemen (z. B. Flugzeuge, Spähtrupps) zu erwarten; die Truppe muß über ihre eigene Lage, d. h. Verluste von Personal und Material, Art der Kampftätigkeit etc. berichten, um rechtzeitig der Situation angemessene Kampfaufträge sowie politische Maßnahmen der obersten Führung zu ermöglichen. Da jetzt eine Fülle von Meldungen und Befehlen bei allen Kriegsbeteiligten per Funk ausgegeben werden muß, sind viele Aktivitäten nicht mehr, wie in einer Spannungszeit, zu verheimlichen.

Nach den modernen Vorstellungen der Crisis Managements ist anzunehmen, daß alle Konfliktbeteiligten auf den Ebenen der obersten Führung durch Gespräche auch während der Auseinandersetzung versuchen werden, die Eskalationsschraube nicht ihren Händen entgleiten zu lassen, also gegebenenfalls politische Kompromisse über geographische und waffentechnische Ausdehnung des Konflikts einzugehen. Das erfordert bei aller Änderung der Art, der Methodik und der Organisation der Informationsbeschaffung, daß die oberste politische Führung nach wie vor realistische und vernünftig aufbereitete Informationen für ihre Verhandlungen erhält.

Alle Systeme, die im Fall starker Spannung bzw. des Konflikts unter möglichst geringem Zeitverzug und unter dem Eindruck von Störungen und physischer Bedrohung arbeiten, wollen wir als „Kampfsysteme" bezeichnen. Kampfsysteme müssen in Friedenszeiten konzipiert, erstellt, getestet und eingeführt werden, denn die komplizierte Technik wird keine diesbezüglichen Kriegsentwicklungen erlauben.

In diesem Abschnitt wird nicht weiter auf die Kampfsysteme eingegangen, da ihnen wesentliche Teile des restlichen Kapitels gewidmet sind.

1.3. Der Unterschied in den Informationsaufgaben von Weltmächten und anderen Nationen

Maritime Weltmächte wie die USA und nun auch die UdSSR müssen offensichtlich viel seltener Kriege auf eigenem Territorium führen als kleinere Nationen. Gleichzeitig bestehen weltweite Bündnissysteme mit Mächten zweiter und niedrigerer Größenordnung, die durch eine Vielzahl von Interessen im Bündnis zusammengeführt werden, die aber ebensovielen divergenten Einflüssen ausgesetzt sind. Daraus resultiert zwangsweise, daß diese Weltmächte die gesamte Erde mit Informationssystemen überziehen müssen: Frühwarnsysteme gegen Raketen, Wirtschaftsexperten zur Bestimmung von Finanzkraft und handelspolitischer Freiheit bzw. Abhängigkeit, Agenten zur Ermittlung, Verhinderung oder Steuerung von Machtverschiebungen innerhalb der anderen Staaten, Militärexperten zur Erkundung des Geländes. Diese Systeme können in weiten Bereichen der Erde im Frieden arbeiten, da meist nur wenige Konfliktherde bestehen; bei nichtatomaren Auseinandersetzungen arbeitet die Heimatzentrale ungestört. Die Friedenssysteme dieser Länder sind nicht nur bedeutend größer und umfangreicher im zu bewältigenden Material, sie sind auch viel kontinuierlicher bei partiellen Kriegen einsetzbar.

In dieses Aufgabenspektrum gehören auch die Beobachtungssatelliten, Aufklärungsflüge etc., die insgesamt zu einem Wissen führen, das weit über die Kenntnisse der kleineren Nationen hinausreicht. Der Kreislauf zwischen aufwendigen Beobachtungstechniken, vielfältigen weltweiten Nachrichtennetzen und weltweit einsetzbaren Waffensystemen mit ihren Anforderungen zu modernster Technologie, zusammen mit den Intimkenntnissen über Politik und Wirtschaft zahlreicher Länder, führt möglicherweise zu einer zunehmenden Dominanz der Weltmächte, die vielleicht nur durch die Unfähigkeit, diese ungeheuren Informationsmengen sachgerecht auszuwerten und vor allem sachgerecht auszunutzen, gehemmt werden kann. Die technischen Großsysteme und ihre Organisation bedingen fortschrittliche Management-Techniken, teilautomatisierte Entscheidungen etc., die kleineren Staaten lange unerreichbar bleiben.

Für die Bündnispartner der Weltmächte ist daher bei Verhandlungen auf der politischen Führungsebene immer damit zu rechnen, über eine Situation viel weniger zu wissen als der andere, daher noch abhängiger zu sein. In dieses Bild fügt sich gut ein, daß die ausgesprochen militärischen Informationssysteme der Bündnisse auf das Funktionieren im Konfliktfall, d. h. zur Führung der militärischen Aktionen, ausgelegt sind. Die Fachgespräche militärstrategischer Natur finden zu gegebenen Anlässen auf einer politischen Ebene statt.

1.4. Die Auswirkung geographischer Verhältnisse

NATO und WP sind im Besitz interkontinentaler Atomwaffen, die von fast jedem Punkt der Ozeane sowie von zahlreichen ortsfesten Rampen an Land abgeschossen werden können. Ebenso ist der Einsatz aus Satellitenbahnen (MOBS) technisch möglich. Verfügungsgewalt über diese Waffen haben, dank ihrer Non-proliferation-Einstellung, eigentlich nur die USA und die UdSSR; d. h., daß jedes weltweit als „ZAUN" aufgerichtete Frühwarnsystem die Aufgabe hat, in Minutenschnelle im Führungsstab dieser beiden Länder die für den Gegenschlag notwendigen Unterlagen zu liefern. Nur für echte Seemächte (d. h. heute für die USA und die UdSSR) besteht die Aufgabe, weltweit einsatzbereit zu sein, also Operationen zu führen und zu unterstützen. Daher müssen auch während des Kriegsgeschehens weltweite Informationsnetze aufgebaut und aufrechterhalten werden, mit Problemen der Nachrichtenübertragung und Organisation, die kleinen Staaten unbekannt sind.

In Mitteleuropa, mit seiner nur einige hundert Kilometer breiten Konfliktzone, besteht ein Zwang zu einer anderen besonderen Leistung. Moderne Heerestruppen können, fast ohne Vorwarnung, in den Angriff marschieren; Jäger und Bomber überfliegen in wenigen Minuten die Konfliktländer, die Landschaft Mitteleuropas verlangt (insbesondere im Hinblick auf den Einsatz taktischer Atomwaffen) einen beweglichen aber konzentrierten Truppeneinsatz. Es muß mit schneller Zerstörung wesentlicher Führungseinrichtungen gerechnet werden; dennoch ist wegen des sehr schnell veränderlichen Konfliktbildes eine gute Führung von oben anzustreben.

1.5. Informationsprobleme in Bündnissen

Es wurde schon festgestellt, daß eine umfassende und wahrheitsgetreue Information der einzelnen Bündnispartner aus politischen Gründen oft inopportum, d. h. beim Verfolgen der nationalen Ziele hinderlich sein kann. Daraus folgt z. B., daß die militärischen Nachrichtendienste auch in Bündnissen nur soweit zusammenarbeiten, wie die Ergebnisse der Zusammenarbeit klar von gemeinsamem Nutzen sind. Auch über die eigenen Streitkräfte wird man sicher im Rahmen eines Bündnisses mit seinen wechselseitigen Verpflichtungen nur soweit gern Auskunft geben, wie es bei den Festlegungen von Rechten und Pflichten günstig bzw. für die Einsatzplanung für den Ernstfall vertretbar ist. Damit ergibt sich das Bild von im Frieden nebeneinander arbeitenden nationalen militärischen Informationssystemen, die bis auf die notwendigen Kontaktflächen gegeneinander abgeschirmt sind. Anders im Konflikt. Es ist undenkbar, daß im Kriegsfall nicht im Hauptquartier des Bündnisses die gesamte Kriegslage verfügbar ist. In Mitteleuropa ist z. B. eine nicht die nationalen Grenzen überschreitende Abwehr von einfliegenden Jagdbombern sinnlos; man wird auch in besonders intensiven bzw. gefährdeten Kampfgebieten Truppen verschiedener Nationalität unter demselben Kampfauftrag sachgerecht führen müssen. Also müssen neben der Möglichkeit zur nationalen Führung alle Einrichtungen für eine operative Führung im Rahmen des Bündnisses schon im Frieden verfügbar und erprobt sein. Der Erprobung dieser übernationalen Systeme der Information und Operation dienen die meisten NATO- und WP-Manöver.

Um die Schnittflächen zwischen nationalen Informationssystemen und den auf verschiedenen Ebenen übergeordneten Führungszentralen des Bündnisses klar zu definieren, hat man sich im Regelfall auf verbindliche Muster für Meldungen, Berichte etc. geeinigt; ebenso gibt es eine Art bündnisinterner Nomenklatur für die zu verwendenden Fachausdrücke. Dieses Verfahren mag heute unter dem Einsatz vorwiegend konventioneller Techniken — z. B. Lochstreifeneingabe/Ausgabe bei Fernschreibverkehr — funktionieren. Die verschiedenen schon automatisierten Systeme jedoch haben, bis auf wenige Ausnahmen, noch keine automatisierte Verbindung. Ebensowenig sind heute Programme und Datenträger einfach austauschbar.

2. Friedenssysteme in den Streitkräften

(Quellen und Aufbereitung militärischer Führungsinformationen)

Der Frieden dient den Streitkräften zur Bereitstellung von Schlagkraft für den hypothetischen Kriegsfall. Im vorigen Abschnitt wurden die militärpolitischen Gesichtspunkte auf den Ebenen der obersten militärischen und der nationalen Führung in den Vordergrund gestellt; nun sollen wesentliche, meist mittel- und langfristige Führungs- bzw. Planungsaufgaben innerhalb der Streitkräfte dargestellt werden. Ehe auf die einzelnen Informationssysteme eingegangen wird, einen kurzen Überblick über die Organisationsform der Führungsstäbe. In den „oberen Ebenen" bis zum Batallion hinunter kennt man in Krieg und Frieden folgende Generalstabsgebiete:

G1/A1: Personalwesen
G2/A2: militärisches Nachrichtenwesen
G3/A3: (operative) Führung
G4/A4: Logistik (Nachschub, Versorgung)
G6/A6: Fernmeldewesen

Das ‚G' steht beim Heer für ‚Generalstabsgebiet', das ‚A' wird bei Marine und Luftwaffe benutzt (auf niedrigeren Ebenen wird das Sachgebiet durch ein S gekennzeichnet).

Innerhalb eines Stabes werden viele unterschiedliche ganz kurz- bis langfristige Aufgaben bearbeitet; es können also sogar innerhalb eines

Stabsgebietes einer Führungsebene einer Teilstreitkraft durchaus mehrere Informationssysteme zu unterscheiden sein. Im folgenden werden typische Aufgaben und Funktionen skizziert, gegliedert nach eigener und fremder Lage.

2.1. Informationen über die eigene Lage

Die Aufgabe der Streitkräfte nach innen heißt im Frieden: Bereitstellen von militärischer Schlagkraft für die zu erwartenden bzw. möglichen und denkbaren Ernstfälle. Betrachten wir einige Komponenten.

2.1.1. Personal

Zwischen dem Personalwesen der Streitkräfte und dem eines Unternehmens bestehen wesentliche Unterschiede: Soldaten können nicht wie Gastarbeiter bei Bedarf angeworben werden; Fachkräfte, insbesondere Führungspersonal und technisches Personal, sind mit einer vergleichbaren Ausbildung auf keinem öffentlichen Arbeitsmarkt vorhanden und abwerbbar. Also muß eine langfristige Personalpolitik die auf dem industriellen Arbeitsmarkt üblichen Praktiken ersetzen. Bei Berufssoldaten ist die jahrzehntelange ‚Betriebszugehörigkeit' und der damit im Stellenplan auszuweisende Beförderungszwang für gut hunderttausend Menschen zu meistern.

Auf jeder Ebene muß in Frieden und Spannungszeit der personelle Klarstand, d. h. die Anzahl der im Augenblick (bzw. am betreffenden Tag) verfügbaren Soldaten bekannt sein. Das erfordert ein bei der kleinsten Einheit, d. h. dem Zug, beginnendes Meldewesen, das periodisch über einsatzfähige, kranke, in Urlaub befindliche, aus unbekannten Gründen abwesende Soldaten berichtet. Dieses Meldewesen, das von Ebene zu Ebene als Informationsverarbeitung nur die einfache Addition kennt, ist einfach und mit Hilfe von Fernschreiber und Schreibstubenpersonal leicht zu handhaben. Für die Einsatzbereitschaft einer Division z. B. ist jedoch eine solche Angabe nur von sekundärem Interesse; nehmen wir z. B. an, daß das Personal der Flugabwehrstellungen eines wichtigen Militärflughafens starke Ausfälle zeigt, so bedeutet das die Schwächung einer wesentlichen Funktion eines Untersystems dieser Division. D. h., daß der personelle Klarstand, bezogen auf die verschiedenen Funktionen, ermittelt werden muß. Um z. B. zur Einsatzbereitschaft eines Starfighter-Geschwaders zu kommen, müssen bekannt sein

(1) Zahl der klaren Maschinen,
(2) Zahl der klaren Crews.

Krankmeldungen müssen der die Versorgungsbezüge bzw. Beihilfen bearbeitenden Dienststelle bekanntgemacht werden. Längere Abwesenheiten durch Krankheit, Urlaub, Lehrgänge müssen für eine evtl. Planung innerhalb des Subsystems, z. B. „F104-Geschwader", verfügbar sein. Wir sehen also eine Fülle von Verzweigungen, die allein schon von den akutellen Personal-Klarstandsmeldungen ausgehen. Ein Teil dieser Zweige führt zu Verknüpfungen mit Zweigen außerhalb des Personalgebiets; das Beispiel: 8 F104-Crews klar + 10 F104-Maschinen klar = 8 F104 einsatzklar, zeigt das Einmünden in eine Aussage über die Schlagkraft, also in den ‚operativen' Bereich. Die Aussage einer Division ‚11 F104-Staffeln einsatzklar' zeigt keinerlei Bezug zu den primären Meldungen des Personalgebiets.

Der Überblick über den Personal-Ist-Zustand bei der Truppe deckt nur einen Teil des Personal-Sektors ab. Personal muß ja auch angeworben bzw. einberufen, bezahlt, befördert, ausgebildet und den Arbeitsplätzen zugewiesen werden. Betrachten wir diese Aufgaben etwas näher.

Zu einer modernen Organisation gehört die Beschreibung der Arbeitsplätze u. a. durch ein Anforderungsprofil (gewichtete Auflistung erforderlicher Fähigkeiten und Erfahrungen) sowie die Beschreibung der Arbeitskräfte durch ein entsprechendes Leistungsprofil. Durch Vergleich der Profile lassen sich Stellen und Stelleninhaber optimal zuweisen; zumindest können ohne Auswertung der gesamten Personalakte durch Vorselektion die Zahlen der Kandidaten für eine Stelle drastisch reduziert werden.

Für neue, einzuführende technische Großsysteme kann ermittelt werden, welchen Einfluß die neuen Arbeitsplätze auf die Möglichkeiten der Personalzuweisung haben: So kann diagnostiziert werden, ob personelle Engpässe auftreten werden, bzw. welche Schulungen notwendig sind. Bei bestehenden Systemen kann z. B. an der Leistung festgestellt werden, ob die bestehenden Arbeitsplatzbeschreibungen wirklich zutreffend sind. Durch Vergleich von Beurteilungen nach Schulungen mit früheren Beurteilungen aus der dienstlichen Tätigkeit lassen sich Vergleiche über die Qualität der Beurteilungen bzw. über die Auswahlkriterien für Lehrgänge gewinnen. Ebenso ist ein Vergleich zwischen den subjektiven Maßstäben von verschiedenen beurteilenden Dienstvorgesetzten möglich, insbesondere bei gleichartigen Einheiten mit gleichen Aufgaben. Damit kann die Objektivierung von Personalbeurteilungen verbessert werden. Mit Hilfe von Simulationen bzw. geschlossenen Prognosemodellen kann ermittelt werden, wieweit und für welche Zeitspanne die Beförderungskriterien mit dem Stellenplan übereinstimmen.

Betrachtet man die bisher genannten Aufgaben auf dem Personalsektor, so können zwei Grundbereiche unterschieden werden: aktuelle ‚Personalbuchhaltung' mit Rechnungswesen für Sold, Versicherungen,

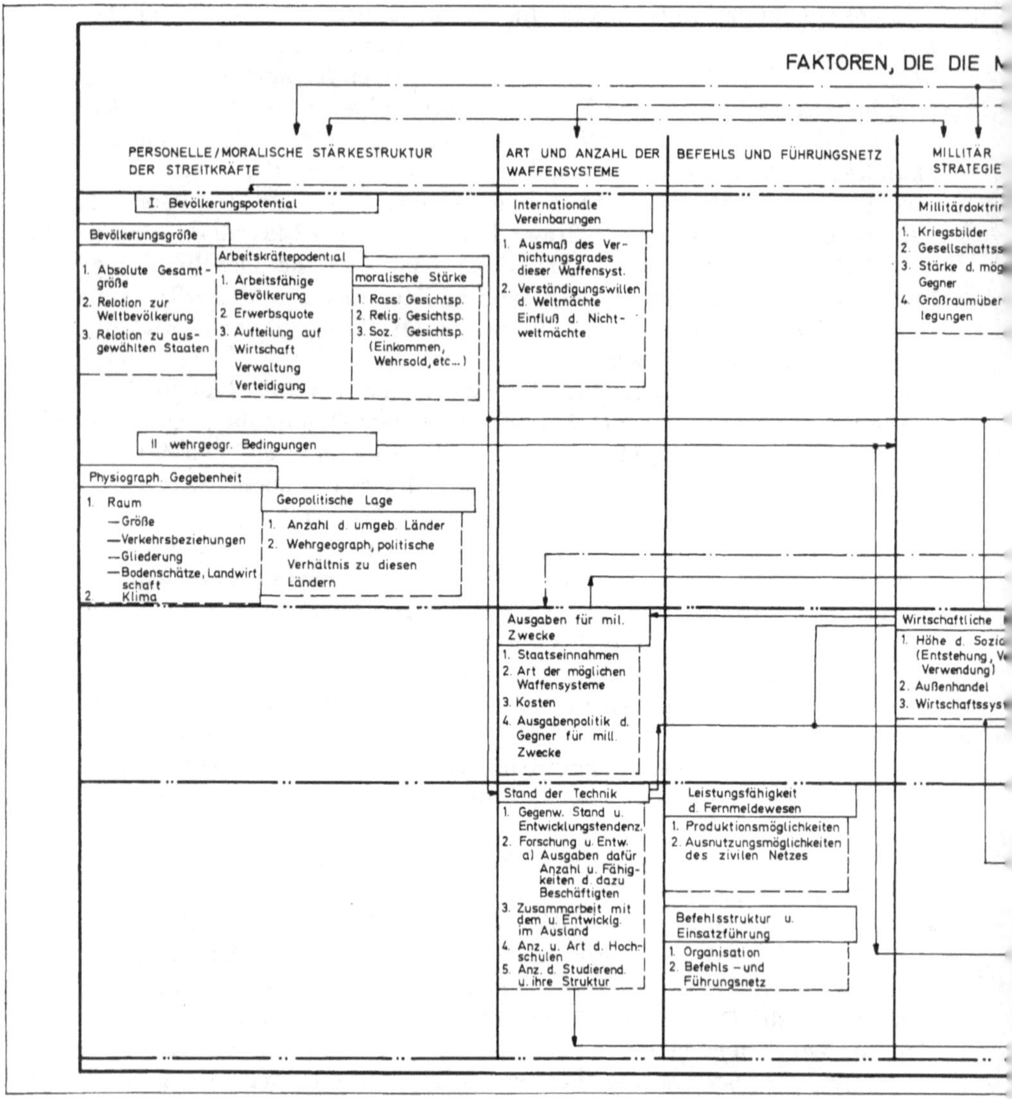

Abb. 1-1 Faktoren, die die Stärke einer Nation bestimmen (nach K. Thiel)

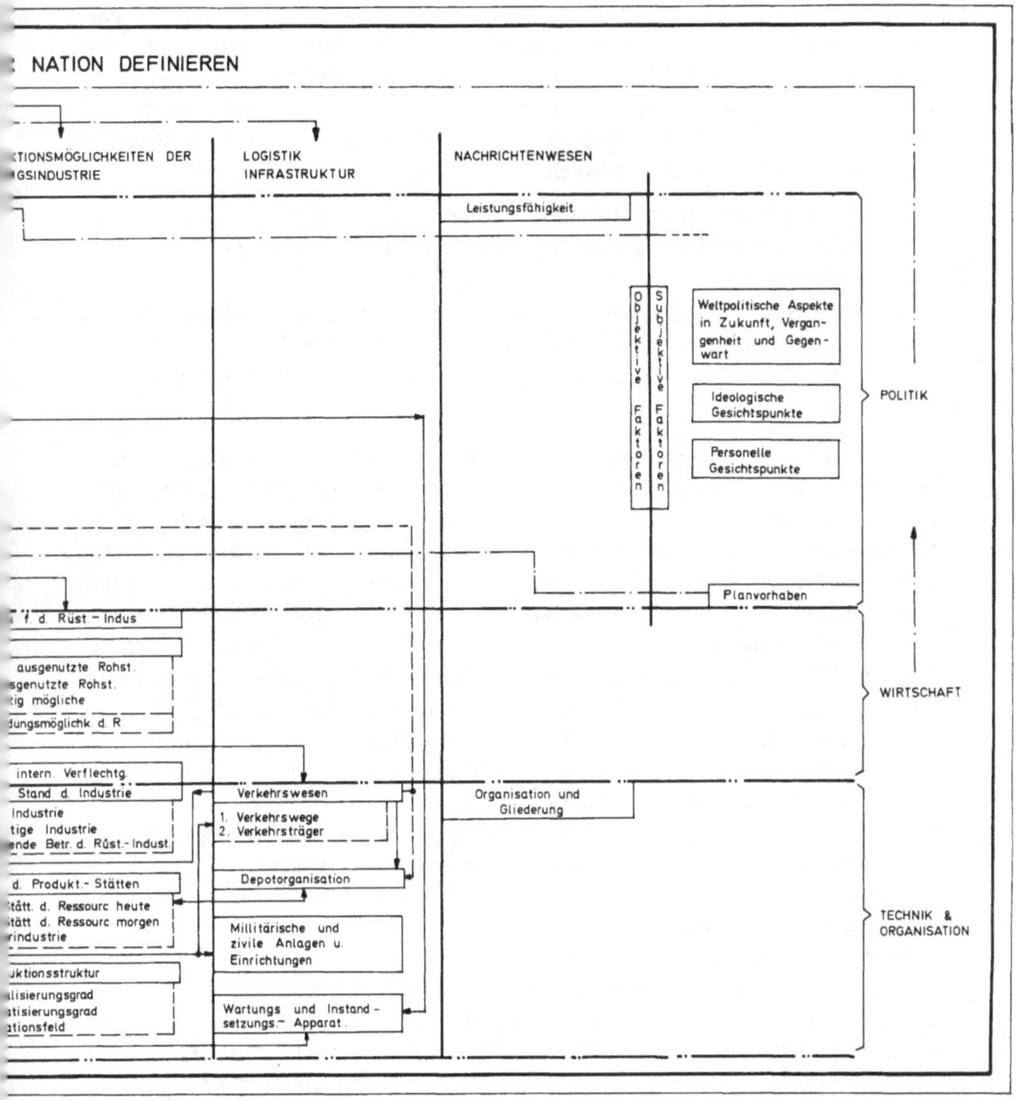

NATION DEFINIEREN
KTIONSMÖGLICHKEITEN DER
GSINDUSTRIE
LOGISTIK
INFRASTRUKTUR
NACHRICHTENWESEN
Leistungsfähigkeit
Objektive Faktoren
Subjektive Faktoren
Weltpolitische Aspekte in Zukunft, Vergangenheit und Gegenwart
Ideologische Gesichtspunkte
Personelle Gesichtspunkte
POLITIK
Planvorhaben
f. d. Rüst.- Indus
ausgenutzte Rohst.
sgenutzte Rohst.
tig mögliche
dungsmöglichk. d. R
WIRTSCHAFT
intern. Verflechtg.
Stand d. Industrie
Industrie
tige Industrie
ende Betr. d. Rüst.- Indust.
Verkehrswesen
1. Verkehrswege
2. Verkehrsträger
Organisation und Gliederung
d. Produkt.- Stätten
tätt. d. Ressourc heute
tätt d. Ressourc morgen
rindustrie
Depotorganisation
Millitärische und zivile Anlagen u. Einrichtungen
TECHNIK & ORGANISATION
uktionsstruktur
lisierungsgrad
atisierungsgrad
ationsfeld
Wartungs und Instandsetzungs- Apparat.

Beihilfen etc. und Personalplanung. Diese in sich offenbar vielfach vernetzten Bereiche sind leider, zumindest in der BRD, durch vielfältige Zuständigkeiten zersplittert. Betrachten wir kurz den Aufbau eines EDV-unterstützten Systems für den Personalbereich. Für die genannten Planungsaufgaben sind, bezogen auf die Teilstreitkräfte, einige Zentralkarteien (bzw. Dateien) zu führen:

— Personaldatei (formatierte Angaben zur Person, Laufbahn, Zeitreihen über bisherige Lehrgänge und Dienststellungen, Leistungsprofil)
— Arbeitsplatzprofile (mit Benennung der Einheiten sowie jeweiliger Anzahl der einzelnen Profile bei der betreffenden Einheit)
— Kartei der verbalen, nicht formatierbaren Personalbeurteilungen.

Es ist aus technischen Gründen der Datenverarbeitung selbstverständlich, daß man nicht eine einzige Personaldatei mit z. B. 500 000 Datensätzen zu je 500 Zeichen führen würde, sondern in viele Dateien, z. B. je eine pro Dienstgrad und Teilstreitkraft, auflösen würde. Dasselbe gilt auch für die Arbeitsplatzprofile, die nach Aufgabenbereichen gegliedert werden können. Ebenso wird es im Sinne „integrierter Datenverarbeitung" sinnvoll sein, neben den die vollständige Personalbeschreibung mit Leistungsprofil enthaltenden Zentraldateien eine oder mehrere Kurzformen zu führen, die nur für spezifische aber häufige Fragen wichtige Datenelemente enthalten. Man sollte z. B. bei der Aufstellung der Alterspyramide der Korvettenkapitäne nicht auch alle dafür unerheblichen Leistungsprofile und Beurteilungen durch die Maschine ziehen müssen. Um nun aber z. B. die Leistungsprofile der besonders jungen Korvettenkapitäne analysieren zu können, muß ein möglichst teilautomatisch auflösbarer Verweis zur vollständigen Datei vorhanden sein, also eine Dateivernetzung.

In Abb. 2-1 ist der Aufbau einer großen Datenbank für das Personalwesen dargestellt. Wesentlich ist, daß die von den verschiedensten Dienststellen wahrgenommenen Aufgaben auf eine gemeinsame Datenbasis zugreifen, die in ihren Formaten allgemein verbindlich ist. Damit sind nur ein einziges Abfragesystem (QUERY) und vielfach verwertbare Routine-Auswertprogramme erforderlich. Ein derartiges Groß-Informations-System benötigt ein einziges Management, das die Wünsche der Bedarfsträger optimierend zu koordinieren hat. Da wohl die meisten Planungsaufgaben, Beförderungen etc. im örtlichen Bereich der obersten militärischen Führung stattfinden, ist technisch an ein großes Rechenzentrum mit Vielfachzugriffen zu denken. Datenflüsse, die aus der Zentralstelle zur Truppe oder sonstigen entfernteren Dienststellen gehen, können als Ausdruck, Magnetband oder per Datenfernübertragung erfolgen.

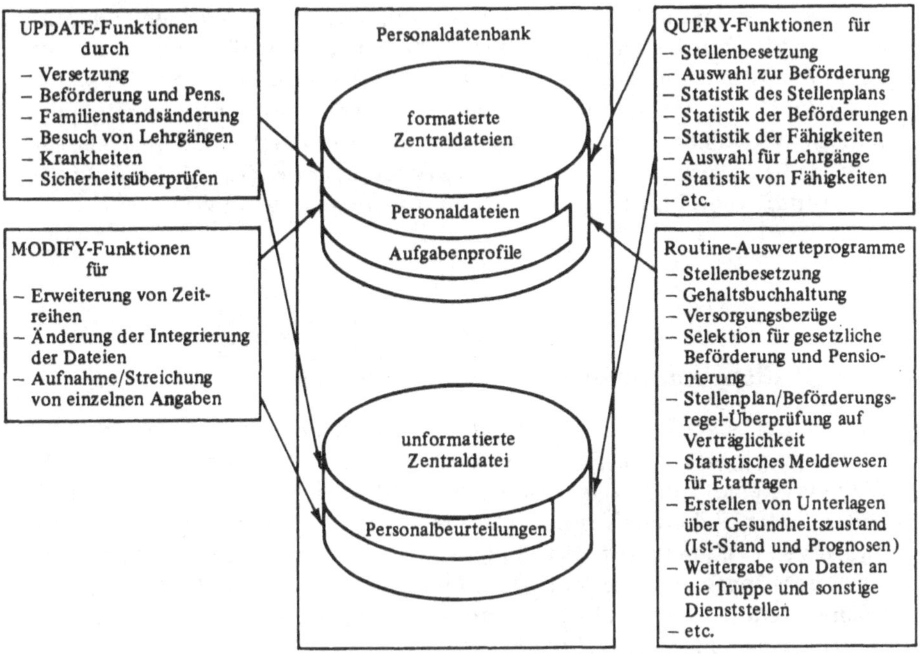

Abb. 2-1 Zum Aufbau des Personal-Informationssystems für Friedenszeiten

Die formatierten Teile der Zentraldateien sind für Direktzugriffssysteme bzw. teilindizierte Systeme geeignet. Die unformatierten Teile sind nicht als Arbeitsfeld eines Inverssystems aufzufassen, sondern als manuelles oder elektronisch angesteuertes mechanisch wirkendes Zugriffssystem zu Karteikarten bzw. Mikrofilmen, da ein sehr einfacher Schlüssel, nämlich im Regelfall allein die PKZ (Personalkennziffer) als Ordnungskriterium ausreicht. (Die PKZ wird wohl meist unter den qualifizierenden Bedingungen der QUERY ermittelt.)

Da sowohl die von der Truppe bzw. verschiedenen Ämtern ausgehenden Update-Vorgänge wie auch das Verteilen von Informationen aus der Zentrale, z. B. an die Truppe, z. B. per Datenfernübertragung, gemeinsame Konventionen des Systems in der Zentrale wie den außerhalb befindlichen Datenverarbeitungsanlagen erfordert, liegt ein weitergehender Zwang zu übergeordneter Planung und Management vor.

Bei Weltmächten wie den USA ist das mit den obigen Aufgaben skizzierte Friedens-Personalsystem auch bei peripheren Konflikten wie dem Vietnamkrieg in ungestörter Tätigkeit. Hypothetische Kriegsbilder für

Mitteleuropa lassen einen nur kurze Zeit, Tage oder Wochen, dauernden Konflikt zu. Dabei ist mit dem technischen Ausfall eines zentralen Personalsystems zu rechnen. Leistungen wie: Wartung des Stellenplans, Ermittlung von Versorgungsbezügen etc. sind dann zudem recht überflüssig. Wir können also für unseren mitteleuropäischen Bereich annehmen, daß fast alle Aufgaben im Personalsektor im Kriegsfall im Rahmen der militärischen Führungssysteme wahrgenommen werden.

2.1.2. Waffen- und Unterstützungssysteme

Die Einsatzbereitschaft von Waffensystemen bedingt das Zusammenwirken von geschultem Personal und technisch einwandfreiem Material. Waffensysteme sind z. B.: Starfighter, Panzer, Flugabwehrbatterien, Boden-Boden-Raketen, Schiffe etc. Jedes dieser Waffensysteme wird irgendwann einmal zur Erfüllung definierter militärischer Aufgaben konzipiert, entwickelt, produziert, in die Truppe eingeführt, von der Truppe benutzt und schließlich ausgemustert. Jede dieser Phasen hat ihre charakteristischen Probleme.

Die Einführung eines Waffensystems bei der Truppe bedingt vorauslaufend eine Feststellung der Anforderungsprofile an das Personal. Diese Anforderungsprofile nach Art und Anzahl sowie die spezifischen Ausbildungsaufgaben müssen rechtzeitig in die Personalplanung eingespielt werden. Kommt dieser im Prinzip für alle Waffen- und Unterstützungssysteme gleichartige Informationsfluß nicht ordnungsgemäß zustande, sind schwere Zwischenfälle zu erwarten.

Jedes einmal installierte bzw. in Benutzung genommene technische System unterliegt einer Störanfälligkeit durch Verschleiß, Konstruktionsschwächen, Benutzungsfehler etc. Insbesondere bei Neuentwicklungen bzw. bei Übernahme von Systemen mit einem im eigenen Bereich noch nicht erreichten technischen Standard ist das Ausmaß der Störanfälligkeit eine dunkle Größe, an die man sich erst durch das Ansammeln von Erfahrungen herantasten muß. Dazu müssen systematisch alle Fehler, die zum Ausfall des Systems führen, zusammengetragen werden. Die Häufigkeiten, mit denen jedes einzelne Ersatzteil benötigt wird, das Zeitverhalten dieser Häufigkeiten, die Beschaffungsdauern sowie die Instandsetzungszeiten und die Warteschlangenlängen vor den Wartungs- und Reparaturbetrieben sind zu erfassen, um zu der charakteristischen Größe, der Verfügbarkeit des Systems, zu kommen. Von der erwartungsgemäßen Relation der klaren zur Zahl der unklaren Systeme eines Musters hängt die zur Lösung der militärischen Aufgabe benötigte Gesamtzahl ab; aus den Ausfallhäufigkeiten und Bestelldauern folgen Umfang und Bestellpunkte der im Lager bereitgehaltenen Ersatzteile. Ohne konsequentes Datensammelsystem mit zugehöriger statistischer Auswertung ist keine für ein erfolgreiches Waffensystem-Management notwendige Informationsbasis erstellbar.

Für die Einsatzplanung von Waffensystemen müssen viele technische Größen bekannt sein. Für taktische Planungen genügt häufig die Kenntnis von solchen Systemgrößen wie Treibstoffverbrauch, max. Flughöhe, max. transportierbare Sprengstoffmenge, Reichweiten, Zielgenauigkeit, Überlebenswahrscheinlichkeit des Systems bei gegnerischen Angriffen. Viele Sachverhalte, z. B. über taktisch empfehlenswertes Verhalten, liegen in einer nicht quantitativen, eher „gefühlsmäßigen" Form vor. Falls wissenschaftliche Studien des militärischen Operations Research angefertigt werden sollen, z. B. um zu klären, wie groß die Überlebenschance eines raketenbestückten Zerstörers in verschiedenen taktischen Situationen nun wirklich ist, muß eine Fülle von technischen Systemdaten bereitgestellt werden. Um solche zur Ermittlung und Optimierung der Schlagkraft notwendigen Studien ohne immer neue und absehbar schwierige Datenbeschaffungsaktionen abwickeln zu können, ist eine detaillierte und stets aktuell gehaltene Datenbank für die technischen Daten der Systeme notwendig. Das Schaffen von möglichst gleichartigen Beschreibungsmustern für eigene und fremde Systeme würde die Benutzung weiter erleichtern.

Beim Entwickeln, Einführen und Benutzen von militärischen Systemen auftretende Schwächen und Pannen müssen analysiert und in den Beschaffungs- und Bereitstellungsgang für zukünftige Waffen- und Unterstützungssysteme eingespielt werden. Dazu gehört ein übergeordnetes Managementsystem, das sich eines „Wehrtechnologischen Informationssystems" bedient. Dieses „Wehrtechnologische Informationssystem" sollte die zuvor genannte Datenbank der technischen Systemdaten enthalten, darüber hinaus aber Auskunft über die Qualität von technischen Lösungen, Beschaffungsverfahren und für verschiedene Aufgaben angewandte Managementtechniken geben.

Die Datenbank für die Systemdaten kann wohl über ein EDV-System vom Direkt-Abfrage-Typus genutzt werden; für die sonstigen genannten Aufgaben sind wohl Sonderlösungen mit gemischt manuellen/Inverssystem-Techniken erforderlich.

2.1.3. Verkehrsnetze

Für Manöver und Aufmärsche in Spannungs- und Kriegszeiten muß eine Vielzahl von Geräten, Versorgungsmaterialien und Soldaten aus den Friedensstellungen in Aufmarsch- oder Kampfräume gebracht werden. Dazu dient hauptsächlich der Schienen-, Straßen- und Lufttransport. Auf den Straßen werden, parallel, sich kreuzend und begegnend, Hunderte von verschiedenen Einheiten mit Panzern, Lastkraftwagen, Krädern und PKWs marschieren. Wie sorgt man für nicht verstopfte Kreuzungen und umgeht blockierte Straßen, ohne daß die Prioritäten in der militärischen Dringlichkeit des Marsches allzusehr gestört werden?

Eine Fülle von Daten, die Straßen, Brücken und Kreuzungen beschreiben, müssen zu einer „Straßendatenbank" zusammengefügt werden, um mit Hilfe von Rechnerprogrammen optimale Marschbefehle zu ermitteln. Ein eigenes, gelegentlich zu Planungszwecken sowie vor und zu Beginn einer Auseinandersetzung zu aktivierendes Informationssystem muß die Daten der vielen zu verlagernden Einheiten zusammenfassen, in das Rechnerprogramm einspeisen und die Ergebnisse an die Truppe verteilen.

Die benötigte „Straßendatenbank" ist sicher in ihrem Aufbau nicht mit den üblichen betrieblichen Datenbanken vergleichbar; ihr Schwerpunkt liegt in der Bereitstellung einer kompletten fehlerfreien Datenmenge für wenige stark mathematische Auswerteprogramme. Nach der Erstellung von Datenbank und Programmen benötigt dieses Informationssystem nur noch die manuelle Unterstützung einer Organisation sowie den Fernschreiber als Verkehrsmittel mit den Bedarfsträgern.

2.1.4. Fernmelde-Netze

Jede militärische Führung ist auf eine möglichst rechtzeitige, ungestörte und abhörsichere Übermittlung ihrer Nachrichtenflüsse angewiesen, ob es sich nun um Informationen oder Befehle handelt. Zu diesem Zweck muß eine Fülle von Verkehrsnetzen aufgebaut werden. Es wäre sinnlos, die Möglichkeit vorzusehen, daß z. B. eine Versorgungseinheit im süddeutschen Raum mit Aufklärern über der Nordsee in Verbindung treten kann. Informationsnetze haben die für die Führungsaufgaben notwendigen Strukturen. Daraus ergeben sich auf den ersten Blick zunächst hierarchisch nach unten ausfächernde Bäume; in die zweidimensionale Geographie übertragen, erhält man vereinfacht radiale Strahlen um ein Zentrum, das jeweils selber Ende eines radialen Strahls ist. Um dieses den Führungsverhältnissen entsprechende Bild technisch zu gewährleisten, d. h. durch Abstimmung von Sendezeiten-, -frequenzen, -modulationstyp, Codierverfahren, Rufzeichen etc. eine funktionierende Einheit zu erhalten, sind unterschiedliche betriebliche Verfahren eingeführt worden, die auf geographische, taktische und Sicherheits-Gesichtspunkte eingehen, hier aber nicht weiter interessieren.

Diese im Frieden zum guten Teil, im Kriegsfall fast vollständig per Funk verkehrenden Übermittlungsnetze sind das technische Rückgrat jedes anderen Informationssystems. Sie müssen jedoch, ebenso wie die

Waffensysteme, selber Gegenstand eines Informationssystems sein. Der Führung muß z. B. jederzeit bekannt sein, welche Einheiten überhaupt mit dem Führungsnetz in Verbindung stehen. Eine Fülle von Informationen über die benutzten Geräte und die betrieblichen Verfahren muß zusammengetragen werden. Dazu gehört die technische Störanfälligkeit, die Verletzbarkeit durch gegnerische Schläge, die Störbarkeit durch elektronische Maßnahmen des Gegners und atmosphärische Auswirkungen beim Einsatz von Atomwaffen, die Dekodierbarkeit von Codes und die Abhörsicherheit von Richtfunkverbindungen. Die Vielzahl der Geräte ist dabei auf Schiffen, in Flugzeugen und auf dem Erdboden montiert, bzw. transportabel. Wegen der entscheidenden Wichtigkeit der Übermittelbarkeit von Führungsinformationen unterliegt dieser Bereich einer sonst unüblichen Geheimhaltung.

Die aufgezeigte Fülle von beschreibenden Daten von Geräten und Verfahren im Zusammenhang mit der Truppengliederung weist auf eine Vielzahl von Dateien hin, die sowohl zur aktuellen Information als auch zur Planung gepflegt werden müssen.

2.2. Informationen über fremde Streitkräfte

Aufgabe des G2/A2/Wesens, d. h. des militärischen Nachrichtenwesens, ist die Bereitstellung von Informationen über andere Staaten, insbesondere deren Streitkräfte. Dazu gehört auch die Nachrichtengewinnung durch Beobachtung sowie durch Empfang elektronischer Ausstrahlungen, soweit das vom eigenen Territorium aus möglich ist, ebenso das Auswerten von Tageszeitungen, Fachpresse etc. Die Nachrichtenbeschaffung mit geheimen Methoden gehört in der BRD nicht zum Aufgabenbereich des militärischen Nachrichtenwesens.

Im Fall eines Konflikts müssen z. B. gegnerische Führungszentralen und Waffensysteme durch Luftangriffe ausgeschaltet werden. Dazu muß unter anderem bekannt sein

- wo sich die auszuschaltenden Führungsbunker/Waffensysteme befinden
- wie die zu bekämpfenden Ziele voraussichtlich aus der Luft aussehen
- wie „hart" sie gegen Explosions-Druckwellen sind
- welche festinstallierten Luftabwehrsysteme mit welchen technischen Daten auf dem Weg zu diesen Zielen zu umgehen bzw. zu überwinden sind
- welche gegnerischen Jägertypen in welchen Anzahlen von welchen Basen aus voraussichtlich zur Abwehr eingesetzt werden können

— welche taktischen Verfahren des Luftkampfes seitens des Gegners zu erwarten sind
— welche Störmaßnahmen gegen die Radarsysteme des Gegners möglich sind.

Zur Ermittlung der Schlagkraft gegnerischer Truppen muß man über Qualität des Personals, Ausbildungsstand, technischen Zustand und Leistungsfähigkeit der Waffen, Versorgungsverfahren, psychologische Lage bei den Truppen, Leistungsfähigkeit der Führungssysteme und Nachrichtennetze informiert sein.

Im Kriegsgeschehen müssen die taktischen Vorgehensweisen des Gegners bekannt sein. Es ist z. B. ziemlich unerläßlich zu wissen, wie Überwasserfahrzeuge und Flugzeuge bei der U-Boot-Jagd kooperieren, wie fliegende Ziele von Bodenstationen an eigene Jäger übergeben werden und wie die Jäger an die Ziele herangeführt werden. Nur aus der Kennntnis der taktischen Verfahren und der dabei relevanten technischen Daten resultiert die Möglichkeit, sich selber in der eigenen Taktik optimal einzustellen.

Zur Ermittlung der aktuellen bzw. kurzfristigen Bedrohung ist ein Einblick in die gegenwärtigen Aktivitäten, insbesondere in grenznahe Manöver, nötig. Die Errichtung von Raketenbasen bzw. der Abschuß von möglicherweise atomare Köpfe tragenden Raketen muß permanent verfolgt werden, etc.

Es muß bekannt sein, wann neue Waffensysteme eingeführt werden und wann sie allmählich durch Nachfolgemuster ersetzt werden. Zur Erhaltung des Status quo ist eine rechtzeitige Entwicklung und Indienststellung eigener Systeme zur Neutralisierung gegnerischer Neuentwicklungen nötig.

Eine längerfristige Entwicklung einer Bedrohung kann sich in besonderen wirtschaftlichen Verhalten, in speziellen Rohstoffkäufen, in Vorbereitung zu subversivem Kampf etc. äußern.

Aus diesem Überblick über die Aufgaben eines militärischen Nachrichtenwesens ist erkenntlich, welche Fülle von relevanten Größen beobachtet werden muß, wieviele kriminalistische Puzzlespiele zum Aneinanderfügen und Auswerten der Einzelinformationen erforderlich ist. Es gibt wohl bisher nirgends in Industrie, Handel und Verwaltung ein so kompliziertes, umfassendes, umfangreiches und interdependentes Informationssystem wie das Nachrichtenwesen. Die Informationsaufbereitung für die eigene Lage der Streitkräfte ist nur scheinbar spiegelbildlich: Das militärische Nachrichtenwesen kann nicht einfach Fernmeldenetze installieren und befehlen, daß aus der gegnerischen Truppe zu bestimmten Zeiten gewisse Daten und Sachverhalte gemeldet werden. Das Aufkommen ist in Volumen, Kontinuität und Wahrheitsgehalt von vielen nicht kontrollierbaren Größen abhängig. Damit steht neben dem Kampf gegen die Fülle des Materials noch die prinzipielle Unsicherheit über den Wirklichkeitsgehalt der Zwischen- und Endergebnisse.

Entsprechend der Aufgabe ist das Gesamt-Nachrichtenwesen ein in sich von der Arbeit her hochspezialisiertes, tief gegliedertes System, in dem fast alle Techniken der Informationsverarbeitung bewußt oder instinktiv angewandt werden. Für den praxisorientierten Theoretiker der Informationsverarbeitung wäre dieser Gesamtbereich wohl das faszinierendste Arbeitsgebiet, wenn es weniger hinter Mauern aus Stein und Geheimhaltung verborgen läge.

Die nächsten Abschnitte geben einen Überblick über die Hauptquellen der einlaufenden Nachrichten und die Grundstruktur der folgenden Auswertung. D. h., verschiedene Sub-Informationssysteme des großen G2/A2/-Informationssystems werden soweit möglich dargestellt.

2.2.1. Passive Aufklärung

Die sogenannte „passive" elektronische Aufklärung macht sich den militärischen Gebrauch von Radargeräten und Funknetzen zunutze.

Radar: Jedes Schiff, jedes Flugzeug, jeder Tower eines Flugplatzes, jedes Flugabwehrsystem mit Rohrwaffen oder Raketen benötigt Radargeräte zur Ortung von evtl. interessierenden Objekten. Sobald ein Radargerät seine Impulse abstrahlt, ist es von dort, wohin der Strahl der ‚Keule' reicht, zu orten. Die charakteristischen Größen wie Frequenz, Impulslängen, Flankensteilheit etc. sind für verschiedene Gerätetypen unterschiedlich; durch Ausmessen der Charakteristika kann also z. B. ermittelt werden, daß die Strahlung nur von einem Gerät ausgehen kann, das auf einer bestimmten Schnellbootklasse installiert ist. Es bestehen also mitunter ziemlich eindeutige Möglichkeiten, den gemessenen Parametern die entsprechenden Objekte zumindest vom Typ her zuzuordnen.

Um die von vielen Objekten gleichzeitig in den verschiedenen Frequenzbereichen ausgehenden Strahlungen aufzunehmen, wird eine Vielzahl von evtl. automatisierbaren Meßplätzen benötigt. Um durch Kreuzpeilungen genaue Standorte, evtl. auch Geschwindigkeiten und Kurse laufend zu ermitteln, müssen die Meßplätze geographisch wohlverteilt, aber dennoch in der Zusammenführung der Meßergebnisse synchronisiert sein. Komplizierend tritt noch hinzu, daß z. B. von See aus nicht nur die Ausstrahlungen fremder Schiffe, sondern z. B. auch der Luftwaffe gemessen werden; also reicht diese Aufklärung, auch wenn sie von den Teilstreitkräften getrennt betrieben wird, über die Teilstreitkraftgrenzen hinaus.

Die Meßwerte müssen den strahlenden Objekten zugeordnet und in ihrer zeitlichen Folge ermittelt werden. Nur so können Aktivitäten erkannt und taktische Verfahren ermittelt werden. Eines der Ergebnisse der Auswertung ist die sogenannte „Elo-Lage", die Auskunft über die taktische Lage gibt, soweit sie durch passive elektronische Aufklärung zu gewinnen ist. Die Ergebnisse der Elo-Lage müssen dann z. B. mit Sichtmeldung aus Aufklärungsflugzeugen etc. zu weiterführenden bzw. im Wahrheitsgehalt besseren Aussagen zusammengefaßt werden.

Dieses Aufgabengebiet ist der Datenverarbeitung gut zugänglich; eine konventionelle Datenbank mit den Dateien der Gerätetypen und ihrer militärischen Verwendbarkeit, sowie der ortsfesten Geräte ermöglicht, zusammen mit speziellen Auswerteprogrammen, eine Analyse der eingespeisten leicht formatierbaren Parametersätze der Messungen.

Fernmeldenetze

In einem früheren Abschnitt wurde schon auf die Bedeutung von Fernmeldenetzen als Nervenbahnen der Führungssysteme aufmerksam gemacht. Da die Fernmeldenetze mit den in ihnen ablaufenden Nachrichtenflüssen die Struktur des Führungsnetzes widerspiegeln, ist ihr Aufbau sehr aussagekräftig.

Selbst wenn die übermittelten Nachrichten verschlüsselt sind, ist aus den Rufzeichen, deren Verwendungsdauer, aus der Art der Weiterleitung von Texten über mehrere Funkstrecken hinweg etc., eine Fülle von Schlüssen zu ziehen. Wesentlich zum Ziehen von Schlüssen ist natürlich die vorweggehende Fähigkeit zum Entschlüsseln von Codes und Rufzeichen. Als Gegenmittel gegen das Aufklären von Fernmeldenetzen wird zunehmend Richtfunk eingesetzt, bei dem die Ausbreitung der Funkwellen über die eigenen Grenzen hinaus gut vermeidbar ist. Allerdings scheidet Richtfunk z. B. auf See bei Entfernungen jenseits der Sichtweite ebenso aus wie bei fliegenden Maschinen im Kontakt untereinander oder mit Bodenstellen. Gegenstand der Fernmeldeaufklärung sind sowohl im Klartext gesprochene als auch durch Codiereinrichtungen zerhackte oder im Digitalcode per Fernschreibereingabe übermittelte Nachrichten.

Analog zur ‚Elo-Lage' wird eine ‚Fernmelde-Lage' erstellt, die insbesondere Truppengliederung und Dislozierung aufhellt.

Aufklärungssatelliten und -flugzeuge

Militärische Objekte senden nicht nur Funkwellen und Radarstrahlen aus; sie reflektieren bzw. absorbieren natürlich auch das Tageslicht, sie sind bei Temperaturunterschieden zur Umgebung durch eine andere Infrarotstrahlung gekennzeichnet. Man kann von Aufklärungsflugzeugen mit menschlichen Augen und Kameras beobachten, im Frieden vom eigenen Territorium und internationalen Räumen aus. Ergebnisse sind Sichtmeldungen, die meist kurzfristig (z. B. in eine Seelage) eingespeist werden und Filme, die von Spezialisten ausgewertet werden. Man erinnere sich z. B. an die Bedeutung der U2-Flüge in der Kuba-Krise. Fotografien dienen jedoch nicht nur der Suche nach militärischen Stellungen im Gelände; man kann z. B. heute mit Techniken ähnlich der Luftbildvermessung Waffensysteme, z. B. Flugzeuge, genauestens in ihrem Riß bestimmen und anschließend daraus auf technische Daten wie z. B. Spitzengeschwindigkeiten schließen.

Infrarotkameras entdecken heute unter Bäumen gegen Sicht getarnte Panzer mit heißen Motoren ebenso wie die Flammenschwänze von startenden Raketen. Satelliten, die jeden Punkt der Erde überfliegen können, erlauben heute die Ortung jedes Raketenstarts. Durch Bildwandler können die Infrarotbilder direkt von Fernsehkameras aufgenommen werden und evtl. über militärische Fernmeldesatelliten als Relais-Stationen zur Bodenstelle in der Heimat übermittelt werden.

Vorzug der passiven Aufklärung ist, daß sie keine eigene Ausstrahlung abgibt, also in Intensität etc. nicht vom Gegner „ausmeßbar" ist, diesen also auch über die vermutlichen Erkenntnisse im unklaren läßt.

2.2.2. Aktive Aufklärung

Die aktive Aufklärung erfolgt mittels gezielter Abstrahlung von Radarimpulsen, die von Objekten in charakteristischer Weise reflektiert werden. Ziel ist die Ortung militärisch interessanter bzw. bedrohlicher Objekte.

Frühwarnsystem

Gegen Interkontinentalraketen wurden weltweite Ketten von weitreichenden Radarstellungen installiert. Sie sollten und sollen anfliegende gegnerische Raketen nach Kurs, Ziel und Anzahl so frühzeitig entdecken, daß das Einleiten eines Gegenschlages möglich ist, wenn nicht gar die Abwehr durch Anti-Raketen. Die auf den Radarschirmen dieses Informationssystems erkannten Raketen werden sofort der obersten nationalen Führung gemeldet; wegen der wenigen verbleibenden Minuten bis zum Einschlag werden aufgrund dieser wenigen Daten über Kurse und Ziele vorausgeplante Entscheidungen weitgehend automatisiert getroffen.

Dieses nur von der Technik, nicht von der Informationsverarbeitung her schwierige Informationssystem entscheidet durch sein stetes Funktionieren immer noch wesentlich über die Erhaltung des atomaren Gleichgewichts.

Luft- und Seeraumüberwachungssysteme

Mit Radarsystemen kann man über Ländergrenzen und Küstenlinien nach beiden Richtungen hinweg den Luftraum außerhalb des eigenen Territoriums überwachen. Die Ergebnisse sind unspezifischer als die der passiven elektronischen Aufklärung, eignen sich aber zum Zusammenfügen mit diesen zu einem vollständigeren Bild des Geschehens in der Luft und auf dem Wasser. Bis auf festinstallierte ausgesprochene Air Control- und Küstenraumüberwachungssysteme gehören die Radargeräte zur kriegsmäßigen Ausrüstung von Waffensystemen und damit wegen ihrer starken Operationsbezogenheit sinngemäß nicht recht zu den Friedenssystemen.

2.2.3. Offene Beschaffung

In allen Ländern erscheinen Publikationen, in denen über innen- und außenpolitische Themen geschrieben wird. Es gibt Lokalteile, die z. B. über die Einweihung einer neuen Straßenbrücke oder den Stapellauf eines Schiffes berichten. Es gibt Sterbeanzeigen und Berichte über das Eintreffen eines neuen Kommandeurs. In Stellenanzeigen werden von einem Rüstungsunternehmen bestimmte Spezialisten gesucht. Gebiete werden für Militärmissionen gesperrt. Es erscheinen Manöverberichte. Militärische Fachzeitschriften bringen Neuigkeiten über eigene und fremde Waffen und neue Einführungslehrgänge in die Datenverarbeitung. Reisende erzählen, sie hätten in B-Stadt auffällig oft Marinesoldaten gesehen. Wissenschaftliche Fachbibliotheken sind voll neuer Veröffentlichungen. Auslandsbotschaften berichten über Rundfunk- und Fernsehsendungen der Gastländer. Aktiengesellschaften veröffentlichen Bilanzen und Geschäftsberichte. Weltmarktpreise von bestimmten Waren ändern sich durch besondere Käufe oder Verkäufe.

Kurz: Ohne einen einzigen Geheimagenten zu bemühen, ist eine erdrückende Fülle von Material gefahrlos ‚offen' beschaffbar. Das wirkliche Problem heißt: sachgemäßes Sichten, Ordnen, Zusammenfügen und Bewerten. Dazu sind Fachleute der verschiedensten Richtungen, Geogra-phen, Wirtschaftler, Soldaten aller Waffengattungen, Politologen, Techniker, Psychologen u. a. notwendig. Ein Blick auf die Anzahl von Tageszeitungen, wissenschaftlichen Veröffentlichungen, Fachzeitschriften etc. lehrt, daß leicht pro Tag zwischen 5000 und 1000 000 solche Einzelinformationen einfließen können. Jede dieser Informationen muß dokumentiert und an die entsprechenden Fachleute versandt werden; ebenso die Ergebnisse der Fachleute.

Man erkennt ein weites Feld für spezialisierte Dokumentations- und teilautomatische Dokumentenversandsysteme. Die Ergebnisse, sofern sie in Form von einfachen Daten darstellbar sind (z. B. Name eines in einer Garnison neu stationierten Regiments, Kapazität eines Treibstofflagers, Schußweite einer Kanone), sind für formatierte Speicherungsverfahren und entsprechende Auswertungen geeignet. Verbale Ergebnisse dagegen verlangen Dokumentationssysteme. Wegen des nicht geheimen Charakters des verwendeten Basismaterials und vieler Zwischenergebnisse kann eine Fülle von Informationsauswertungs-Aufgaben in Form von Studien an Hochschulen und Institute vergeben werden, wie das z. B. in den USA üblich ist.

2.2.4. Geheime Beschaffung

Bedenkt man die Risiken und Kosten der geheimen Beschaffung, so ist angesichts des zumindest im Frieden reichen Stroms an offenem Material anzunehmen, daß dieses Mittel nur in besonderen Situationen eingesetzt wird.

Aus gelegentlichen Zeitungsberichten über Agenten-Prozesse scheinen sich zunächst zwei Klassen geheim zu beschaffender Information abzuzeichnen. Einmal gibt es die Versuche, aus irgendwelchen Panzerschränken was auch immer zu erbeuten; meist wird es sich um Daten handeln, die Waffentechnik, Personal oder Organisation betreffen, die also in das große Puzzlespiel der vielen kleinen Informationen eingebracht werden — allerdings mit dem Vorteil, wahrscheinlich wahrheitsgetreuer zu sein. Zum anderen werden Pläne, Entscheidungen, Zielvorstellungen und Termine der obersten nationalen und militärischen Führung verraten. Hierhin gehören die Warnung an Holland vor einem deutschen Einmarsch und auch die Penkowsky-Papers. Eine Nachricht dieser Art kann, ohne daß sie noch besonders weiter bearbeitet wird, auf höchster Ebene wichtigste politische und militärische Verhaltensweisen auslösen.

Im Sinn eines permanent funktionierenden Informationssystems kann man nur an die erste Klasse der glaubwürdigen Informationen über Personal, Material, Organisation und Tätigkeiten denken. Man sollte annehmen, daß eine Analyse der Schwachstellen im Informationsaufkommen aus offenen Quellen zur Definition von Aufklärungszielen der geheimen Beschaffung führt. Diese Forderung nach Rentabilität beinhaltet den Zwang, über alle genannten Informationsquelltypen (Aktiv- und Passiv-Aufklärung, offene und geheime Beschaffung) hinweg ein gemeinsames Manangement zu haben, das Teilaufgaben und Gelder in nutzvollster Form auf alle Komponenten verteilt.

3. Kampfsysteme in den Streitkräften

Beim Übergang vom Frieden zum Krieg treten die Aufgaben der Planung in den Hintergrund. Nun gilt es, Waffensysteme sachgerecht zu betreiben und den Einsatz der Waffensysteme über Fronten hinweg zu koordinieren und aufrecht zu erhalten. Selbstverständlich wird dazu, neben den im Frieden beschafften Basiskenntnissen, ein aktuelles Bild des Gegners benötigt.

Einige Waffensysteme enthalten in sich ziemlich aufwendige Informationssysteme, die eine eigene Betrachtung wert sind. Die Waffensysteme selber sind wiederum in Führungssystemen zu sinnvoller Koorperation zusammengefaßt.

3.1. Informationssysteme in Waffensystemen

Waffensysteme werden auf Grund von Daten über gegnerische Ziele eingesetzt; sie können vielfach mit eigenem Gerät die notwendigen Daten über den Gegner ermitteln.

3.1.1. Radargesteuerte Flugabwehr-Rohrwaffen gegen Tiefflieger

Zur Bekämpfung von Flugzeugen, insbesondere im Rahmen des Objektschutzes, werden heute in modernen Streitkräften vielfach automatisch gesteuerte Rohrwaffen eingesetzt.

Mit Hilfe von Radargeräten werden die anfliegenden Objekte, insbesondere die gefürchteten Tiefflieger, geortet. Sobald ein fliegendes Objekt in den Bereich des Radargeräts kommt, wird (durch eine bei modernen Systemen vollautomatische Auswertung der reflektierten Radarsignale mit Hilfe mathematischer Formeln) Kurs, Geschwindigkeit und Flughöhe festgestellt, d. h. alle zur Bestimmung der Flugbahn benötigten Daten. Ebenso wird mit Hilfe einer genauen Analyse der reflektierten Signale versucht festzustellen, ob nicht mehrere Flugzeuge sich durch Formationsflug als ein einziges Objekt darzustellen versuchen. Bei jeder Drehung bzw. Schwingung des Radarschirms laufen die genannten Rechenprogramme ab; die jeweils z. B. in $^1/_4$-Sekunden-Abständen ermittelten Orte und Geschwindigkeiten werden durch ein weiteres Programm zu einer glatten Bahnkurve umgerechnet, die dann vom Rechnerprogramm für einige Sekunden in die Zukunft extrapoliert wird, da man ja beim Schießen auf bewegte Objekte ‚vorhalten' muß. Je nach Anzahl der anliegenden Objekte und ihren Kursen berechnet ein weiteres Programm (unter Berücksichtigung der Anzahl und technischen Leistungsfähigkeit der Batterien), wann welche Batterie auf welches Objekt zu schießen hat. Dazu müssen vom Rechner an die Motoren des automatischen Richtsystems die nötigen Steuerbefehle ausgegeben werden (die eine Lösung), bzw. ein bei der Batterie befindlicher Rechner zur Steuerung des Richtsystems erhält die Bahndaten sowie den Feuerbefehl (zweite Lösung). Die Informationsflüsse werden in Abb. 3-1 dargestellt.

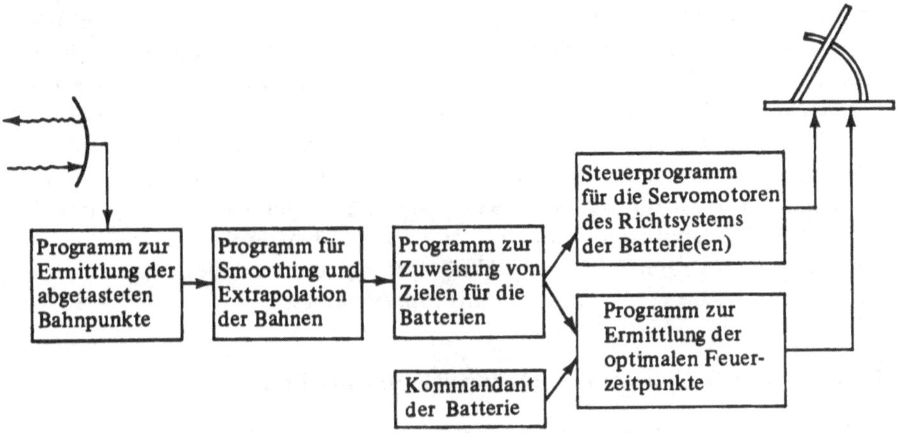

Abb. 3-1 Informationsverarbeitung in einem radargesteuerten Flugabwehrsystem

Zu den genannten Rechen- bzw. Steuerungsaufgaben werden kleine und schnelle Prozeßrechner eingesetzt.

3.1.2. Flugabwehrraketen

Der Einsatz von Flugabwehrraketen ähnelt teilweise dem von Rohrwaffen. Bis zur Zuweisung von Raketen zu fliegenden Objekten und der Ermittlung des Zeitpunkts für den Abschuß der Raketen verläuft die Informationsverarbeitung völlig analog. Die Raketen benötigen für das erste Stück ihrer Flugstrecke meist zur Kursbestimmung einige Daten, die aus den genannten Programmen stammen und der Rakete mitgegeben werden. Danach sucht sich die Rakete selber mit einem Infrarotkopf oder einem Radargerät den Weg ins Ziel. D. h., die Rakete sammelt und verarbeitet nun selbst die Informationen, die sie ins Ziel führt.

Auch hier sind an das bzw. die Radargeräte Prozeßrechner angeschlossen; die Kursbestimmungen in der Rakete erfolgen wohl durch elektronische Schaltungen, die speziell für diese Aufgabe entwickelt sind.

Systeme vom Typ 3.1.1 und 3.1.2 können selbstverständlich auch an Bord von Schiffen installiert sein.

3.2. Informationssysteme in kleineren Führungssystemen

In Führungssystemen werden ein oder mehrere Waffensysteme, zusammen mit den Unterstützungssystemen und dem notwendigen militärischen Nachrichtenwesen zusammengefaßt. Zweck der „Führung" ist der koordinierte und möglichst wirkungsvolle Einsatz der Kräfte. Die gemeinsam zu führenden Komponenten können dabei z. B. an Bord eines Schiffes zusammengedrängt sein, sie können aus den Einheiten eines Geleitzuges bestehen, aus allen Über- und Unterwasserfahrzeugen einer Marine, aus allen Schiffen und Flugzeugen einer Marine etc. Ein Führungssystem ist völlig sekundär durch die Art der zu führenden Subsysteme bestimmt. Man kann den Begriff „Führungssystem" wohl durch „Managementsystem für optimalen Einsatz von komplexen Systemen" ersetzen. Im Abschnitt 4 wird kurz auf das zugehörige Management komplexer Systeme sowie auf die zugehörige Theorie der Informationssysteme eingegangen; dieser Abschnitt bringt zunächst rein phänomenologisch eine Reihe von kleineren Führungssystemen.

3.2.1. Moderne Führung von Überwassereinheiten

Wir wollen eine technisch schon realisierte, aber z. B. in der BRD noch nicht recht eingeführte teilautomatische Führungstechnik betrachten. In Abb. 3-2 sehen wir ein mit (1) bezeichnetes Schiff, das als Zentrale mit einigen weiteren Schiffen in Verbindung steht und gleichzeitig die Verbindung aller Fahrzeuge (1,1) bis (1,3) sowie des Flugzeuges (1,4) mit der Landzentrale, dem Marine Headquarter (MHQ) herstellt.

Jedes der Schiffe (1), (1,1), (1,2) (1,3) verfügt über Aufklärungssysteme wie SONAR und RADAR, kann also an Bord eine Seelage für das eigene „Gesichtsfeld" erstellen und die Daten evtl. Ziele selber ermitteln. Zum koordinierten Einsatz des Verbandes gegen irgend welche Ziele, z. B. gleichzeitig gegen U-Boote und Flugzeuge, genügt es nicht, daß jedes Schiff einige der Ziele kennt. Vielmehr sollten alle Kräfte des Verbandes gemeinsam, d. h. unter einer zentralen Führung, einsetzbar sein. Also senden alle Schiffe (1,1), (1,2), (1,3) ihre „Lage" automatisch von ihren Bordrechnern an (1). Bei (1) werden diese Inputs erst gepuffert, dann automatisch zu einer vollständigeren Lage zusammengesetzt. Dieses Ergebnis wird von (1) an (1,1), (1,2) und (1,3) verteilt. Selbst wenn nun z. B. (1) als Führer ausfällt, verfügen (1,1), (1,2), (1,3) noch über eine etwas bessere Informationsbasis.

So wie in (1) die von (1,1), (1,2), (1,3) gewonnenen Teilaspekte zusammengefaßt werden, faßt wiederum das MHQ die Beiträge von (1), (2) und (3) zusammen. Dabei auftretende Erkenntnisse, die z. B. für (1)

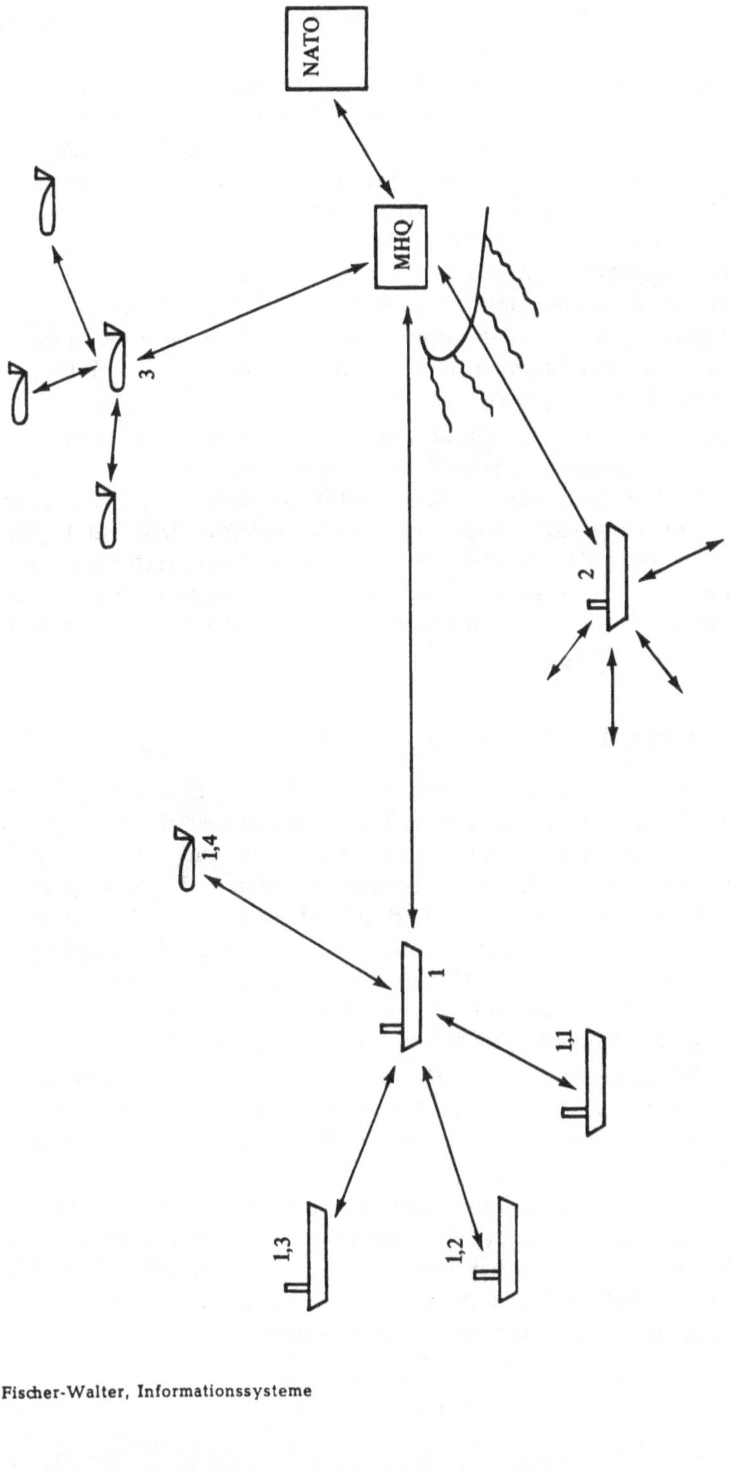

Abb. 3-2 Führungs- und Informationsnetz für den Einsatz eines schwimmenden Verbandes

wesentlich, aber noch unbekannt sind, werden nun vom MHQ automatisch an (1) weitergegeben.

Wir haben hier zunächst zwei Führungssysteme festgestellt, das von (1) und (1,1), (1,2), (1,3) sowie das von MHQ (1), (2), (3). Das Führungssystem um (1) arbeitet unter der Steuerung der Führungszentrale MHQ. Für die z. B. einem deutschen MHQ übergeordnete NATO-Kommandozentrale (COMNAVBALTAP) stellt das MHQ mit seiner Einsatzsteuerung ein Führungssystem dar. Dem MHQ unterstehen selbstverständlich auch Versorgungseinheiten, Aufklärungsflugzeuge, Minensucher etc., nicht nur Zerstörer, Fregatten und Dergl. D. h., neben den automatischen Linkverbindungen, z. B. zwischen Fregatten und MHQ, werden auch konventionelle Übertragungsverfahren bestehen, bei denen Meldung für Meldung von Hand abgesetzt wird.

Die zu übermittelnden Daten sind im Regelfall gut formatierbar; konventionelle Datenbanktechniken genügen zur Pflege und Auswertung dieser Datenbestände. Sachbearbeiter der einzelnen Generalsstabsgebiete können per Konsole zu den Daten zugreifen bzw. mit Lageplots arbeiten. An Bord der Schiffe müssen größere Prozeßrechner eingesetzt werden; das MHQ mit seinem breiten Spektrum an Aufgaben und nachgeordneten Systemen wird einen großen kommerziell-wissenschaftlichen Digitalrechner benötigen.

3.2.2. Artillerieführungssystem

Die in einem Frontabschnitt zum Einsatz kommenden Geschütze werden sicherlich zu mehreren Typen unterschiedlichen Kalibers gehören, mit verschiedener Schußgenauigkeit, Reichweite und Zerstörungskraft. Die zu bekämpfenden Ziele sind entweder ortsfest oder beweglich; ihre Koordinaten werden durch visuelle Beobachtung oder durch automatische Meßverfahren z. B. mittels Radar bestimmt. Aufgabe der Artillerieführung ist nun (unter Berücksichtigung der taktischen Situation, z. B. ‚höchste Eile nötig, anschließender Rückzug unerläßlich'), den erhaltenden Auftrag, z. B. ‚Niederhalten und Stören des Nachschubs', zu erfüllen.

In Abb. 3-3 ist unter dem Gesichtspunkt der Artillerieführung die Gliederung eines Korps dargestellt. Betrachten wir nun Schritt für Schritt die einzelnen Ebenen, um einen Eindruck von den Informationsflüssen zu erhalten.

Die Batterien erhalten vom Bataillon aus ihre Kampfaufträge, d. h. Listen von Zielen und Art der Bekämpfung. Die Batterien selber müssen in der Regel die technischen Daten, wie Zielkoordinaten, Schlußfolge etc. selber erarbeiten. Die Batterie hat an das Bataillon Meldungen zu machen über die eigene Einsatzfähigkeit sowie über die Ergebnisse des

Kampfeinsatzes, außerdem muß z. B. der Munititonsnachschub veranlaßt werden.

Das Bataillon hat den technischen Einsatz der unterstellten Batterien gemäß dem wiederum von „oben" erhaltenen Auftrag zu leiten. Dieser Auftrag könnte z. B. lauten: „Absetzbewegungen der zweiten und dritten Brigade durch Niederhalten des Gegners in dem Gebiet A-B-C decken". Das Bataillon hat nun die Batterien unter Kenntnis der Geographie, der feindlichen Ziele bzw. Objekte, der Überlebenschance der unterstellten Batterien im gegnerischen Feuer etc. auf bestimmte Ziele anzusetzen, also die nötigen Kampfaufträge auszugeben. Die mit dieser Aufgabe verbundene Zielzuweisung wird konventionell „von Hand", in geplanten Systemen durch mathematische Rechnermodelle unterstützt, ausgeführt. In letzterem Fall muß die gesamte nötige Information im Rechner gespeichert sein. Die variable Information, betreffend Geographie, Ziele, Bedrohung der eigenen Batterien, verfügbare Munition etc. muß in einem permanenten Informationsfluß formatiert einströmen.

Aus Abb. 3-3 geht hervor, daß die Artillerie-Bataillone als geschlossene Subsysteme auf verschiedene Weise in der Organisation eines Korps

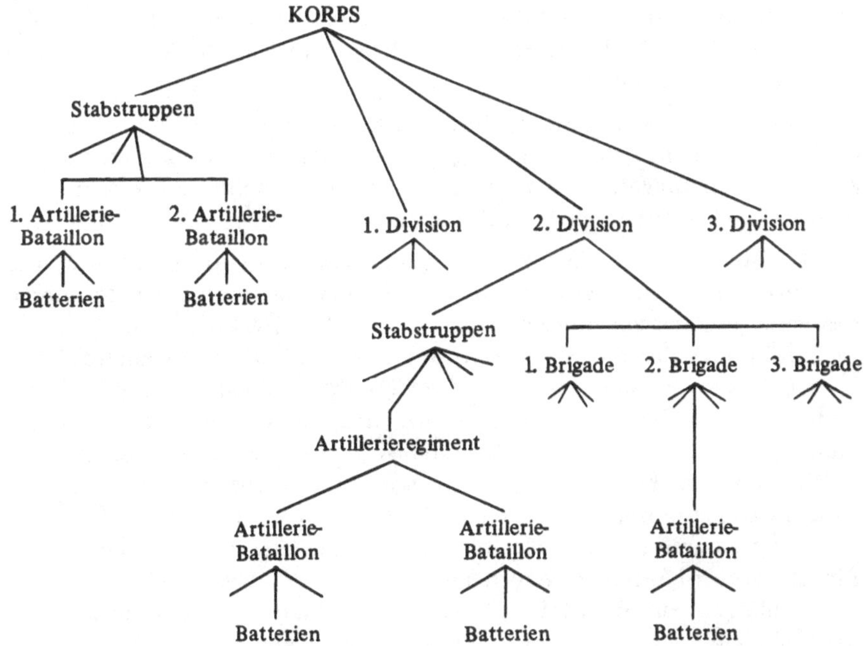

Abb. 3-3 Beispiel für die Gliederung der Artillerie in einem Korps

aufgehängt sind. Sie können zu den eigentlichen Kampftruppen der Division bzw. der Brigaden gehören, aber auch den Stabstruppen der Division (hier: Artillerie-Regiment) oder des Korps (dem Korps-Artillerie-Führer) unterstellt sein.

Betrachten wir nun die Brigaden der Division als Quelle der Kampfaufträge für die Bataillone. Nehmen wir an, die Brigade habe den Auftrag, ihre Kampflinie zurückzunehmen. Wie das durchgeführt wird, ist im wesentlichen Sache der Brigadeführung, die zu diesem Zweck von dem Artilleriebataillon mittels Kampfauftrag bestimmte Unterstützung anfordert. Zwecks Ausgabe sinnvoller und realisierbarer Kampfaufträge muß die Brigade sowohl über Zustand und Bedrohung des Artilleriebataillons als auch über die Art der zu bekämpfenden gegnerischen Kräfte unterrichtet sein. Mit Hilfe dieser Kenntnisse erstellt die Brigade einen „Feuerleitplan" als Kampfauftrag an das Artilleriebataillon.

Es ist allerdings auch möglich, daß die Division selber im Rahmen einer die ganze Division umfassenden Operation mit Hilfe eines Feuerplans die Funktion der Artillerie festlegt. Dazu muß die Division über die Feindlage im Frontabschnitt sowie über die Lage der Artillerie-Bataillone informiert sein. Besagt z. B. die Lage der eigenen Artilleriekräfte, daß diese voraussichtlich nicht in der Lage sind, den Auftrag ohne Unterstützung zu erfüllen, so kann die Division durch Ausgabe entsprechender Feuerpläne an das ihr direkt unterstellte Artillerie-Regiment helfend eingreifen.

Analog ist das Korps organisiert, das neben seinen Führungsaufgaben gegenüber den Divisionen mit eigenen Kräften unterstützen kann. Zur koordinierten Einsatzleitung der Artillerie läuft beim Korps-Artillerie-Führer die Gesamtlage der Artillerie zusammen.

Betrachten wir die Aspekte der Datenverarbeitung im Bereich der Artillerieführung und setzen wir voraus, daß die technischen Probleme des Feldeinsatzes von Rechnern gelöst sind. Für die Ebene der Batterien und wohl auch der Artilleriebataillone reicht sicherlich ein komfortabler Prozeßrechner, an den auch (für die Bataillone) Band- oder Platteneinheiten anschließbar sind. Bei der Brigade, die ja eine Reihe weiterer Aufgaben neben der Artillerieführung hat, ist der Einsatz einer üblichen mittleren kommerziell/wissenschaftlichen Anlage anzunehmen, die über Datenfernverarbeitung mit dem Divisionsrechner und dem Bataillonrechner verbunden ist. Oberhalb der Brigade-/Regimentsebene ist der Einsatz von größeren Rechnern mit Multi-User-Betrieb und Bildschirmarbeitsplätzen zu erwarten. (Wieweit die Bataillonsebene Bildschirmarbeitsplätze benötigt, hängt wohl weitgehend von der Art des gewählten Zusammenspiels zwischen Soldat und Rechner ab.)

3.2.3. Führungssystem für Instandsetzung im Korpsbereich

Führungssysteme existieren nicht nur, wie die vorangegangenen Beispiele vielleicht vermuten lassen, im Bereich der Kampfeinheiten, sondern auch in den Unterstützungssystemen.

Im Bereich einer modernen Armee wird z. B. eine Vielzahl von Kraftfahrzeugen eingesetzt. Durch Verschleiß und Feindeinwirkung ist mit größeren Ausfällen zu rechnen, die nicht einfach durch das Heranführen von Depot-Fahrzeugen ersetzt werden können. Daher sind Instandsetzungskapazitäten in einem erträglichen Abstand von der Kampflinie bereitzustellen. In Abb. 3-4 sind die Instandsetzungskräfte eines Korps in ihrer Unterstellungshierarchie angegeben (Bereich 2).

Schadfälle, die nicht von der kämpfenden Truppe selber behoben werden können, werden zu Schadsammelpunkten transportiert und in eine Warteschlange vor der Inspektion abgestellt. Die inspizierten Fahrzeuge werden, je nach Schwierigkeit und Dauer der Reparatur, den Instandsetzungskompanien zugeteilt. Dies sollte unter Berücksichtigung der Länge der Warteschlangen vor den Werkstätten, der Weglängen zu den Werkstätten, der personellen und materiellen Leistungsfähigkeit der Werkstätten sowie der verfügbaren Abschubkapazität geschehen.

Die Instandsetzungskompanien müssen, sobald z. B. die Leistungsfähigkeit durch Personalausfall oder Ersatzteilmangel unter eine Schwelle absinkt, nach ‚oben' Meldung machen, ebenso wenn die Länge der Warteschlange bzw. die zu erwartende Reparaturzeit über eine von oben benannte Schwelle gerät. Natürlich müssen diese Zahlen routinemäßig gemeldet werden, auch wenn keine Ausnahmefälle vorliegen: Entscheidungsfluß und benötigte Information werden ausschnittsweise in Abb. 3-5 angegeben.

Auf der Ebene des Instandsetzungsbataillons muß der Gesamtschadanfall bei den Sammelpunkten und die Lage bei den Werkstätten bekannt sein, damit festgestellt werden kann, ob man mit den vorhandenen Kräften in tolerierbaren Zeiten überhaupt den Aufgaben nachkommen kann. Unter Umständen muß die Zuweisungsregelung an den Schadsammelpunkten geändert werden, um eine gleichmäßigere Auslastung der Werkstätten zu erreichen. Oder es muß entschieden werden, daß alle Fahrzeuge mit Schäden über einer gewissen Reparaturdauer in der Warteschlange noch weiter nach hinten gesetzt werden müssen, etc.

Der Korps-Instandsetzungs-Kommandeur kann als oberster Manager direkt oder indirekt auf alle Mitglieder des Bereichs 2 aus Abb. 3-1 Einfluß nehmen. Dazu müssen ihm bekannt sein

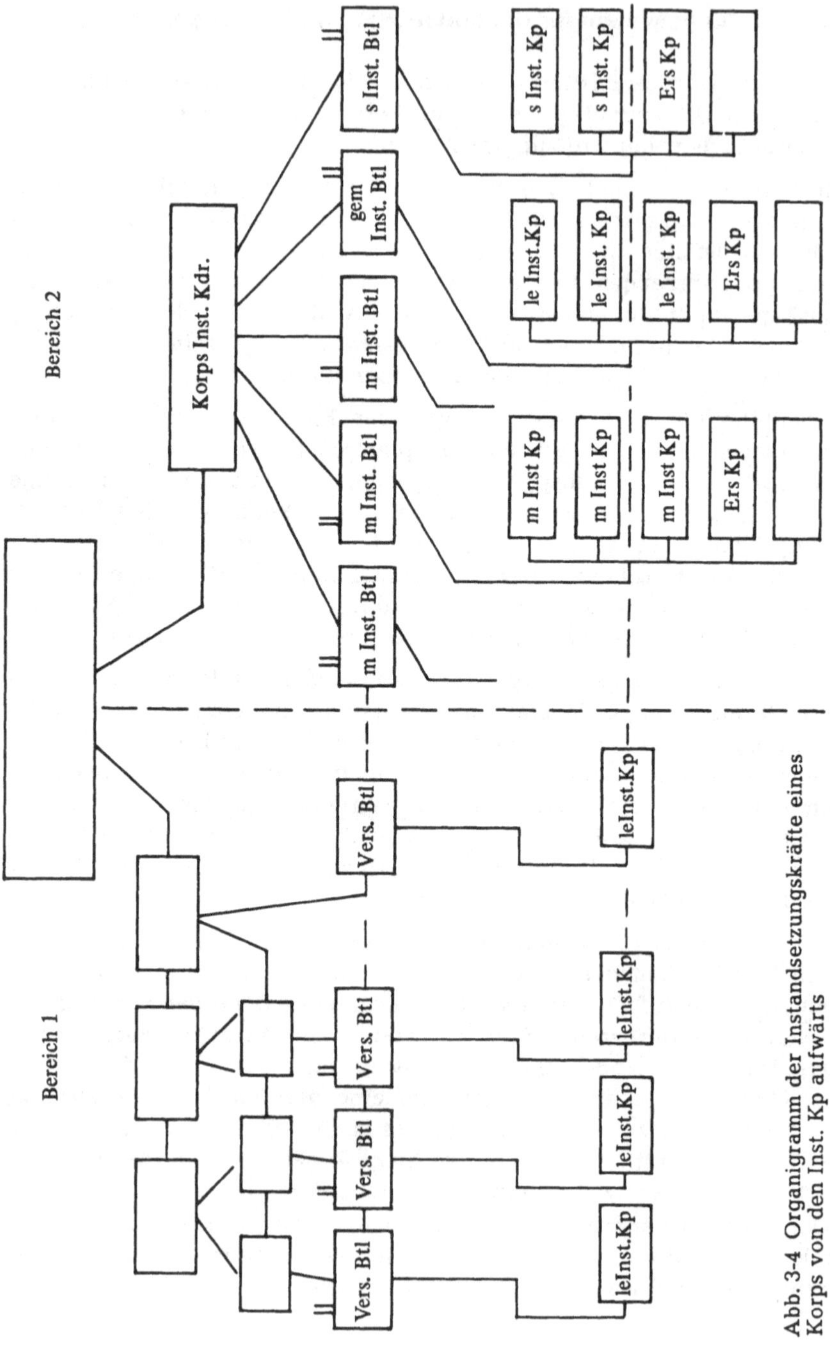

Abb. 3-4 Organigramm der Instandsetzungskräfte eines Korps von den Inst. Kp aufwärts

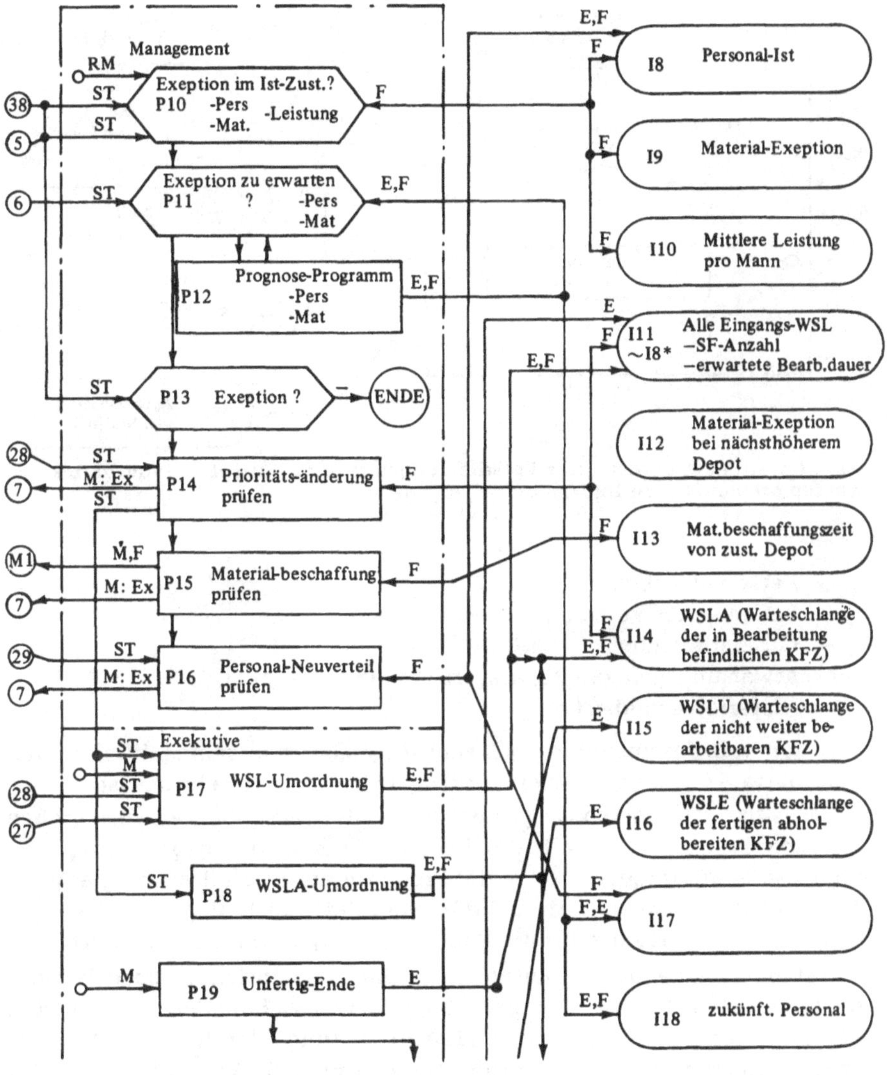
Management
RM
ST
ST
Exeption im Ist-Zust.?
P10 -Pers -Leistung
-Mat.
F
ST
Exeption zu erwarten
P11 ? -Pers
-Mat
E,F
Prognose-Programm
P12 -Pers
-Mat
E,F
ST
P13 Exeption ?
ENDE
ST
M: Ex
ST
P14 Prioritäts-änderung prüfen
F
M,F
M: Ex
P15 Material-beschaffung prüfen
F
ST
M: Ex
P16 Personal-Neuverteil prüfen
F
Exekutive
ST
M
ST
ST
P17 WSL-Umordnung
E,F
ST
P18 WSLA-Umordnung
E,F
M
P19 Unfertig-Ende
E
38
5
6
28
7
M1
7
29
7
28
27
E,F
F
I8 Personal-Ist
F
I9 Material-Exeption
F
I10 Mittlere Leistung pro Mann
E
F
I11 ~I8* Alle Eingangs-WSL
-SF-Anzahl
-erwartete Bearb.dauer
E,F
I12 Material-Exeption bei nächsthöherem Depot
F
I13 Mat.beschaffungszeit von zust. Depot
F
E,F
I14 WSLA (Warteschlange der in Bearbeitung befindlichen KFZ)
E
I15 WSLU (Warteschlange der nicht weiter be-arbeitbaren KFZ)
E
I16 WSLE (Warteschlange der fertigen abhol-bereiten KFZ)
F
F,E
I17
E,F
I18 zukünft. Personal

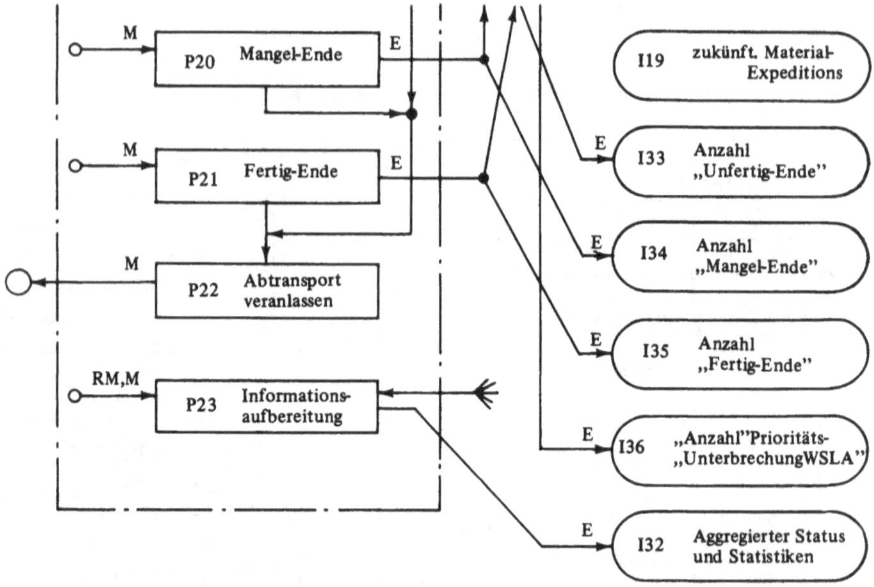

Abb. 3-5 Ablaufdiagramm der Entscheidungen in einer Inst. Kp. (von I 8 bis I 32 werden die benötigten Informationen angegeben)

— Personalstärken
— Leistung des Personals
— Gesamtleistung
— erwartungsgemäße Reparaturzeiten und -dauern
— Materialverfügbarkeit.

Er hat z. B. festzustellen, daß eine insgesamt von seinen Werkstätten geforderte Anzahl reparierter Fahrzeuge nicht mehr erreichbar ist.

Das skizzierte Instandsetzungssystem ist wiederum Teil des großen Führungssystems innerhalb des Korps. Die Zahl der gegenwärtig verfügbaren Kraftfahrzeuge sowie die Prognose dieser Zahl für die nächsten Tage wirkt sich wesentlich auf die Mobilität und Schlagkraft der eigenen Truppe aus; ist also für die Planung von Operationen wesentlich.

Auf der Ebene der Schadsammelpunkte, der Instandsetzungskompanien und der Instandsetzungsbataillone reichen wohl manuelle Methoden der Informationsübermittlung und Aufbereitung; der Korps-Instandsetzungskommandeur, der immerhin einige Dutzend Warteschlangen und etliche Zuteilungsverfahren zu steuern hat, könnte durch einige Optimierungs-Programme wirkungsvoll unterstützt werden. Dazu kann z. B. die Rechenanlage des Korps benutzt werden, in die ja auch die Daten über die Verfügbarkeit der Kraftfahrzeuge eingespeist werden müssen.

3.3. Die großen Führungssysteme in den Teilstreitkräften

In den bisherigen Darstellungen nachgeordneter Führungssysteme innerhalb der Teilstreitkräfte zeigte sich schon die zugrunde liegende Struktur der mehrstufigen Entscheidungs- und Informationsprozesse, allerdings immer beschränkt auf wenige Funktionen.

In einem Korps sind ja nicht nur Artillerie und Instandsetzung zu führen, sondern daneben sicher u. a.:

— Panzertruppen
— Pioniere
— Versorgungseinheiten
— Sanitätseinheiten
— Heeresflieger
— Aufklärungseinheiten
— Entgiftungseinheiten bei ABC-Einsätzen
— Fernmeldeeinheiten

und noch einiges mehr. Jeder der genannten Heeresbereiche muß in sich geführt werden, wie es an den Beispielen 3.2.2. und 3.3.3. erläutert wurde. Auf allen Ebenen müssen die für den Einsatz relevanten Informationen zu Lagen zusammengetragen werden. Die Fülle der Teilbereiche macht es unmöglich, hier eine detailliertere Darstellung der funktionalen Vernetzung und damit der Informationsflüsse zu geben. Der Leser möge bedenken, daß einem Korps (neben den Stabstruppen) drei Divisionen unterstehen, also weit mehr als 50 000 Soldaten, dazu eine Fülle von Waffensystemen etc. Um auf Korpsebene aktuell über den Aufenthaltsort, die Gefechtstätigkeit, den materiellen und personellen Zustand der eigenen Bataillone orientiert zu sein, müssen etwa 50 Dateien mit einigen zehn bis etlichen tausend Datensätzen auf dem Laufenden gehalten werden. Zu den eigenen Daten muß das G2/-Wesen noch in ähnlicher Detaillierung die entsprechenden Daten des Gegners bereitstellen; aus den 3 Divisionen strömen Daten und Erkenntnisse über den Gegner an einer vielleicht 100 km langen Front zusammen. D. h., daß z. B. der Korps-G2 aus Zusammenhängen, die auf der Divisionsebene mangels Überblick nicht erkennbar sind, zu Erkenntnissen kommen kann, die er nicht nur in die Korps-Lage einspeist, sondern wegen ihrer Wichtigkeit auch den Divisionen bekannt macht.

Charakteristisch ist, daß von Ebene zu Ebene der Hierarchie der Truppengliederung immer nur Extrakte der Lagefeststellung und Lagebeurteilung weitergereicht werden. Nehmen wir eine Kompanie an der Front, die ‚Mörsereinschläge in ihrem Bereich' meldet. Aus den Meldungen vieler Kompanien ist auf der Divisionsebene dann vielleicht die Feststellung ,schwaches Störfeuer im Frontbereich XY' geworden, das Korps schließlich bezeichnet in seinem Großbereich die Situation vielleicht als ,Ruhe in breiten Abschnitten, wahrscheinlich Vorbereitung zu einer Offensive, möglicherweise zu erwartende taktische Atomwaffeneinsätze .

Die Meldung der obersten Heeresleitung an die Bündnispartner könnte lauten:

,Zur Zeit fast keine Verluste, keine Frontverschiebungen, Vorstoß auf A-Stadt mit evtl. Unterstützung durch taktische Atomwaffen erwartet'. Wir wollen festhalten, daß mit steigender militärischer Ebene immer umfassendere Begriffe in den Lagefeststellungen auftauchen, daß also auch der Sprachschatz sich von Ebene zu Ebene verändert. Damit ist, wie später genauer ausgeführt wird, ein zentrales Problem der ,mehrstufigen Informationsverarbeitung' verbunden.

Zur Veranschaulichung der eigenen und der gegnerischen Lage kann in Anbetracht der vielen beteiligten Truppenteile diesseits und jenseits der Front nicht auf eine Lagekarte bzw. ein Lageplot verzichtet werden. Dort werden mit Hilfe von Symbolen die Aufenthaltsorte und Tätigkeiten der Truppen eingetragen. Die Tendenzen der modernen Entwicklung zielen für die Zukunft darauf ab, sobald entweder der Umfang der Eintragungen oder die notwendige Geschwindigkeit der Änderung es erfordern, nicht mehr von Hand die Lagekarte zu führen, sondern direkt aus einem Rechner über Umsetzgeräte die neueren Ergebnisse auf einen riesigen Bildschirm von mehreren Quadratmetern zu werfen. Nun sind auf Korpsebene sicherlich die einzelnen Kompanien, evtl. auch die Bataillone, von geringem Interesse. Nur für die Führungsaufgaben wesentliche Informationen gehören auf den Bildschirm. Also wird z. B. der G2 des Korps, hinter dem die G2s der Divisionen stehen (der aber z. B. auch vom G2 der obersten Heeresführung Informationen erhält), eine eigene G2-Datenbank auf Korpsebene mit Hilfe eines Bildschirmarbeitsplatzes verwalten. Für Rückfragen stehen ihm Mitarbeiter, evtl. mit eigenen Bildschirmarbeitsplätzen, sowie Telefonverbindungen zu andern G2/A2-Dienststellen zur Verfügung. Aus seiner Datenbank, die teilweise automatisch von den G2s der Divisionen aktuell gehalten wird, gibt er mit Hilfe seines Bildschirms seine Beiträge auf den großen Bildschirm. Analog arbeiten die Stäbe des G3 sowie die Fernmelder. Neben dem großen Lagebildschirm, auf den als Hintergrund die Landkarte projiziert wird, sind einige weitere, wahrscheinlich von Hand geführte Tafeln anzunehmen, auf denen Tabellen geführt werden; z. B. über eigene und gegnerische Verluste an Menschen und Material. Es wird betont, daß sich die Darstellung der Abläufe und Arbeitsmittel am hier benutzten Beispiel des Korps genauso auf Divisionen, Fronten, die oberste Heeres/Marine-/Luftwaffenführung sowie auf die Führungszentralen der Bündnisse und der nationalen Führung übertragen läßt.

Bei der obersten nationalen und militärischen Führung, die in einem atombombensicheren Bunker ihren Aufgaben nachgehen wird, laufen die Lageberichte von Marine, Heer und Luftwaffe, zentralen militärischem Nachrichtenwesen und den Verbündeten zusammen. Ziel der militärischen Führung ist nun die Kooperation der Teilstreitkräfte und das Ergreifen militärpolitischer Maßnahmen, wie z. B. Anfordern von Unterstützung durch die Bündnispartner oder Kapitulation. Den Ablauf der Lagedarstellungen möge man sich genauso vorstellen, wie weiter oben geschildert.

Innerhalb jeder Teilstreitkraft werden für Länder europäischer Größe auf der obersten Führungsebene vielleicht Informationsmengen von etwa 20 bis 50 Millionen Zeichen vorliegen, die in Extrakten auf die Teilstreitkraft-Lagedarstellungen und zur obersten Führung gelangen. Wegen der Anzahl von vielleicht 20 Bildschirmarbeitsplätzen, Steuerung der großflächigen Lage, vielen Routineauswerteprogrammen und automatischem Meldewesen nach oben und unten sind modernste Großanlagen erforderlich. Die Informationsverarbeitungsaufgabe entspricht vom äußeren Bild der Geräte und Arbeitsverfahren etc. her weitgehend der der Teilstreitkräfte.

Beachtung verdient die Kooperation der Teilstreitkräfte unterhalb der Ebene der obersten Führung. In verschiedenen Fällen wird z. B. Marine und Luftwaffe auf niedrigeren Ebenen, z. B. etwa der Verbände und Geschwader, kooperieren. Man nehme z. B. an, daß die Marine von See her einfliegende feindliche Flugzeuge ortet und diese Erkenntnisse dem Luftaufklärungssystem der Luftwaffe frühzeitig mitteilt, oder das Luftwaffeneinheiten zur Unterstützung in Seekämpfe eingeschaltet werden. Unterschiedliche technische Ausrüstungen, Meldeformate etc. können eine starke Behinderung darstellen, die bei hochgradiger Automatisierung allerdings durch Zusatzorganisation umgangen werden kann.

4. Exkurs zur Theorie der Aufbereitung von Führungsinformation

Bisher wurde im wesentlichen an Beispielen das Wechselspiel von Informationen und Steuerungen dargestellt. Um mit einer konsistenten und logisch einwandfreien Terminologie Managementsysteme beschreiben zu können, muß man sich einer Reihe von Modellvorstellungen und Begriffsbildungen der Theorie komplexer Systeme bedienen. Daß diese „Managementphilosophie" in Europa bis heute in ihren Konsequenzen für die Lösung praktischer Probleme nur zu wenigen erstklassigen Industrieberatern und nicht sehr viel mehr Industrieunternehmen vorgedrungen ist, erklärt zum Teil, wieso in der BRD die Entwicklung von Führungssystemen so schleppend vorangeht. So stellt im Juli 1970 der Brigadegeneral Gerd Schmückle öffentlich fest, der Begriff der Dienstaufsicht sei in der Bundeswehr absolut undefiniert!

4.1. Zur Theorie vielstufiger zielorientierter Komplex-Systeme

Organisationen können als zielverfolgende Systeme aufgefaßt werden, die selber wiederum aus zielsuchenden Subsystemen hierarchisch aufgebaut sind. Auf der untersten Ebene befinden sich die in ihrem Verhalten vollkommen gesteuerten, ausführenden Systeme, z. B. die Geschützbatterie mit ihrem Bedienungspersonal, eine Jagdfliegerrotte beim Anfliegen eines Ziels, die Feuerleitsysteme an Bord eines Zerstörers etc. Diese in der Theorie etwas irreführend als „kausal" bezeichneten Systeme geben nur Meldungen über ihren Zustand und ihre Leistung an das übergeordnete System ab, von dem sie die nach besten Kräften auszuführenden Befehle (oder Steuerungen) erhalten. Ihr Verhalten wird nur durch die technischen Gegebenheiten und die Steuerungen bestimmt. Das übergeordnete steuernde System (in Abbildung 4.1-1 als zielsuchendes System G_1 der ersten Ebene bezeichnet) hat die Aufgabe, S_1 so zu

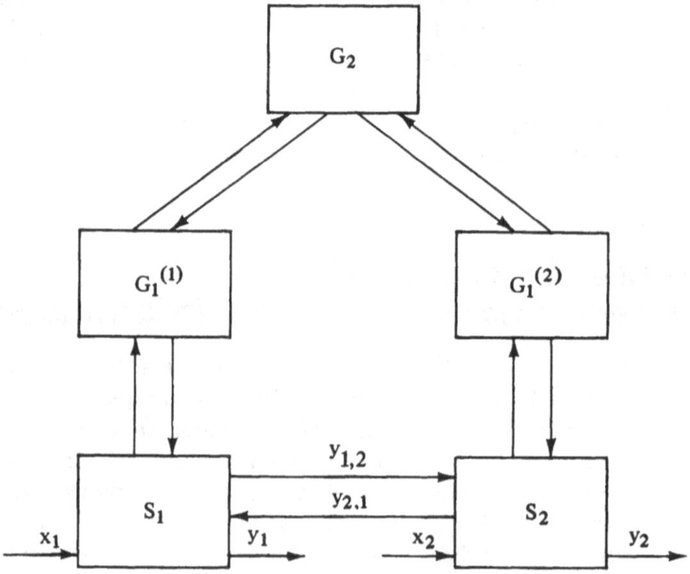

Abb. 4-1 Zweistufiges Managementsystem des 213-g-Systems

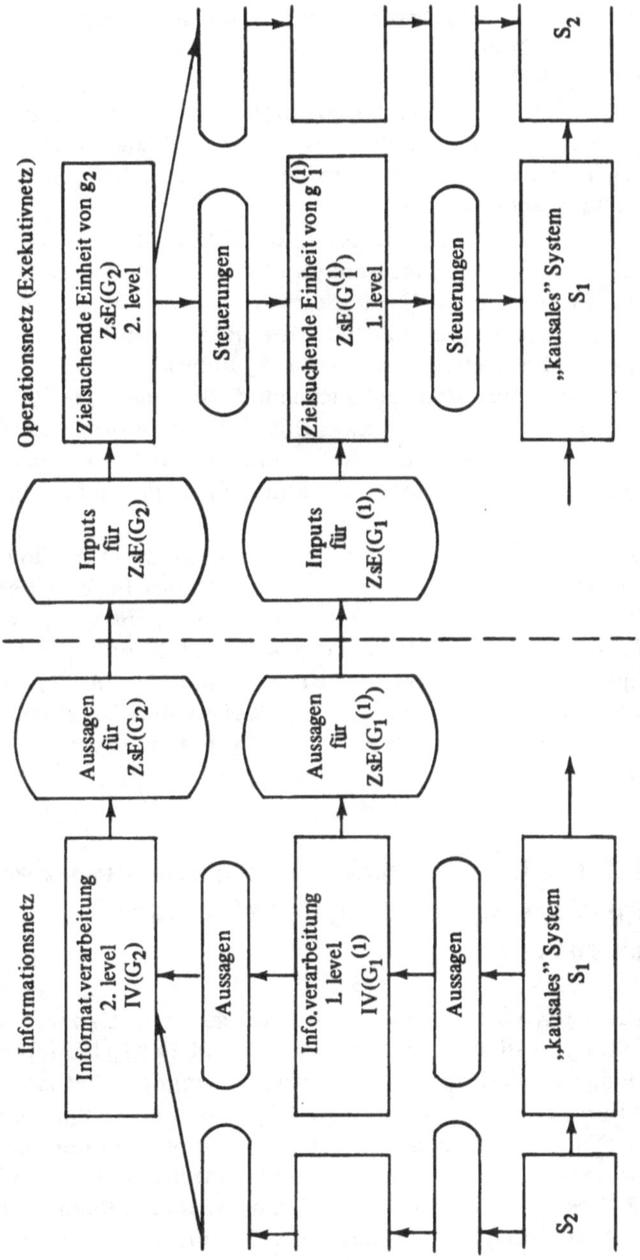

Abb. 4-2 Trennung der einzelnen Funktionen in einem Informations- und einem Exekutivbereich

steuern, daß es gewisse vorgeschriebene Ergebnisse bringt. Ist $G_1^{(1)}$ bzw. $G_1^{(2)}$, aus welchen Gründen auch immer, mit den verfügbaren Mitteln nicht in der Lage, S_1 bzw. S_2 zu den geforderten Leistungen zu bringen, so ist an G_2 Meldung über den Sachverhalt zu machen. G_2 als oberster Entscheidungsträger kann nun den Speilraum und die Mittel von $G_1^{(1)}$ bzw. $G_2^{(1)}$ sowie seine Anforderungen an die von S_1 bzw. S_2 zu erbringenden Leistungen ändern.

In Abb. 4.1-2 wird nun das Informationsnetz und das Exekutivnetz des Systems aus Abb. 4-1 auseinandergetrennt. Man erkennt, daß die Informationsverarbeitung IV($G_1^{(1)}$) gleichzeitig zwei Aufgaben erfüllen muß: G_2 Informationsbeiträge und $G_1^{(1)}$ die gesamte Information liefern. Durch genaue Analyse, welche Aussagen S_1 liefern muß und welche Informationen (Aussagen) den zielsuchenden Systemen ZsE($G_1^{(1)}$) und ZsE(G_2) übergeben werden müssen, ergibt sich der Informationsfluß und die Informationsverarbeitung in IV($G_1^{(1)}$) und IV(G_2). Man beachte, daß in IV(G_2) Aussagen verschiedener Herkunft zusammengefaßt und bearbeitet werden.

Aus den Ausführungen des Abschnitts 3 lassen sich leicht Flow-Charts entsprechend Abb. 4-2 zeichnen; man wird jetzt auch leichter verstehen, wieso in allen Beispielen immer Führungsaufgaben (entsprechend dem Exekutivnetz der rechten Seite in Abb. 4-2) und Informationsaufgaben zusammen genannt wurden. Nur durch systematisches Analysieren der Aufgaben und ihrer Verteilung auf die Ebenen der Organisation läßt sich das Zusammenspiel von Informationssystem und Exekutivsystem konstruieren.

4.2. Die Informationsreduktion als Kernproblem der Informationsverarbeitung in vielstufigen Organisationen

In Abb. 4-2 sehen wir, daß für die Bedürfnisse von G_2 zwei Informationsverarbeitungssysteme, nämlich IV($G_1^{(1)}$) und IV(G_2) hintereinandergeschaltet sind, während für $G_1^{(1)}$ nur IV($G_1^{(1)}$) eingeschaltet ist. Nehmen wir z. B. die viel tiefer gegliederte Hierarchie von der Kompanie bis zum Korps (in der Regel 5 Ebenen), so erhalten wir vier hintereinandergeschaltete Informationsverarbeitungssysteme. Ähnlich weit und vielstufig ist im G2/A2-Wesen der Weg z. B. von den gemessenen Radarparametern der passiven Aufklärung bis zur Lage beim Führungsstab der Streitkräfte.

Nehmen wir pauschal an, daß pro Stufe die Anzahl der Subsysteme jeweils um den Faktor 4 reduziert wird (also 4 Kompanien pro Bataillon, 4 Battaillone pro Brigade, etc.), und daß auf jeder Stufe die gesamte von unten her eingespeiste Informationsmenge verfügbar sein soll, so nimmt das Volumen der Information von Stufe zu Stufe um den Faktor 4 zu; auf Korpsebene läge die $4^4 = 256$fache Menge der Information über eine Kompanie vor; addiert man nun noch 3 Korps und die Kräfte der anderen Teilstreitkräfte, erhält man leicht den Faktor 1000. Offensichtlich nimmt jedoch die de facto zu handhabende Informationsmenge viel schwächer zu, vielleicht um den Faktor 10 bis 50, statt 1000. Hinter diesem Schwund an Information steckt eine Reihe von mathematisch quantitativ nachweisbaren Gesetzen, deren Auswirkungen kurz besprochen werden.

Die Annehmlichkeit, daß die aktuelle Kriegslage der Nation vor den politischen Führungskräften in einem viertelstündigen Vortrag vor einer Landkarte dargestellt werden kann, obwohl die Gesamtmenge der eingeflossenen Informationsbasis vielleicht eine Milliarde Zeichen umfaßt, wird erkauft durch das irreversible Zusammenfassen von Einzelinformationen. Irreversibel heißt in diesem Fall: aus dem Endprodukt sind die Ausgangsprodukte nicht wiedergewinnbar. Mit der Irreversibilität ist in einem gewissen Umfang die prinzipielle und unumgehbare Fehlerhaftigkeit der Informationsreduktion verknüpft. D. h., von Stufe zu Stufe der Informationsaufbereitung sinkt der Umfang der Information ab, sie nimmt dabei an Bedeutung und Fehlerhaftigkeit zu.

Es ist durchaus berechtigt anzunehmen, daß auf allen Ebenen eines vielstufigen Informationssystems das Produkt aus Bedeutung der Ein-

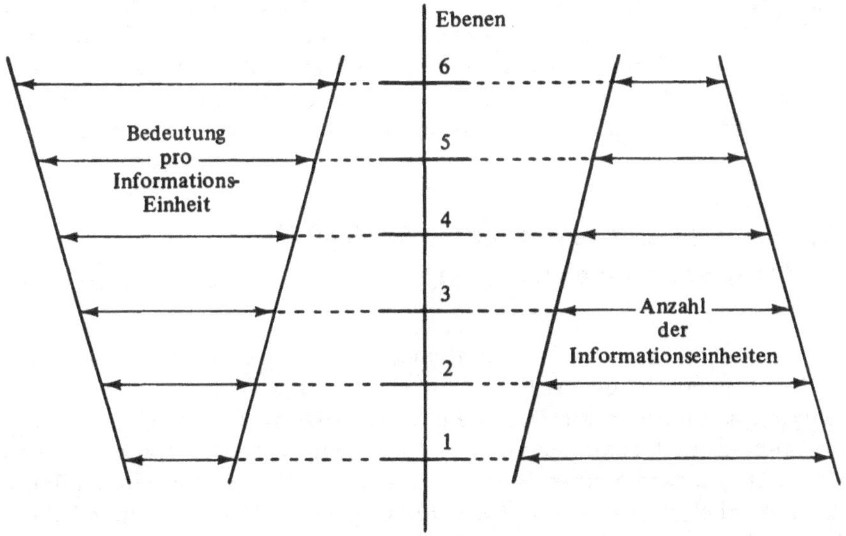

Abb. 4-3 Das Produkt aus Menge und Bedeutung der Information ist für jede Ebene die selbe (logar. Maßstab)

zelinformationen und Volumen der Informationen etwa eine Konstante ist. In Abb. 4-3 wird dieses Verhalten dargestellt.

Im Bereich der Streitkräfte ist das unausweichliche Einschleichen von Fehlern (die durch die bestmögliche Arbeit aus grundsätzlichen Gründen nicht zu vermeiden sind), gefühlsmäßig bekannt. Man versucht sich immer wieder durch den Einfall, man wolle eben nicht nur die Ergebnisse der aufsteigenden Informationsverarbeitung, sondern auch die ursprünglichen Informationen erhalten, um diese Fehler herumzudrücken. Das würde jedoch bedeuten, daß ungeheure Mengen meist irrelevanter Information nach oben transportiert werden müßten — das ist einfach ein Verstoß gegen den sehr pointierten angeblich von Zemanek stammenden Merksatz: „Dummheit produziert Information, Intelligenz reduziert Information". Der wahre Kern des genannten Einfalls besteht darin, im Sinne einer „semantischen Rückkopplung" bei Unsicherheit über ein Ergebnis Rückfragen an die niedrigeren Informationsaufbereitungsebenen zu richten, um die erwünschten Ausgangsaussagen zu erhalten. Durch Zugriff zu Datenbänken niedrigerer Ebene ist ein Teil der Rückfragen zu befriedigen.

Es soll noch darauf aufmerksam gemacht werden, daß das Einteilen des Informationsreduktionsvorganges in eine Reihe von Einzelschritten erzwungen wird durch die beschränkten Fähigkeiten aller realen Informationsverarbeitungseinheiten, ob Mensch, Maschine oder Mensch-Maschine-System. Ein gegebenes informationsreduzierendes System vermag immer nur einen gewissen Informationsfluß bei einem maximalen Wert der Reduktion zu verarbeiten, ohne zu versagen. Führt man neue technische Hilfsmittel der Bearbeitung ein, z. B. Rechner, kann die aus Erfahrung mit dem Menschen als Reduzierer von Information aufgebaute logische Organisation der Informationsverarbeitung gestört werden.

4.3. Grenzen der Automatisierbarkeit der Informationsverarbeitung

Die gemessenen Parameter der passiven elektronischen Aufklärung, die Meßergebnisse der aktiven Radaraufklärung, die Meldungen von Sichtkontakten und Klarständen etc. sind meist durch wenige formatierbare Zahlen- und Textangaben möglich. Diese Angaben lassen sich also leicht auf standardisierten Formblättern (bzw. Eingabeformaten für die Datenverarbeitung) erfassen. Dazu in Abb. 4-4 ein Beispiel eines Dateneingabe-Formblattes, das an das amerikanische TOS-System angelehnt ist.

DATEN-EINGABE-BLATT

(ohne Daten offen)

VERSCHLUSSGRAD /......;

HERKUNFT / ....;

ZEIT / ....;

VERTEILERSCHLUESSEL /.........;

EINHEITSNAME / ....;

EINHEITSTYP / ....;

NATIONALITAET/................;

VORGESETZTE EINHEIT /...................;

TAETIGKEIT /......;.......;........;

BEMERKUNGEN /................................

.... ;

ohne Daten offen

Abb. 4-4 Beispiel eines formatierten Dateneingabe-Formulars

Diese eigentlich nur aus einer ganz einfachen geordneten Folge von Werten bestehenden Eingabe kann von einem Rechner leicht in vielfältige formatierte Dateien über Kriegsgliederung, Dislozierung der verschiedensten Kräfte etc. aufgenommen werden. Abfragen an diese Basisdaten sind ebenfalls mit ähnlichen Formblättern möglich; die Ausgabe von Ergebnissen kann in der gleichen Art erfolgen. Solange die Informationsverarbeitung im wesentlichen nur aus dem Addieren von Personalzahlen, Kraftfahrzeugen etc. sowie aus dem Erstellen von Statistiken besteht, treten keinerlei ernste die Automatisierung behindernde Probleme auf.

Die oben besprochene Informationsreduktion findet nur in geringem Umfang durch so einfache mathematische Operationen statt. Im Regelfall ändert sich der „Sprachschatz", mit dem die Informationen vor und nach der Verarbeitung formuliert werden. Dazu einige Beispiele der passiven elektronischen Aufklärung. Der erste Übergang erfolgt in einem elektronischen Gerät: von der elektromagnetischen Welle zu einigen Zahlenwerten der Parameter. Von den Parametern wird dann, zum Beispiel mit Hilfe einer Zuordnungsmatrix, auf die Gerätetypen geschlossen, von denen es vielleicht 20 oder 50 gibt. Der nächste Schritt führt von den Gerätenamen wieder über eine Matrix zu den Namen der Waffensysteme.

Ein weiterer Verarbeitungsschritt, in dem nun über ein Zeitintervall Waffensystemnamen und zugehörige Funkpeildaten etc. zusammenfließen, führt auf taktische Situationen (z. B. Erdkampfunterstützung durch Jäger). Der nächste Verarbeitungsschritt faßt solche taktische Situationen wiederum über einige Zeit zusammen und kommt zu einer taktischen Lagebeschreibung, in der Aufenthaltsorte von Verbänden und deren Tätigkeiten mit Hilfe von Kurzvorträgen und Skizzen auf der Lagekarte dargestellt werden. Mit weiter aufsteigender Ebene werden immer größere Verbände, immer größere geographische Räume und weitflächigere Operationen und Kriegsziele das Vokabular bestimmen, immer weniger schlichte Daten wie exakte Positionsangaben, genaue Verlustziffern, kleine Kampflinienverschiebungen werden benutzt.

Mit der Informationsreduktion bei der Aufbereitung wird also von der schlichten Symbolfolge der Zahlenreihen immer weiter auf eine militärische Fachsprache als Untermenge der allgemein benutzten Sprache übergegangen. Mit diesen Übergängen zu immer komplizierteren Sprachniveaus sind sogenannte „semantische Sprünge" verbunden, die heute von Maschinen nur in seltenen Sonderfällen geleistet werden können. Daraus folgt etwas deprimierend, daß die Datenverarbeitung in absehbarer Zeit nur auf den unteren sprachlichen primitiven Ebenen außer der Speicherung und Zurverfügungstellung von Information auch wesentliche Verarbeitungsaufgaben leisten kann. Auf höheren, sprachlich in den

Bereich der Umgangssprache geratenden Ebenen muß auch weiterhin der Fachmann die Informationsverarbeitung selber vornehmen. Ihm kann die Datenverarbeitung nur helfen, die vorhandenen bzw. einlaufenden Informationen schneller zu erhalten, sie bequemer darstellen zu können und schließlich die Ergebnisse seiner Arbeit in einer ebenso benutzerfreundlichen Weise zu versenden bzw. abzuspeichern.

Für die Einführung der Informationssysteme der Teilstreitkräfte und aufwärts resultiert daher als erste Aufgabe, Zugriffssysteme zu den benötigten Informationen im Sinne von Mensch-Maschine-Systemen zu realisieren. Dieser Weg wurde bisher in den USA konsequent beschritten. Die heute bekannten Informationssysteme von 473 L (1962/63) über FFS und NIPS zu dem Adept 50/TDMS-System (1966/69) lassen diese Entwicklung verfolgen.

5. Besondere Problematik und Zukunft militärischer Informationssysteme

In den früheren Abschnitten wurden die vielfältigen Aufgaben der Informationsverarbeitung im militärischen und paramilitärischen Bereich dargestellt. Die Möglichkeit, mit Hilfe von Rechnern zumindest für einen Teil der Aufgaben riesige Datenmengen schneller und bequemer nutzen zu können, hat auch bei den Streitkräften (und zwar zumindest in den USA sehr früh im Vergleich zur Industrie) den Wunsch geweckt, dieses Instrument einzusetzen. Dabei ist eine Reihe von spezifischen Problemen aufgetreten, die von denen der Industrie deutlich abweichen.

5.1. Militärischer Benutzer und Rechenanlage

In 4.3. wurde festgestellt, daß ab einer gewissen militärischen Ebene, etwa zwischen Bataillon und Division, in den elektronischen Kriegssystemen die Problematik von Zugriff zu und Darstellung von Information gegenüber Auswerteprogrammen in den Vordergrund tritt. Auf diesen Führungsebenen arbeiten nebeneinander Offiziere, insbesondere Generalstabs- bzw. Admiralstabsoffiziere und Unteroffiziere. Fast kein Soldat hat je eine solide Ausbildung in Datenverarbeitung und Management erhalten; die Generalstäbler wechseln sogar alle 2 bis 5 Jahre ihren Fachbereich, um zu einem universelleren Überblick über die Gesamtorganisation zu kommen, müssen sich also immer wieder zeitaufwendig in ein Sachgebiet neu einarbeiten. Also muß die Kontaktfläche zwischen

Soldat und Rechner so konstruiert werden, daß ein etwa 14-tägiger Einweisungslehrgang für völlige EDV-Neulinge ausreicht. In der Industrie wird niemand erwarten, daß das Middle-Management selber mehrere oder viele Stunden des Tages an einem Bildschirmarbeitsplatz verbringt. Sachbearbeiter, die mitunter Jahrzehnte ihren Arbeitsplatz beibehalten, können durchaus eine längere Einweisungszeit benötigen, ehe sie ihrer Routinearbeit, z. B. Ändern von Versicherungspolicen, nachgehen. An solchen Arbeitsplätzen in Industrie, Handel und Banken führen auch Fehler oder Schwerfälligkeit nicht zum Verlust von Menschenleben. Daher muß gefordert werden, daß die Sprache, in der der militärische Fachmann seine Fragen an die gespeicherten Daten stellt, in etwa 14 Tagen zusammen mit der Datenorganisation sowie der Bedienung der Eingabe/Ausgabegeräte erlernt werden kann.

Experimente zeigten, daß Sprachen mit diesen Eigenschaften realisierbar sind. Allerdings ist es auch dann noch notwendig, daß der Systembenutzer soweit logisch denken kann, um seinen Wunsch eindeutig zu formulieren. Die gar nicht so seltenen dazu Unfähigen müssen vor Erhalt eines solchen Kommandos entdeckt und ausgeschieden werden.

Ein Bildschirmarbeitsplatz, der bei manchen Aufgaben noch mit einem großflächigen Display verbunden ist, kann heute zusammen mit Verkehrssprachen oben genannter Eigenschaften ohne Mühe realisiert werden. Es ist auch möglich, eine einzige Sprache für alle oberen Führungsebenen aller Teilstreitkräfte gemeinsam zu realisieren. Dazu müßten weder die Hersteller der Rechenanlagen übereinstimmen noch die Datenorganisation in gleichen Fachbereichen identisch sein, obwohl besonders letzteres viel rationeller wäre. Insbesondere würde die Zusammenarbeit in gemischten Stäben sowie zwischen Einheiten der Teilstreitkräfte erleichtert.

5.2. Die Hardware militärischer Systeme

Fast alle im Bereich der Streitkräfte eingesetzten größeren Rechenanlagen stehen bisher im Bereich der Verwaltung, nicht bei den eigentlichen Führungssystemen. Neben dem einen Grund, daß reine Verwaltungsaufgaben in Industrie und öffentlicher Hand nicht allzuviele Unterschiede zeigen, spielt dabei wesentlich eine rein technische Eigenschaft der bisherigen größeren Rechner eine Rolle.

Nur obere und oberste Führungsstäbe können in der Regel in einem hinreichenden Abstand von den erwarteten Frontlinien ortsfest verbunkert untergebracht werden. Alle anderen müssen im Zuge der heutigen hohen Mobilität auf schnellen Ortswechsel, auch an nicht vorgesehene Plätze, rechnen. Sollen solche Stäbe mit Rechnern ausgestattet werden, so müssen diese einer Reihe von Bedingungen genügen, die im sonstigen kommerziellen Bereich unbekannt sind:

— kleines Volumen
— extreme Stoßfestigkeit beim Transport (möglichst sogar Betrieb beim Transport erwünscht)
— bei Ausfall von Komponenten Wartung durch nicht spezialisierte Kräfte
— geringe Empfindlichkeit gegen Schwankungen von Temperatur und Luftfeuchtigkeit wegen unsicherer Klimatisierung
— Unempfindlichkeit gegen Schwankungen in der Stromversorgung durch transportable Aggregate
— möglichst gute Sicherung gegen den Verlust der im Rechner gespeicherten und daher bei Ausfall der Zentraleinheit nicht mehr erreichbaren Informationen.

Da insbesondere Plattenspeicher und Trommelspeicher mechanisch empfindlich sind, aber gerade dort der Großteil der im Direktzugriff befindlichen Informationen steht, nützte eine einigermaßen stabile Zentraleinheit mit Kernspeicher bei größeren Aufgaben auch nicht allzuviel.

Die technische Entwicklung ‚militärischer' Rechner hat bisher zwei Wege genommen: einmal vom festprogrammierten Prozeßrechner ohne Externspeicher her, dann in letzter Zeit durch neue technische Möglichkeiten vom modernen kommerziellen Großrechnerkonzept aus. Prozeßrechner (sogar mit Wasser gekühlte röhrenbestückte Rechner an Bord von Schiffen) wurden schon vor gut 10 Jahren insbesondere in Feuerleitsystemen (siehe Abschnitte 3.2.1. und 3.2.2.) sowie bei Air Control eingesetzt. Von der ersten Gruppe leiten sich z. B. die AEG-Telefunken Rechner TR 84/86 ab; sie sind schnell, haben einen geringen Befehlsumfang, sind im Hinblick auf Analog/Digitalwandlung konzipiert, eignen sich (TR 86) als Satellitenrechner und genügen vielen militärischen Spezifikationen. So wiegt z. B. der TR 84 bei einem Volumen von 19 l nur 24 kg bei einem Kernspeicher von 16 k Worten. Eine auch vom Aufgabenspektrum teilweise vergleichbare Entwicklung ist der IBM-Rechner 4Pi, der z. B. in der Phantom die Bordrechenfunktionen übernimmt (der Starfighter ist noch mit der älteren Analogtechnik ausgerüstet). Eine von RCA angekündigte Systemfamilie soll erstmals ein Multiprocessorensystem (mit entsprechend höherer Systemzuverlässigkeit), großen Kernspeicher und vor allem Kompabilität mit der RCA-Spectra bzw. SIEMENS 4004 sowie mit Peripherie und leicht auswechselbaren Einschub-Bauelementen bieten und zudem den militärischen Forderungen genügen. Natürlich werden solche Systeme zunächst deutlich mehr als ein vergleichbarer kommerzieller Rechner kosten.

Für die Zukunft scheint sich wohl abzuzeichnen, daß militärisch ausgelegte, voll kompatible Parallelentwicklungen zu komfortablen kommerziellen Großrechnern in die oberen Ebenen der Führungssysteme eindringen werden. Die Ebene der Waffensysteme selber wie die unteren der Führungssysteme werden demgegenüber wohl auch in Zukunft von den weniger flexiblen Abkömmlingen der Prozeßrechner beherrscht werden.

5.3. Überblick über bisher entwickelte Sprachen und Software-Systeme der militärischen Informationsverarbeitung

Die erste künstliche Sprache speziell für Abfragen und Querschnittsrecherchen an Datenbänken wurde 1962/63 von IBM of America zusammen mit der USAF im 473 L-System entwickelt. Mit einer quasi-englischen Benutzersprache können Datensätze auch mit komplizierten logischen Bedingungen qualifiziert werden; die Ausgabe erfolgt selektiv durch Angabe der Feldnamen. Dazu ein Beispiel:

RETRIEVE FORCE STATUS WITH COMMAND = SAC OR TAC,
FUEL-TYPE = JP 9 OR JP 4 THEN LIST UNIT , AFLDNAME

(Aus der Datei mit Namen FORCE STATUS sollen die Datensätze gefunden werden, in denen das Flugzeug (1) entweder dem SAC oder einem TAC unterstellt ist (2) entweder mit dem Treibstoff JP 9 oder JP 4 betrieben wird.) Da die 473 L-Abfragesprache sowohl im Bedingungsteil wie für die Ausgabe auch das Bilden von Summen, Minima, Maxima und Abständen zwischen Orten erlaubt, sind für eine militärische Abfragesprache der oberen Ebene fast alle Wünsche erfüllt. Diese Sprache entspricht den in Deutschland entwickelten Spezialsprachen der Systeme RESI und POLIS, sie stimmt weitgehend mit den Basisversionen der Sprachen der Systeme GIS und Adept 50/TDMS überein. Adept 50, das bis 1969 für die oberste nationale amerikanische Kommandoebene (NMCS) entwickelt wurde, ist extrem leistungsfähig und ebenso speicherplatzaufwendig. (Ab 512 k-bytes einsatzfähig.)

Das bei einer US-Armee eingeführte TOS-System (Tactical Operation System) erlaubt zwar die meldungsähnliche Eingabe und Ausgabe von Daten sowie ganz ähnlich der Eingabeform aufgebaute Abfragen und Updating (Abb. 4-1), ist jedoch wegen der zu geringen Möglichkeiten beim Stellen qualifizierter Abfragebedingungen sowie wegen des völligen Fehlens von Funktionen wie Summe, Minimum, Maximum etc. für die Anforderungen bei oberen Führungsstäben wenig tauglich. Es ist, wie der Name besagt, ein für die Lösung taktischer Aufgaben bestimmtes System.

Alle zuletzt genannten in den USA entwickelten Systeme erfordern keinen echten Dialog zwischen Benutzer und Maschine, bis auf Adept 50 sind alle als Direktfileabfragesysteme aufgebaut. Jedoch auch Adept 50 wird ohne Dialog formal genau wie ein Direktabfragesystem benutzt. Der einfache Grund für den Verzicht auf Dialoge liegt in der Annahme, daß die Benutzer ihr Sachgebiet mit seiner Datenstruktur sowie die Verkehrssprache beherrschen und daher gern auf ein zeitraubendes Dialogverfahren verzichten.

Man kann rückblickend durchaus feststellen daß die in den USA für die Entwicklung der Systeme 473 L, FFS, NIPS, TOS, Adept 50 investierten Beträge wesentlich die gesamte Entwicklung von Abfrage- und Datenbanksystemen auch für den kommerziellen Bereich stimuliert haben.

5.4. Zum Stand der BRD

In der BRD werden heute die verschiedenen Informationssysteme der Teilstreitkräfte sowie der obersten militärischen Führung in einem Nebeneinander geplant; die anvisierten Lösungen, insbesondere bezüglich der Verkehrssprache, werden je nach eingeschaltetem Hersteller bzw. Beratungsunternehmen als Subsysteme unterschiedlich konzipiert. Das militärische Nachrichtenwesen, das mit allen Teilstreitkräften, der obersten Führung sowie Bündnispartnern verflochten ist, und ebenfalls moderne Systeme einführt, wird in vielen Schnittstellen von den Neuerungen betroffen. Am weitesten fortgeschritten ist wohl die Marine mit ihren Planungen für das Marinehauptquartier, in dem Lösungen im Stil des Beispiels 3.3. realisiert werden. Grund dafür sind wohl auch die langjährigen Anstregungen der Marine, mit Hilfe von Bordrechnern Ortungs- und Waffensysteme für den taktischen Einsatz zu koordinieren. Das scheint zu einem auch in den USA und in Zusammenarbeit mit Frankreich erworbenen Erfahrungsschatz geführt zu haben.

Die hier geäußerte Kritik an unseren Streitkräften relativiert sich jedoch beim Blick auf andere Staaten. Selbst die USA haben bisher scheinbar nur für eine Fülle von Einzelsystemen sowohl des Nachrichtenwesens wie der Führung in sich geschlossene Datenverarbeitungssysteme eingeführt. Jedenfalls soweit aus den Publikationen über neu entwickelte Systeme etc. zu entnehmen ist, steht den USA die Vereinheitlichung ihrer vielen Subsysteme noch bevor. (Unter Vereinheitlichung ist nicht zwingend das Umstellen auf einen einzigen Hardware-Hersteller zu verstehen, da die einzelnen Subsysteme untereinander nur durch Datenflüsse verknüpft sind, die relativ leicht normiert werden können.)

Die weitere Entwicklung in der BRD, die ja eigentlich nicht auf die Wiederholung der in den USA erlebten Entwicklungen und Kinderkrankheiten angewiesen ist, wird wesentlich davon abhängen, wieweit ein übergeordnetes Management geschaffen werden kann, das außerhalb des ministeriellen Tagesbetriebs mit Weisungsbefugnissen in die Entwicklungen eingreifen kann. Es sollte an die Starfighter-Misere erinnert werden, die auch erst durch die Einführung eines in der Bundeswehr neuartigen Systemmangements beendet werden konnte.

Der Ruf nach einem übergeordneten Management soll nun nicht verstanden werden als Forderung nach einer zentralen Dienststelle, die en detail die gesamte Hardware und Software von der obersten Führung bis z. B. zu den Operationszentralen der Kriegsschiffe als ein einziges System plant. Eine solche Dienststelle wird nie in der Lage sein, alle für das Funktionieren der vielen Teilbereiche nötigen Kenntnisse und Einsichten parallel zu Planungszwecken verfügbar zu haben und damit sachgerecht zu arbeiten. Vielmehr ist es angebracht, einzelne Subsysteme in ihrem ‚Innenleben' für sich zu konstruieren und einer übergeordneten Organisation nur die Definition bzw. Forderung nach Definition der wesentlichen Schnittstellen zu überlassen. Dadurch kann insbesondere sichergestellt werden, daß von einer Dienststelle ausgehende und z. B. für organisatorisch gesehen seitwärts und weit oberhalb stehende Funktionen notwendige Informationsflüsse aus dem Gesamt-Management-Konzept heraus erkannt und eingeplant werden.

5.5. Die Entwicklung im nächsten Jahrzehnt

Die technischen Fortschritte im Bau von Rechenanlagen mit ihrer Steigerung der Verarbeitungsgeschwindigkeit und Anlagengröße bei sinkenden Preisen der Rechenleistung beginnen erst heute den Aufbau riesiger Datenbanken, Abfrage- und Auswertesysteme der erforderlichen Leistungsfähigkeit zu ermöglichen. Der bis heute von wenigen Herstellern erreichte Standard der Timesharing-Betriebssysteme für Anlagen mit einer umfangreichen Peripherie von Externspeichern und Eingabe/Ausgabe-Einheiten wird die Programmierung neuer Systeme in ungeahnter Weise unterstützen. Datenverarbeitungsfachleute mit den zum Umfang mit solchen Betriebssystemen und Anlagen erforderlichen Kenntnissen werden in wenigen Jahren viel zahlreicher verfügbar sein.

Neue Managementtechniken für die Definition, Konzipierung und Realisierung von Managementinformationssystemen werden in wenigen Jahren auf breiterer Front in die Führungsstäbe eingezogen sein. Neue Richtlinien für eine angemessene Bezahlung von EDV-Fachleuten und ausgeliehenen Spezialisten für das Management von Informations- und Entscheidungssystemen werden wohl mehr qualifizierte Kräfte zur Mitarbeit bewegen können. Damit ist anzunehmen, daß in etwa 10 bis 12 Jahren die als Idealvorstellungen heute vorschwebenden Lösungen realisiert sein können. Die heute schon im Stil z. B. der 473 L-Query-Language oder der Adept-Sprache bekannten Lösungen des Verkehrs mit dem Rechner werden dann voraussichtlich Allgemeingut sein; der Bildschirm wird seine Rolle im Arbeitsprozeß weiter ausbauen. Die Ansteuerung von Großdisplays wird wohl noch leichter werden.

In Anbetracht der zu erwartenden Kosten von etlichen Milliarden Mark für die Erstellung einer konsequent mit (Management-) Informationssystemen ausgelegten Führung erscheint diese Zeit von 10—12, evtl. 15 Jahren nicht zu hoch gegriffen zu sein. Sie kann jedoch durch mangelndes Management in den obersten Führungsebenen leicht auf 20 oder gar 25 Jahre angehoben werden.

Medizinische Informationssysteme

von

Franz Geray

Summary

Der Einsatz von elektronischen Datenverarbeitungsanlagen in der Medizin steht zur Zeit im Mittelpunkt vieler Diskussionen.

In amerikanischen Kliniken bewähren sich Rechner bereits seit Jahren. Auch in der BRD sind DV-Anlagen in einzelnen Kliniken oder Instituten bereits im Einsatz. Sie dienen hier vor allem der automatischen Erfassung und Auswertung von Meßwerten wie z. B. bei der Laborautomatisierung, Schwerkrankenüberwachung oder Nuklearmedizin.

Die zukünftige Entwicklung richtet sich jedoch auf die Installation integrierter medizinischer Informationssysteme.

An diese Systeme werden hohe und vielseitige Anforderungen gestellt. Besonders das klinische Informationssystem, das alle Funktionsbereiche integriert und sowohl medizinischen, als auch verwaltungstechnisch-organisatorischen Bedürfnissen gerecht werden soll, ist ein komplexes Gesamtsystem.

Anhand der vielseitigen Aufgaben eines Klinikumbetriebs wird ein Überblick über die Wirkungsweise eines klinischen Informationssystems — von der Aufnahme eines Patienten bis zu seiner Entlassung — gegeben. Dabei werden dem Mediziner die Möglichkeiten, die ein EDV-System bietet, aufgezeigt und gleichzeitig dem Datenverarbeitungsfachmann die speziellen Probleme medizinischer Informationssysteme nähergebracht.

Darüberhinaus bietet die moderne EDV-Technik durch Verbundsysteme die Möglichkeit, regionale oder überregionale Informations- und Dokumentationssysteme für mittlere oder kleine Krankenhäuser zu schaffen. Auch Datenbanken über Arzneimittel, medizinische Literatur etc. können für praktizierende Ärzte oder Wissenschaftler eingerichtet werden.

Der Realisierung dieser Systeme stehen nicht nur finanzielle Probleme entgegen, sondern vor allem gilt es noch, psychologische Vorbehalte abzubauen. Aus diesem Grund werden weniger die technischen Detaillösungen aufgezeigt, als versucht, die EDV-Anlagen als das zu präsentieren, was sie sind: Hilfsmittel für den Mediziner.

1. Einleitung

Noch nie stand die „Medizin" so sehr im Mittelpunkt des öffentlichen Interesses wie heute: Herz- und sonstige Organtransplantationen werden zum ersten Mal erfolgreich durchgeführt, Forscherteams lüften das letzte Geheimnis der Erbfaktoren durch die tiefgehende Analyse des Zellaufbaus und die Lebenserwartung der Menschen steigt laufend durch die medizinischen Fortschritte.

Andererseits richtet sich das Augenmerk auf die bundesrepublikanischen Krankenhäuser: Trotz einer an sich genügenden Kapazität von 700 000 Betten sind viele der 3600 Krankenhäuser chronisch überfüllt, Notbetten sind zur Norm geworden und die Wartezeiten für die Patienten werden immer länger.

Das Krankenhauspersonal ist überlastet. Es fehlen etwa 35 000 Pfleger und Schwestern. Ganze Stationen müssen stillgelegt werden. Ein Patient fühlt sich nicht mehr versorgt, bestenfalls verwaltet.

Die Ausbildung der Ärzte wird von diesen selbst als unzureichend bezeichnet: Kunstfehler häufen sich. Es fehlen Studienplätze. Der derzeitige „numerus clausus" wird bewirken, daß 1980 tausende von Ärzten fehlen werden.

Proteste häufen sich, Vorschläge werden diskutiert, Studenten und Assistenzärzte gehen auf die Straße.

Die Organisation und Struktur der Krankenanstalten ist völlig veraltet. Die Vorrangstellung der „Chefs" wird in Frage gestellt, Spezialisten wandern aus.

Zwar werden vereinzelt neue Wege beschritten: Das klassenlose Krankenhaus in Hanau oder die Deutsche Klinik für Diagnostik in Wiesbaden sind Versuche, aus der Tradition der bisherigen Krankenpflege auszubrechen. Auch werden bei Neubauten von Kliniken gravierende Fehlplanungen — wie etwa Krankensäle mit 15 und mehr Patienten — vermieden: Für eine grundlegende Neuerung der Verhältnisse mangelt es jedoch an Geld (vielfach auch an der Aufgeschlossenheit des medizinischen Establishments).

In der Tagespresse, Fachzeitschriften, Rundfunk und Fernsehen werden die Probleme des Krankenhauswesens in spektakulärer Form dargestellt (vgl. Leitartikel des Nachrichtenmagazins DER SPIEGEL vom 7. 12. 70 „Ist das Krankenhaus pleite?" oder Sendung der ARD vom 24. 9. 70: „Die roten Zahlen unserer Gesundheit"). Inzwischen hat sich auch das Bundesgesundheitsministerium dieses Problems angenommen: Es will bis 1974 ca. 2,3 Mrd. DM für eine strukturelle Verbesserung des Krankenhauswesens bereitstellen. Auch die Länder sollen durch entsprechende Beiträge an einer Sanierung beitragen.

Die zunehmende Finanzlücke resultiert nicht zuletzt aus dem sprunghaft gestiegenen Bedarf an technischen Geräten, Ausrüstungen und Apparaten. So ist der Preis für einen Behandlungsplatz inzwischen auf über 100 000,— DM gestiegen, eine Laboruntersuchung kostet im Durchschnitt über 1000,— DM.

Jedoch, der medizinische Fortschritt ist heute unlösbar mit den naturwissenschaftlichen Erkenntnissen und technologischen Errungenschaften verbunden. Die moderne Medizin wäre ohne Röntgen- oder Bestrahlungsgeräte, Elektronenmikroskop oder Herz-Lungen-Maschine undenkbar. Ob für Diagnose oder Therapie, in Kliniken oder Arztpraxen, die technischen Hilfsmittel sind fester Bestandteil in der Medizin geworden.

Dazu stellt der Präsident der Bundesärztekammer und des deutschen Ärztetages Prof. Dr. E. Fromm fest: „Die Technik allein ermöglicht es überhaupt erst, die Medizin so massenhaft anzuwenden, wie dies angesichts der Milliardenbevölkerung erforderlich ist" [19].

Wichtig für eine Verbesserung der derzeitigen Situation ist die Rationalisierung der Krankenpflege und -verwaltung — schon angesichts des Personalmangels ein drängendes Problem. Außerdem müssen die hochwertigen und teuren Apparaturen für möglichst viele Behandlungen eingesetzt werden. Wenn es z. B. gelingt, die derzeitige durchschnittliche Behandlungsdauer von 19 Tagen um nur 1 Tag zu verkürzen, würden dadurch über 20.000 Behandlungsplätze für neue Patienten frei. Anders ausgedrückt: Dieser Verkürzung steht ein Umsatzwert von 1 Mrd. DM gegenüber.

Daher müßten die Krankenhäuser bemüht sein, alle sich bietenden Möglichkeiten für eine rationellere Aufgabenbewältigung zu nutzen. In dieses Wechselspiel der Anforderungen und des Angebots ist nunmehr sehr stark die elektronische Datenverarbeitung (EDV) geraten.

Fachtagungen und Kongresse, unzählige Bücher und Artikel beschäftigen sich mit diesem Thema. Diskussionen entbrennen, Lehrmeinungen — wissenschaftliche und private — prallen aufeinander. Den konservativen Stimmen stehen die progressiven gegenüber.

Das vorliegende Kapitel soll daher zunächst weniger datenverarbeitungstechnische Details beschreiben — dafür gibt es genügend Spezialliteratur — als die Möglichkeiten und Grenzen von Computern in der Medizin aufzeigen.

In den USA werden Rechner schon seit etwa Mitte der fünfziger Jahre für Aufgaben im Gesundheitswesen eingesetzt, und auch in der BRD gibt es unter den gegenwärtig über 3600 Krankenanstalten bereits Kliniken, Forschungszentren und Medizinische Hochschulen, in denen die Datenverarbeitung ein unersetzliches Hilfsmittel zur Lösung anstehender Aufgaben geworden ist.

In Zukunft jedoch wird der Computer in der Medizin eine zentrale Stellung einnehmen und nicht nur für spezielle Sonderaufgaben eingesetzt werden. So wurde in der ARD-Sendung vom 15. 3. 71 „Modelle für die Zukunft: Medizin 2000" am Beispiel des datenverarbeitungstechnisch fortschrittlichen KAROLINSKA-Krankenhauses in Stockholm festgestellt, daß ohne Datenverarbeitung die unübersehbare Fülle der Information in der Medizin nicht mehr bewältigt werden kann: Nur der Computer biete noch die Möglichkeit, die anstehenden Probleme effektiv, personalsparend und wirtschaftlich zu lösen. Daher wird erwartet, daß sich der Aufwand für die Datenverarbeitung im medizinischen Bereich bis 1973 gegenüber heute verzehnfachen wird.

Auch das Bundesministerium für Bildung und Wissenschaft hat die wachsende Bedeutung der DV in der Medizin erkannt und unterstützt diese Entwicklung durch finanzielle Förderungsmaßnahmen.

Es wird jedoch immer wieder die Frage diskutiert, welcher Art die Aufgaben und Probleme sind, für die eine EDV-Anlage eingesetzt werden kann, ohne das Vertrauensverhältnis zwischen Arzt und Patient zu stören. Genauso wichtig ist jedoch die Frage, wofür Computer eingesetzt werden müssen, um den wachsenden Anforderungen auch in Zukunft gerecht werden zu können.

2. Datenverarbeitung in der Medizin

Die Voreingenommenheit gegen Rechenanlagen in der Medizin basiert nicht zuletzt auf der hohen ethischen Einschätzung des Arztberufes. In gleichem Maße jedoch beruht die Aversion gegen die fälschlicherweise als „Elektronengehirn" bezeichneten Rechner auf der mangelnden Kenntnis der Eigenschaften und Fähigkeiten dieses Hilfsmittels.

2.1. Eigenschaften der Computer

Wenn von Rechner, Computer oder Datenverarbeitungsanlage die Rede ist, darf darunter nicht eine einheitliche, bestimmte Art einer technischen Apparatur verstanden werden. So, wie sich unter dem enorm gestiegenen Wissensstoff der Medizin und dem immer größer werdenden Aufgabengebiet des Gesundheitswesens Fachärzte als Spezialisten ihres Gebiets herausgebildet haben, ist auch unter den Computern ein breites Spektrum verschiedenartiger Anlagen entstanden.

Unabhängig von Art, Typ und Größe einer Anlage kennzeichnen jedoch bestimmte generelle Merkmale die Eigenschaften von EDV-Anlagen. Hierher gehören insbesondere

— die hohe Arbeitsgeschwindigkeit
  In unvorstellbar kurzer Zeit (im Nanosekunden-Bereich) laufen in den modernen Rechenanlagen die internen Arbeitsgänge ab. Entsprechend schnell sind auch die angeschlossenen Datenein- und ausgabegeräte.
  Damit können viele Daten in kurzer Zeit erfaßt, verarbeitet und ausgegeben werden.
  Dieses hervorstehende Merkmal praedestiniert die Rechner somit für Aufgaben mit großem Datenanfall (Lösung der Mengenprobleme)

— die Vielseitigkeit der Funktionen
  Rechner können nicht nur rein mathematische Aufgaben lösen — wie vielfach noch angenommen wird — sondern die Skala ihrer Fähigkeiten ist vielfältig: Daten (das sind Zahlen, Texte, Meßwerte etc.) können gemischt und sortiert, verkettet und aufgesplittet, miteinander verglichen und reserviert (gespeichert) werden. Damit ist eine Verarbeitung von Daten nach allen denkbaren Gesichtspunkten gewährleistet.

— die fehlerfreie Ausführung der Aufgaben
  Durch die laufende Überprüfung seiner eigenen Tätigkeit ist bei einem Rechner ein „Irrtum" praktisch ausgeschlossen. Flüchtigkeits- oder „Denkfehler" — ein Vorrecht des menschlichen Individuums — kennt er nicht.

— die Programmierbarkeit der Anlagen
  Um Aufgaben lösen zu können, benötigen die Rechner Anweisungen, die sie in Form von „Programmen" erhalten.
  Jedes Programm beinhaltet eine für das zu lösende Problem logische Reihenfolge von Befehlen. Durch diese Variationsmöglichkeit ist die Einsatzfähigkeit eines Rechners nahezu unbegrenzt.

— die Speicherungsfähigkeit von Daten
  Ein besonderer Vorzug — besonders der Digitalrechner — ist die Anschlußmöglichkeit von vielseitigen Datenspeichermedien: Je nach Bedarf können sowohl Magnetbänder, -Platten oder schnelle -Trommeln mit einer sehr großen Speicherkapazität angeschlossen werden (Schaffung von Datenbanken). Alle erfaßten oder erarbeiteten Daten und Informationen können darauf langfristig gespeichert werden und stehen bei Bedarf für eine weitere Verarbeitung oder Informationsvermittlung zur Verfügung.

— der Komfort für den Benutzer

Während noch vor kurzem für den Umgang mit Datenverarbeitungsanlagen Spezialausbildungen notwendig waren, sind bei den heutigen modernen Anlagen die Voraussetzungen dafür geschaffen, daß jeder interessierte Nichtfachmann mit dem Rechner kommunizieren und dessen Dienstleistungen nutzen kann.

Diese vereinfachte Darstellung kann natürlich nicht die z. Teil subtilen Eigenschaften moderner Datenverarbeitungsanlagen wiedergeben. Sie zeigt jedoch die charakteristischen Fähigkeiten von Rechnern auf, nämlich erfaßte Daten nach einer vorgegebenen „programmierten" Logik mit sehr großer Geschwindigkeit zu verarbeiten und die Ergebnisse — in welcher Form auch immer — zur Verfügung zu stellen.

Damit wird die im Gegensatz zu anderen medizinisch-technischen Hilfsmitteln wie Röntgen- oder Bestrahlungsgeräte grundsätzlich amedizinische d. h. unspezifische Hilfsfunktion von Rechenanlagen deutlich: Ein Rechner tritt nie in eine direkte Beziehung zum medizinischen Geschehen. Seine Aufgabe besteht darin, formalisierbare Vorgänge zu automatisieren und damit den Arzt bei seiner Tätigkeit zu entlasten.

Darüberhinaus bietet erst die elektronische Datenverarbeitung die Voraussetzung für die Lösung von Problemen, die mit konventionellen Mitteln wegen der unübersehbaren Datenmenge nicht gelöst werden können.

2.2. Medizinische Datenverarbeitungsprobleme

Verarbeitete Daten aufzubereiten und zur Verfügung zu stellen ist Aufgabe eines Informationssystems, das mangels einer allgemeinen Begriffsdefinition wie folgt umrissen werden kann:

Sinn und Zweck eines Informationssystems ist, jeden Systemteilnehmer mit den Informationen zu versorgen, die ihn zur Ausübung seiner Tätigkeit und Bewältigung seiner Aufgaben besser befähigen.

In dieser lapidaren und globalen Feststellung ist eine sehr weitreichende Problematik — vor allem für den medizinischen Bereich —enthalten:

Der Informationsbedarf für den Mediziner ist so weitreichend und vielschichtig, daß er zusammenfassend nicht dargestellt werden kann. Zu unterschiedlich sind die Probleme der Kliniker und Wissenschaftler, der praktischen Ärzte und Fachärzte. Keine Wissenschaft hat eine so weitreichende Tradition, keine Tätigkeit basiert so sehr auf empirischen Erkenntnissen und ist so individuell gestaltet, wie die Medizin.

Daher wird von erfahrenen Fachleuten immer wieder auf die Probleme verwiesen, die einer Planung und Einführung eines rechnergestützten Informations- und Dokumentationssystems im Wege stehen: Der Mangel an Formalisierbarkeit der Arbeitsabläufe und die fehlende Systematik des medizinischen Wissensstoffes. Es wird erkannt, daß die Ordnungskriterien für eine umfassende Informationsaufbereitung unvollständig und uneinheitlich sind (sie variieren nicht nur zwischen den einzelnen Fachabteilungen, sondern ändern sich mit den wissenschaftlichen Erkenntnissen). Auch wird vielfach befürchtet, daß dem Zwang einer rechnergerechten und objektivierten, daher nuancenarmen Datenerhebung viele Datailinformationen zum Opfer fallen [23].

Gerade die Erkenntnis jedoch, daß die Medizin eine vorwiegend empirische Wissenschaft ist, die von der Erfahrung, dem gesammelten Wissen lebt, begründet die Notwendigkeit, ärztliches Erfahrungsmaterial zu erfassen und zu dokumentieren. Erst eine Auswertung der gesammelten Fakten kann eine angestrebte Systematisierung bringen, erst dadurch können neue wissenschaftliche Ergebnisse erarbeitet werden.

Die schmerzliche Erkenntnis, wieviel wertvolles Erfahrungsmaterial in Krankengeschichten, Karteien und Registraturen verstaubt und für eine Auswertung unzugänglich ist — der Versuch einer nachträglichen Datenaufbereitung muß hoffnungslos scheitern [14] — hat zu der Einsicht geführt, daß nur völlig neue Wege und Mittel zum Ziel führen können.

So wurden Institute für Dokumentation, Information und Statistik gegründet, die Verfahren und Methoden für die Auswertung medizinischer Daten entwickeln.

Es zeigt sich dabei jedoch sofort, daß die Aufgaben wegen des Umfangs des Datenmaterials und der Komplexität der Auswertungsverfahren nur mit maschineller Unterstützung gelöst werden können [42]. Daher wurde der Einsatz von EDV-Anlagen zur conditio sine qua non.

Jedoch nicht nur die wissenschaftlich-orientierte retrospektive Auswertung medizinischer Informationen ist ein überfälliges Aufgabengebiet in der Medizin geworden, auch der Kliniker bedarf in seiner täglichen Praxis neuer Hilfsmittel, um den laufend steigenden Anforderungen genügen zu können: Der Umfang des Informationsanfalls und -flußes nimmt laufend zu, dispositive und verwaltungstechnische Aufgaben nehmen immer mehr Zeit in Anspruch.

Ziel muß daher sein, ein klinisches Datenverarbeitungssystem zu entwickeln, das beiden Zielsetzungen gleichermaßen gerecht wird.

2.3. Anforderungen an ein klinisches DV-System

Damit werden an ein Datenverarbeitungssystem im klinischen Bereich — der wegen seiner umfassenden Aufgabenstellung stellvertretend für alle medizinischen Probleme betrachtet werden kann — sehr hohe Anforderungen gestellt, umso mehr, als durch die organisatorische Gliederung eines Klinikums in einzelne, spezifische Funktionsbereiche und die Notwendigkeit einer engen Zusammenarbeit der Spezialisten eine lückenlose Kommunikation notwendig wird. So besteht der Wunsch, in der Datenverarbeitung ein Hilfsmittel zu finden, das gleichzeitig drei Gesichtspunkten gerecht wird:

— Sammeln, Aufbereiten und Auswerten medizinischer Daten für wissenschaftliche Zwecke
— Unterstützung der klinischen Tagesarbeit durch Aufbereiten und Bereitstellen von Informationen und automatische Bewältigung von Routinearbeiten
— gezielte Verteilung von Informationen (Kommunikation)

Ein System, das diese komplexe Gesamtproblematik vollkommen löst, ist bis heute noch nirgends realisiert. Zu vielschichtig sind die anstehenden Aufgaben und zu groß die organisatorischen Probleme, als daß sie von einem laufenden Klinikumsbetrieb verkraftet werden könnten. Auch sind die technologischen Voraussetzungen (sehr große wirtschaftliche Speichermedien, Teilnehmerrechnersysteme, benutzerfreundliche Terminals, Multiprogramming und Timesharing) für ein so umfassendes Informations- und Dokumentationssystem noch vor zu kurzer Zeit geschaffen, als daß sie bereits voll im Einsatz sein könnten. Schließlich gibt es — wie erwähnt — noch eine ganze Reihe sachbezogener medizinisch-dokumentarischer Probleme, die noch einer Lösung harren.

Der Weg zu einem vollintegrierten Gesamtsystem kann daher nur schrittweise gegangen werden. So konzentrieren sich die Anstrengungen von wissenschaftlichen Arbeitsteams, die sich aus Medizinern (Klinikern und Wissenschaftlern), Mathematikern, Organisatoren und DV-Fachleuten zusammensetzen, zunächst bewußt auf die Lösung von Teilproblemen.

Diese Teilprobleme beschränken sich entweder auf einen bestimmten Funktionsbereich (Labor, Intensivpflege) oder auf generelle Aufgabengebiete (Leistungserfassung, Befunddokumentation, Patientendisposition, Statistik etc.).

Die Aufgaben der einzelnen Funktionsbereiche lassen sich in der überwiegenden Mehrzahl nur mit eigens dafür entwickelten Rechnersystemen lösen (Institutsrechner): Meistens sind spezielle Zwischenelektroniken,

Koppelwerke und Anpassungssysteme für die Problemlösung erforderlich. Auch eine erweiterte Grundsoftware und spezielle Methoden und Verfahren müssen neu entwickelt werden.

Amerikanische Kliniken haben auf Einzelgebieten zum Teil schon wertvolle Erfahrungen gesammelt. Diese können jedoch nur bedingt genutzt werden, da die europäischen Gegebenheiten und Voraussetzungen nicht selten wesentlich anders gelagert sind. Auch erwarten die Institute individuelle Lösungen, die sich — selbst bei gleichartigen Problemstellungen — stark voneinander unterscheiden können.

Die funktionsbezogenen Teilsysteme — im Hinblick auf ein übergeordnetes Gesamtsystem auch als „Subsystem" bezeichnet — haben eine engbegrenzte, spezielle Problemstellung, die sich auf einen räumlich zusammenhängenden Bereich beschränken (Labor, Nuklearinstitut etc.) [24].

Demgegenüber berühren generelle Aufgabenstellungen viele (oder alle) Funktionsbereiche eines Klinikums, denn es soll eine vollständige Datenerfassung zum Zwecke einer umfassenden Dokumentation oder Informationsbereitstellung erreicht werden.

Eine zukunftsorientierte Lösung dafür bietet sich durch die Integration der Funktionsbereiche mit Hilfe einer EDV-Anlage an.

Jedoch bereits die Subsysteme, die einer ganz gezielten Aufgabenstellung Rechnung tragen, sind als Informationssysteme zu bezeichnen, dient doch ihr Einsatz in den überwiegenden Fällen der Erfassung und Aufbereitung von Daten zur Verbesserung der Informationsgewinnung.

3. Spezielle Teilsysteme

Bei vielen z. Zt. in der BRD geplanten oder bereits realisierten DV-Anwendungen kann eine weitgehend übereinstimmende Grundproblematik festgestellt werden: Die automatische Erfassung von Meßwerten, deren Überprüfung und Verdichtung zum Zweck einer verbesserten Informationsaufbereitung und -vermittlung.

Zu diesem Problemkreis gehören z. B. folgende Anwendungen:

3.1. Laborautomatisierung

Der erste Schritt zur Automatisierung der Funktionen des klinisch-chemischen Laboratoriums ist — unabhängig von der Installation einer EDV-Anlage — die Automation der Laborgeräte (Autoanalyzer, Enzymstraßen). Durch sie wird das Untersuchungsgut (Blut, Urin, Liquor, Serum) dosiert und mit Reagentien versetzt. Mit Hilfe geeigneter Sensoren (Fotometer) werden die Analysen durchgeführt und die Meßwerte angezeigt.

Die Auswertung und Registrierung der anfallenden Probenergebnisse verursachen bei einem konventionellen Verfahren einen ganz erheblichen Arbeitsaufwand (Übertragen der Werte vom „Schreiber"). Da die Anzahl der Laboruntersuchungen stetig steigt, nimmt damit der Bedarf an Laborkräften laufend zu [21].

Hier kann ein Datenverarbeitungssystem — im speziellen Fall ein Prozeßrechner mit Analog-Digitalwandler und einer Zwischenelektronik für den Anschluß der Laborgeräte — nicht nur einen großen Beitrag zu einer automatisierten und damit rationelleren Arbeitsweise leisten, sondern gleichzeitig eine Verbesserung der Informationsbereitstellung erbringen.

Ein wesentliches Problem liegt in der eindeutigen Identifizierung (ID) der einzelnen Proben und — da von einer Probe mehrere Analysen durchgeführt werden können — der richtigen Zuordnung der einzelnen Meßwerte zum Patienten.

Für die Lösung dieses Problems gibt es verschiedene Verfahren, die eine Verwechslung des Untersuchungsgutes verhindern: Kurzlochkarten, die bereits auf der Station mit dem Probenglas verbunden werden und die patientenorientierten Identifikationsgrößen enthalten, aufgeklebte Etiketten, Identifizierungskerben im (Kunststoff-) Probenglas etc. Wichtig ist, daß die ID-Größen mit der Probe bis zur Untersuchung fest verbunden bleiben.

Bei der Beschickung der einzelnen Analysegeräte werden die ID-Größen entweder automatisch erfaßt oder der EDV-Anlage über Tastaturen übermittelt. Im Rechner werden die ID-Größen entsprechend der Probenfolge pro Analysegerät zwischengespeichert. Beim Eintreffen der Meßwerte werden diese im Hinblick auf den Untersuchungsvorgang (Hb, Glucose, Rest-N etc.) interpretiert, nach einer Umsetzung in digitale Form dimensioniert (mg, % etc.) und durch die richtige Zuordnung zu den gespeicherten ID-Größen identifiziert.

Der Rechner hat hierbei eine komplexe Aufgabenstellung zu bewältigen, da in bunter Reihenfolge ID-Größen und Meßwerte von verschiedenen Meßplätzen aus verschiedenen Labors laufend eintreffen.

Jeder Meßwert wird auf verschiedene Plausibilitäten geprüft. Bei erkannten Fehlern — verursacht etwa durch mechanische oder optische Störungen der Analysegeräte — wird ein Alarm ausgelöst und die Meßserie mit den fehlerhaften Ergebnissen zurückgewiesen.

Um eine gleichbleibend exakte Meßwerterfassung zu gewährleisten, wird das gesamte System durch Testanalysen (Standards bzw. Poolseren) immer wieder überprüft [31].

Pathologische Befunde werden gekennzeichnet, um dem Arzt einen raschen Überblick über die Ergebnisse zu ermöglichen.

Die Untersuchungsergebnisse werden über einen Schnelldrucker ausgegeben, um einer visuellen Kontrolle unterzogen zu werden. Erst wenn der Laborleiter die automatisch erfaßten und aufbereiteten Daten freigibt, können sie als endgültige Befunde in ein Informations-System einfließen. Dafür werden die Ergebnisse — durch organisatorische Daten wie Labor-Nr., Tagesdatum und Zeit etc. ergänzt — auf den an den Rechner angeschlossenen Speichermedien (z. B. Band, Platte, Trommel) abgespeichert und stehen somit für die Informationsvermittlung (Befunddokumentation) oder spezielle Auswertungen (Labor-Statistiken, Häufigkeitsanalysen verschiedener Befunde etc.) zur Verfügung.

Die Integration dieses Subsystems in ein übergeordnetes Gesamtsystem kann lückenlos erfolgen. Auch die Erweiterung dieses Systems um eine rechnergestützte Kommunikationsmöglichkeit mit den Stationen (Direktausgabe von Untersuchungsanordnungen über Terminals auf den Stationen und Anforderungen des Untersuchungsgutes durch das Labor) ist ein weiterer Schritt zu einem integrierten Informationssystem.

3.2. Schwerkrankenüberwachung

Ein ähnliches Grundproblem steht in der Patientenüberwachung an: Hier gilt es, eine Fülle von Meßdaten zu erfassen und sie zu informatorischen Zwecken aufzubereiten.

Bei einer automatischen Überwachung von Schwerkranken auf einer Intensivpflegestation und während oder nach Operationen fällt eine Vielzahl unterschiedlicher Meßdaten an, denn Aufgabe eines Patientenüberwachungssystems ist es, die relevanten biophysikalischen Signale des menschlichen Organismus zu erfassen und sofort auszuwerten, um den Arzt notfalls rechtzeitig auf eine kritische Situation im Zustand des Kranken hinzuweisen.

Erforderliche Maßnahmen können nur ergriffen werden, wenn eine genügend genaue Übersicht über das derzeitige Krankenbild vorliegt. Daher müssen fallweise die verschiedensten Meßwerte erfaßt werden [30]:

EEG (frontal, temporal, occipital)
Atemvolumen (CO_2)
Blutdruck und Blutströmung (arteriell, venös)
Blutanalyse (PCO_2, PO_2, PH, Lactat, NA^+, K^+, Ca^{++})
EKG (Schlagfrequenz, Wellenformen, Vektor-EKG)
Temperatur (rektal, Oberfläche).

Ein derartig datenintensives Problem kann nur von einem geeigneten Datenverarbeitungssystem — einem hybriden Rechnersystem — gelöst werden.

Mit der Aufgabenstellung sind eine Reihe von Problemen verbunden wie z. B. die Entwicklung geeigneter Sensoren für die Erfassung der differenzierten biophysikalischen Signale, die Erarbeitung von Verfahren und Methoden für die rechnerische Auswertung der erfaßten Daten, deren Verdichtung und Interpretation für eine Verlaufsvorausschau und schließlich für eine informationelle Ergebnisdarstellung.

Die Probleme einer automatischen EKG- oder gar EEG-Analyse sind bekannt und es waren (und sind noch) aufwendige Entwicklungen mathematischer Algorithmen für eine befriedigende Lösung notwendig. Schon das Ausfiltern der in Form von kleinen elektrischen Spannungen anfallenden Signale nach Stör- und Nutzsignalen bereitet einen großen Aufwand.

Für die Lösung dieses komplexen Problems werden hybride Rechnersysteme eingesetzt, da Analog-Rechner zwar besonders geeignet sind für Echt-Zeit-Datenverarbeitung und die Lösung von Integralen, Differentialgleichungen und ähnlichem, jedoch nur Digitalrechner haben die Fähigkeit, große Datenmengen zu Vergleichszwecken zu speichern und flexible Programmabläufe zu gewährleisten.

Bedenkt man, wieviel rechnerisch-analytischer Aufwand allein für die Analyse einer Atemvolumenkurve oder gar eines EKG nötig ist und welche vielseitigen Biosignale für eine vollständige Patientenüberwachung notwendig sind, dann wird deutlich, daß bei einem derartig komplexen Überwachungs- und Analysevorgang nur sehr schnelle Datenverarbeitungsanlagen die notwendigen Echt-Zeit-Ergebnisse erarbeiten und die notwendigen Trendberechnungen durchführen können.

Der Hauptzweck eines derartigen Systems liegt — wie erwähnt — darin, durch akustische oder optische Signale sofort auf kritische Situationen bei den durch das System gleichzeitig überwachten Patienten hinzuweisen, jedoch können die erfaßten, gefilterten und verdichteten Meßwerte auch für eine retrospektive Analyse gespeichert und für wissenschaftliche Zwecke ausgewertet werden.

3.3. Nuklearmedizin

Die Nuklearmedizin hat in jüngster Zeit immer mehr an Bedeutung gewonnen. Laufend werden neuere und technisch verbesserte Geräte für die nuklearmedizinische Diagnose und Therapie entwickelt und eingesetzt. Damit werden zwar die Voraussetzungen für eine verbesserte

Lösung der anstehenden medizinischen Aufgaben geschaffen, gleichzeitig aber entsteht auch das Problem eines großen Datenanfalls und dessen Verarbeitung.

Bei der nuklearmedizinischen Diagnostik werden einem Organismus radioaktive Stoffe (Radionuklide) appliziert. Über die körpereigenen Leitungssysteme (Blut- und Lymphbahnen) werden diese Stoffe verteilt und durch hochentwickelte Meßtechniken und -geräte (Scintillationskameras und Scanners) die Intensität lokaler Strahlenmengen erfaßt. Damit sollen Art, Größe und Ort maligner Prozesse — möglichst in einem frühen Stadium — erkannt werden [7].

Die bisherige Darstellung der Meßwerte auf photographischen Platten oder Oszillographen erlaubt eine visuelle Analyse der aufgezeigten Kontraste, setzt bei dem Diagnostiker jedoch eine große Erfahrung voraus.

Durch den Einsatz einer EDV-Anlage können die anfallenden Daten direkt erfaßt und gespeichert werden. Eine Auswertung, Verdichtung oder gegebenenfalls Korrektur der Meßwerte kann mit Hilfe mathematischer Verfahren erfolgen. Ebenfalls können Vergleiche mit früheren Messungen oder Standards durchgeführt werden, die eine Aussage über pathologische Veränderungen erlauben.

Eine besondere Bedeutung kommt der Computerscintigraphie bei den „Funktionsdiagnosen" zu, bei denen im Gegensatz zur statischen Meßwerterfassung bei einer „Lokaldiagnose" die zeitabhängigen dynamischen Vorgänge erfaßt werden, wie sie etwa bei der Analyse von Herz- oder Lungenfunktionen oder Stoffwechselprozessen notwendig werden. Die anfallenden Meßdaten werden in Abhängigkeit ihrer zeitlichen Reihenfolge gespeichert, damit eine dem Funktionsablauf entsprechende Darstellung erfolgen kann.

Ein besonderer Vorteil der rechnergestützten nuklearmedizinischen Diagnostik liegt in der Vielseitigkeit der Ergebnisdarstellung: Nicht nur Zahlenwerte können ausgedruckt und einander gegenübergestellt werden, auch graphische Darstellungen (z. B. Kurven gleicher Intensitäten) lassen sich über an Rechner angeschlossene Zeichengeräte darstellen oder über Schnelldrucker können anschauliche Abbildungen (mit Zeichen verschiedenen Schwärzungsgrades) ausgegeben werden.

Eine große Bedeutung erhält der Computer auch bei der Tumortherapie durch die Steuerung des Zyklotronstrahls. Dadurch soll bei einer Bestrahlung möglichst wenig gesundes Gewebe geschädigt, der Tumor jedoch gezielt getroffen werden.

Alle in der Nuklearmedizin anfallenden Meß- oder Steuerdaten können mit Hilfe des EDV-Systems langfristig gespeichert werden und stehen somit für wissenschaftliche oder patientenorientierte Analysen und Informationen zur Verfügung.

3.4. Weitere Teilprobleme

Die Reihe der bereits realisierten, vorbereiteten oder geplanten EDV-Anwendungen in der Medizin könnte beliebig fortgesetzt werden. So werden Datenverarbeitungsanlagen eingesetzt für die Auswertung von Vorsorgeuntersuchungen, für die automatisierte Krankenblattkopferfassung, die Erfassung und Aufbereitung von Anamnesedaten, die Dokumentation von Befunden und Krankheitsverläufen in allen möglichen Fachrichtungen etc.

Viele Teilprobleme sind schon gelöst, andere müssen noch wegen ihrer Schwierigkeit und Komplexität in langwierigen Entwicklungs- und Erprobungsphasen ausreifen. Hierher gehören z. B. die heftig diskutierten Diagnostik- oder Diagnosehilfesysteme: Die Problematik, die in einem derartigen Programmsystem liegt, ist bis heute noch nirgends befriedigend gelöst worden, da die Kombination der Symptome, Krankheitsbilder und Befunde — soweit sie eindeutig zur Verfügung stehen — im Hinblick auf die ca. 30 000 bekannten Krankheiten zu komplex und nicht immer eindeutig ist. Ein derartiges System erfordert eine jahrelange praktische Erprobung und laufende Ergänzung.

Entwickler und Forscher sind in Amerika und Deutschland zum Teil schon seit Jahren dabei, das Problem der automatisierten Diagnosefindung zu lösen [38].

Die psychologischen Vorbehalte, die gegen ein derartiges System bestehen, sind bei einer nüchternen Würdigung der Fähigkeiten von EDV-Anlagen unbegründet: Der Rechner wird nie die intuitive Erkenntnis eines erfahrenen Diagnostikers ersetzen können.

Die Anwendung verschiedener Verfahren und Methoden, mathematischer Algorithmen und Gleichungssysteme der Faktorenanalyse oder Wahrscheinlichkeitstheorie sind Versuche, der komplexen Zusammenhangs-Logik zwischen Symptomen und Diagnosen näherzukommen. Dabei hat die DV-Anlage die aufwendige Aufgabe zu übernehmen, aus der großen Informationsmenge zutreffende (oder fehlende) Kriterien festzustellen und nachzuweisen. Charakteristische Symptome werden durch Gewichtungsfaktoren gegenüber sekundären Befunden bevorzugt, fehlende Untersuchungen angemahnt.

Eine Aufzählung der medizinischen Probleme, die bereits durch EDV-Anlagen gelöst werden, kann nicht vollständig sein, da täglich neue Aufgaben und Lösungen hinzukommen. Andererseits wird eine Übersicht dadurch erschwert — was auch von Prof. Dr. C. Vallbona auf der Arbeitstagung des Technical Commitee der IFIP in Lyon (6.—10. 4. 70) in seinem Referat bestätigt wurde — daß viele nur geplante Anwendungen als realisiert dargestellt werden, während von anderen Entwicklungen erst nach einem voll ausgetesteten Einsatz berichtet wird.

4. Das integrierte Informationssystem

Der Rechnereinsatz in einzelnen Instituten, für spezielle Probleme oder generelle Aufgabenstellungen ist in vielen Kliniken bereits eine Selbstverständlichkeit.

Daher konzentrieren sich nunmehr die Planungen und Entwicklungen auf die Integration aller (oder einiger) Funktionsbereiche zum Zweck einer lückenlosen Datenerfassung und -aufbereitung, Informationsbereitstellung und -verteilung mit Hilfe einer EDV-Anlage. Dieses integrierte klinische Informationssystem muß zwangsweise sowohl die Bedürfnisse des aktuellen klinischen Tagesgeschehens, als auch die der wissenschaftlichen Forschung berücksichtigen.

4.1. Der Informationsbedarf

Die Entwicklung eines integrierten Systems setzt eine eingehende Informationsbedarfsanalyse voraus, die sich auf alle Aufgabengebiete eines Klinikums bezieht.

Die bereits traditionell gewordene Aufgliederung der funktionalen Aufgaben in:

— medizinisch-klinischer Bereich
— Verwaltung und Organisation
— Lehre und Forschung

ist für die Analyse des Informationsflußes und -bedarfs nur beschränkt aussagefähig, da die Aufgaben — so sehr sie sich vom Sachinhalt voneinander unterscheiden — in der täglichen Praxis unlösbar miteinander verbunden sind. Dies zeigt sich schon dadurch, daß für die Krankenpflege bestimmte Mitarbeiter bis zu 50 % ihrer Arbeitszeit für verwaltungstechnische und organisatorische Aufgaben verwenden müssen.

Ein Informationssystem hat dieser Verflechtung Rechnung zu tragen, indem es alle für den reibungslosen Ablauf der täglichen Praxis notwendigen Informationen aufbereitet und vermittelt. So müssen einem Arzt nicht nur alle patientenorientierten Informationen medizinischen Ursprungs zur Verfügung stehen, sondern er muß auch bei Bedarf über Bettenbelegung einer Nachbarstation oder die OP-Saal-Belegung informiert werden können. Damit muß das klinische Informationssystem sowohl patientenorientierte, als auch organisationsbezogene Dateien beinhalten, die eine aktuelle Direktauskunft gewährleisten.

Neben dieser sachbezogenen (vertikalen) Gliederung des Informationsbedarfs muß auch die graduelle (horizontale) berücksichtigt werden:

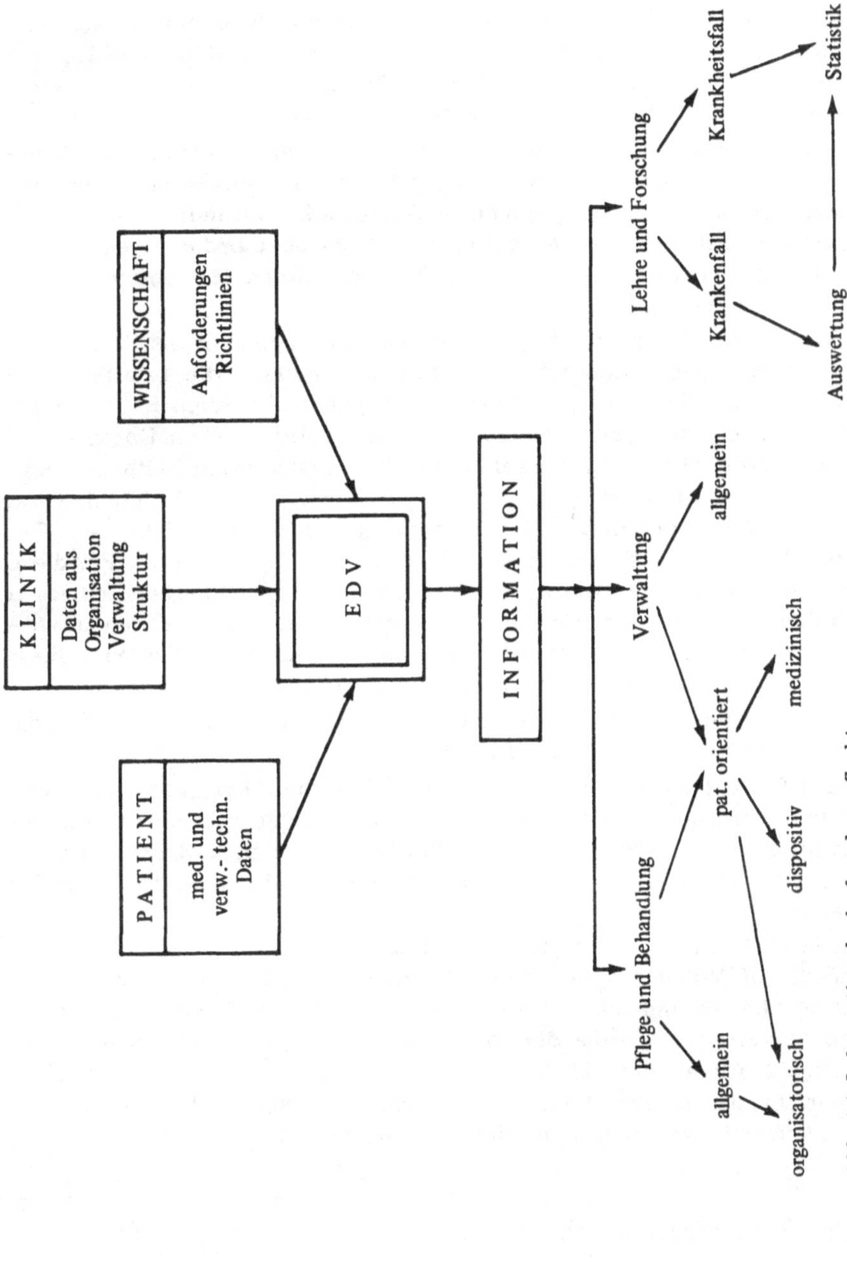

Abb. 4-1 Informationsbedarf und -verflechtung

Ein Chefarzt benötigt für seine Arbeit andere medizinische Informationen als die Stationsschwester. Der Laborchef oder Radiologe legt auf eine detailierte Meßwertdarstellung größeren Wert, als ein Stationsarzt, der vorwiegend über das Ergebnis informiert sein will.

Diese Variationsnotwendigkeit des Inhalts verschiedener Informationen bedingt einen stufenweise aufgebauten Datenbestand, dem eine lokal oder hierarchisch gegliederte Datenbank zugrunde liegt: In den einzelnen Instituten werden vorwiegend Roh- oder Urdaten gespeichert. Während eine zentrale Datenbank die verdichteten und komprimierten Ergebnisse enthält.

Für die Archivierung oder den Aufbau einer medizinischen Datenbank für mathematisch-statistische Auswertungen müssen die Informationen aus der aktuellen Datenbank gezielt ausgewählt werden. Es ist zu berücksichtigen, daß von dem aktuellen Informationssystem Daten erfaßt und verarbeitet werden müssen, die zum gegenwärtigen Zeitpunkt u. U. als irrelevant erscheinen, für eine spätere Auswertung jedoch bedeutend sind. (Hierher gehören z. B. gegenwärtiges Alter des Patienten, Geschlecht, Alter, bei dem erste Symptome aufgetreten sind etc.). Für diese (erweiterte) Datenerfassung sind in enger Zusammenarbeit zwischen Klinikern und Wissenschaftlern allgemeine Richtlinien und genaue Anweisungen festzulegen, da sich der Informationsbedarf des Praktikers nicht unbedingt mit dem des Analytikers deckt.

Die Verflechtung und Vielschichtigkeit der Informationen in einem Klinikum sind aus der Abb. 4-1 zu ersehen.

Die Funktionsweise eines integrierten Informationssystems eines Klinikums wird am deutlichsten sichtbar, wenn die zu erbringenden medizinischen und verwaltungstechnisch-organisatorischen Leistungen an einem Patienten — von der Aufnahme bis zur Entlassung — verfolgt werden.

Die nachfolgend skizzierten Problemlösungen erheben weder den Anspruch auf Vollständigkeit, noch der generellen Gültigkeit. Viele Probleme können und müssen — je nach Wunsch des jeweiligen Kunden und der Art und Größe der installierten Anlagen — modifiziert oder grundsätzlich anders gelöst werden. Es sollen hier nur Möglichkeiten einer Lösung aufgezeigt werden, um dem Interessenten die Einsatzfähigkeit von Datenverarbeitungsanlagen aufzuzeigen.

4.2. Patientenaufnahme

Für eine Aufnahme in ein Klinikum ist — sofern nicht eine unmittelbare Lebensgefahr besteht — stets eine Einweisung durch einen Arzt notwendig. In den meisten Fällen muß der Patient warten, bis für ihn ein Bett zur Verfügung steht.

Bereits mit der Anmeldung wird ein verwaltungstechnischer Vorgang ausgelöst: Es muß überprüft werden, ob und wann auf der zutreffenden Station ein Bett zur Verfügung steht bzw. die eventuell vorgesehene Operation durchgeführt werden kann.

Für diese Entscheidung sind Übersichten über die derzeitige Bettenbelegung pro Station und Klasse notwendig, die gleichzeitig die noch disponiblen Plätze ausweisen. Außerdem müssen Dispositionspläne für die Operationssäle und -teams vorliegen, um gegebenenfalls eine Terminplanung für den Patienten vornehmen zu können.

Für diese dispositiven Arbeiten kann bereits die Hilfe einer EDV-Anlage eingesetzt werden:

Die Koordination von
— freien Plätzen pro Station und Klasse
— Belegung der OP-Säle
— Disposition von OP-Teams
kann mit Hilfe verhältnismäßig einfacher Dispositionsmatrizen für
— Bettenbelegung und Planung der freiwerdenden Kapazität
— OP's
— Dienstpläne für Ärzte und Schwestern

automatisch durchgeführt werden. Gleichzeitig können die auf der Warteliste stehenden Patienten benachrichtigt werden. Die Mitteilung wird über einen Schnelldrucker auf einem vorbereiteten Formular erstellt. Eine visuelle Kontrolle durch die Klinikverwaltung schließt die menschliche Verantwortlichkeit mit ein.

Gleichzeitig können dem Patienten Fragebogen übermittelt werden, die zum einen verwaltungstechnische Fragen (siehe Abb. 4-2) zum anderen auch anamnestische Erhebungen beinhalten. Bevor der Patient das Krankenhaus betritt, können so für ihn bereits einige seiner persönlichen Daten aufbereitet, durch die Einweisungsdiagnose ergänzt und der behandelnde Arzt vorab informiert werden.

Spätestens jedoch mit seiner Aufnahme wird der Patient durch das Informationssystem erfaßt:

Dabei wird unterschieden in verwaltungstechnische und medizinische Aufnahme — unabhängig davon, ob der Patient zur stationären oder ambulanten Behandlung aufgenommen wird. Lediglich bei der Notfallaufnahme bestehen gegenüber der Normalaufnahme bestimmte Unterschiede, da hier die ärztliche Behandlung im Vordergrund steht.

Fragebogen für Krankenhausaufnahme:

(Beispiel)

Familienname:		Vorname:	
Geburtsname:		Geburtsdatum:	
Geburtsort:		Staatsangehörigkeit:	
Männlich ☐		Weiblich ☐	
Wohnort:			
Familienstand:	led. ☐ verh. ☐ verw. ☐ gesch. ☐	Religion:	
zur stationären Aufnahme:	ja ☐ nein ☐	Gewünschte Pflegeklasse:	
Waren Sie schon einmal in unserer Klinik:		ja ☐ nein ☐	wann:
Sind Sie selbst versichert:	ja ☐	nein ☐	
Wenn nicht selbst versichert: Hauptversicherter:			
Name	Geburtsdatum		Beruf
Kostenträger/Zahlungspflichtiger:			
Dringliche Nachricht an:			
Arbeitgeber des Hauptversicherten:			
Einweisender Arzt:		Hausarzt:	
Unterschrift:			

Abb. 4-2 Fragebogen für verwaltungs-technische Aufnahmedaten

4.2.1. Verwaltungstechnische Aufnahme

Bei der verwaltungstechnischen Aufnahme steht die Erfassung der personenbezogenen Daten im Vordergrund (vgl. Abb. 4-2):

— Daten zur Person (Personaldaten): Name, Geburtsdaten, Geschlecht etc.

— Daten für die Leistungsabrechnung: Arbeitgeber, Krankenkasse

— Daten für die interne Verwaltung: Klinik, Station, Pflegeklasse Aufnahmedatum etc.

Für die Datenerfassung werden Geräte eingesetzt, die on-line an das System angeschlossen sind (Fernschreiber, Sichtgeräte, Kleincomputer) oder eine bequeme Dateneingabe gewährleisten (z. B. Belegerstellung mit Schreibmaschine mit OCR-Schriften, Dateneingabe über Beleg- und Blattleser).

Das Eingabegerät richtet sich u. a. nach folgenden Gesichtspunkten:

— Ist neben der Einspeicherung in das System eine Hardcopy erwünscht (Karteiblatt)?

— Sind für die Datenerfassung bestimmte Kontrollen und Überwachungsvorgänge notwendig?

Die Datenerfassung erfolgt stets über ein Erfassungsformular:

Sei es, daß es als vorgedrucktes Formular in das Erfassungsgerät eingespannt (Schreibmaschine) oder eingeblendet wird (Sichtgeräte).

Bei einer on-line-Datenerfassung werden durch die Dateneingabe in Abhängigkeit vom Eingabeort (Geräte-Nr.) und /oder Eingabeparameter (Ende Eingabe Aufnahme) Datenverarbeitungsvorgänge initiiert, die in dem System automatisch ablaufen:

— Die eingegebenen Daten werden auf Vollständigkeit, Fehler und Plausibilität überprüft. In Namen dürfen z. B. keine Ziffern (numerische Zeichen) auftreten (Tippfehler), Geburtsdaten dürfen keine alphabetischen Zeichen und müssen plausible Kalenderdaten enthalten. Die Angaben müssen vollständig sein: Fehlende oder erst später beizubringende Daten müssen als solche gekennzeichnet werden.

— Sind die verwaltungstechnischen Daten vom Rechnersystem unbeanstandet akzeptiert bzw. bei einer Beanstandung korrigiert worden, wird aus den Personaldaten und/oder Tagesdaten eine Identifikations-Nummer (Personal-, Aufnahme-, Kennummer) berechnet. Über diese Nummer sind später alle Daten und Informationen des Patienten in allen Funktionsbereichen zu erfassen, zu speichern und wiederzufinden.

4.2.1.1. Berechnung der Identifikations-Nummer

An diese Identifikations-Nummer (ID-Nr.) müssen hohe Anforderungen gestellt werden, da sie einerseits absolut eindeutig sein muß — eine identische Nummer für zwei oder mehrere Patienten könnte schwerwiegende Folgen haben — zum anderen aber auch handlich und übersichtlich, da sie im klinischen Tagesablauf immer wieder als identifizierendes Merkmal verwendet wird.

Die unabdingbare Voraussetzung für die Vermeidung weitreichender und gefährlicher Irrtümer bei der späteren Datenzuordnung zum Patienten über seine ID-Nr. hat bis heute schon viele Fachleute veranlaßt, spezielle Algorithmen für die Berechnung dieser Nummer zu entwickeln, die den divergierenden Anforderungen (Eindeutigkeit und Handlichkeit) gerecht werden.

Durch die geplante Einführung der Bundespersonalnummer wird diese Problematik reduziert und gibt gleichzeitig die Möglichkeit in überregionalen Verbundsystemen eine einheitliche Numerierung einzuführen.

Nach Überprüfen der Nummer wird diese sofort der Aufnahmestation mitgeteilt (on-line-Ausgabe) und gleichzeitig wird auf der Datenbank für den neuen Patienten unter dieser seiner individuellen Nummer ein Datenbestand eröffnet (Basisdokumentation).

4.2.1.2. Kennkartensystem

In einigen Kliniken wird aus Rationalisierungs- und Datensicherungsgründen das sogenannte „Kennkartensystem" eingeführt: Bei der verwaltungstechnischen Aufnahme wird für jeden Patienten eine Kennkarte ausgestanzt (Plastik-Kurzlochkarte [Badge]). Sie enthält primär die ID-Nr., jedoch auch den Namen, die Station etc. (auch in Klarschrift). Die Kennkarte wird in doppelter Ausfertigung erstellt: Eine Karte erhält der Patient, die zweite wird auf der behandelnden Station deponiert.

Sinn dieses Kennkarten-Systems ist es, die Datenerfassung abzusichern und zu vereinfachen. Eine patientenbezogene Dateneingabe ist nur mit Hilfe dieser Kennkarte möglich: Über einen Kennkartenleser (Badge-Reader — ähnlich einer Stechuhr), der an jedem Eingabegerät installiert ist, wird zunächst die ID-Nr. erfaßt. Die nachfolgenden Daten werden dann automatisch dieser Patienten-ID-Nummer zugeordnet: Ein vertippen der Nummer ist nicht möglich. Gleichzeitig wird durch dieses System gewährleistet, daß eine Dateneingabe *nur* mit diesem (oder in Spezialfällen ähnlichen) Datenträgern erfolgen kann: Eine böswillige oder fahrlässige Datenverfälschung ist damit weitgehend ausgeschlossen.

Die Patienten-Kennkarte dient lediglich der Datenerfassung. Sie ist patienten-spezifisch.

Für die Ausgabe von Informationen wird eine zweite Kennkarten-Art für Ärzte und Pflegepersonal eingeführt. Je nach Vertraulichkeit der Daten besteht über diese Karte eine unterschiedliche Zugriffsmöglichkeit auf Daten bestimmter Patienten bzw. bei bestimmten Patienten auf bestimmte Datengruppen. Während der Chefarzt zu allen Informationen Zugang hat, kann die Stationsschwester nur Informationen über ihre eigenen Patienten von dem System abfragen. Verwaltungsstellen haben nur Zugriff auf die Personal- und Verwaltungsdaten, der Pförtner (falls überhaupt) nur auf die organisatorisch notwendigen Informationen.

Das Kennkartensystem wird noch durch Geheimhaltungscodes ergänzt, d. h. bestimmte Datengruppen werden über Geheimcodes gesperrt (Softwaremäßige Absicherung). Eine weitere Datensicherung kann über die Hardware erfolgen: Nur genau festgelegte Abfragestationen haben Zugriff auf bestimmte Datenbestände.

4.2.2. Medizinische Aufnahme

Während die verwaltungstechnische Aufnahme immer ein gleichbleibender, auch hinsichtlich der Datenmenge und -art einheitlicher Vorgang ist, hängt die „medizinische" Aufnahme — die Erfassung der Primärdaten für jeden Krankheitsfall — sehr stark von der jeweiligen Fachabteilung ab.

Unter der medizinischen Primär- oder Grunddatenerfassung als Fortsetzung der verwaltungstechnischen Aufnahme ist die Erfassung der

— Einweisungsdiagnose (gegebenenfalls „Verdacht auf ...")
— Anamnese und die Erhebung des Status

zu verstehen.

4.2.2.1. Einweisungsdiagnose

Die Einweisungsdiagnose ist die erste medizinische Information für das System. Nach ihr richtet sich im allgemeinen — sofern eine Voruntersuchung kein anderes Ergebnis zeitigt — zunächst die Verlegung des Patienten auf die vorgesehene Station.

Für ein klinisches Informationssystem ist es unbedingt notwendig, daß Diagnosen verschlüsselt werden, da Schreibweise und Ausdrucksform nicht eindeutig sind (griechische, lateinische oder deutsche Schreibweise). Außerdem werden in den meisten Fällen uneinheitliche Abkürzungen verwendet:

Für einen Computer sind Texte oder Daten nur dann identisch, wenn absolut jedes Zeichen übereinstimmt. Ähnlichkeiten oder verschiedene Abkürzungen gibt es für die Logik eines Computers nicht.

Appendizitits und Appendicitis sind für einen Rechner zwei völlig verschiedene Begriffe. (Darauf übrigens beruht die unbestechliche und vielgerühmte Genauigkeit eines Computers).

Eine Verschlüsselung (etwa nach Immich oder dem internationalen WHO-Schlüssel [Weltgesundheitsorganisation]) gewährleistet darüberhinaus eine Klassifizierung der diagnostischen Erkenntnisse [26].

Damit wird erreicht, daß ätiologische oder nosologische Gesichtspunkte bei einer späteren Auswertung berücksichtigt werden können.

Eine Rückverschlüsselung (Textausgabe) der durch numerische Zeichen eingegebenen Diagnose ist über das Datenverarbeitungssystem durch die Schaffung entsprechender Zuordnungstabellen jederzeit möglich.

Jede festgestellte Krankheit erhält in dem Informationssystem ihrer besonderen Bedeutung wegen eine Sonderstellung: Neben Allergien und Blutgruppe zählt sie zu den hochaktuellen Daten, die in kürzester Zeit — bei Bedarf — dem Arzt zur Kenntnis gebracht werden können und daher so gespeichert werden, daß sie ohne lange Zugriffszeit ausgegeben werden können.

4.2.2.2. Anamnese und Status

Für eine gezielte klinische Behandlung ist eine gesicherte Diagnose Voraussetzung. Die Basis dafür sind die anamnestischen Daten und besonders die Ergebnisse der Statuserhebung. (Das schließt nicht aus, daß weitere oder andere Diagnosen während des Behandlungszeitraums erkannt werden.)

Spätestens zu diesem Zeitpunkt ist notwendig, zu wissen, ob schon medizinische Informationen über den Patienten vorliegen: Wurde der Patient schon früher in derselben Klinik behandelt, ist es u. U. notwendig, seine archivierten Krankengeschichten zu reaktualisieren — vor allem dann, wenn die derzeitige Krankheit in ursächlichem Zusammenhang mit seinen früheren Leiden steht. Um das zu klären, wird über seine ID-Nummer (oder Namen) auf einem Archiv-Hinweisband der Archivort (Archiv-Band-Nr.) festgestellt. Gleichzeitig sind dort aussagefähige Informationen (frühere Diagnosen, Behandlungszeitraum, Entlastungsbefunde) abgespeichert, so daß über diesen kurzen Hinweis entschieden werden kann, ob seine frühere Krankengeschichte reaktualisiert (d. h. in das aktuelle Informationssystem übernommen), Teile davon ausgedruckt oder nur bei Bedarf zu einem späteren Zeitpunkt angesprochen werden sollen.

Für eine bequeme und sichere Erfassung der medizinischen Primärdaten haben sich sogenannte Markierungsbelege am vorteilhaftesten erwiesen: Je Fachgebiet werden spezielle Formulare entwickelt, die den vollständigen Fragenkomplex für Eigen- und Familienanamnese und

Status umfassen. Auch die zugehörigen Antworten sind vorgedruckt (ja/nein, leicht/mittel/stark, intermittierend/anhaltend usw.) und müssen lediglich angestrichen werden (Strichmarkierung).

Durch ein spezielles Datenerfassungsgerät (Blatt- oder Belegleser) können so die für den Patienten zutreffenden Ergebnisse in das Informationssystem direkt aufgenommen werden. Ergänzende Angaben können mit Klarschrift ebenfalls auf dem Formular vermerkt werden.

Damit wurde den oft vorgebrachten Einwänden hinsichtlich der fehlenden Darstellungsmöglichkeit von Nuancen Rechnung getragen.

Bei einer Auswertung oder Ausgabe werden nur die anamnestischen Daten oder Untersuchungsergebnisse mit positivem Befund nachgewiesen. Damit wird das Informationsmaterial gestrafft und ermöglicht einen gezielten Überblick — zumal mit einem Computer die Möglichkeit besteht, die Daten umzusortieren, fehlende Daten anzumahnen oder unvollständige Angaben hervorzuheben.

Zusammen mit dem Krankenblattkopf (Personaldaten) ist die erfassung der Anamnese und des Status ein einmaliger Datenerfassungsvorgang, denn die dokumentierten Befunde werden normalerweise nicht mehr ergänzt oder verändert (vergleiche Abb. 4-3). (Ausnahme: fehlerhafte oder unvollständige Angaben). Demgegenüber fallen während des Behandlungszeitraums täglich neue Meßdaten, Befunde, Informationen über Therapie, den Krankheitsverlauf etc. an, die laufend in die Patientendatenbank einfließen müssen.

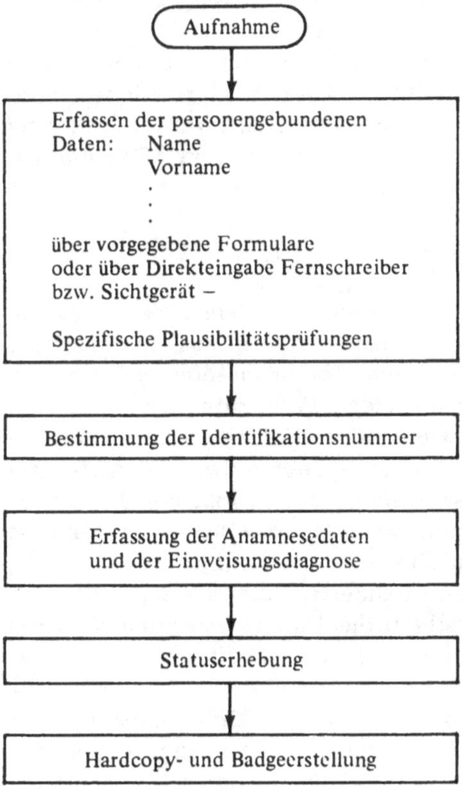

Abb. 4-3 Logischer Ablauf der Patientenaufnahme

4.3. Stationärer Aufenthalt und Behandlung

Während des stationären Aufenthalts des Patienten im Klinikum trägt der behandelnde Arzt die Verantwortung für den Patienten: Er verfolgt die therapeutischen Erfolge, ordnet neue Maßnahmen an, veranlaßt Operationen, bestimmt die Diät und erkennt die Notwendigkeit für weitere Untersuchungen und Änderungen des medikamentösen oder physikalischen Therapieplanes. Dazu ist notwendig, daß er über den Krankheitsablauf des Patienten vollkommen informiert ist, daß er Kausalzusammenhänge zwischen den durchgeführten therapeutischen Maßnahmen und den kurz- oder langfristigen Reaktionen erkennen kann.

Für eine schnelle Orientierung über eine Krankengeschichte diente die herkömmliche „Kurve", die neben den täglichen obligaten Messungen (Puls, Temperatur) auch Hinweise auf besondere Vorkommnisse enthielt. Genauere Informationen (OP-Berichte, histologische Befunde) konnten der Krankengeschichte entnommen werden.

Die Auskunftsbereitschaft der Kurve und Krankengeschichte über jeden Patienten muß bei Einsatz der Datenverarbeitung nicht nur erhalten bleiben, sondern soll durch vermehrte Übersichtlichkeit und Vollständigkeit verbessert werden. Da verständlicherweise nur Informationen nachgewiesen werden können, die vorher vollständig erfaßt wurden, bekommt das Problem der Datenerfassung auf der Station, wie in allen übrigen Funktionsbereichen, eine vorrangige Bedeutung.

4.3.1. Datenerfassung

In der Datenerfassung, mit den zugehörigen Problemen der Auswahl, Verschlüsselungen und Darstellungsformen liegt wohl das entscheidende Problem eines klinischen Informations- und Dokumentationssystems.

Allein der Unterschied bei den einzelnen Fachrichtungen — sowohl für die aktuelle Krankenpflege, wie eine statistische Auswertung — macht eine generelle Lösung des Problems sehr schwierig. Außerdem gilt es, nur „relevante" Daten auszuwählen, um sowohl bei der Datenerfassung und Informationsbereitstellung, als auch einer retrospektiven Auswertung nicht an dem Mengenproblem zu scheitern.

Unter Berücksichtigung der klar definierten Zielsetzung: aktuelles Informationsbedürfnis und wissenschaftliche Datenauswertung muß daher detailliert festgelegt werden, inwiefern eine Beschränkung auf das Notwendigste ohne Informationsverlust möglich ist.

Generell kann gesagt werden, daß vorbereitete Erfassungsformulare den erforderlichen Gesichtspunkten am meisten Rechnung tragen: Die Grenzen der Vollständigkeit und Aussagefähigkeit der erfragten Daten sind von vornherein bekannt. Wichtig ist jedoch, daß für Sonderfälle freitextliche Kommentare, nähere Erläuterungen oder tiefergehende Erfassungsbogen möglich bzw. vorhanden sind.

Da sich das Krankheitsbild eines Patienten täglich ändern kann, sind auch die zu erfassenden Daten unterschiedlich bzw. hängen ab von der bisherigen Vorgeschichte. Außerdem soll sich durch die Einbeziehung der EDV-Anlage die Informationsdarstellung in der klinischen Tagespraxis verbessern.

Die Berücksichtigung dieser beiden Gesichtspunkte hat für eine bequeme, gezielte und vollständige Datenerfassung auf der Station zu folgendem Lösungsvorschlag geführt:

In der vorangehenden Nacht wird von der Datenverarbeitungsanlage für jeden Patienten ein Tages-Erfassungsformular vorbereitet: Es enthält zunächst seinen Namen und die ID-Nummer, Station und Zimmer. Seine Diagnosen und alle in der jüngsten Vergangenheit angefallenen relevanten Daten mit Tagesdatum werden ausgedruckt (Temperaturen werden nur ausgedruckt, wenn sie bestimmte Schwellwerte über- oder unterschritten haben bzw. langfristig von der Norm abweichen).

Gleichzeitig werden alle angeforderten, jedoch noch ausstehenden Maßnahmen (medikamentöse oder physikalische Therapie) und die wichtigsten Tagesereignisse ausgewiesen.

In das so vorbereitete Formular, das z. T. auch als Strich-Markierungsbeleg gestaltet werden kann, werden zunächst die obligaten Tagesmessungen (Puls, Temperatur) eingetragen. Gleichzeitig dient es während der Visite als Erfassungsbogen für alle

- *Anordnungen* (für Untersuchungen in Labors, Röntgenstationen etc. oder therapeutische Maßnahmen wie Operationen, Bestrahlungen, Bäder, Massagen etc.)
- *Verordnungen* (Medikamente mit Dosierung und Häufigkeit, Diäten etc.)
- *besondere Vorkommnisse* (Kollaps, Blutung, Stuhlgang etc.)
- *stationäre Sofortmaßnahmen* (Verbandswechsel, Infusionen etc.)
- *medizinische Kommentare* (Teilerfolg, Fortschritte etc.)
- *Durchführungsbestätigungen* (entsprechend früherer Ver- oder Anordnungen etc.)
- *freitextliche Kommentare* (falls notwendig)
- *vorgesehenes Entlassungsdatum* (falls bekannt)
- *geplante Verlegung*

Die so erfaßten Daten werden entweder über die auf jeder Station installierten Datenerfassungsgeräte in das System eingegeben oder in der Datenverarbeitungszentrale gesammelt und zentral erfaßt.

Neben diesem vorbereiteten Datenerfassungsformular, das während der Visite ausgefüllt wird, gibt es natürlich noch andere Formulare und

Belege für die Erfassung von Daten (z. B. für Korrekturen von Daten Leistungserfassung etc.). Zur medizinischen Informationsaufbereitung jedoch soll dieses Formular das entscheidende Erfassungsmedium sein.

Medizinische Informationen und für einen Krankheitsfall relevante Daten fallen nicht nur auf der Station an, sondern haben ihren Ursprung in vielen klinischen Funktionsbereichen:

In Labors entstehen Befunde und Messergebnisse, leitende Operateure erstellen Operationsberichte, in der Röntgenabteilung fallen Befunde an.

Bislang wurden diese Berichte und Befunde, Meßdaten und Ergebnisse an die Station gesandt, um dort in das für jeden Patienten vorhandene Krankenblatt eingeheftet zu werden.

Bei einem integrierten Informationssystem werden die jeweiligen Daten an ihrem Ursprungsort dem System übermittelt: An allen Stellen sind Datenerfassungsgeräte installiert, die mit dem System direkt gekoppelt sind.

Ein besonderer Rationalisierungseffekt wird erreicht, wenn die in den einzelnen Instituten installierten Rechner in das Informationssystem integriert sind: Die automatisch anfallenden Meßergebnisse — z. B. bei der Laborautomatisierung — werden direkt von dem System erfaßt und stehen sofort als informationelle Daten zur Verfügung.

4.3.2. Datenspeicherung

Jede Krankengeschichte ist nach einer bestimmten Logik aufgebaut. Aufgabe der Stationsschwester war es, die Vollständigkeit und Richtigkeit der sortierten Unterlagen zu garantieren.

An die Stelle der Registratur tritt nun das technische Speichermedium des Rechners. Es gilt jedoch auch hier, die erfaßten Daten nach einer bestimmten Logik zu registrieren und zu organisieren. Für die tägliche klinische Praxis ist der Informationsbedarf — jedenfalls bezüglich der medizinischen Daten — patientenorientiert. Es liegt daher nahe, für das automatisierte Informationssystem ebenfalls eine patientenorientierte Datei aufzubauen.

Das Ordnungskriterium (Suchparameter) ist dabei die Identifikations-Nummer.

Jeder patientenorientierte Datenbestand ist in sich aufgeteilt in Gruppen wie Personaldaten, therapeutische Maßnahmen, Kurvendaten etc. Das Kriterium für eine Gruppenbildung ist, daß für jeden Patienten Informationen aus jeder Gruppe vorliegen müssen. Das bedeutet, daß „Operationsberichte" kein Oberbegriff sein kann, da nicht jeder Patient über entsprechende Informationen verfügt. Gleichartige, wiederkehrende Informationen (Temperatur, Untersuchungsergebnisse, Laborbefunde etc.)

werden jeweils mit dem Tagesdatum versehen bzw. umgerechnet auf den entsprechenden Aufenthaltstag und chronologisch abgespeichert.

Die Vielfalt der Daten — wie Abb. 4-4 zeigt — (numerische Meßwerte, Texte bei Berichten, Einzelinformationen und Zusammengehörigkeit bestimmter Daten), sowie die unterschiedliche Menge (kurzer oder langer Aufenthalt) und die Uneinheitlichkeit des Datenanfalls (nicht für alle Patienten fallen Operationsberichte, Röntgenergebnisse oder radiologische Meßergebnisse an) erschweren die datenverarbeitungstechnische Problemlösung: Spezielle Datenspeicherungsmethoden, Datengruppierungen, Verschlüsselungen, Verkettungen sind zu erarbeiten. Das Problem jedoch ist zu umfangreich, um hier differenziert dargestellt zu werden.

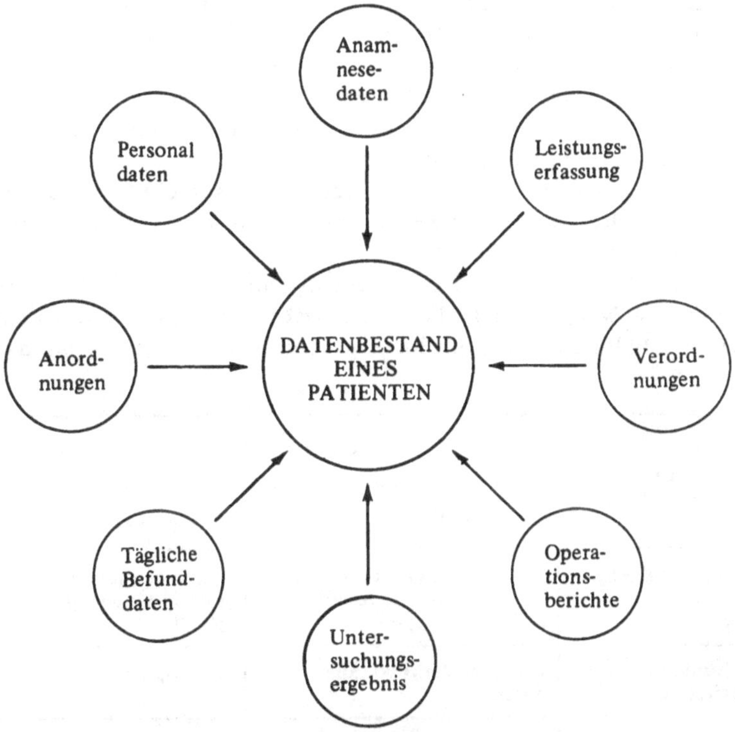

Abb. 4-4 Vielfalt patientenorientierter Datenbestände

Wie bereits erwähnt, müssen alle dokumentierten Informationen auch für wissenschaftliche Auswertungen zur Verfügung stehen. Diese Forderung bedingt einen nach anderen Gesichtspunkten aufgebauten Datenbestand: Nicht mehr der Patient mit seiner ID-Nr. steht als Suchmerkmal im Vordergrund, sondern — je nach Problemstellung — unterschiedliche

Kriterien (Diagnose, therapeutische Maßnahmen, Alter, Geschlecht, Krankheitsverlauf etc.).

Die beiden divergierenden Zielsetzungen (patientenorientierte Datenorganisation für die schnelle Auskunftsbereitschaft des Informationssystems in der täglichen Praxis gegenüber der Strukturierung der Daten nach gleichartigen Merkmalen von Krankheitsfällen) erfordern entweder aufwendige Programmsysteme für die gleichzeitige Nutzung einer gemeinsamen Datenbank nach beiden Gesichtspunkten, oder die Einrichtung verschiedener Datenbanken (klinische und medizinische Datenbank) mit der damit verbundenen Notwendigkeit, verschiedene Daten wenigstens teilweise redundant speichern zu müssen.

Die Lösung dieses Problems hängt von den individuellen Wünschen des jeweiligen Klinikums ab. Jedoch ist hier zu berücksichtigen, daß für Auswertungen alle Krankheitsfälle — auch die archivierten — von Interesse sind, während sich der patientenorientierte Informationsbedarf ausschließlich auf die aktuellen Fälle bezieht. Damit wird die Datenmenge zum Problem, zumal mit einem durchschnittlichen Anfall von ca. 20 000 Zeichen pro Patient gerechnet werden muß.

Selbst die modernen Massenspeicher (Großraumplatten) haben hinsichtlich der sich laufend vermehrenden Datenmenge nur eine beschränkte Kapazität.

In den meisten Fällen wird daher für die medizinische Datenbank das wirtschaftliche Magnetband als Speichermedium verwendet, zumal die archivierten Fälle ebenfalls auf Band gespeichert sind. Eine wissenschaft-

	DATENBANK	
	KLINISCHE	MEDIZINISCHE
a) Datenbankinhalt	Aktuelle patientenbezogene medizinische und verwaltungstechnische Daten	Sämtliche aussagefähigen medizinischen Daten einer Klinik
b) Ordnungskriterium	Patientenidentifikationsnummer	Deskriptoren
c) Kommunikationspartner	Datenabhängig: Ärzte Stationsschwestern Pflegepersonal	Ärzte Studenten Forscher
d) Aktualisierung der der Daten durch	Reorganisationsläufe	Laufende Ergänzung

Abb. 4-5 Unterschiede der Datenbanken

liche Recherche wird selten oder nie eine kurzfristige Direktauskunft erfordern.

Die wissenschaftlichen Ergebnisse einer Auswertung mit einem statistisch gesicherten Datenmaterial jedoch werden für Auskunfts- und Dokumentationszwecke auf Speichermedien bereitgestellt, die eine Direktauskunft ermöglichen.

Für eine fundierte Forschung ist die Mitarbeit vieler Kliniken notwendig. Daher ist — auf die Dauer gesehen — eine generelle Absprache und Übereinkunft über Datenumfang und -struktur — ähnlich wie beim Allgemeinen Krankenblattkopf — unerläßlich.

Die Tabelle (Abb. 4-5) weist den Unterschied der beiden Datenbanken nach:

4.3.3. Überwachungs- und Kontrollfunktion des Systems

Auf der Station und an vielen anderen Stellen eines Klinikums fallen laufend informative Daten an, die von dem System übernommen und abgespeichert werden.

Es wurde bereits erwähnt, daß bei der Datenübernahme vielfältige Fehler- und Plausibilitätskontrollen vom System automatisch durchgeführt werden: fehlerhafte, nicht plausible oder unvollständige Daten oder Datengruppen werden vom System zum Zweck einer eingehenden Überprüfung zurückgewiesen.

Eine andere Art der Überwachungsfunktion, die das System ausübt, wird bei der Analyse der auf der Station anfallenden Daten erkennbar: Neben den informativen Daten stehen hier Anordnungen und Verordnungen im Vordergrund.

Diese werden wie die Daten über den Krankheitsverlauf vom System erfaßt. Sie werden jedoch nicht in der patientenorientierten Datenbank abgespeichert, sondern als Überwachungsgrößen nur solange gespeichert, bis die zugehörige Durchführungsmeldung erscheint. Erst dann wird der Rechner aus seiner Überwachungsfunktion entlassen.

Angeordnete, jedoch noch nicht durchgeführte Maßnahmen wie z. B. Laboruntersuchungen, Röntgenaufnahmen etc. werden auf jeder Tagesmeldung (Tageserfassungsbogen alias „Kurve") ausgedruckt. Damit hat der Arzt einen genauen Überblick über alle noch offenen Anordnungen. Alle durchgeführten Maßnahmen erscheinen ebenfalls auf der Tagesmeldung, werden aber zur sofortigen Information auch auf dem Stationsdrucker (Fernschreiber) sofort nach Durchführung ausgegeben.

Das Informationssystem löscht gleichzeitig die abgespeicherten „offenen" Anordnungen.

Durch diese Überwachungsfunktion übt das System den Zwang zur Meldung der Durchführung aus. Damit ist gleichzeitig gewährleistet, daß alle relevanten Maßnahmen gemeldet und damit bei einer Auswertung bekannt sind. Das ist vor allem wichtig bei Verlaufsdokumentationen, bei denen in fest vorgegebenen zeitlichen Abständen bestimmte Daten oder Meßwerte zu erfassen sind.

4.3.4. Dispositive Patientenverwaltung

Für die dispositive Patientenverwaltung wird bei einem automatisierten System ein spezieller Programmkomplex, das „Patientenführungssystem" geschaffen [38].

Unter diesem Systemteil werden alle Anordnungen, die bestimmte Maßnahmen erfordern und dispositiv eingeplant werden müssen, verwaltet. Darunter sind z. B. zu verstehen:

— Entlassungen und Verlegungen: Neue Bettenbelegungspläne müssen erstellt, Auskunftslisten (z. B. für die Pforte) berichtigt werden.
— Anordnungen für Laboruntersuchungen: An jedem Tag werden für jedes Labor Listen über die ausstehenden Untersuchungen erstellt. Gleichzeitig bekommt jede Station eine Liste, in dem die Untersuchungsgüter (Blut, Urin etc.) der einzelnen Patienten angefordert werden.
— Operationspläne: Die Belegungspläne für Operationssäle, die Zusammenstellungen der Operationsteams und die mittelfristigen Vorausschauen für geplante Eingriffe und Operationen werden automatisch erstellt. Die Stationen erhalten täglich rechtzeitig Hinweise für die Vorbereitung der eingeplanten Patienten.
— entsprechende Dispositionslisten werden für Station und alle zutreffenden klinischen Stellen wie Radiologie, Bäder, Massagen, Röntgenabteilungen etc. erstellt.
— Für die Küche werden entsprechend der Anordnung stationsweise Diätpläne erstellt.

Durch diese automatischen Vorgänge werden alle Aktivitäten eines Klinikums koordiniert und disponiert. In einigen Fällen werden manuelle Ergänzungen und fallweise Abstimmungen notwendig werden. Auch kurzfristige Änderungen sind in den Systemablauf einzuplanen.

Durch die Übertragung dieser Vorgänge auf ein Datenverarbeitungssystem ist jedoch eine Zwangsläufigkeit vorgegeben, die menschliches Versagen, Vergeßlichkeit oder Irrtümer wenn schon nicht ausschließt, so doch vermindert, da jeder Anordnung stets eine Vollzugsmeldung gegenüberstehen muß.

Dieses Patientenführungssystem — ergänzt durch das Kontroll- und Überwachungssystem — stellt an das Informationssystem hohe Anforderungen. Gleichzeitig übt dieser Systemteil auch einen merkbaren

Zwang auf das Pflegepersonal aus, da ein vollfunktionierendes System eine entsprechend disziplinierte und „systemgerechte" Verhaltensweise der Systemteilnehmer voraussetzt.

4.3.5. Leistungserfassung

Mit den Durchführungsmeldungen wird gleichzeitig die Voraussetzung für die patientenbezogene Leistungserfassung geschaffen, die für die spätere Rechnungsstellung die wesentliche Unterlage bildet.

Für diesen Problemkreis müssen verständlicherweise noch, über die medizinische Datenerfassung hinaus, ergänzende Daten erfaßt werden. Durch eine bereits heute praktizierte Vereinheitlichung bzw. Pauschalisierung der abzurechnenden Leistung reduziert sich das Problem der ergänzenden Datenerfassung: Die wesentlichen Leistungen werden mit der Durchführungsmeldung erfaßt und können jederzeit der Abrechnungsstelle zur Verfügung gestellt werden.

4.3.6. Informationsbereitstellung und -ausgabe

Die vielseitigen Informationen, die täglich über alle Patienten von dem System gespeichert werden, sollen dort nicht nur in einem „Datenfriedhof" ruhen, sondern dem aktuellen Informationsbedürfnis aller Systemteilnehmer und der wissenschaftlichen Forschung Rechnung tragen.

Als Ausgabegeräte für einen Dialog mit dem System stehen nach dem heutigen Stand der Technik vor allem Sichtgeräte und Fernschreiber zur Verfügung. Einfach zu bedienende Tastaturen erlauben eine bequeme Kommunikation mit dem System.

Je nach Komfort der Software und der Anlagenausstattung ist für die Datenaufbereitung und -bereitstellung ein großer Spielraum gegeben: Ganze Krankengeschichten können an einem Bildschirm — Seite für Seite — durchgeblättert werden, Meßwerte tabellarisch in chronologischer Reihenfolge dargestellt, verschiedene Werte zu Vergleichszwecken einander gegenübergestellt oder Einzelinformationen ausgegeben werden. Der jeweilige Bildschirminhalt kann gleichzeitig ausgedruckt werden. Für die Übermittlung der Ausgabewünsche an das EDV-System sind genau definierte Vereinbarungen einzuhalten: Spezielle Kommandos und Parameter müssen eingegeben werden. Je vielseitiger und komfortabler das System reagieren soll, desto differenzierter werden die Steuerungsparameter. Es hat sich jedoch gezeigt, daß selbst technische Laien nach kurzer Zeit mit dem System fehlerfrei korrespondieren konnten.

Ausgabegeräte sind bei allen an das System angeschlossenen Teilnehmern installiert: Chef- und Stationsärzte, Verwaltung und Labors können dadurch direkt und unabhängig voneinander ihr Informationsbedürfnis decken. Transportable Sichtgeräte erhöhen noch den Komfort.

Von den Terminals aus können auch Datenverarbeitungsvorgänge veranlaßt (Programme gestartet) werden, die nicht nur eine bloße Wiedergabe der gespeicherten Daten bezwecken, sondern diese nach bestimmten Algorithmen miteinander verarbeiten und ausgeben wie z. B. bei der Erstellung von Statistiken, Bettenbelegungsplänen, Rechnungen etc.

Die Datenverarbeitung, -auswertung und -ausgabe richtet sich stets nach den individuellen Wünschen der Systemteilnehmer. Diesen sind

```
◇XBG, BEN=DR.STEINER◇.
◇ANAMNESEDATEN◇.

IDNR: 189457602
NAME:MÜLLER◇.

SPEZIFIKATIONEN(J,N): J◇.
   FAMILIENANAMNESE(J,N): N◇.
   HARDCOPY(J,N): J◇.


ANAMNESE – MÜLLER, GERT   14.09.29
         – 189457602

– KINDERKRANKHEITEN :          MASERN – KEUCHHUSTEN
– INFEKTIONSKRANKHEITEN:       KA *
– WEITERE KRANKHEITEN:         ULCUS VENTRICULI
– FRÜHERE OPERATIONEN:         MAGENRESEKTION (BILLROTH I)
                               (1969)
– ALLERGIEN:                   KA*
– STRAHLENTHERAPIEN:           KA*
– GENUSSMITTEL:                ALKOHOL= GELEGENTLICH
                               ZIGARETTEN= ÜBER 20
etc.
– SONSTIGES:                   KA*

* KEINE ANGABEN
```

Abb. 4-6 Beispiel für Ausgabe „Anamnesedaten“

— theoretisch jedenfalls — keine Grenzen gesetzt. Sie werden jedoch dann zum Problem, wenn Programmieraufwand und Programmlaufzeiten nicht mehr zu rechtfertigen sind. Eine enge Zusammenarbeit zwischen Medizinern und Datenverarbeitungsfachleuten ist auch hier eine unabdingbare Voraussetzung.

Abb. 4-6 zeigt ein Beispiel der Wiedergabe von Anamnesedaten auf einem Bildschirm.

Der Benutzer tritt durch ein vorgegebenes Codewort (XBG) zunächst mit der EDV-Anlage in Verbindung und gibt seinen Namen (Dr. Steiner) an. Danach tippt er den Oberbegriff der angeforderten Informationen (Anamnesedaten) ein. Nun erfragt der Rechner die Identifikationsnummer und — als Redundanz — den Namen des Patienten (Müller). Weitere Anfragen des Rechners über Umfang und Inhalt der gewünschten Informationen müssen mit Ja oder Nein (J, N) beantwortet werden. (Im vorliegenden Beispiel werden spezifizierte Angaben ohne Familienanamnese, jedoch mit gleichzeitiger Druckausgabe gewünscht.)

Die gespeicherten anamnestischen Informationen werden nun sofort auf dem Bildschirm etwa in der in Abb. 4-6 dargestellten Form dargestellt. Der Umfang der Informationen richtet sich nach der Anzahl der erhobenen Daten.

4.4. Entlassung

Das Ende einer klinischen Behandlung ist in den meisten Fällen vorhersehbar. Daher kann der behandelnde Arzt rechtzeitig — etwa am Vortag — die entsprechende Mitteilung an alle dafür vorgesehenen Stellen veranlassen (Küche, Bettenlager, Verwaltung, Bettendisposition etc.).

Mit Hilfe der Datenverarbeitungsanlage kann diese Kommunikation automatisch erfolgen. Gleichzeitig, mit der endgültigen Entlassung, werden verschiedene Arbeitsgänge vom Rechner durchgeführt:

- bei der täglichen Erstellung des Bettenbelegungsplanes wird dieser Abgang berücksichtigt.
- die Küche wird entsprechend benachrichtigt
- die Liste für die Pforte wird berichtigt (entlassene Patienten werden noch kurzzeitig mitgeführt mit Angabe des Entlassungsdatums)
- die Verwaltung erhält eine Zusammenstellung aller für den Patienten erbrachten Leistungen für die Rechnungsstellung. Gleichzeitig kann eine Bewertung der Leistungen automatisch durchgeführt werden, sofern ein einheitlicher Verrechnungssatz besteht.
- Für den Arztbrief werden die dafür relevanten Informationen aufbereitet. Eine automatische Erstellung des Arztbriefes ist wegen

seiner Einheitlichkeit in vielen Fällen möglich: Die für seinen Inhalt notwendigen Angaben stehen meistens durch das Informationssystem zur Verfügung.

— Nach der Entlassung werden die aktuellen medizinischen und z. T. auch verwaltungstechnischen Daten archiviert. Dieser Vorgang erfordert eine Umstrukturierung der Daten, um den in der medizinischen Datenbank auftretenden Fragestellungen gerecht werden zu können. Die Daten werden dabei komprimiert oder selektiert. Gleichzeitig müssen die Daten bei der Archivierung so aufbereitet werden, daß sie für eine spätere eventuelle Reaktualisierung geeignet sind.

Die Entlassung ist sowohl für den Patienten, als auch für das Informationssystem der Abschluß des aktuellen Geschehens. In verschiedenen Fällen wird eine ambulante Nachbehandlung notwendig werden. Auch hierfür werden die Dienstleistungen eines Rechnersystems eingesetzt.

4.5. Ambulante Behandlungen

Die ambulante Behandlung unterscheidet sich von einer stationären nicht grundsätzlich: Auch hier werden Patienten aufgenommen, behandelt, die Leistungen verschiedener klinischer Stellen in Anspruch genommen und die Patienten nach einer bestimmten Zeit aus der Behandlung entlassen.

Für die Verwaltung und Betreuung eines ambulanten Patienten bestehen gegenüber einer stationären Behandlung auch im Hinblick auf ein automatisiertes System kaum Unterschiede: An jedem Behandlungstermin wird ein entsprechendes Erfassungsformular ausgefüllt und die Information durch das System aufbereitet und gespeichert.

Dienstleistungen anderer Stellen fallen an (Labor, Röntgen), und die entsprechenden Befunde werden automatisch erfaßt. Auch in der Ambulanz müssen Anordnungen überwacht und Leistungen erfaßt werden.

Ein technisches Problem jedoch tritt bei der Einbeziehung der ambulanten Patienten in das System auf: der zur Verfügung stehende Speicherplatz für eine on-line-Datenhaltung ist teuer und daher beschränkt. Es ist daher sinnvoll, die Patientendaten der Ambulanz auf langsamen Speichermedien (Bänder) zu führen und diese nur zu den Vorbestellungszeiten zu aktualisieren (Übernahme auf schnelle Speichermedien). Damit ist allerdings das Problem der zwischenzeitlichen Dateneingabe (bei langfristigen Untersuchungsvorgängen) oder Auswertungsmöglichkeiten nicht gelöst.

Hier werden für die jeweiligen Kliniken — übrigens wie für andere Aufgabenstellungen — spezielle, den individuellen Problemstellungen entsprechende Lösungen zu erarbeiten sein.

4.6. Klinische Verwaltung und Organisation

Einen ganz anders gearteten Aufgabenkomplex als die medizinische Betreuung umfaßt die allgemeine klinische Verwaltung und Organisation. Die Vielseitigkeit der Aufgaben und die Menge der zu bearbeitenden Vorgänge verursacht einen laufend zunehmenden Arbeitskräftebedarf.

4.6.1. Patientengebundene Verwaltung

Wie eng die Verbindung zwischen Behandlung und Verwaltung in einem Klinikum ist, wurde schon erwähnt. Gerade aus der medizinischen Behandlung entstehen die meisten patientengebundenen Verwaltungsaufgaben wie z. B.

— Erstellung von Aufnahme- und Entlassungslisten für stationäre und ambulante Patienten
— Bettenbestands- und Dispositionslisten (unter Einbeziehung von Notbetten)
— Übersichten über Kassenpatienten, Selbstzahler und ungeklärte Kostenübernahmen
— Erstellen von Zwischenrechnungen
— Schlußrechnungen unter Berücksichtigung eingezahlter Vorschüsse
— Sammelrechnungen für Krankenkassen
— Überwachung der Zahlungsvorgänge und Mahnwesen
— Erstellen vielseitiger Statistiken

u. v. a. m.

Die Effektivität von Datenverarbeitungsanlagen für diese Art von Aufgaben hat sich in der Industrie und bei Dienstleistungsbetrieben schon jahrelang bewiesen. Unter Berücksichtigung der speziellen Probleme eines Klinikums lassen sich hierfür zum Teil die bereits vorhandenen Anwendungsprogramme einsetzen.

Die patientengebundene Verwaltung basiert zum größten Teil auf Daten, die im Rahmen des Informationssystems erfaßt wurden. Daher werden auch die vielschichtigen Auswertungen in diesem Rahmen vorgenommen. Die anfallenden Arbeiten können in den Nachtstunden durchgeführt werden. Damit ist gewährleistet, daß die aktuellen Daten vorliegen (z. B. für die Mitternachtsstatistik). Außerdem wird zu dieser Zeit das System vom aktuellen Tagesgeschehen am wenigsten beansprucht.

4.6.2. Allgemeine Krankenhausverwaltung

Wie in der Industrie fallen auch in einem Klinikum allgemeine Verwaltungsaufgaben an wie Finanz- und Rechnungswesen mit Buchhaltung und Betriebsabrechnung, Monats- und Jahresabschlüssen. Fragen der Gebäudeverwaltung, Stromversorgung, Ausstattung des Klinikums und der Schwesternwohnheime, Reparaturen und Installationen sind zu planen und abzurechnen.

Desgleichen gehören die Abrechnungen der Bezüge der Ärzte und des Personals zu den in vielen anderen Anwendungsbranchen schon lange praktizierten Aufgaben.

Diese in sogenannten Job-Läufen abzuarbeitenden Einzelaufgaben sind nicht in das eigentliche Informationssystem integriert, da eine logische Verknüpfung zwischen dem Datenbestand des klinisch-medizinischen Informationssystems und den durchzuführenden Arbeiten fehlt. Jedoch die Dienstleistungen der EDV-Anlage können auch dafür eingesetzt werden. Allerdings wird von dieser Möglichkeit noch viel zu wenig Gebrauch gemacht. So stellt das Nachrichtenmagazin DER SPIEGEL in seinem kritischen Leitartikel vom 7. Dez. 70 „Ist das Krankenhaus pleite?" fest, daß nur 4 % der deutschen Kliniken die Buchführung mit Computern erledigen.

4.6.3. Vorratswirtschaft und Lagerhaltung

Demgegenüber steht wiederum die Vorratshaltung in enger Verbindung zu dem klinischen Geschehen: Verbrauchsgüter (Watte, Binden etc.) müssen disponiert und bestellt, der Laborbedarf überwacht, Wäsche, Kleidung und medizinisches Instrumentarium ergänzt werden.

Hier sind verschiedene Lagerhaltungssysteme einsetzbar, die von der permanenten Inventur (Bestandsfortschreibung) über die Prognoserechnung anhand einer geglätteten Mittelwertbildung des vergangenen Verbrauchs bis zur automatischen Bestellung alle anfallenden Arbeiten übernehmen.

Eine tägliche Bedarfsanforderung aller Stellen über die jeweiligen Güter (vom Büromaterial bis zum Verbandsstoff) kann über die Kommunikationsmittel des Informationssystems erfolgen (Fernschreiber, Sichtgeräte etc.). In einer zentralen Datei werden die verschiedenen Anforderungen gespeichert und Anweisungen zur Ausführung gegeben, sofern ein entsprechender Bestand vorhanden ist. Gleichzeitig werden alle Bestände überwacht und, falls notwendig, Nach- oder Neubestellung veranlaßt.

Eine ähnliche Form der Bestandsführung und -überwachung ist auch bei den Arzneimitteln möglich. Die hohe Anzahl der Präparate (ca. 70 000) bedingt einen umfangreichen speziellen Datenbestand und die Frage der eindeutigen Verschlüsselung oder Bezeichnung ist problematisch, da die verschiedenen Handelsformen und Packungen eine umfangreiche Parametrisierung erfordern. Die Arzneimittel können auf ihr Verfalldatum hin überwacht und die Hauptindikationen vermerkt werden.

Auch in dem Versorgungsbereich „Küche" fallen vielseitige Lagerhaltungs- und Dispositionsaufgaben an: Vom Rohwarenlager hin zum Fertiggerichtbestand, von der Zentralküche bis zu den einzelnen Verteiler- oder Stationsküchen sind vielseitige Lagerhaltungsprobleme zu lösen. Eine automatische Zuteilung der von Patienten gewünschten Menues bzw. verordneten Diäten kann ebenfalls über Datenverarbeitungsanlagen erfolgen.

Schließlich ist die Disposition der Blutbank und das Führen von Blutspenderdateien eine sehr wichtige Aufgabe, die von einem Rechner rationell übernommen werden kann: Fehlbestände oder Verfalldaten werden automatisch registriert und ausgewiesen. Gleichzeitig können die dafür infrage kommenden Blutspender nachgewiesen werden.

4.7. Einsatzmöglichkeiten und -grenzen eines Computers

Kein anderes Kommunikationsmittel ist so sehr geeignet, so viele und vielseitige Stellen einer komplexen Organisationseinheit zu integrieren, wie ein automatisiertes Informationssystem auf einer Datenverarbeitungsanlage, denn mit keinem sonstigen Hilfsmittel ist ein so direkter, weitverzweigter und gleichzeitiger Informationsaustausch möglich:

Labormeßwerte, automatisch von einem Spezialrechner erfaßt, stehen beinahe gleichzeitig auf der Station zur Auswertung zur Verfügung, plötzlich freiwerdende Plätze auf einer Station sind sofort für weitere Dispositionen der Aufnahme bekannt und Operateure können sich im Bedarfsfall über den Vorrat an Blutkonserven orientieren etc.

Andererseits erhalten Röntgenologen eine zeitlich genau aufgegliederte Liste aller zur Untersuchung anstehenden Patienten, den Labors stehen für die Tagesarbeit verschiedene nach Untersuchungsgut oder -art sortierte Zusammenstellungen über alle Stationen zur Verfügung, alle am Tage entlassenen Patienten werden der Verwaltung als Übersicht ausgedruckt. Welches andere Kommunikationsmittel erlaubt es, daß zur gleichen Zeit der Chefarzt und der Stationsarzt an verschiedenen Orten die Krankengeschichte eines bestimmten Patienten studieren? Mit Hilfe des Systems können sie sich unabhängig voneinander die abgespeicherten Daten, Texte und Informationen über ein Sichtgerät ausgeben lassen.

Die aufwendigen vielseitigen Meldungen, Zusammenstellungen und Übersichten, die von Stationsschwestern und Ärzten an die verschiedenen Stellen gesandt werden mußten, entfallen. Die zentrale Speicherung aller Informationen und die Möglichkeit, zahlreiche Teilnehmer an das System anzuschließen, macht das Informationssystem zum wertvollen entlastenden Hilfsmittel für die Schwestern und Ärzte.

Der Einsatz des Computers hat jedoch seine Grenzen: Zwar werden bereits in nächster Zukunft Diagnosen automatisch erstellt, Computer werden über hochsensible Meßgeräte die feinsten Organismusfunktionen analysieren und Schwerkranke überwachen — doch ihre Tätigkeit ist im ureigensten Sinn des Begriffs stets nur eine „Verarbeitung von Daten".

Vermutlich wäre eine Mondlandung nie gelungen ohne die Hilfe von unvorstellbar schnellen Computern. Jedoch: Die Mathematiker und Astronomen waren es, die dem Rechner Lösungswege (Algorithmen) vorgaben.

Keine noch so fortgeschrittene Datenverarbeitungsanlage ist in der Lage, einem Patienten den Blinddarm zu entfernen, ihn endoskopisch zu untersuchen oder seine Bauchdecke abzutasten. Auch wird es nie möglich sein, Infusionen oder Spritzen mit Rechnern zu verabreichen.

Und vor allem: Die Verantwortung liegt stets beim Arzt — und damit auch die letzte Entscheidung. Davon wird ihn kein Computer befreien können — er kann ihm nur dabei helfen.

5. Weitere Informationssysteme in der Medizin

Ein klinisches Informationssystem dient der informativen Kommunikation zwischen einzelnen Funktionsbereichen eines Klinikums. Es ist gleichzeitig geeignet, die Daten, Texte und Werte so zu straffen und aufzubereiten, daß sie einen möglichst großen Aussagewert besitzen.

Die Vorteile, die ein automatisiertes System zeitigt, können auch auf anderen medizinischen Anwendungsgebieten in vielfacher Form genutzt werden.

5.1. Verbundsysteme kleiner und mittlerer Krankenhäuser

Für kleine Krankenhäuser ist der finanzielle Aufwand für eine leistungsstarke Datenverarbeitungsanlage in den meisten Fällen viel zu groß. Auch könnte die für ein komfortables System notwendige Ausstattung (Hardware) von einem kleinen oder mittleren Krankenhaus nie voll ausgenutzt werden.

Dank der vielseitigen technischen Entwicklungen ist es nunmehr möglich, räumlich getrennte Teilnehmer an eine zentrale Anlage anzuschließen, ihnen die Dienstleistungen eines Rechnersystems anzubieten: durch die Datenfernübertragung.

Über normale Telefonleitungen, speziell errichtete Standleitungen oder über Telex-Kanäle können alle möglichen Datenendgeräte (Dateneinund -ausgabegeräte wie Kleincomputer, Sichtgeräte oder Fernschreiber) angeschlossen werden. Auch können Karten- und Lochstreifenleser, Drucker etc. als „abgesetzte Rechenstationen" betrieben werden: Für den Teilnehmer spielt die Entfernung vom Rechenzentrum keine Rolle.

Damit ist es möglich, daß sich mehrere kleine oder mittlere Krankenhäuser zu einem Verbundnetz zusammenschließen. Alle Teilnehmer können wie in einem in sich geschlossenen Klinikum über eine zentrale EDV-Anlage kommunizieren, Daten eingeben und abspeichern lassen.

Für jedes Krankenhaus wird ein eigener klinischer Datenbestand für die jeweils zugehörenden Patienten aufgebaut. Verwechslungen oder gegenseitige Störungen sind ausgeschlossen.

Für eine medizinisch wissenschaftliche Auswertung jedoch könnnen, wenn entsprechendes vereinbart wird, alle Teilnehmer auf den gesamten Datenbestand zurückgreifen. Damit ist ein kollegialer Informationsaustausch möglich, der ohne gemeinsames System nur sehr schwer zu realisieren wäre (falls erwünscht können dafür die Personaldaten gesperrt werden, so daß für den Erfahrungsaustausch nur die anonymen Krankheitsfälle zur Verfügung stehen).

5.2. Überregionale Verbundsysteme

Zum gleichen Zweck — Informations- und Erfahrungsaustausch — können auch verschiedene in sich abgeschlossene Informationssysteme gekoppelt werden: Damit steht für die medizinische Lehre und Forschung ein unschätzbar umfassender Erfahrungsschatz zur Verfügung, der sonst in Akten und Karteikästen wohlverwahrt verstauben würde.

Ein derartig weitverzweigtes Netz von Teilnehmern setzt natürlich nicht nur umfangreiche technische Einrichtungen voraus, bedingt nicht nur die Vereinheitlichung von medizinischen Datenbeständen, sondern dafür sind auch die psychologischen Vorbehalte und die Bereitschaft der Kliniken und Ärzte ein besonderes Problem. Bis zur Realisierung derartiger Systeme werden trotz der raschen technologischen Entwicklungen in der Datenverarbeitung wie Medizin noch einige Zeitspannen verstreichen.

5.3. Auskunftssysteme für die Ärzte

Die Technologie der Teilnehmerrechner-Systeme mit den großen Datenbanken geben den Hintergrund für die vielseitigen Anwendungsmöglichkeiten auf dem Gebiet der Medizin:

Praktizierende Ärzte, wie Kliniker und Wissenschaftler könnten über spezielle Auskunftssysteme (etwa mit Hilfe von Fernschreibern) Informationen einholen über:

— Medizinisch-wissenschaftliche Literatur: Ein Dokumentationssystem gibt Literaturhinweise über gewünschte Fragenkomplexe oder/und Autoren. Über sogenannte Deskriptoren werden an die spezielle Datenbank Anfragen gestellt, die alle zutreffenden Veröffentlichungen nachweist.

— Arzneimittel: Eine spezielle Datenbank gibt Auskunft über alle marktgängigen Arzneimittel, die Indikationen, Verbraucherpakkungen etc.

— Gifte und Gegengifte: Hinweise bei Vergiftungen als diagnostische Unterstützung und die sofortige Auskunft über die notwendigen Gegengifte können manches Menschenleben retten.

— Erste Hilfe: Nicht nur für Ärzte, sondern auch für alle in der Kranken- oder Unfallpflege Tätigen können Sofortinformationen bei Erste-Hilfe-Fällen wertvolle Dienste leisten.

— Therapeutische Maßnahmen: In Spezialfällen können den Arzt bei seiner verantwortungsvollen Tätigkeit gezielte Hinweise auf Behandlungserfolge und notwendige Maßnahmen untersützen.

— Diagnosehilfe: Schließlich kann ein Auskunftssystem einen Arzt bei der Diagnosefindung unterstützen: Durch die Eingabe charakteristischer Merkmale und Befunde kann das Auskunftssystem Hinweise auf bestimmte Krankheitsarten geben oder zu weiteren Untersuchungen veranlassen. Dadurch könnte der Arzt auf die Beobachtung weiterer Symptome aufmerksam gemacht werden.

Diese Vielseitigkeit der Anwendungsmöglichkeiten gibt dem Computer eine Bedeutung in der Medizin, die etwa dem Mikroskop oder dem Röntgenapparat gleichkommt: Jahrhundertelang waren diese technischen Hilfsmittel nicht vorhanden. Heute sind sie aus der medizinischen Praxis nicht mehr wegzudenken.

6. Realisierungsprobleme

Nicht nur bei der Planung und Entwicklung von medizinischen Informationssystemen gibt es Probleme und Schwierigkeiten, sondern bei allen derartigen umfassenden Systemen werden Realisierungsprobleme auftreten — und sei es nur durch das Beharrungsvermögen der Menschen, das jeder Neuerung einen merkbaren Widerstand entgegensetzt.

Die Medizin jedoch und ihre Repräsentanten nehmen erfahrungsgemäß eine Sonderstellung ein, da Befürworter und Gegner derartiger Systeme das gleiche Argument für sich in Anspruch nehmen: Das Wohl des Patienten.

Jedoch selbst bei einer einmütigen Zustimmung zu einem so umfassenden System harren noch verschiedene praktische Probleme ihrer Lösung.

6.1. Systembezogene Problematik

Die Datenverarbeitungsindustrie bietet den Anwendern heute nicht nur leistungsfähige Datenverarbeitungsanlagen, sondern auch komfortable und einfach zu bedienende Datenendgeräte an. Neben den traditionellen Geräten des Rechenzentrums stehen dem Teilnehmer vor allem Sichtgeräte (mit Tastaturen), Fernschreiber, Druckstationen etc. zur Verfügung.

Die Schulung des Personals in der technischen Bedienung der Geräte ist eine notwendige Voraussetzung für ein funktionsfähiges System, jedoch bringt diese Einweisung — von Anlaufschwierigkeiten abgesehen — nicht die entscheidenden Probleme, da die modernen Geräte benutzerfreundlich sind.

Viel wichtiger ist der logische Umgang mit dem System: Wie müssen Daten verschlüsselt, in welcher Form eingegeben werden, um wesentlicher Bestandteil des Systems zu werden? Welche Parameter sind für eine gezielte Anfrage notwendig und nach welchen Informationen muß in bestimmten Fällen gefragt werden?

Durch einfache Erfassungsmedien wie Formulare, Strich-Markierungsbelege oder Vordrucke wird das Datenerfassungsproblem stark reduziert. Doch bleibt immer noch der individuellen Entscheidung ein großer Spielraum vor allem bei freitextlichen Berichten: Welche Angaben sind relevant, welche Deskriptoren unbedingt anzugeben?

Ein gewisses Um- und Mitdenken ist notwendig, um der dem System innewohnenden Logik gerecht zu werden.

6.2. Technische Probleme

Auch technische Probleme stehen zur Lösung an: Jeder Datenbestand muß reorganisiert werden. Während dieser Zeit kann das Informationssystem nicht oder nur bedingt benutzt werden. Welche Lösung ist hier möglich?

Außerdem muß eine absolute Ausfallsicherheit des Systems gewährleistet sein. Ein noch so komfortables System ist nutzlos, wenn es nicht einsatzbereit ist.

Gleichfalls muß gewährleistet sein, daß die gespeicherten Informationen nicht zerstört oder verloren werden. Umfangreiche Datensicherungsprobleme treten hier auf.

6.3. Personelle Probleme

Viele hochqualifizierte Ärzte und Krankenschwestern haben eine unüberbrückbare Abneigung gegen technische Geräte. Es gibt erfahrungsgemäß gerade hier die größten Probleme zu beseitigen, da Voreingenommenheit und Mangel an technischem Selbstvertrauen weder durch Schulung noch durch Übung vollkommen abzubauen sind.

In einem Klinikum wurde auf ein Informationssystem vor allem deswegen verzichtet, weil der Chefarzt und seine langjährigen Mitarbeiterin, eine Oberschwester, es ablehnten, diese „modernen Dinger" zu bedienen.

Bei all diesen Problemen wird die Erfahrung die Lösung bringen. Anlaufschwierigkeiten werden nicht zu vermeiden sein.

Es wäre jedoch zu vermessen, die Vorteile eines Informationssystems wegen kurzsichtiger und egoistischer Motive zu negieren.

Die ärztlichen Leistungen werden gemessen am Erfolg. Je mehr Hilfsmittel einem Arzt zur Verfügung stehen, desto größer ist die Erfolgswahrscheinlichkeit und desto mehr Zeit und Konzentration kann er dem Patienten widmen: Nicht eine Entpersönlichung des Verhältnisses zwischen Arzt und Patient wird erfolgen — genau das Gegenteil wird der Fall sein.

7. Schlußbetrachtung

Die kritische Schwelle für die psychologischen Vorbehalte und die Aversionen gegen die seelenlosen Rechner liegt dort, wo sie die Arbeit des Arztes zu verdrängen scheinen, wo sie den erfahrenen Arzt zum Techniker machen.

Die Frage nach den Einsatzmöglichkeiten und -grenzen von Computern in der Medizin sollte sich jeder mit dieser Materie Befaßte stellen. Noch sind die Grenzen von der technologischen Seite und der Lösung spezieller Probleme her gegeben — wann wird der Computer von der Diagnose bis zum Behandlungsplan, von der Überwachung des Heilerfolges bis zur Erstellung der Entlassungspapiere alle Aufgaben selbst übernehmen? Bleibt dem Arzt der Zukunft wirklich nur noch, dem Patienten die Notwendigkeit einer Operation zu erklären und der erfahrenen Stationsschwester, die kühlende Hand auf die Stirn des Sterbenden zu legen?

Als sich in den 50er Jahren der Einsatz von EDV-Anlagen in der Industrie durchzusetzen begann, wurden viele — auch berufene — Stimmen laut, die vor dem Computer warnten, der ein Heer von Arbeitslosen provoziere oder den Menschen zum untergeordneten Zuarbeiter für die Rechenanlagen degradiere.

Analysen haben inzwischen ergeben: Noch nie war der Arbeitskräftebedarf so groß, noch nie waren so viele Spezialisten erforderlich. Die Arbeit wurde anspruchsvoller, die Mitarbeiter zufriedener, da sie von zweitrangigen Routinearbeiten entlastet wurden.

Niemand weiß, wie der Arztberuf des Jahres 2000 gestaltet sein wird, wenn auch fortschrittsgläubige Kollegen die derzeitige Entwicklung extrapolieren zu können glauben. Daß sich eine Wandlung vollziehen wird, ist heute schon erkenntlich, daß sie zum Wohl der Patienten erfolgen wird, ist wahrscheinlich, und daß sie den Arzt vor neue Aufgaben und Möglichkeiten stellt — das ist schon heute durch den Einsatz von Computern sichtbar.

Literatur

[1] Abrahamson, S., K. Bergstrom, Larsson and S. Iman: Danderyd Hospital Computer System. In: Computers and Biomedical Research 3 (1970), S. 30 bis 46.

[2] Acheson, E. D. (Hrsg.): Medical record linkage. Oxford University Press, Oxford 1967.

[3] Acheson, E. D.: Linkage of medical records. In: Brit. med. Bull. 24 (1968), S. 206—209.

[4] Acheson, E. D.: Record Linkage in Medicine. E. & S. Livingstone Ltd., Edinburgh, London 1968.

[5] Adam, W. E.: Anger-Kamera und Digital-Computer im Einsatz nuklearmedizinischer Funktionsdiagnostik. 1. Heidelberger Symposium über Kamera-Szintigraphie, Oktober 1968.

[6] Albath, W., H. Lommel und M. F. Schloss: Vademecum der Medizinischen Laboratoriumsdiagnostik. Med. Kongress Diagnostica, Würzburg 1967.

[7] Anforderungen an das EDV-System im DKFZ/Deutsches Krebsforschungszentrum, Heidelberg, Institut für Nuklearmedizin, 1970.

[8] Austin, C. J.: The computer and medical bibliography. Military Medicine 129, 1964.

[9] Bünte, P.: Der Computer im Dienste von Diagnostik und Therapie. Die Therapie-Woche, Karlsruhe 1968.

[10] Caceres, C. A.: Computers in clinical electrocardiography. Datamation 1968.

[11] Caceres, C. A.: Computers in Medicine. B. M. A. Planning Unit, London 1969.

[12] Dixon, W. J.: Biomedical Computer Programs. University of California, Health Sciences, Computing Facility, Los Angeles 1968.

[13] DeGowin, E. L., and R. L. DeGowin,: Diagnostik am Krankenbett und in der Sprechstunde. F. K. Schattauer Verlag, Stuttgart, New York 1969.

[14] Elmendorff, H. v.: Über die Anwendung der Datenverarbeitung in der Medizin, insbesondere der Chirurgie. Siemens-Sonderdruck, 1969, S. 4.

[15] Fehler, J., und N. Hollberg: Datenverarbeitung im Krankenhaus. Beilage zur Zeitschrift: Das Krankenhaus 9 (1965).

[16] Fellinger, K. (Hrsg.): Computer in der Medizin. Verlag Brüder Hollinek, Wien 1968.

[17] Fitzgerald, L. T., J. E. Overall, and C. M. Williams: A computer program for diagnosis of thyroid disease. University of Florida, College of Medicine and Research, and University of Texas, College of Medicine 8, 1969.

[18] Fritze, E., und G. Wagner (Hrsg.): Dokumentation des Krankheitsverlaufes. Probleme der Erfassung des zeitlichen Krankheitsablaufes und des Medical Record Linkage. Verh. Bericht 13. Jahrestagung GMD, Bochum, 30. 9. bis 2. 10. 68. F. K. Schattauer Verlag, Stuttgart, New York 1969.

[19] Fromm, E.: Die Rolle der Technik in der Medizin, IBM-Nachrichten, Nr. 195, 1969, S. 574.

[20] Gall, Manfred W.: Computer verändern die Medizin. Verlag A. W. Genter, Stuttgart 1969.

[21] Glärs, S.: Diagnostik-Informations-System in Tübingen. In: Zeitschr. f. Datenverarbeitung 2 (1969) S. 92 ff.

[22] Habermehl, H., E. H. Graul und H. Wolter: Computer in der Nuklearmedizin. Alfred Hüthig Verlag, Heidelberg 1969.

[23] Hartmann, F.: Was erwartet der Kliniker von der Dokumentation und Statistik als Methode? In: Dokumentation des Krankheitsverlaufs, hrsg. von E. Fritze und G. Wagner. F. K. Schattauer Verlag, Stuttgart, New York 1969, S. 13—22.

[24] Hansen, T. H., und K. Überla: Gesichtspunkte beim Aufbau eines modular organisierten klinischen Datenverarbeitungssystems. In: Meth. Inform. Med. 9 (1970) No. 2, S. 97 ff.

[25] Hedlund, J. L.: Computer support in military psychiatry (COMPSY). Walter Reed Army Medical Center 1969.

[26] Immich, H.: Klinischer Diagnoseschlüssel. F. K. Schattauer Verlag, Stuttgart, New York 1969.

[27] Kazyak, L.: Computerization in Analytical Toxicology. 4th Int. Meeting in Forsenic Medicine, Kopenhagen 1966.

[28] Kiely, J. M., J. L. Juergens, B. L. Hisey, and E. Williams: A Computer-Based Medical Record. The Journal of the American Medical Association 1968.

[29] Koller, S.: Wann ist die Computerhilfe in der Diagnostik für die Praxis anwendungsreif? Deutsches Ärzteblatt 12 (1969) März.

[30] Krönig, D., E. Rehse, I. Schulze, R. Schwarz: Ein hybrides Rechnersystem zur Schwerkrankenüberwachung, AEG-Telefunken, AVO 091 0970, 1970.

[31] Laborautomatisierung, AEG-Telefunken, Arbeitsbericht (unveröffentlicht) 1970.

[32] Lancaster, F. W.: Information Retrieval System. John Wiley & Sons Inc., New York, London, Sydney, Toronto 1968.

[33] Langen, D., und U. Derbolowsky (Hrsg.): Probleme der Dokumentation in der Psychoterapie. Nachrichten für Dokumentation, Frankfurt 1969.

[34] Ledley, R. S.: Use of Computers in Biology and Medicine. Mc Graw Hill, New York, Toronto, London, Sydney 1965.

[35] McLachlan, G., and R. A. Shegog (Hrsg.): Computers in the service of medicine. Oxford University Press, London 1968.

[36] Martini, P., G. Oberhofer und E. Welte: Methodenlehre der therapeutisch-klinischen Forschung. Springer-Verlag, Berlin, Heidelberg, New York 1968.

[37] Medical and Biological Engineering in Denmark, Finland, Norway and Sveden. Scaninavian Directory on Medical and Biological Engeneering 1969.

[38] MEDIF (Medizinisches Diagnosehilfs-, Informations- und Führungssystem) AEG-Telefunken, Arbeitsbericht (unveröffentlicht), 1970.

[39] Mierzowsky, K.: Das Diagnostik-Informationssystem der medizinischen Universität Tübingen. Computer-Praxis 3 (1969) S. 50—54.

[40] Mosbech, J.: Medical record linkage. Ugeskr. Laeg. 129 (1967) 1733-34.

[41] Payne, L. C.: An Introduction to Medical Automation. Pittmann Med. Publ. Co. Ltd., London 1966.

[42] Proppe, A.: Voraussetzungen einer Dokumentation und Statistik in der klinischen Medizin. In: Dokumentation des Krankheitsverlaufs, S. 23 ff.

[43] Reichertz, O.: Das Problem der Computer-Diagnostik. Documenta Geigy. Automation in der Medizin. J. R. Geigy AG, Basel 1967.

[44] Reilly, N. B.: Computers in Medicine. Datamation (1969) May, S. 46—49.

[45] Reissner, I.: Einführung in die medizinische Dokumentation. Akademische Verlagsgesellschaft, Frankfurt 1967.

[46] Röpke, H., und J. Riemann: Analogcomputer in Chemie und Biologie. Springer Verlag, Berlin 1969.

[47] Rosenbrock, Storey: Computational Techniques for Chemical Engineers. Pergamon Press, New York 1966.

[48] Shandid, K. M., H. J. van der Aa, and L. M. C. J. Sicking: Involvement of Computers in Medical Sciences. Swets & Zeitlinger, Amsterdam 1969.

[49] Sidney and Krasnoff: Computers in Medicine. Springfield, Illinois 1967.
[50] Singer, P. J.: Computer based Hospital Information systems. Datamation (1969) May, S. 38—45.
[51] Sökeland, J., W. Straube und K. Kemper: Dokumentation in der Urologie. Der Urologe 6 (1969) S. 318—321.
[52] Soergel, D.: Klassifikationssysteme und Thesauri. Deutsche Gesellschaft für Dokumentation e. V. Frankfurt 1969.
[53] Spicer, C. C. (Hrsg.): Computing in Medicine. Britisch Medical Bulletin, Medical Department, The British Council, London 1968.
[54] Stacy, R. W., and B. Waxmann (Hrsg.): Computers in Biomedical Research. Academic Press, New York, London 1965.
[55] Vishnevskii, I. I., M. L. Artobolevskii, A. J. Bykhovskii, and C. C. Kurochina Mutin: Machine diagnosis and information retrieval in medicine. Mashinnaya Diagnostica i Informatsionnyi Poisk v Meditsine 1-195, Moskau XX.
[56] Wagner, G.: Krebs. Dokumentation und Statistik maligner Tumoren. F. K. Schattauer Verlag, Stuttgart, New York 1966.
[57] Wagner, G.: Datenverarbeitung und Medizin in den USA. IBM Seminar Bad Liebenzell 1969.
[58] Wingert, Friedrich: Krankenhaus und Computer. Bild der Wissenschaft (1970) S. 460—67.
[59] Wolf, G. K.: Aufnahme, Archivorganisation und Krankenblatt an den Kliniken der Universität Ulm. In: Methodik der Information in der Medizin 9 (1970) No. 2, S. 104.
[60] Yellowlees, H.: Interface problems in medical and administrative patient management. Proc. Intern. Meet. Automated Data Processing in Hospitals, Elsinore 1966.

Zeitschriften

Auswahlkriterium ist das laufende Erscheinen von Berichten über die Anwendungen der Datenverarbeitung in der Medizin. Hier findet man auch weitere Literaturangaben, vor allem in den speziellen Literaturdiensten und Abstracts. Die Veröffentlichungen der Computer-Hersteller sind dabei nicht berücksichtigt.

American Journal of Medical Electronics. The Reuben H. Donneley Company, New York.

Biological Abstracts. BIOSIS of Biological Abstracts, Philadelphia, Pa.

Biometrica. Biometrica Trust, University College, London.

Bulletin of the Medical Library Association. Medical Library Association, Inc., Chicago.

Computer Abstracts. Technical Information Company, Martins Bank Chambers, British Channel Islands.

Computer Applications and Instrumentation in Radiology. University of Florida, Gainesville, Florida.

Computer-Praxis. R. Oldenbourg, München.

Computer programs in Biomedicine. North-Holland Publishing Company, Amsterdam.

Computers and Automation. Berkeley Enterprises, Newtonville, Mass.

Computers and Biomedical Research. Academic Press, New York, London.
Computers in Medicine Abstracts. Council for Interdisciplinary Communication in Medicine, New York.
Cumulated Index Medicus. US Government Printing Office, Washington D. C.
Cybernetics. Computers an Automation Technology, JPRS Series, Joint Publication Research Service, Wash.
Datamation. F. D. Thompson Publication, Inc. Pasadena, Calif.
Data Aquisition and Processing in Biology and Medicine. Pergamon Press, Long Island City, N. Y.
Electronics. McGraw Hill, New York.
Electronique medicale. P. E. P. T. A., Paris.
Elektronische Informationsverarbeitung und Kybernetik. DDR, Berlin.
Excerpta Medica. Excerpta Medica Foundation. Amsterdam, New York.
Hospital-Medical System innovations. American Data Processing, Detroit, Michigan.
Impuls. Verlag Dr. Gerhard Huml, Wien.
International Journal of MAN-MASCHINE Studies. Academic Press, London.
Methodik der Information in der Medizin. F. K. Schattauer Verlag, Stuttgart, New York.
Medical Electronics an Biological Engineering. Pergamon Press, New York.
Medical Lab. Haire Publishing Company, New York.
Medizinischer Literaturdienst. Auswertung der Fachzeitschriften aus den Ostblockländern, Berlin, Garystr. 55.
Zeitschrift für Datenverarbeitung. Verlagsgesellschaft Rudolf Müller, Köln.

Begriffskatalog

DO	Datenorganisation
IS	Informationssysteme
SS	Systemsoftware
HK	Hardwarekonfiguration

DO Datenorganisation

DO 1 **Daten**
data.
Allgemeine Bezeichnung für Buchstaben, Ziffern, Symbole, Kombinationen von diesen bzw. Bezeichnung von Gegenständen, Begriffen, Situationen, Bedingungen und anderen Faktoren. (Singl. Date, Datum)

DO 2 **Zeichen**
character.
Eine Grundeinheit aus einem limitierten, definierten Vorrat von Symbolen, der für einen Kommunikationsbereich deklariert wurde.

DO 3 **Datenelement**
data element.
Die kleinste logische Einheit, die sich nicht aus weiteren logischen Einheiten zusammensetzt.

DO 4 **Feld**
item.
Ein Feld ist der Platz auf einem Speichermedium, der für die Aufnahme eines Datenelementes zur Verfügung steht. Er kann unter einem oder mehreren Feldnamen (label), die ihm zugeordnet sind, angesprochen werden.

DO 5 **Satz**
record.
Eine sachlich und/oder logische Einheit von Datenelementen, die unter einem oder mehreren Ordnungsbegriffen zusammengefaßt werden.
Mehrere Sätze können wiederum einen Block ergeben.

DO 6 **Block**
block.
Ein Satz bzw. eine Gruppe von aufeinanderfolgenden Sätzen, die als physische Einheit behandelt wird und die kleinste adressierbare Einheit auf einem peripheren Speicher darstellt. Ein Block wird auch als physischer Satz oder Datenträgersatz bezeichnet.

DO 7 **Blocken, Blockungsfaktor, Ladefaktor**
Das Zusammenfassen mehrerer logischer Sätze in einen Block nennt man *Blocken*. Die Anzahl der Sätze, die zu einem Block zusammengefaßt werden können, ist aus dem *Blockungsfaktor* oder *Ladefaktor* ablesbar.

DO 8 **Datei**
file.
Eine Zusammenfassung logisch zusammengehöriger Sätze gleichen Typs.

DO 9 **Hierarchie der Organisationseinheiten**
Bit, Zeichen, Datenelement, Satz, Datei
bit, character, data element, record, file.

DO 10 **Maschinenabhängige Datenunterteilung**
Bit, Zeichen, Wort, Block, Datenträger
bit, character, word, block, file.

DO 11 **Passwords**
Kennworte, die bestimmten Benutzern Zugang zu geschützten Bereichen einer Datenbank ermöglichen. Mittels Passwords kann auch die Art des Zugriffs (Lesen, Schreiben usw.) geregelt werden.

DO 12 **Information**
information.
Sie ist hier eine logisch abgeschlossene Einheit, die sich aus Daten gemäß formaler Regeln zusammensetzt und von einem Sender (Mensch, Rechner) zu einem Empfänger (Mensch, Rechner) fließt.
Unterscheidung in:
- unformatierte Informationen
- formatierte Informationen

Bei *unformatierten Informationen* bestehen die Datenelemente aus den Worten der Umgangssprache, die Regeln ihrer Zusammensetzung aus der grammatikalischen Syntax.
Bei *formatierten Informationen* sind die Datenelemente Werte. Die Zusammensetzungsregeln ergeben sich aus vordefinierten Schemata; die Position der Information innerhalb eines Datensatzes bestimmt den Informationsinhalt.

DO 13 **Datenbank**
data base, data bank.
Eine Zusammenfassung von Dateien, welche die Basis für ein formalisiertes Informationssystem in einem abgeschlossenen Organisationsbereich abgibt und die wesentlichste Grundlage für die Informationswiedergewinnung (information retrieval) bildet.
Die Dateien, aus denen eine Datenbank aufgebaut ist, können nach der Struktur der in ihnen vorhandenen Datensätze unterschieden werden. Die Sätze einer Datei heißen *formatiert,* wenn sie bezüglich ihres *Formates* (Feldaufbau, Feldfolge innerhalb eines Satzes und Länge des betreffenden Satzes) eindeutig definiert sind. Andernfalls heißen sie *unformatiert.*

DO 14 **Speicherungs- und Verarbeitungsform**
Die Speicherungsform gibt an, wie der Bestand auf dem Datenträger organisiert und abgelegt ist.
Die Verarbeitungsform definiert die Art des Zugriffs auf diesen Bestand.

DO 15 **Datendefinitionstabelle, Datenbeschreibungstafel**

data definition table.

Sie enthält eine vollständige Beschreibung aller in einer Datenbank auftretenden Datenelemente mit ihren daten- und dateitechnischen Attributen. Die Datendefinitionstabelle (DDT) vermittelt den Programmen den Aufbau und die Struktur der anvisierten Datei. Die DDT kann mittels einer Datendefinitionssprache aufgebaut werden.

DO 16 **Verdichtungsproblem**

Unter Datenverdichtung versteht man das Reduzieren eines Datenbestandes auf seinen für die Verarbeitung wesentlichen Inhalt, also das Entfernen redundanter Informationen. Diese Verdichtung wird einerseits aus speichertechnischen Gründen angestrebt — um nämlich auf Großraumspeichern Platz zu sparen —, andererseits zur besseren und konzentrierteren Darstellung von Information bei der Auswertung.

DO 17 **Indizierungsmethode**

Ein Zugriff zu einem bekannten Datenelement auf Grund eines vorgegebenen Ordnungskriteriums setzt jeweils das Begriffspaar:

Ordnungskriterium-Adresse

voraus.

Diese Verbindung nennt man einen Zeiger (pointer) oder Index. Verwendet man einen solchen Zeiger oder Index im Zugriffsmechanismus der Datenbank, so spricht man von einer *Indizierung.*

DO 18 **Adressen, Ketten, Totalkette, Rückwärtskette**

Adressen:

Zur Adressierung werden üblicherweise nicht die Hardware-Adressen, sondern die überschaubareren und einfacheren Software-Adressen verwendet.

Ketten:

Wird in einem Datensatz eine Adresse direkt miteingespeichert, die auf das logisch nächst anstehende Datenelement verweist, so spricht man von Adreßverkettung.

Jeder Satz enthält entweder die Adresse seines Folgesatzes (Folgeadresse) oder eine Endekennzeichnung, die den Abbruch der Kette anzeigt. Die erste Adresse einer solchen Kette nennt man Ankeradresse.

Totalkette:

Sie entsteht, wenn alle Sätze einer Datei nach einem Ordnungskriterium fortlaufend auf- oder absteigend verkettet werden. Eine Totalkette erlaubt stets eine logisch fortlaufende Verarbeitung.

Teilkette:

Verkettet man diejenigen Sätze, die in bezug auf ein Ordnungskriterium denselben Wert beinhalten (z. B. Kundennummer in der Rechnungsdatei), so entsteht eine Teilkette. Ihre Anker lagert man zweckmäßigerweise aus oder faßt sie in einer Indexliste zusammen.

Rückwärtskette:

Mit Rücksicht auf das Pflegeprogramm ist es oft sinnvoll, eine Kette nicht nur in einer Richtung anzulegen, sondern stets auch noch die Adresse des vorangehenden Satzes mitzuspeichern, damit man eine Rückwärtskette erhält.

IS Informationssysteme

IS 1	Informationssystem
IS 2	Management
IS 3	Management-System
IS 4	Management-Informationssystem
IS 5	Modell
IS 6	Operationelle Planung
IS 7	Strategische Planung

IS 1 **Informationssystem**
Informationssysteme sind Datenorganisationsformen auf Rechenanlagen, die bestimmte Vorgänge und Abläufe in Kommunikationsprozessen unterstützen. Diese Vorgänge und Abläufe müssen, damit sie überhaupt maschinell bearbeitet werden können, formalisier- oder automatisierbar sein.

IS 2 **Management**
Ursprünglich ein Wort für gewisse Führungstätigkeiten. Im erweiterten Sinn ist der Begriff auf die Trägerschicht des Führens (Managens) übertragen worden. Der Begriff ist nicht allein auf das Industriemanagement beschränkt, sondern geht quer durch alle soziotechnischen Interessengruppen.

IS 3 **Management-System**
(nicht: Management-Informationssystem)
Denkgebäude, Fiktion, Modell — aufgebaut nach einer bestimmten Philosophie über Information, Verwaltung, Planung, Führung und Entscheidung.

IS 4 **Management-Informationssystem**
(nicht: Management-System)
Für die Realisierung eines Management-Informationssystems bedarf es technischer Hilfsmittel.
Modernes technisches Mittel ist die EDVA mit allen Raffinessen des derzeitigen Standes der Entwicklung. Dies betrifft in gleicher Weise Hardware und Software.
Erst die Kombination Management und technisches Hilfsmittel EDVA in der Verwendung als Informationssystem ist als Management-Informationssystem zu bezeichnen.

IS 5 **Modell**
Bei Informationssystemen eine mathematische Formulierung von Wirkungszusammenhängen, die als mathematische Beziehungen mit Hilfe einer Programmiersprache auf einer EDVA dargestellt werden können.

IS 6 **Operationale Planung**
Taktische Planung.
Planung, die sich im wesentlichen mit Zuweisungsproblemen periodisch wiederkehrender Dispositionsaufgaben im Rahmen bestehender Vorschriften beschäftigt.
Sie ist im allgemeinen Aufgabe des mittleren Managements. Zielfunktionen und Werte sind vorgegeben.

IS 7 **Strategische Planung**

Langfristige Planung, investierende Planung, Zielplanung.

Im Gegensatz zur operationalen Planung ist strategische Planung jeweils einmalig.

Festsetzung der Werte, Erstellung von Vorschriften, Entscheidung über Investitionen und langfristig anzustrebende Ziele sind Gegenstand der strategischen Planung. Innerhalb der Managementpyramide sind diese Aufgaben der oberen Spitze zuzuteilen.

In Ausnahmefällen greift diese Planung in die operationale ein; die Führung oder das Management wird dann improvisierend, denn bestehende Ziele und Vorschriften werden kurzfristig durch andere ersetzt.

SS Systemsoftware

SS 1	Quellenprogramm
SS 2	Objektprogramm
SS 3	Assembler
SS 4	Compiler
SS 5	Interpreter
SS 6	Generator
SS 7	Betriebssystem
SS 8	Datenbankprozessor
SS 9	Time Sharing
SS 10	Time Slicing
SS 11	Multiprogramming
SS 12	Datenfernverarbeitung
SS 13	Realzeitsystem
SS 14	Monitor
SS 15	Daten-Management
SS 16	Datenbeschreibungssprache
SS 17	Datenmanipulationssprache
SS 18	Gastgebersprache

SS 1 **Quellenprogramm**
Source program.
Programm, das in einer Höheren Programmiersprache oder Assemblersprache geschrieben ist. Dieses Quellenprogramm wird mit einem geeigneten Übersetzerprogramm (Compiler, Assembler etc.) in die Maschinensprache umgesetzt.

SS 2 **Objektprogramm**
Object program, target program.
Programm, das von einem automatischen Übersetzerprogramm (Compiler, Assembler usw.) erzeugt wurde.

SS 3 **Assembler**
assembly program, assembly routine.
Übersetzerprogramm, das ein in Assemblersprache geschriebenes Programm in ein Maschinenprogramm umwandelt. Jedem Befehl in der Assemblersprache entspricht ein Befehl in der Maschinensprache.

SS 4 **Compiler**
Übersetzerprogramm, das ein in Höherer Programmiersprache geschriebenes Programm automatisch in ein Maschinenprogramm umwandelt.

SS 5 **Interpreter**
Programmsystem, das für einen speziellen Aufgabenbereich ein allgemein verwendbares Programm darstellt. Dabei werden dem Interpreter eine Reihe von Befehlen in Primärsprache zugeführt, die dieser Befehl für Befehl untersucht. Das entsprechende Unterprogramm, das die gewünschte Dienstleistung zu erbringen hat, wird angesteuert und ausgeführt.

SS 6 **Generator**
generator.
Programmsystem, das anhand von Parametern, die für den jeweiligen Anwendungsfall festgelegt sind, ein besonderes Programm erzeugt (generiert). Dieses erstellte Programm weist dann die gewünschten Eigenschaften auf.
Übersetzungsprogramme für Höhere Programmiersprachen arbeiten sowohl mit interpretierenden als auch generierenden Elementen.

SS 7 **Betriebssystem**
operating system, executive system.
Betriebssystem nennt man den Komplex von Systemprogrammen, die das Arbeiten mit einer elektronischen Datenverarbeitungsanlage erst

ermöglichen. Das Betriebssystem weist u. a. folgende Bestandteile auf:
Supervisor (Monitor, executive routine)
EAS (Ein/Ausgabe-System)
Lader
Dienstprogramme
Testroutinen, Überwacher
Assembler
Compiler
Im allgemeinen befindet sich nur ein Kernteil des Betriebssystems im Arbeitsspeicher, die anderen Teile werden bei Bedarf von peripheren Speichern in den Arbeitsspeicher geladen.

SS 8 **Datenbankprozessor**
Gesamtheit der Makros, die Dienstleistungen zwischen dem Benutzer und der Datenbank erbringen.
Beispiele solcher Systemdienste sind: Öffnen, Schließen, Speichern, Holen, Löschen, Ändern.

SS 9 **Time Sharing**
Mehrere voneinander unabhängige Programme werden verschachtelt verarbeitet (Teilnehmerrechensystem). Dabei erhält jeder Teilnehmer eine bestimmte Rechenzeit, in der sein Programm stückweise abgearbeitet wird, wobei jeder Teilnehmer gleichberechtigt ist.

SS 10 **Time Slicing**
Verfahren bei Time Sharing.
Die Gesamtarbeitszeit einer EDVA wird in Zeitscheiben eingeteilt, die den einzelnen Teilnehmern nach bestimmten Methoden zugeteilt werden.

SS 11 **Multiprogramming**
Mehrere voneinander unabhängige Programme werden verschachtelt verarbeitet. Die Verschachtelung der einzelnen Programme geht so vonstatten, daß während einer E/A-Operation eines Programmes A ein anderes Programm B verarbeitet werden kann. Das erfolgt dadurch, daß den einzelnen Teilnehmern bestimmte Prioritäten zugeordnet werden.

SS 12 **Datenfernverarbeitung**
teleprocessing.
Datenfernverarbeitung beinhaltet Datenverarbeitung und Datenübertragung, wobei Datenverarbeitungsanlage und Datenendstationen an geografisch verschiedenen Orten stehen. Es gibt zwei verschiedene Formen der Datenfernverarbeitung:
Verarbeitung im Realzeitverfahren; hier werden die von einer Datenendstation an eine EDVA übermittelten Daten sofort verarbeitet. Das Ergebnis wird unmittelbar wieder zur Datenendstation übermittelt.

Verarbeitung im Stapelverfahren; die Verarbeitung der übermittelten Daten beginnt erst, wenn eine größere Menge von Eingabedaten vorhanden ist.

SS 13 **Realzeitsystem**
real-time system.
Eine EDVA ist mit mehreren zumeist unabhängigen Datenendstationen verbunden. Von diesen werden Daten übertragen, die nach der Reihenfolge ihres Eingangs verarbeitet werden. Dauer und Eintreten der an die EDVA übermittelten Bearbeitungsfälle sind meist durch mathematische Gesetze der Wahrscheinlichkeitsrechnung beschreibbar. Die Art dieser „Verteilungen" ist beim Entwurf eines Realzeitsystems zu beachten. Zumeist besitzen die EDVA'n eine Realzeituhr, die zum einen die genaue Tageszeit zur Verfügung stellt, um den Betriebsablauf zu protokollieren, zum anderen auch dazu dient, der EDVA ein bestimmtes Zeitverhalten zu geben (zu bestimmten Tageszeiten notwendige Programmabläufe werden hierdurch gestartet).

SS 14 **Monitor**
Teil eines Organisationsprogramms, der eine aufeinanderfolgende Reihe von Programmen selbständig steuert. Ein Monitor übernimmt die zeitliche und speichermäßige Koordination bei mehreren gleichzeitig laufenden Programmen, die Zuteilung der Peripheriegeräte und Überwachung der Übertragung, Fehlerüberwachung und Korrektur bei Daten oder Maschinenteilen.

SS 15 **Daten-Management**
data management.
Bildet die Gesamtheit der Systemdienste, die die Steuerung des Datenflusses zwischen Zentraleinheit und E/A-Einheiten (Physischer E/A-Modul) übernimmt und der Datenorganisation und -verwaltung (Logischer E/A-Modul) dient.

SS 16 **Datenbeschreibungssprache**
data description language.
Die Datenbeschreibungssprache stellt für den Benutzer eine softwaremäßige Unterstützung zur Erstellung eines Schemas (Datendefinitionstabelle) des gesamten Datenbestandes dar.

SS 17 **Datenmanipulationssprache**
data manipulation language.
Die Datenmanipulationssprache stellt in operierenden Systemen eine Sprache dar, mit deren Hilfe der Programmierer eine Transaktion der Daten zwischen Benutzerprogramm und Datenbank durchführt.

SS 18 **Gastgebersprache, Basissprache**
host language
Problemorientierte Höhere Programmiersprache (z. B. COBOL), die in operierenden Systemen den verfahrensorientierten Rahmen darstellt, um eine Manipulation der Daten im Primärspeicher durchzuführen.

HK Hardwarekonfiguration

HK 1 Magnetkernspeicher, Ferritkernspeicher
HK 2 Magnetdrahtspeicher
HK 3 Magnetschichtspeicher
HK 4 Magnetbandspeicher
HK 5 Magnetplattenspeicher
HK 6 Magnettrommelspeicher
HK 7 Magnetkartenspeicher, Magnetstreifenspeicher
HK 8 Assoziativer Speicher
HK 9 Optischer Speicher
HK 10 Datenendstation

HK 1 **Magnetkernspeicher, Ferritkernspeicher**
magnetic core storage.
Speicher, der aus Ferritkernen aufgebaut ist, wobei jeder Ferritkern ein Bit speichern kann. Das Schreiben in einen Kern und das Lesen aus einem Kern erfolgt nach dem Koinzidenzverfahren. Die Ferritkerne sind in Matrizenform angeordnet; eine Matrix stellt einen Speicherblock dar.

HK 2 **Magnetdrahtspeicher**
plated wire storage.
Bei diesem Speicher bildet das Grundelement ein feiner Draht, um den eine dünne zylindrische Schicht mit magnetischen Eigenschaften angebracht ist. Auf diesen Bitleitungen werden die binären Zeichen gespeichert, indem die magnetische Schicht in der einen oder anderen Richtung magnetisch „gesättigt" wird. Mittels der Wortleitungen, die die Bitleitungen kreuzen, werden die binären Zeichen gelesen.
Kürzere Zugriffszeiten als bei Magnetkernspeicher.

HK 3 **Magnetschichtspeicher**
Unter dem Begriff Magnetschichtspeicher werden alle Datenträger zusammengefaßt, deren magnetisierbares Speichermedium sich relativ zu den Lese- und Schreibvorrichtungen in Bewegung befindet.

HK 4 **Magnetbandspeicher**
magnetic tape storage.
Speichermedium bildet eine dünne magnetisierbare Schicht, die auf die Kunststoffolie des Bandes gebracht ist.
Nur sequentielle Verarbeitung möglich.

HK 5 **Magnetplattenspeicher**
magnetic disk storage.
Als Speichermedium dienen die Ober- und Unterfläche einer oder mehrerer rotierender Platten. Ausführung als Fest- und Wechselplattenspeicher.

HK 6 **Magnettrommelspeicher**
magnetic drum storage.
Eine magnetisierbare Schicht befindet sich an der Oberfläche einer Trommel, die ständig um ihre Achse rottiert.

HK 7 **Magnetkartenspeicher, Magnetstreifenspeicher**
magnetic card storage, magnetic strip storage.
Als Speichermedium dienen die Oberflächen von Karten oder Streifen, die sich in Magazinen befinden. Die Karten bzw. Streifen können ge-

lesen und beschrieben werden, indem das entsprechende Medium auf eine rotierende Trommel gespannt wird.

HK 8 **Assoziativer Speicher**
associative memory.
Bei den assoziativen Speichern werden die gesuchten Daten nicht mit Hilfe von zahlenmäßigen Adressen ermittelt, sondern die Information selbst oder ein Teil derselben dient zum Auffinden der gesuchten Daten.

HK 9 **Optischer Speicher**
optical memory.
Die Speicherung erfolgt in Form von hellen oder dunklen Punkten auf fotografischen Filmen oder Platten.

HK 10 **Datenendstation**
terminal.
Unter Datenendstation versteht man in erster Linie die E/A-Geräte Fernschreiber und Sichtgerät.

Stichwortverzeichnis

SEBASTIAN DWORATSCHEK

Management-Informations-Systeme

Groß-Oktav. 214 Seiten. 1971. DM 42,–. ISBN 3 11 003549 9
(Informations-Systeme. Eine Schriftenreihe hrsg. von S. Dworatschek)

Das Buch gibt eine umfassende Darstellung der Merkmale, der Entwicklungs- und Einsatzprobleme sowie der Auswirkungen eines Management-Informations-Systems (MIS). Dabei werden zunächst, aufbauend auf der systematischen Abgrenzung der Grundbegriffe Management, Information und System, die Merkmale eines MIS ausführlich behandelt.
Den zweiten Schwerpunkt der Arbeit, Entwicklung und Einführung eines MIS, bilden Fragen des Projekt-Managements, der Systemanalyse (Informationsanalyse, Darstellungsmethoden), der Planungs- und Entscheidungsmethoden (Operations Research), der Systemkonzeption (Subsysteme, Daten- und Modellbank) und der analytischen Computer-Auswahl.
Mit heute schon erkennbaren und noch zu erwartenden ökonomischen und organisatorischen Auswirkungen eines MIS befaßt sich der dritte Abschnitt, wobei Wirtschaftlichkeitsfragen, Probleme der Ausbildung sowie Rückwirkungen des MIS auf den Managementprozeß und die Unternehmensorganisation im Mittelpunkt stehen.

DIETER S. KOREIMANN

Methoden und Organisation von Management-Informations-Systemen

Groß-Oktav. 154 Seiten. Mit 38 Abbildungen. 1971. Geb. DM 34,–.
ISBN 3 11 003552 9

(Informations-Systeme. Eine Schriftenreihe hrsg. von S. Dworatschek)

Der Autor weist nach, daß der Aufbau von MIS mit der heute verfügbaren Hardware und Software möglich und auch notwendig ist. Der Schwerpunkt des Buches liegt auf den praktischen Realisierungsmöglichkeiten unter Berücksichtigung der Entwicklungstendenzen auf dem EDV-Sektor. Dabei werden Mittel und Wege aufgezeigt, die es gestatten, das gegenwärtig bestehende „communication gap" zwischen operierendem und disponierendem Management zu überbrücken.

DONALD H. SANDERS

Computer und Management

Aus dem Englischen übersetzt von Dr. Klaus Jaeger

Groß-Oktav. Etwa 380 Seiten. Mit 48 Abbildungen und Tabellen. 1972.
Etwa DM 80,–. ISBN 3 11 001979 5

(Informations-Systeme. Eine Schriftenreihe hrsg. von S. Dworatschek)

Aus dem Inhalt: Information im Management – Umwälzungen in der Informationsverarbeitung – Auswirkungen des Computers auf das Management – Planungsarbeit für Computer – Organisation und Computer – Das Personal für Computer – Kontrolle und Computer – Neues und Zukünftiges auf dem Gebiet der Management-Informationssysteme.

Kolibri 360 GmbH
Ferdinand-Jühlke-Straße 7
99095 Erfurt, Deutschland
produktsicherheit@kolibri360.de